Liebe als Prinzip der Theologie

Alexandre Ganoczy

Liebe als Prinzip der Theologie

Gesammelte Studien
für eine
»responsorische« Dogmatik

Herausgegeben von
Rainer Dvorak

echter

Die Deutsche Bibliothek – CIP-Einheitsaufnahme

Ganoczy, Alexandre:
Liebe als Prinzip der Theologie : gesammelte Studien für eine »responsorische« Dogmatik /
Alexandre Ganoczy. Hrsg. von Rainer Dvorak. – Würzburg : Echter, 1993
  ISBN 3-429-01588-X
NE: Dvorak, Rainer [Hrsg.]

Mitglied der Verlagsgruppe »engagement«

© 1994 Echter Verlag Würzburg
Umschlag: Ernst Loew
Gesamtherstellung: Echter Würzburg
Fränkische Gesellschaftsdruckerei und Verlag GmbH
ISBN 3-429-01588-X

Inhalt

Vorwort des Herausgebers 7

1. DAS BEKENNTNIS ZUM DREIEINIGEN GOTT DER LIEBE

Liebe als Prinzip der Theologie 13
Zur Theologie des Bekenntnisses 27
Formale und inhaltliche Aspekte der mittelalterlichen Konzilien als Zeichen kirchlichen Ringens um ein universales Glaubensbekenntnis 40
Der Heilige Geist als Kraft und Person 71
Trinität – vom Heiligen Geist her reflektiert. Eine Skizze 90

2. SCHÖPFUNGSLEHRE IM GESPRÄCH MIT DER GEGENWART

Schöpfung im Christentum – Versuch einer Neuformulierung . . 101
Thesen zu einem christologischen Schöpfungsverständnis 115
Selektionstheorie und christliche Agape 136
Ökologische Perspektiven in der christlichen Schöpfungslehre . . 155

3. DIE KIRCHE NACH DEM II. VATIKANISCHEN KONZIL

Kirche im Prozeß der pneumatischen Erneuerung 169
Wesen und Wandelbarkeit der Ortskirche 180
Zur Sakramentalität des Dienstamtes 195
Der Apostolat der Laien nach dem II. Vaticanum 216
Communautés de vie in Frankreich als Ort theologischer Reflexion 230

Quellenverzeichnis 240

Vorwort des Herausgebers

Wer von Liebe als Prinzip der Theologie spricht, provoziert den Eindruck, daß der geeignete Schlüssel zum Verständnis dessen, worum sich Theologie denkend bemüht, endlich gefunden worden sei. Dieser Eindruck ist nicht einmal falsch. Nur daß dieser Schlüssel nicht erst jetzt, sondern schon von biblischen Autoren gefunden worden ist und bei ihnen im Laufe einer langen Theologiegeschichte immer wieder gefunden werden konnte. Denn mit der Liebe, die als Prinzip der Theologie fungieren können soll, ist jene an immer neuen Möglichkeiten ewig reiche Agape gemeint, die nach dem Zeugnis des Ersten Johannesbriefes Gott selbst ist und auf deren gemeinschaftstiftenden Weg zu Welt und Mensch mitgenommen zu werden und mitzugehen wir eingeladen sind.
In jüngster Zeit hat die dogmatische Theologie wieder zu entdecken begonnen, daß der christliche Glaube von der Gewißheit, daß Gott Agape ist, lebt und daß dieses Agape-Sein Gottes principium im ›ursprünglichen‹ Sinn des Wortes und als Prinzip zugleich *das* Kriterium jeder christlichen Theologie und jeder christlichen Lebenspraxis zu sein hat. Eine Folge dieser Wiederentdeckung wird in der erneuerten Trinitätstheologie greifbar. Sie meint, dem Agape-Sein Gottes denkend nur durch den Begriff des dreieinigen Gottes gerecht werden zu können, und hält umgekehrt die Rede vom dreieinigen Sein Gottes unter Hintanstellung der Reflexion auf die neutestamentliche Gleichsetzung von Gott und Liebe für obsolet. Als Gemeinschaft des Vaters, des Sohnes und des Heiligen Geistes – und nur als Gemeinschaft – ist Gott Liebe. Und als Liebe – und nur als Liebe – ist Gott die Gemeinschaft des Vaters, des Sohnes und des Heiligen Geistes.
Daß diese Erkenntnis nicht auf den regionalen Traktat der Gotteslehre im engeren Sinn beschränkt zu bleiben braucht, sondern als hermeneutischer Schlüssel auch für andere klassische Stoffgebiete der Dogmatik dienen könnte, zeigen auf ihre Weise die in diesem Band gesammelten Studien von Alexandre Ganoczy. Seine hier ausgewählten Aufsätze und Vorträge, die sich relativ zwanglos der Gotteslehre, der Schöpfungslehre und der Ekklesiologie zuordnen lassen, stammen aus der Zeit zwischen 1975 und 1993 und stellen einen repräsentativen Ausschnitt seiner theologischen Arbeit dar. Diese ist freilich reichhaltiger, als sie hier dokumentiert werden kann. In diesem Zusammenhang sei neben zahlreichen Büchern zu verschiedenen dogmatischen Themen nur an die Forschungen Ganoczys zu Leben und Werk des Reforma-

tors Calvin erinnert, die selbst schon eine kleine Wirkungsgeschichte gezeitigt haben. Doch gilt für die ausgewählten Stücke die beinahe schon sprichwörtliche Wendung, daß in ihnen »das Ganze im Fragment« aufzuscheinen vermag.

Die erste dieser Studien – nicht zufällig ist es die älteste –, deren Überschrift diesem Band den Titel gibt, erhebt programmatisch zum Thema, was alle Studien mehr oder weniger deutlich vernehmbar bewegt: Liebe ist das Prinzip dieser Theologie und hat das Prinzip einer jeden christlichen Theologie zu sein. Eine konsequente Auslegung des Ersten Johannesbriefes hat diese Überzeugung inspiriert. Die Pointe dieser Schrift, die zugleich als Kristallisationspunkt der neutestamentlichen Botschaft überhaupt gelten kann, besteht in der Rückbindung der heilbringenden Gemeinschaft des Menschen mit Gott auf das Agape-Sein Gottes selbst, das als Welt und Mensch tragende Gemeinschaft des Vaters, des Sohnes und des Heiligen Geistes *das* theo-logische Urwort ist und als Indikativ den Imperativ geschwisterlicher Liebe begründet. Diese Lesart wird innerhalb der *Gotteslehre* konkret in dem Bemühen, das eigentümliche Person-Sein des Heiligen Geistes als des ewig göttlichen »Dritten« und insofern die in den trinitarischen Beziehungen waltende Wechselseitigkeit herauszuarbeiten. Auf der Basis solcher Überlegungen steht schließlich der Versuch, sich dem Geheimnis der Dreieinigkeit »vom Heiligen Geist her« zu nähern, um so das pneumatologische Defizit gegenwärtiger Trinitätstheologie beheben zu helfen.

Die Aufsätze zur *Schöpfungslehre* sind dadurch charakterisiert, daß dieses Proprium des christlichen Glaubens mit Erkenntnissen der modernen Naturwissenschaften in ein Gespräch gebracht wird. Ohne den Dialog mit der von Relativitätstheorie und Quantenmechanik revolutionär gewendeten Physik des 20. Jahrhunderts sowie der mit Evolutionstheorien verschiedenster Art arbeitenden Biologie ist eine verantwortete theologische Rede vom schöpferischen Handeln Gottes und von seiner Schöpfung nicht mehr denkbar. Daß diese Rede sich zum physikalischen bzw. biologischen Diskurs über die sich selbst organisierende Natur komplementär verhält, ist die gnoseologische Überzeugung, in der diese schöpfungstheologischen Bemühungen wurzeln. Sie verstehen sich als Schritte zur Überwindung jener verhängnisvollen Kluft zwischen Theologie und Naturwissenschaften, die seit dem Fall Galilei die westliche Zivilisation belastet. Beide Sichtweisen der einen Natur sind ja auf je ihre Weise vor die Frage nach der Einheit und dem Sinn alles Wirklichen gestellt und von globalen ökologischen Problemen bedrängt. Daß diese konsequent praktizierte Interdisziplinarität ohne Preisgabe des spezifisch Christlichen zu verwirklichen ist und sich zugleich auf religiöse und mystische Traditionen westlicher und östlicher Provenienz hin öffnet, zeigen der erste, wiederum programmatische und nicht zufällig älteste Aufsatz dieser Themengruppe, aber auch das jüngste Buch von Alexandre Ganoczy »Suche nach Gott auf den Wegen der Natur. Theologie, Mystik, Naturwissenschaften – ein kritischer Versuch«.

Eine dritte Gruppe von Studien richtet den Blick auf »Die Kirche nach dem II. Vatikanischen Konzil«. Das Wort »nach« ist dabei durchaus in einem doppelten Sinn zu verstehen: Als »gemäß« verweist es darauf, daß jede gegenwärtige *Ekklesiologie* im Einklang mit dem II. Vatikanischen Konzil zu stehen hat. Nicht wenige der hier abgedruckten Studien sind aus diesem Grund ganz oder teilweise Exegesen der Texte dieses Konzils, an die selbst wieder der normative Maßstab der Schrift angelegt wird. »Nach« ist aber auch in einem zeitlichen Sinn gemeint und zeigt die Notwendigkeit an, heutige Selbsterfahrungen der Kirche Gottes dogmatisch zu reflektieren. Zu diesen heutigen Selbsterfahrungen gehört das Phänomen der in Frankreich anzutreffenden »Communautés de vie«, das im letzten Beitrag vorgestellt wird. Er läßt manches von jener Kirchenerfahrung ahnen, der diese ekklesiologischen Arbeiten entsprungen sind. Neben einer selbstverständlichen ökumenischen Öffnung bestehen Wert und Originalität dieser ekklesiologischen Arbeiten nicht zuletzt darin, der Situation der Kirche hierzulande *nicht* verhaftet zu sein.

Dieser Band ist eine Festgabe für Alexandre Ganoczy zu seinem 65. Geburtstag am 12. Dezember 1993. Sie will den Jubilar ehren, indem sie mit diesen systematisch-theologischen Studien einige Früchte seiner mehr als zwei Jahrzehnte währenden Tätigkeit als Professor für Dogmatik an der Bayerischen Julius-Maximilians-Universität Würzburg gebündelt zugänglich macht. Die Hommage wäre freilich erst dann als gelungen zu betrachten, würden die in diesem Band bereitliegenden Denkanstöße aufgenommen und weitergedacht. Diese Hoffnung, die die Herausgabe des Bandes begleitet, bezieht sich ausdrücklich auch auf die Art und Weise, *wie* hier dogmatische Arbeit vollzogen wird: als Versuch, jenseits von Apologie und Anpassung den Wahrheitsanspruch des christlichen Glaubens so zu vertreten, daß er eine hilfreiche Antwort auf Fragen der jeweiligen Gegenwart zu geben imstande ist. Die niemals theologieirrelevanten Fragen einer Zeit – sie müssen nicht notwendig in Frageform auftreten – sind zuerst aufmerksam zu hören, bevor im Rückgriff auf die normativen biblischen Glaubensüberlieferungen – die Ergebnisse der modernen Exegese spielen eine wichtige Rolle – und deren Auslegungen in der Geschichte – der Reichtum der Tradition wird nicht aufgegeben – synthetisch antwortend geredet werden kann. Diese »responsorische« Methode durchzieht, einem cantus firmus gleich, die Dogmatik Alexandre Ganoczys und erklärt den Untertitel dieses Bandes. Die Fruchtbarkeit einer solch »responsorisch« vorgehenden Dogmatik, die sich in Übereinstimmung mit der Arbeitsweise des sorgfältig auf die Zeichen der Zeit achtenden II. Vatikanischen Konzils weiß, wird vielleicht am offensichtlichsten in der Schöpfungslehre. Hier hat die ernsthafte Wahrnehmung der modernen Naturwissenschaften nicht nur erfrischende schöpfungstheologische Antworten ›nach außen‹ geboren, sondern zugleich ›nach innen‹ Bewegung und Bereicherung in ein in sich erstarrtes, isoliertes Stoffgebiet gebracht. Während die Dogmatik die in diesem Dialog liegenden Möglichkeiten allmählich auszuschöpfen beginnt, sehen Schülerinnen und Schüler den Mitinitiator dieses Dialogs bereits unterwegs zur Chaosforschung. Die »responsorische« Methode verlangt Sensibilität, Flexibilität und Kreativität ...

Die ursprüngliche Zweckbestimmung dieser Beiträge zu verdecken hätte dem Sinn einer »responsorisch« arbeitenden Dogmatik widersprochen. Anmerkungen wurden weder aktualisiert noch vereinheitlicht. Aus drucktechnischen Gründen wurde nur ein Teil der Studien einer Durchsicht unterzogen und gegenüber der Erstveröffentlichung an wenigen Stellen geringfügig verbessert. Es bleibt zu hoffen, daß der an diesen Stellen vertriebene Fehlerteufel sich nicht an anderen wieder eingeschlichen hat. – Ein herzliches Wort des Dankes gilt an erster Stelle Frau Elsa Röhrich und Herrn Rainer Beckert. In bewährtem Zusammenspiel haben sie sich mit engagiertem Einsatz und bewundernswerter Geduld um die druckfertige Verarbeitung der Texte verdient gemacht und dadurch die Last anfallender Probleme rasch in die Freude an der Sache zurückzuverwandeln vermocht. Zu aufrichtigem Dank bin ich der Diözese Würzburg, der Erzdiözese München, den Diözesen Münster und Aachen sowie der Abtei Münsterschwarzach für ihre jeweils großzügige finanzielle Unterstützung verpflichtet. Ich bin mir bewußt, daß diese – in Zeiten knapper Kassen mehr noch als sonst – alles andere als selbstverständliche Hilfestellung diese Festgabe überhaupt erst Wirklichkeit werden ließ. Ferner habe ich verschiedenen Verlagen für die Erlaubnis zum Wiederabdruck einiger Studien zu danken. Hervorheben darf ich den Verlag Benziger, der die Wiedergabe des ihm überlassenen, noch unveröffentlichten Artikels »Trinität – vom Heiligen Geist her reflektiert. Eine Skizze« ermöglicht hat. Herrn Dr. Markus Knapp, dem Lektor des Verlages Echter, danke ich für seine wohlwollende und sorgfältige Betreuung des Projekts.

Würzburg, im September 1993 *Rainer Dvorak*

1. Das Bekenntnis zum dreieinigen Gott der Liebe

Liebe als Prinzip der Theologie

Die Zielrichtung dieser Hochschulwoche ist eine eminent praktische. Es soll gefragt werden, wie jene Liebe, die ein Wesensmoment des spezifisch christlichen Glaubensvollzugs ist, unter den Bedingungen gegenwärtiger Gesellschaft, genauer: Industriegesellschaft, tätig werden kann und soll. Deshalb lauten die meisten hier zu behandelnden Themen »Kirche als Liebesgemeinschaft«, »Lebenshilfe«, »Sterbehilfe«, »soziale Tätigkeit«, »Liebe als Sexus, Eros und Agape«.
Doch impliziert diese Praxisbezogenheit der Fragestellung zugleich die Notwendigkeit, über *Prinzipielles* nachzudenken, ohne das die intendierte Liebespraxis heutiger Christen keinen festen Boden unter den Füßen hätte und so leicht zu einer theorielosen Praxis entarten könnte. Außerdem bestünde die Gefahr, daß gerade jene Praxis, die sich auf den Namen Christi beruft, das spezifisch Christliche aus den Augen verlöre und ihren inneren Antrieb – entgegen ihrem Lippenbekenntnis zum Christlichen – in rein säkularen Erkenntnissen und Bekenntnissen suchte. Dann befragte sie nur die Psychologie, die Soziologie, die Handlungs- und Kommunikationswissenschaften und ließe sich von bloß humanistischen Weltanschauungen bestimmen.
Damit das spezifisch Christliche und der darin gegebene innere Glaubensantrieb zur engagierten Aktion in Erziehung, Seelsorge, sozialer Hilfe und politischer Verantwortung nicht in Vergessenheit geraten, ist eine Rückfrage auf »Prinzipielles« erforderlich, wobei »Prinzip« sowohl den biblisch bezeugten Ursprung und Anfang des christlichen Glaubens wie auch einen Grund-satz der theologischen Synthese über diesen selben Glauben besagt.

1. Liebe als Name für Gott?

Als Arbeitshypothese soll für die hier durchzuführende theologische Reflexion folgende Aussage gewagt werden. »Liebe« ist ein Prinzip jener Theologie, die, je nach Zeitsituation, das Praktischwerden des christlichen Glaubens zu formulieren, zu begründen und zu erhellen hat. Die Tatsache, daß »Liebe« als solches Prinzip der Theologie gilt, wird meistens mit der biblischen Aussage »Gott ist Liebe« und der traditionellen Behauptung »das Christentum ist die Religion der Liebe« legitimiert. Insofern sich Theologie als »Wissenschaft von Gott«[1] oder

---

[1] So *W. Pannenberg*, Wissenschaftstheorie und Theologie (Frankfurt a. M. 1973) 299–348.

als »Wissenschaft vom Christentum«² versteht, ist es also an sich logisch, daß sie die Rede von »Liebe« zu einem ihrer konstitutiven Grund-sätze, ja vielleicht zu ihrem Grundprinzip schlechthin macht. Ist Gott Liebe, so ist es nur schlüssig, daß sich die Theo-logie, d. h. die Rede von Gott, als eine Rede von Liebe versteht. Ist das Christentum wesentlich »Religion der Liebe«, so ist es legitim, wenn sich die Theologie als Versuch einer Denkrechenschaft vom christlichen Glauben als ein Logos von Liebe versteht.

Nun taucht sofort ein heute landläufiger Einwand auf: der Einwand der sprachlichen Verständigung. Demnach bliebe die vorgeschlagene Arbeitshypothese so lange eine unverständliche Leerformel, eine Formel ohne verifizierbaren Sinn, als sie Begriffe enthielte, die zu breit gefaßt, zu vieldeutig, undifferenziert, realitätsfremd wären. Das Wort »Liebe« sei in der theologischen Sprache der Vergangenheit und der Gegenwart in so vielen verschiedenen Zusammenhängen gebraucht worden, daß es an sich nichts Bestimmtes mehr bedeuten könne. Es sei, ähnlich wie das Wort »Gott«, den Tod von »tausend Qualifikationen« gestorben³. Es sei, opportune und importune, so oft und verschiedentlich gebraucht worden, daß es nunmehr verbraucht sei und ausgedient habe. Auch in modernen theologischen Abhandlungen begegne man »Liebe« bald als Träger moralisierender Mahnung, bald als polemischem Begriff etwa gegen kirchliche Institution, bald einfach als Lückenbüßer im Munde derjenigen, die mit ihren rationalen Argumenten am Ende sind; wo die Vernunft nichts mehr zu antworten vermag, rufe man Liebe als Pauschalantwort zu Hilfe. Was kommt dabei heraus, wenn nicht eine Verwässerung des Begriffs durch undifferenzierten Gebrauch? Statt als inneres und zentrales Prinzip der Theologie fungiert dann der Liebesbegriff als Zeichen tiefer theologischer Verlegenheit, Ratlosigkeit und Irrationalität.

Ist nun dieser Einwand so gewaltig, daß es wirklich besser wäre, die genannte Arbeitshypothese fallenzulassen und sogar auf die Verwendung des Wortes »Liebe« zu verzichten? Oder sollte man vielleicht einen anderen, weniger »verbrauchten« Terminus für die Wirklichkeit, die dieses Wort meint, einführen? Sind denn jene Theologen nicht ähnlich verfahren, die etwa »Sünde« mit »Entfremdung«, »Gnade« mit »Befreiung«, »Gott« mit »Tiefe des Seins« ersetzten?

---

² So *M. Kähler*, Die Wissenschaft der christlichen Lehre (Leipzig ³1905) 12, passim; *M. Heidegger*, Phänomenologie und Theologie (Frankfurt a. M. 1970) 18; *T. Rendtorff*, Theorie des Christentums (Gütersloh 1972) 150–160; vgl. *W. Pannenberg*, a.a.O. 255–266.

³ Vgl. *P. M. van Buren*, Reden von Gott in der Sprache der Welt (Zürich/Stuttgart 1965) 9.

Gegen solche Vorschläge spricht die Erkenntnis, daß »Liebe« ein Urwort[4] der theologischen Sprache des Christentums ist und als solches einen ganz besonderen Sinngehalt anzeigt, den der Theologe auch heute sichtbar und verstehbar machen kann. Das vermag er genau dann, wenn er sich die Mühe macht, das Gesamtzeugnis der biblischen Offenbarung von der Agape ins Auge zu fassen und dasselbe Zeugnis mit modernen anthropologischen Erkenntnissen zu konfrontieren.
Damit ist schon das Programm unseres Vortrages angedeutet. In einem ersten Abschnitt soll der biblische Befund geprüft werden. In einem zweiten soll eine Phänomenologie der Liebe, wie sie beim heutigen Stand der philosophischen und psychologischen Anthropologie möglich ist, versucht werden. Zum dritten wird die Bedeutung der Liebe für die systematisch-theologische Denkarbeit selbst angedeutet. Zum vierten werden einige Konsequenzen aus den angestellten Überlegungen gezogen werden, die für das Praktischwerden unseres Glaubens von Bedeutung sind.

2. Die Agape nach neutestamentlichem Verständnis

Um das biblische Verständnis von »Liebe« sachgerecht in den Blick zu bekommen, empfiehlt es sich, von dem bereits erwähnten Satz des ersten Johannesbriefes auszugehen: ὁ θεὸς ἀγάπη ἐστίν, »Gott ist Liebe« (4, 8b.16b). Eine lange theologische Tradition hat diesen Satz als eine Aussage über das »Wesen« Gottes interpretiert. Demnach sollte er bedeuten, Gott sei in sich *die* Liebe schlechthin, eine unendliche Liebesmacht, die von aller Ewigkeit und vor dem Entstehen von Welt und Mensch existiere und woraus alle erhabenen Regungen kreatürlicher Liebe ihren Ursprung nehmen. So sei Gott gleichsam erste bzw. letzte »Ursache« menschlicher Liebesfähigkeit.
In Wirklichkeit will der erste Johannesbrief etwas anderes sagen. Er bringt den erwähnten Satz in einem Zusammenhang, wo es darum geht, die Forderung der christlichen Bruderliebe zu begründen[5]. Die Aussage, die diesen Satz abschließt, beginnt mit dem Aufruf: »Geliebte, laßt uns einander lieben!« (Vers 4). Und als Grund der damit ausgesprochenen Forderung erscheint der Gedanke, daß Gott selbst ein Liebender ist, daß sein Handeln ein »liebendes Handeln«[6] ist, daß er sich auf die Welt mit einer vorbehaltlosen Liebe bezieht. Nicht die abstrakte, von Welt und Geschichte absehende Beschaffenheit des

---

[4] Siehe dazu *P. Tillich*, Liebe, Macht, Gerechtigkeit (Tübingen 1955) 1–17.
[5] *E. Stauffer*, Artikel ἀγαπάω, in: ThWNT 1 (= Stauffer) 53; *R. Schnackenburg*, Die Johannesbriefe (Freiburg i. Br. ³1965) (= Schnackenburg) 232; *R. Bultmann*, Die drei Johannesbriefe (Göttingen 1967) (= Bultmann) 70.
[6] So C. H. Dodd, zitiert bei Schnackenburg 232.

Ewigen wird angesprochen, sondern die konkrete Hinwendung Gottes zur Welt. R. Bultmann kommentiert: »Liebe gibt es doch nicht ohne ein Gegenüber. Das Gegenüber Gottes ist die Welt.«[7] Dieses wohl geschichtliche Handeln Gottes, das in der Sendung seines Sohnes in die Welt (Vers 9) offenbar geworden ist, trägt der erste Johannesbrief als Grund und Ermöglichung, als Träger und Modell der Bruderliebe vor. Seine Gesamtargumentation könnte man mit folgenden kurzen Sätzen wiedergeben: Laßt uns einander lieben. Dadurch, daß wir einander lieben, zeigen wir, daß wir Gott erkannt haben und erkennen, wie und was er ist, nämlich einer, der die Welt liebt. Tun wir also, was Gott tut! Haben wir Gemeinschaft mit ihm als dem Liebenden! Lieben wir mit ihm mit! Lieben wir, wie er liebt und was er liebt! Wir sollen unser Verhalten an das Verhalten Gottes und seines gesandten Sohnes angleichen, in die Liebesdynamik Gottes eintreten und sie befolgen. Denn Gott ist der Liebende par excellence. Er ist Liebe im Vollzug, Liebe im Akt für uns, für unsere Brüder, für die Welt überhaupt.

Bei näherer Betrachtung fällt im weiteren Kontext des Satzes »Gott ist Liebe« folgendes auf. Es wird von der Liebe der Glaubenden zu Gott nur in einer negativen Aussage gesprochen. Im Vers 10 heißt es: »Darin besteht (die Eigenart dieser) Liebe, nicht daß wir Gott geliebt haben, sondern daß er uns geliebt und seinen Sohn als Sühne für unsere Sünden gesandt hat.« Ohne diesen Vers einseitig pressen und seinen Inhalt von anderen johanneischen und neutestamentlichen Texten isolieren zu wollen, müssen wir mit E. Stauffer feststellen, daß die johanneische Theologie »die Liebe zu Gott und Christus zurücktreten« läßt »hinter der Liebe zu den Brüdern«[8]. Was bedeutet das? Eine bewußte Reduzierung des ersten Motivs im Hauptgebot? Eine Ausklammerung der Forderung »Du sollst den Herrn, deinen Gott, lieben aus deinem ganzen Herzen, deiner ganzen Seele und deinem ganzen Denken« (Mt 22, 37)? Die Antwort ist sicherlich nicht einfach. Die volle Bedeutung dieser eigenartigen Akzentsetzung der johanneischen Theologie läßt sich erst dann begreifen, wenn man bedenkt, daß sie sich gegen eine bestimmte spiritualistisch-gnostisierende Auffassung des Christentums wendet. Es handelt sich um Christen, die meinen, Gott selbst könne »direkt Gegenstand der vom Menschen sich erhebenden Liebe sein«[9]. Dagegen erklärt mit Nachdruck der erste Johannesbrief: »Es gibt kein direktes Gottesverhältnis, sondern nur ein indirektes, das darin besteht, daß wir Menschen einander lieben.«[10] Damit

---

[7] Bultmann 70; vgl. *M. Scheler*, Liebe und Erkenntnis, Dalp TB 316 (München 1955) (= LE) 20.
[8] Stauffer 53.
[9] Bultmann 73 unter Hinweis auf 1 Joh 4, 20 und Joh 1, 18.
[10] Ebd.

ist die Liebe zu Gott gar nicht geleugnet, nur sind ihre Eigenart und ihre Richtung angegeben. Die Agape kommt von Gott, der die Menschen liebt, reißt die glaubenden Menschen mit sich, regt sie zur Liebe zu den Brüdern an und kehrt auf diesem Wege gleichsam zu Gott zurück. Will also einer Gott lieben, so muß er seine Mitmenschen lieben, denn allein über diesen Weg der Nächsten- und Menschenliebe kann sich Agape als Liebe zu Gott entfalten. Wie wesentlich dieser Gedanke unserem Autor ist, zeigt die scharfe Aussage des Verses 20: »Wenn jemand sagt: ›Ich liebe Gott‹, seine Brüder jedoch haßt, so ist er ein Lügner.« Und daß solche gleichsam »anthropozentrische« Interpretation der Gottesliebe keine Besonderheit etwa der Johannesbriefe war, wird auch aus dem Befund der viel älteren Paulusbriefe ersichtlich. Auch »Paulus spricht nur ganz vereinzelt von Liebe zu Gott«[11] und sieht das Ziel der Agape nicht darin, daß sie sich unmittelbar zu Gott »zurückwende«, sondern daß sie zunächst den Weg des Dienstes am Mitmenschen gehe[12]. Eine Zurückwendung der Agape zu Gott, die keine Hinwendung zum Nächsten wäre und keine brüderliche Gemeinschaft stiftete, käme nach Paulus einer unchristlichen Haltung gleich.

Das zeigt Paulus mit aller Deutlichkeit in seinem berühmten Lobgesang an die Agape im ersten Korintherbrief. Die Liebe, die immer dem souveränen Heilswillen des Vaters entspringt und in der Selbsthingabe des Sohnes gipfelt, wird vom Geiste Gottes im Herzen der Glaubenden »ausgegossen«, damit sie sich gegenseitig dienen können. So erweist sich die Agape als *das* Prinzip aller anderen Charismen[13] und als der letzte Grund jenes konkreten Aufbauens, das diesem Menschen da und dieser Gemeinde da auf dem Wege zur Selbstwerdung voranhilft. Ein ähnlicher Drang nach konkreter Wirksamkeit im mitmenschlichen Bereich erscheint ebenfalls in der Verkündigung und dem Verhalten Jesu selbst. Ohne auf die Einzelheiten einzugehen[14], will ich hier nur eines hervorheben. Jesus spricht bei aller Distanzierung von spätjüdischer Gesetzesfrömmigkeit ohne jegliches Zögern vom Liebes-*Gebot*. Die Agape ist für Jesus Liebe, die Gegenstand von Gebot sein kann und muß. An diesem Punkt ändert Jesus nichts an der alttestamentlichen Vorlage. Auch er nimmt jene Paradoxie in Kauf, die der protestantischen Exegese seit jeher viel Kopfzerbrechen bereitet hat, die Paradoxie nämlich, daß die Liebe als »völlig rechtsfremder Begriff«[15]

---

[11] Stauffer 51; so Röm 8,28; 1 Kor 8,3; vgl. 2 Thess 3,5.
[12] Vgl. Röm 8.
[13] *H. Schlier*, Über die Liebe, 1 Korinther 13, in: Zeit der Kirche (Freiburg i. Br. ³1962) 186.
[14] Siehe R. Schnackenburg, Die Forderung der Liebe in der Verkündigung und im Verhalten Jesu, in: Prinzip Liebe (Freiburg i. Br. 1975) 76–103.
[15] *G. Quell*, Artikel ἀγαπάω, in: ThWNT 1 (= Quell) 24.

zum Gegenstand rechtlicher Forderung gemacht wird. Auch unser modernes Weltgefühl sträubt sich gegen den Gedanken einer »gebotenen« Liebe: Wie kann nur das spontanste Gefühl der menschlichen Psyche »vorgeschrieben« werden?

Nun, wenn jemand an diesem Sachverhalt Anstoß nimmt, dann zeigt er nur, daß er die oben skizzierte Ausrichtung der Agape nicht ganz verstanden hat. Da die biblische Agape primär nicht in vertikaler Gottesschau und direktem Gottgenuß nach gnostischem Muster besteht, sondern nur über den horizontalen und indirekten Weg der gottgewollten Mitmenschlichkeit zu Gott zurückkehrt, ist es klar, daß sie unbedingt *effektiv* sein muß. Für sie geht die Effektivität der Affektivität voraus. Ihre Wirksamkeit, ihr Praktischwerden, ist die Hauptsache. Das Gefühl als solches ist nicht Gegenstand des Gebotes. Es *kann* das nicht sein. Doch ist es die Effektivität, die Wirksamkeit der Liebespraxis. Damit die gebotene Wirksamkeit der Agape zustande kommen kann, gehört zu ihrer inneren Dynamik eine wahrhafte Vorentscheidung, die Rechte der Mitmenschen zu erkennen und ihnen Geltung zu verschaffen. Es gehört auch dazu, auf die realen Bedürfnisse, Erwartungen und Nöte der anderen zu achten, diese nicht nur etwa mit sentimental-sterilem Mitgefühl zu betrachten, sondern ihnen mit helfenden Taten zu begegnen. In diesem Zusammenhang zögert der Jakobusbrief keineswegs, den Glauben selbst nur als liebenden Glauben und den liebenden Glauben als ein sozial tätiges Verhalten, das z. B. »dem Arbeiter sein Recht werden« läßt (5, 11 f), zuzulassen[16]. Jedes andere tatenlose Bekenntnis hält er ebenso für lügnerisch wie der erste Johannesbrief die Illusion einer exklusiv gottbezogenen Liebe.

In diesem Kontext sollte also Jesu Rede selbst vom Gebot der Agape verstanden werden. Jesus betont die Einheit von Gottes- und Nächstenliebe, will diese an ihren praktischen Früchten und nicht an unverbindlichen Gefühlen messen. Er nennt als vorzüglichen Adressaten der Agape nicht etwa den spontan geliebten, weil etwa sympathischen, wohltätigen Menschen, sondern einfach den Nächsten, »der uns am Wege liegt«[17] und uns braucht. Das Gleichnis des Samariters lehrt die »denkbar unsentimentalste Hilfsbereitschaft«[18], und der letzte Prüfstein der Agape tritt in der Gestalt des Feindes in Erscheinung. Das große Novum des jesuanischen Liebesgebotes ist die Feindesliebe, wofür das Modell die vergebende Sünderliebe des Vaters selbst liefert[19]. Als letzter Grundzug der neutestamentlichen Agape sei noch ihre

---

[16] Stauffer 52.
[17] Ebd. 46.
[18] Ebd.
[19] Vgl. Schnackenburg 233, 235.

ekklesiale Ausrichtung genannt. Schon im Alten Testament werden »meist nur kollektive Objekte der Liebe Gottes« erwähnt[20]. Jahwes Liebesinitiativen richten sich vorzüglich nicht auf isolierte Personen, sondern auf Gruppen, auf das Volk, die Gemeinde, die zu befreienden Nationen. Der breiteste Rahmen für die Liebeseingriffe Jahwes liefern die verschiedenen »Bündnisse«, vor allem jener Bund, der die Söhne Israels erst recht zu einem Volk werden ließ. Darin wird wiederum die gleichsam »anthropozentrische« Spitze der Gottesliebe sichtbar. Diese bindet sich nicht etwa an »fertige« Gruppen und schon bestehende Gemeinschaften, vielmehr bewirkt sie, daß Gruppen und Gemeinschaften überhaupt zustande kommen. Sie erweist sich somit als schöpferische Liebe. Sie ruft aus dem Chaos undifferenzierter Menschenmassen differenzierte Gemeinschaften hervor. Sie erwählt sie und läßt sie selbst- und bundesbewußte Gesellschaften werden. Paulus steht dieser Auffassung nicht fern, wenn er aufzeigt, wie die einmalige Sendung des Sohnes und die vielmalige Sendung des Geistes aus vielen untereinander zerstrittenen Nationen ein einziges neues Bundesvolk, die ἐκκλησία, d. h. die Gemeinschaft der Heraus- und Zusammengerufenen, schaffen. Und wo immer diese ἐκκλησία bereits besteht, lebt sie unter der ständigen, charismatischen Einwirkung des göttlichen Liebesgeistes, wodurch sie ihre inneren Widersprüche und Gegensätze immer wieder auf Einheit hin zu überwinden vermag.

Soviel über den biblischen Befund in kürzester Zusammenfassung. Er scheint die oben aufgestellte Arbeitshypothese zu bestätigen. Schon für die Theologen des Neuen Testaments ist die Liebe Prinzip der Theologie, d. h. der Rede von Gott und vom gottverbundenen Menschen. Sie ist es aber als Agape, nämlich als eine auf Gottes Initiative zurückgeführte Menschenliebe. Die Agape hat ihre eigene, unumkehrbare Bewegungsrichtung. Sie geht vom menschenliebenden Gott aus, macht in und durch Christus aus den Menschen selbst Mitliebende. Diese haben einander so zu lieben, wie Gott selbst sie in Christus liebt: wirksam, konstruktiv, gemeinschaftsstiftend. Erst so kehrt die Agape zu Gott zurück, also indirekt und sozusagen die Hand voll von Früchten der Mitmenschlichkeit und gelebter Ekklesialität. Diese »Kreisbewegung« der Agape ist aber wesentlich auf Taten ausgerichtet, die den realen Rechten und Bedürfnissen des Mitmenschen entsprechen. Deshalb nimmt die Agape die Gestalt des Gebotes an, obwohl sie in ihrer vollen Dynamik jede rechtliche Struktur übersteigt. Diese Liebe wächst über Recht und Gesetz hinaus, weiß aber vorab darum, *daß der Mensch das Recht hat, geliebt zu werden.* Deshalb will sie gerechte Liebe sein und nimmt rechtliche Verpflichtungen auf sich. So übersteigt diese Liebe

---

[20] Quell 30.

auch alle wie auch immer beschaffenen Gefühle. Woher sie kommt und wohin sie geht, das steht ebenso jenseits von Recht wie von Gefühl. Ihre Perspektive ist die der ganzen menschlichen, weil der ganzen göttlichen Realität.

3. Eine Phänomenologie der Liebe

Alles, was bisher aufgrund biblischer Zeugnisse gesagt wurde, könnte nun daraufhin befragt werden, ob es nicht einfach Idealvorstellungen entspricht, die nicht ohne weiteres mit dem übereinstimmen, was eine moderne Phänomenologie der Liebe vertritt. Diese steht z. B. ganz und gar unter dem Zeichen des Personenbegriffs der neuzeitlichen Anthropologie, der in den biblischen Zeiten noch nicht vorhanden war. Wie kann also das ausgesprochen religiöse und theologische Menschen- und Liebesverständnis der Bibel heute noch verständlich sein und existenzbewegend wirken?

Um diese Frage wenigstens ansatzweise zu beantworten, muß zunächst auf die recht differenzierte Typologie hingewiesen werden, mit der heutige Phänomenologien die Liebe beschreiben. Hier seien nur drei Typen aufgezeigt.

Der erste Typus von Liebe ist als eine *Ich-Es-Beziehung* gekennzeichnet. Das liebende Subjekt wendet sich einem liebenswürdigen bzw. ihm wertvoll erscheinenden Gegenstand zu, läßt sich durch diesen hinreißen und gleichsam aus sich herausreißen. Das Subjekt erblickt im Objekt, ob Ding oder Person, etwas Gutes, Schönes, Werthaftes, Begehrenswertes und versucht es zu besitzen, zum Seinen zu machen, es sich anzueignen. Denn dieses Objekt verspricht ihm, einen Mangel zu beheben, ein Bedürfnis zu befriedigen, das eigene Dasein beglückend zu »ergänzen«. So kann beispielsweise ein Mann eine Frau lieben, wenn er sich vorwiegend durch das eigene Selbstentfaltungsbedürfnis leiten läßt. Er hat die Frau als seine mögliche Ergänzung erkannt, deshalb will er sie besitzen, behalten und gleichsam »an ihr« seinen vorläufigen »Lebensbesitz« übersteigen.

Dieser Typus der Liebe erscheint nicht nur in modernen und modernsten Theorien der geschlechtlichen Liebe, sondern entspricht im wesentlichen auch dem, was schon Plato, Aristoteles und Plotin vom *Eros* als dem Drang der Seele zur stufenhaften Übersteigung des eigenen Lebens lehrten[21]. Nach diesem Vorbild bestimmen auch Meister der mittelalterlichen Scholastik wie Thomas und Bonaventura die Liebe zu Gott als ein Streben nach dem höchsten Gut, das der Mensch erkennt,

---

[21] Vgl. Stauffer 34 ff; Scheler LE 11–16.

begehrt und dessen Besitz ihn mit Glückseligkeit erfüllt[22]. Nun liegt es auf der Hand, daß diese Art Liebe nicht viel Gemeinsames mit der biblischen Agape hat. Sie ist nicht primär eine auf Gottes freie Initiative zurückgehende, in Christus gleichsam herabsteigende, wirkkräftige Mitmenschlichkeit weckende und so »indirekt« zu Gott zurückkehrende Liebe. Vielmehr entspringt sie einer Erkenntnis des höchsten Gutes durch die erleuchtete Seele und besteht in einer »aufsteigenden«, mehr oder weniger direkten Hinwendung des Menschen zu Gott, von dem der Mensch – um etwas pointiert zu reden – die Befriedigung seiner erhabensten Bedürfnisse erwartet.

Der zweite Typus der Liebe, den die Phänomenologie besonders gern herausstellt, läßt sich summarisch als *Ich-Du-Beziehung* bezeichnen. Hier herrscht nicht mehr einseitige Objektbezogenheit vor. Der Liebende erkennt im Geliebten mehr als nur einen bewunderns- und begehrenswerten Gegenstand, den er zu besitzen trachtet. Er behandelt den Geliebten von vornherein als Subjekt, als ein Du, d. h. als ein anderes Ich. Es liegt Partnerschaft vor, also wechselseitige Hingabe und Annahme. Der eine will lieben und zugleich vom anderen geliebt werden. In der Beziehung obwaltet also ein eigenartiges Aufeinandertreffen zweier *Freiheiten*. Wie J.-P. Sartre treffend sagt: »Derjenige, der geliebt sein will«, wünscht »nicht die Unterwerfung des geliebten Wesens. ... Er will keinen Liebesautomaten besitzen.« Da er weiß, daß solche »vollkommene Unterwerfung des geliebten Wesens die Liebe des Liebenden tötet«, sucht er »nach einem besonderen Typus von Aneignung. Er will eine Freiheit als Freiheit besitzen«[23].

Nun wird bei dieser Feststellung bereits eine Paradoxie, eine latente Ambivalenz der Ich-Du-Beziehung spürbar. Innerhalb dieses geschlossenen Zweierverhältnisses wird das Gelingen oder das Scheitern der Liebe davon abhängen, ob der Wille zu mehr Freiheit oder der Wille zu mehr Aneignung des anderen vorwiegt. Erringt der Wille, die Freiheit des Partners unbehindert wachsen zu sehen, die Oberhand, so erweist sich die Ich-Du-Beziehung als schöpferisch und wahrhaft beglückend. Tritt aber der Wille zur exklusiven Aneignung bzw. Selbsthingabe in den Vordergrund, so entstehen leicht Konflikt und eine Art gegenseitige Gefangennahme. Sartre schreibt dazu: »Jeder der beiden Liebenden ist gänzlich der Gefangene des anderen, insofern er sich von ihm unter Ausschluß jedes anderen lieben lassen will; gleichzeitig

---

[22] Siehe Z. *Alszeghy*, Grundformen der Liebe. Die Theorie der Liebe bei dem hl. Bonaventura (Rom 1946) 104 f; vgl. Scheler LE 21 ff.
[23] Das Sein und das Nichts. Versuch einer phänomenologischen Ontologie (Hamburg 1970) 471.

aber verlangt jeder vom anderen eine Liebe, die sich keineswegs auf einen ›Entwurf, geliebt zu werden‹ beschränkt.«[24]
Angesichts dieser Beschreibung der geschlossenen Ich-Du-Beziehung sieht sich der Theologe veranlaßt, diesen Typus der Liebe vielleicht mit mehr Vorbehalt als üblich zur Beschreibung der Agape zu benützen. Denn jenes biblische Liebesverständnis, das Prinzip der Theologie und einer theologischen Anthropologie sein kann, scheint sich wenig mit einem *geschlossenen* Ich-Du-Verhältnis zu decken.
Hier hilft uns m. E. ein dritter Liebestypus der modernen Phänomenologie weiter. Man könnte ihn bezeichnen als eine sich in *gemeinsamer Offenheit gründende Ich-Du-Wir-Beziehung*. Nicht mehr eine exklusive Zweiergemeinschaft, nicht mehr die geschlossene Aufeinanderbezogenheit zweier Liebenden ist bestimmend. Was vor allem zählt, ist die Vereinigung zweier und mehrerer Willen in einer gemeinsamen Bewegung der Selbsttranszendenz, der Selbstüberschreitung, der Selbsthingabe. In diesem Typus der Liebe, den z. B. ein weltoffenes und sozial engagiertes Ehepaar verkörpert, liegt der Einigungsfaktor nicht nur darin, daß die Partner einander zugleich besitzen und befreien wollen. Er liegt eher (jedenfalls darüber hinaus!) darin, daß sie beide bzw. alle sich in dieselbe Richtung bewegen, daß sie für die gleiche Sache Interesse zeigen und z. B. an einem gemeinsamen Werk der Mitmenschlichkeit arbeiten. Diese Liebe steht unter der bleibenden Forderung des Exodus, des Herausgehens aus dem engsten Kreis der Zweierpartnerschaft, unter der Forderung der je neu vollzogenen Erweiterung der Perspektiven. Diese Liebe hat außerdem auch mit ständigem Fortschreiten zu tun; sie hat wesentlich progressiven Charakter. Sie ist wahrhaft jene Be-wegung, jene »Intention auf noch mögliche ›höhere‹ Werte« als die bereits gegebenen, von der Max Scheler sprach[25]. Sie verdient daher auch, schöpferisch genannt zu werden. Diejenigen, die auf solche Weise lieben, verlieben sich ineinander sozusagen »unterwegs«: das gemeinsame Ziel ihres Weges, also etwas, das außer ihnen und vor ihnen liegt, verbindet sie mindestens so stark wie das, was sie bereits in sich tragen. Man wird schon Max Scheler recht geben müssen, wenn er die biblische Agape mit dieser in bestimmter Hinsicht »extrovertierten« Liebesgemeinschaft vergleicht. Er schreibt in bezug auf die Liebe zu Gott: »Die höchste Form der Gottesliebe ist nicht die Liebe ›zu Gott‹ als dem Allgütigen, ... sondern der *Mitvollzug* seiner Liebe zur Welt ... und zu sich selbst.«[26]

---

[24] Ebd. 481.
[25] Wesen und Formen der Sympathie, Gesammelte Werke, Bd. 7 (Bern – München 1973) 156.
[26] Ebd. 166.

Diese Aussage stimmt m. E. vorzüglich mit dem überein, was unsere bibeltheologische Analyse von der Agape aufgezeigt hat. In der Tat liegt die Eigenart der Agape darin, daß sie ein Eingehen der Glaubenden auf die Liebe Gottes zu den Menschen ist und sich erst so, erst in einem unmittelbaren oder mittelbaren Vollzug der Mitmenschlichkeit, als Liebe zu Gott erweist. Es kommt also entschieden auf ein »Mitlieben« an[27]. Agape heißt, die Liebesakte Gottes, wie sie in Jesus dem Christus offenbar geworden sind, mitzuvollziehen. Deshalb geschieht Agape immer in Nachfolge und Jüngerschaft. Nur die Jünger Christi bzw. Gottes sind ihrer fähig[28].

4. Liebe als Prinzip theologischer Wissenschaft

Was bisher über das biblische und phänomenologische Verständnis der Liebe ausgeführt wurde, könnte den Eindruck hinterlassen, daß das untrennbare Ineinander von Gottes- und Menschenliebe nur als ethischer Grundsatz im Rahmen einer spirituellen Theologie gefaßt wird. Das ist aber keineswegs der Fall. Wäre es so, dann ließe sich die Gefahr der Irrationalität, die das Los jeder nur »knienden«, »bekennenden« und »predigenden« Theologie ist, kaum vermeiden. So wäre dann die Theologie auch nicht imstande, vom Glauben eine echte Denkrechenschaft abzugeben und das Praktischwerden des Glaubens realitätsgemäß zu begründen, zu erhellen und zu formulieren. In Wirklichkeit hat die Glaubenserkenntnis, daß Gott ein menschenliebender Gott ist und nur im Mitvollzug seiner Liebe angemessen geliebt wird, weitreichende Konsequenzen auch für das theologische *Denken* als solches. Sie hat auch die Arbeit der Theologie als Wissenschaft zu bestimmen bis hinein in die *Methode*, die jede systematisch-theologische Arbeit zu befolgen hat.

Wie kann die Liebe als Prinzip wissenschaftlichen Theologisierens fungieren? Worin besteht die erkenntnisleitende, -ordnende und -systematisierende Rolle des Agape-Prinzips? Die Antwort scheint mir einfach zu sein. Der Wissenschaftler, der dieses Prinzip befolgt, geht den Gegenstand seiner Wissenschaft so an, daß er ihn in seiner wahren Eigenart erfaßt und zu seiner Analyse jene Methode wählt, die der Eigenart des Gegenstandes optimal entspricht. Nun hat es bereits unser kurzer biblischer Überblick nahegelegt, daß Gegenstand der theologischen Wissenschaft, die sich mit dem christlichen Glauben beschäftigt, jene Wechselbeziehungen sind, in denen Gott und der Mensch grundsätzlich stehen; es geht wesentlich um den menschbezogenen Gott und

---
[27] Ebd. 169.
[28] Ebd. 168f.

den gottbezogenen Menschen. Daß es sich um Wechselbeziehungen handelt, zeigt schon die neutestamentlich bezeugte Untrennbarkeit der beiden Dimensionen des Hauptgebotes: Gott kann nur im Nächsten und der Nächste nur in Gott angemessen geliebt werden. Daß diese grundlegende *Korrelation* der eigentliche Gegenstand der christlichen »Glaubenswissenschaft« ist, haben vorab die ältesten und neuesten Theologen des Christentums erkannt, alle Theologen, die noch nicht oder nicht mehr einer Spekulation frönten, in der im Zentrum ein »Gott an sich«, ein »höchstes Wesen« oder gar ein begehrenswertes »höchstes Gut« steht. Die ältesten redeten vom Gott Abrahams, Isaaks und Jakobs, d. h. von Jahwe als geschichtsbezogenem Bundesgott. Die modernen reden von jenem Gott, der den Menschen in seiner innerweltlichen Suche nach dem Sinn des Lebens »unbedingt angeht«[29], wie auch von jenem Menschen, der durch seine Suche nach Sinnhaftigkeit selbst irgendwie und in vielfältiger Weise auf Gott »ausgerichtet« und »verwiesen« ist[30].

Ist aber diese Korrelation der zentrale Gegenstand der theologischen Wissenschaft, besitzt diese eine derart »theoanthropozentrische« Ausrichtung[31], so verlangt die wissenschaftliche Liebe für diesen Gegenstand, daß man *Methoden* wählt, die ihm am besten gerecht werden, die den realen, geschichtlichen aktuellen Daseins- und Vollzugsbedingungen jener Wechselbeziehung entsprechen. Hier verlangt die Liebe höchstmögliche Sachlichkeit und folglich einen echt wissenschaftlichen Respekt vor den epochalen Variationen des Gott-Mensch- bzw. Mensch-Gott-Bezuges.

Um konkreter zu sprechen, wird sich dieser Respekt für den Gegenstand als denkerischer Akt der Liebe schon darin zeigen, daß die theoanthropologische Beziehung nie zur Eindimensionalität nivelliert oder zu einem ihrer beiden Pole reduziert wird. Also weder gnostisch-weltfremde Theozentrik noch krasse Anthropozentrik im Sinne etwa bestimmter Gott-ist-tot-Theologien. Der Gedanke, der Mensch solle in Gott aufgehen, erscheint dann als ebenso »respektlos« wie der Gedanke, Gott sei in den Menschen »hineingestorben«. Ferner bedeutet der wissenschaftliche Respekt für den eminent relationalen Gegenstand der Theologie, daß man auf den geschichtlichen *Wandel* und die kulturbedingten *Variationen* der religiösen Erfahrung im allgemeinen und auf die des Christentums im besonderen sorgfältig achtet. Nur derjenige Theologe vollzieht den theologischen Akt »liebend«, der den jeweiligen Stand des göttlichen Offenbarungsangebotes und der

---

[29] So etwa nach P. Tillich.
[30] So bei K. Rahner und z. T. W. Pannenberg.
[31] Siehe dazu *J.-B. Metz*, Christliche Anthropozentrik (München 1962).

menschlichen Offenbarungsannahme genauestens prüft. Das bringt schließlich mit sich, daß die konstitutive *Asymmetrie* und dialektische *Strittigkeit* des geschichtlich-konkreten Gott-Mensch- bzw. Mensch-Gott-Bezuges jeweils wahrheitsgemäß anerkannt und aufgezeigt wird. So wird z. B. der Unterschied in der Erfahrung der liebenden Allmacht Gottes beim biblischen Menschen und beim Menschen unseres säkularisierten Zeitalters nicht übergangen und werden die modernen Atheismen als Infragestellungen herkömmlicher Redeweise von Gott im gebührenden Maße eingearbeitet. Auf diese Weise erweist sich die Agape als Prinzip einer objektiv-sachgerecht arbeitenden Theologie. Sie läßt den Wissenschaftler die wahre Eigenart und den jeweiligen Stand der Liebesgeschichte Gottes mit der Welt aufmerksam verfolgen und mit einer angemessenen Methode analysieren. Unter solchen Methoden ist sicherlich die sog.»Korrelationsmethode«[32] zu nennen, die kein theologisches Thema ohne Einbeziehung der heute dazugehörenden oder damit verbundenen nichttheologischen Verständnis-, Frage- oder Kritikhorizonte behandelt. Die so arbeitende Systematische Theologie hat selbstverständlich nicht nur eine philosophische, sondern auch eine psychologische, soziologische und naturwissenschaftliche »Antenne«, zumal die menschliche Sinnfrage in der Gegenwart auch durch Erkenntnisse dieser Wissensbereiche mitbestimmt wird. Damit hat die Systematik auch ihre organische Verbindung zur praktischen Theologie, die sich ex professo mit den konkreten Vollzugsgestalten christlicher Liebe in der Welt beschäftigt. In diesem Zusammenhang sollen hier noch einige Konsequenzen des bisher Gesagten für die Praxis gezogen werden.

5. Liebe als Prinzip umfassender Glaubenspraxis

Erstens folgt aus dem Gesagten, daß Liebe durchaus geeignet ist, Prinzip der Theologie und daher auch Prinzip einer theologisch fundierten Verkündigungspraxis zu sein. Nur muß man sich dabei die Mühe geben, von Liebe nicht in undifferenzierten, pauschalen, bloß moralisierenden oder gefühlsbetonten Sätzen zu reden. Denn die christliche Agape hat ihre unverwechselbare Eigenart, die immer wieder an den schriftlichen Zeugnissen der Offenbarung im Lichte der gegenwärtigen Geistes- und Humanwissenschaften zu verifizieren ist.
Zweitens kann und soll der so geklärte Begriff von Agape in der Gestaltung von Meditation und Beten zur vollen Geltung kommen. Das heißt u. a., daß man jenen Drang nach direkter Gotteserfahrung, der

---

[32] P. *Tillich*, Systematische Theologie, Bd. I (Stuttgart 1956) 73–83; Bd. II (Stuttgart 1958) 19–22.

sich heute vielerorts, besonders bei jungen Menschen, feststellen läßt, unter die *Kritik* des Agape-Prinzips stellt. Wo diese Kritik zum Zuge kommt, kann kein einseitiges Streben nach Geborgenheitsgefühl oder nach Gruppenesoterik als christliches Verhalten anerkannt werden. Nur dort, wo Gotteserfahrung und Selbstfindung mit aktiver Mitmenschlichkeit bereits im betenden Bewußtsein verbunden werden, ereignet sich eigentlich Agape, vollzieht sich göttliche Menschenliebe.
Drittens verlangt gerade die gegenwärtige Krisensituation der Kirche danach, daß die ausgesprochen *ekklesiale* Dimension der Agape in neuen, zeitgemäßen Gestalten verwirklicht wird. Man spricht heute in diesem Zusammenhang gerne von charismatischen Strukturen. Diese setzt man aber nicht selten mit einem guten Maß an naivem Idealismus dem entgegen, was man oft undifferenziert als »Institution« bezeichnet. Nun wäre es ein Irrtum, in der Agape, die nach Paulus das Prinzip aller Charismen ist, eine antiinstitutionelle Kraft zu sehen und sie etwa als ausschließliches Privilegium der Basisgruppen zu betrachten. Sicher wird das Wirken des Heiligen Geistes heute wieder ganz intensiv in kleinen Gruppen erfahren. Doch droht diese Erfahrung des Agape-Geistes sich selbst zu widersprechen, wenn sie zu sektenähnlichen Gruppierungen führt und nicht auf ständigen Aufbau ekklesialer *Einheit* abzielt. Genuine Agape stiftet immer solche Einheit. Sie läßt die Gruppen ihre Grenzen überschreiten, den Konsens synodaler und konziliarer Art suchen und für die Praxis des Glaubens in der Welt die geeigneten Institutionen miterfinden und mitaufbauen.
Viertens und letztens ist die Erkenntnis von großem praktischem Belang, daß die Agape als Prinzip einer wahrhaft theoanthropozentrischen Theologie theoretisch und praktisch keineswegs als eine sanfte Macht des Alles-mit-allem-Harmonisierens zu verstehen ist. Gerade weil sie eine Liebe für Menschen ist, geht sie auf die radikale Zweideutigkeit und Bedrohtheit der conditio humana ein. Sie steht unter dem Zeichen des *Kreuzes*. Das heißt, sie geht immer auf die gegebenen Widersprüche ein, bis auf den größten Widerspruch des Todes, um das Gute, das Wohltuende und Heilbringende mitten im Konflikt und aus ihm heraus schöpferisch herbeizuführen. Daraus ergibt sich u. a. die praktische Forderung, stets neue Weisen der kämpferischen Liebe und des liebenden Kampfes in Welt und Kirche zu schaffen. Auch darin erweist sich die christliche Liebe als ein Mitvollzug der Gottesliebe zur Welt.

Zur Theologie des Bekenntnisses

Bei wissenschaftlichen Diskussionen, die auch kirchliche oder persönlich-religiöse Interessen berühren – und das ist bei der gegenwärtigen Debatte um die Katholizität der Confessio Augustana sicherlich der Fall – kann eine Erweiterung der Horizonte nur nutzbringend sein. Man nimmt Abstand vom unmittelbaren Diskussionsgegenstand, läßt ihn in seinen breitesten geistesgeschichtlichen Zusammenhängen erscheinen, prüft ihn von einer grundsätzlichen, wesentlichen Ebene her, damit man dann auf ihn zurückkommend ihn besser zu interpretieren und kritischer zu betrachten vermag. In dieser Absicht soll hier das Bekenntnis zunächst als religionsgeschichtliches, dann als biblisches, schließlich als spezifisch christliches Phänomen angesprochen werden, wobei freilich auch kirchengeschichtliche Fakten und theologische Probleme die gebührende Berücksichtigung finden. Ich denke vor allem an Problempaare wie Verbindlichkeit und zeitbedingte Relativität kirchlicher Bekenntnisse oder – ein besonders aktuelles Beispiel – Schaffung neuer „Kurzformeln des Glaubens" und Treue zu geschichtlich sanktionierten Symbola fidei.

Eine Art „Fundamentaltheologie" des Bekenntnisses wird also angeboten, die ihre Theorie im hermeneutischen Spannungsfeld von Ursprung und Gegenwart zu entwerfen sucht, eine Theorie, die dann in einem zweiten, hier nur anzudeutenden Gedankengang kritische bzw. wertende Sätze über jederlei christliches Bekenntnisgebilde, unter anderem auch über das „Augsburgische", begründen kann. Bei der Weite, der Breite und der Komplexität des so gestellten Themas versteht sich von selbst, daß der Versuch mit Thesen und knappen Thesenerklärungen arbeiten wird.

1. Meine erste These hat religionsphänomenologischen Charakter und lautet: Es gehört zur Eigenart universaler Religionen, ihren Glauben in der Sprachfigur des Bekenntnisses, meist unter Einschluß von *Negativsätzen*, zu formulieren.[1]

Was mit diesem Satz gemeint ist, läßt sich leicht durch einen Vergleich zwischen sogenannten „Stammes"- oder „Volksreligionen" und Religionen mit universalistischem und z. T. missionarischem Anspruch zeigen. Eine Volksreligion erscheint als eine geschlossene Welt von Selbstverständlichkeiten. Der Gläubige wird durch die eine und selbe Geburt in das Volk und die Religion hineingeboren. Sein religiöser Weg ist ihm ebenso vorgegeben wie seine Zugehörigkeit zur Stammes- oder Volksgemeinschaft, einem Phänomen, das mutatis mutandis, in unseren wohlbekannten volkskirchlichen Christenheiten einen gewissen Analogiefall findet. Ganz anders verhält es sich bei Religionen, die nicht nur als totes Erbe den Anspruch auf übervölkische Geltung und Sendung in sich tragen. Sie stehen von vornherein in Konkurrenz mit anderen Religionen, deren Glaubensbotschaft sich *gegen* die ihrige stellt, sie negiert, angreift, kritisiert. Hier entsteht das Bedürfnis, die Wahrheit des eigenen

Glaubens eindeutig, entschieden und öffentlichkeitsfähig zu bekennen; nur so kann er von konkurrierenden Glaubensangeboten unterschieden und geschützt werden. Die kämpferische Note dabei ist unverkennbar; Sätze der Negation, der Absage, der Kritik und folglich der mehr oder weniger ausdrücklichen Selbstkritik sind unvermeidbar.

Belegt werden könnte diese These nicht nur mit Bekenntnisformeln des Mazdaismus, des Judentums, des Islams und des Hinayana-Buddhismus, sondern auch mit antipolytheistischen[2] und antidoketischen[3] Formeln aus dem Neuen Testament oder etwa mit der Rede Tertullians vom christlichen „Fahneneid"[4]; ferner mit den Absagesätzen des Taufdialogs z. B. in der alten stadtrömischen Liturgie[5] oder auch, uns näher liegend, mit den Verwerfungen des Barmer Bekenntnisses.[6] Universalreligionen sind notgedrungen kämpferische, auf jeden Fall aber kritische Bekenntnisreligionen. Einen Sonderfall stellen allerdings jene Religionsgemeinschaften *gemeinsamer* Herkunft dar, die sich gegenseitig mit Anathemata belegen, so daß ihr jeweiliger Anspruch auf Allgemeingültigkeit paradoxerweise starke Partikularismen herbeiführt und, anstatt sich gegenüber vorgegebener Konkurrenz zu behaupten, neue Konkurrenzverhältnisse schafft.

Momentan möge es aber genügen festzuhalten: es gibt eine notwendig *negative* Komponente in der Bekenntnisbildung bei Religionen, die über die Enge der Volksreligion hinausgehen; dieser negative Zug erhält seine Geltung nicht nur nach außen, sondern bei Gelegenheit auch nach innen, z. B. wenn er zu Selbstkritik oder internem Verständniskonflikt Anlaß gibt.

2. In der alttestamentlich-jüdischen Bekenntnisgeschichte tritt zum bisher Gesagten eine andere Note mit besonderer Bedeutsamkeit hinzu: der Ausdruck einer Theozentrik, die sich aus der Besinnung auf *hohe Taten Jahwes* nährt.

Den Beweis für diese zweite These brauchen wir kaum zu führen. Seit der Exoduserfahrung, diesem Sieg des einen Schöpfergottes über die andersgläubigen Unterdrücker der Söhne Israels, besitzt der jüdische Glaube seine feste Basis, seine invariable Mitte; er hat seinen zentralen Glaubensgegenstand, der im religiösen Schmelztiegel des Exils durch bewußte Apologetik und prophetisch eingeschärfte Bundestreue noch weiter geklärt wird. Die Erinnerung an den schöpferisch-befreienden Eingriff Jahwes in die Geschichte zugunsten seines Volkes ist Kern des Bekenntnisses. Der Jude setzt alles auf diese Geschichtsmacht, er glaubt an sie und besingt sie in den toda- und hoda-Gebeten[7] seines Kultes. Es handelt sich hier um ein wahrhaft „heilsgeschichtliches Credo", wobei der erste Blick der Bekennenden immer Gott und seiner Größe und erst der zweite der Nichtigkeit anderer Götter oder der eigenen Schuld und Sünde gilt.[8] Folgende drei Blickrichtungen tragen jedoch gemeinsam zum verschiedentlich akzentuierten Bekenntnis bei: Erzählung der hohen Taten Gottes, Absage an jede konkurrierende Gottheit, Anerkennung der eigenen Unzulänglichkeiten. Die narrative Vergegenwärtigung der gesta dei löst wie von selbst Lobpreis und Dank, doxologische Rede von Gott zu Gott aus. Angesichts der so bekannten Größe Gottes fällt die Absage an fremde Götter leicht und wird die ethische Selbstaufforderung zur selbstverständlichen Pflicht: „Höre Israel!

Jahwe, unser Gott, ist allein Jahwe. Du sollst Jahwe, deinen Gott lieben ..." (Dt. 6,4-9).[9]

Besonders bemerkenswert ist aber in diesem Denkkontext die *positive* Akzentuierung der Bundespflicht, wie übrigens auch der verheißenden Belohnung: das jüdische Jahwebekenntnis zeigt sich in seiner Urgestalt gewiß nicht „sündenzentriert"; das Bild der eigenen Schuld verdeckt nie das der göttlichen Großzügigkeit. Wir könnten sogar den Satz wagen: die Gnade geht der Sünde voraus, der Gerechtigkeit Gottes wird von vornherein eine ungleich größere Bedeutung zuerkannt als dem menschlichen Ungerechtsein. Das ist nur logische Folgerung aus einer Theozentrik, die noch durch keine subjektivistische Anthropozentrik getrübt erscheint. Frage: Kann ähnliches auch von christlichen Bekenntnissen der Neuzeit behauptet werden, wo etwa die Erbsündenlehre das Gnadenverständnis weitgehend bestimmt und sich zu seiner selbstverständlichen Voraussetzung macht?

Aber halten wir auch bei dieser These nur eines als mögliches Kriterium fest: der erste Blick, von dem alles übrige abhängt, gilt einem Handeln Gottes, durch das sich Gott zu seinem Volk bekennt, damit dieses selbst fähig wird, sich zu seinem Gott mit Taten des liebenden und hoffenden Glaubens zu bekennen. Sowohl beim „bekennenden" Jahwe wie beim bekennenden Gottesvolk zeigt sich als umfassende Größe das tätige Verhalten; nur innerhalb dieses Verhaltens erhalten die Worte ihr ganzes Gewicht. Das schließt ein einseitig kultisches oder kerygmatisches Verständnis von Bekenntnis aus.

3. Wenn wir nun zum spezifisch christlichen Bekennen und Bekenntnis übergehen, so finden wir in seiner Mitte die endzeitliche Großtat Gottes, die in der *Auferweckung Jesu von den Toten* in pneumatische Leiblichkeit besteht.

Der Ausdruck „pneumatische Leiblichkeit" gründet sich auf die paulinische Rede vom „soma pneumatikon" (1 Kor 15,44-49), die zu einer theologisch durchreflektierten Gestalt des Osterbekenntnisses gehört. Doch spiegelt sie getreu die ursprünglichste Glaubensüberzeugung wider, daß der Gekreuzigte von Gott zu einem vollmenschlichen Leben auferweckt wurde, wenn auch dieses neue Leben in einer noch nie dagewesenen Weise vom Geist Gottes bestimmt ist. Nur so entspricht das, was im Auferstandenen zur Vollendung kam, dem, was der Grundinhalt der Verkündigung Jesu war, nämlich die Deckungsgleichheit von *Gottesherrschaft* und *Leben*. So sind besonders im Johannesevangelium „Eingehen in die Basileia" und „das Leben haben" im Grunde austauschbare Begriffe.[10] Wo Gott ankommt, herrscht Leben. Und wo das von Gott, dem erlösend-vollendenden Schöpfer, kommende Leben herrscht, da lebt der Mensch in leib-seelisch-geistiger Einheit, was in klarer Frontstellung bereits gegenüber der korinthischen „Protognosis" und dann allen Spiritualismen, auch vom auferstandenen Leben bekannt wird.

Das soeben Gesagte läßt sich durch eine unvoreingenommene Prüfung der ältesten „Kurzformeln" des Christusglaubens im Neuen Testament leicht bestätigen. Wie der Glaube an Jesus als den Christus überhaupt nur aufgrund seiner Auferweckung von den Toten zum eschatologisch einmaligen neuen und vollmenschlichen Leben möglich wurde, so bleibt solches Leben unabdingbares und umfassendes

Konstitutivum des christlichen Bekenntnisses, wie es sich im gesamten Neuen Testament und auch bei den apostolischen Vätern darstellt. Besonders wichtig scheint mir, daß auch die Rede vom *Kreuz* nur innerhalb dieses Lebenshorizontes ihren vollen Sinn erhält. Es gibt eigentlich keine christliche fides crucis, keine confessio crucis, die ihre Geltung unabhängig von der fides in Jesum resuscitatum, bzw. resurrectum haben könnte!

Der Begriff „Leben" bzw. „neues Leben" steht derart in der Mitte der ältesten Äußerungen des Christusglaubens, daß es leicht wäre, faßt man den Schriftbefund einmal systematisch-theologisch zusammen, von einer organischen Verknüpfung des Lebensbegriffs mit dem Bekenntnisakt in drei miteinander in analogem Verhältnis stehenden Sätzen zu sprechen. Erstens: Gott bekennt sich zum gekreuzigten Jesus als seinem Christus und Sohn, indem er ihn ins neue Leben auferweckt, d. h. in das ewig neue göttliche Leben hinüberführt. Zweitens: im Lichte dieses einzigartigen Sieges Gottes über den Tod läßt sich das ganze Leben des irdischen Jesus als ein einziges Bekennen, vor allem im Sinne vom „marthyrein"[11], zur kommenden Gottesherrschaft als Lebensherrschaft verstehen; womit sich dann sowohl seine Seligpreisungen, Speisungs- und Heilungswunder, Sündenvergebungen und Absagen an vielerlei Unterdrückung wie auch seine Passionsbereitschaft um der Gottesherrschaft willen erhellen. Drittens: Der Getaufte partizipiert von dem Moment an, wo er sein Ja zur Auferstehung des Gekreuzigten bekundet und die Taufe empfängt, an der Dynamik jenes „neuen Lebens", das nicht nur unverdientes Geschenk Gottes an Knechte der vereinigten Mächte von Sünde und Tod ist, sondern Verpflichtung zu einem hier und jetzt fälligen veränderten Lebenswandel bedeutet (vgl. Röm 6,4-11).

4. Nicht nur der Gedanke an das Leben, sondern auch das Bewußtsein des *Zusammenlebens* gehört zum bereits neutestamentlich bezeugten „Urgestein" christlicher Bekenntnisbildung.

Ähnlich wie die alttestamentliche Gemeinde, die in Erinnerung an die Befreiungstat Jahwes sich sozusagen als „Exodusgemeinde"[12] verstand, begreift sich die neutestamentliche Gemeinde kraft ihres Bekenntnisses zum auferweckten und erhöhten Christus als endzeitliche „ekklesia tou theou". Das bedeutet: Sie weiß sich als die von Gott zur Teilhabe am Neuen Leben berufene Menschenversammlung. So haben die frühesten Kurzformeln des christlichen Glaubens wesentlich ekklesialen Charakter, und dies sowohl im passiven wie aktiven Sinn des Wortes. Denn diese Bekenntnisse sind ebenso dankender Ausdruck des In-Christus-versammelt-Seins wie des Willens zum brüderlichen Zusammenleben unter dem einen Herrn. Freilich bedeutet dieses Zusammenleben eine teils nach innen, teils nach außen gerichtete Dynamik: die Pflege der eigenen Gemeindeidentität läuft mit missionarischem Elan und apologetischer Kampfbereitschaft zusammen. Und das Bekenntnis fungiert als ein privilegierter Träger dieses zugleich passiven und aktiven, zugleich nach innen und außen gewendeten ekklesialen Bewußtseins.

Konkret spielt das Bekenntnis des Christusglaubens seine ekklesiale Rolle vor allem in vier Bereichen: Katechumenat und Taufe, Feier des Herrenmahls, missionarisches Kerygma und Auseinandersetzung mit Verfolgern oder Irrlehrern.[13]

4.1. „Von der allerersten Zeit an"[14] war die Taufe, wenn nicht die einzige, so doch „die häufigste Gelegenheit"[15], eine das Wesentliche des Christusglaubens zusammenfassende Formel auszusprechen. Zum Beispiel: „Ich glaube, daß Jesus Christus der Sohn Gottes ist" (Apg 8,37), wie die Antwort des äthiopischen Schatzmeisters an Philippus heißt. Mit dem Aufsagen eines solchen Bekenntnissatzes durch den Täufling, nachdem er der Frohbotschaft zugestimmt hat, heben sich für ihn die Hindernisse auf, in die Gemeinde eingegliedert zu werden. Später verlängern und bereichern sich die Taufbekenntnisse, sie passen sich der Abstieg-Aufstieg-Symbolik, dieser Erinnerung an das Begräbnis und die Auferstehung Jesu, an (1 Petr 13-22); hie und da greifen sie auch eine Anspielung an die Taufe Jesu durch Johannes auf (Ign. Smyrn 1), was das Bewußtsein, in der Nachfolge des bekennenden und von Gott bekannten Herrn zu stehen und deshalb zu seiner Jüngerschar zu gehören, besonders deutlich hervorhebt.

Wichtig ist auch die relativ früh erscheinende dialogische Struktur des Taufbekenntnisses. Tertullian bezeugt, daß der Täufling beim Einstieg in das Taufbecken auf Fragen antwortend seinen Glauben bekennt[16] und die „Apostolischen Konstitutionen"[17] reden von jener „traditio et redditio symboli", die aus dem ekklesialen Eingliederungsritus einen regelrechten interaktiven Vorgang macht.

Die Tatsache, daß das Taufbekenntnis schon so früh dialogisch abgelegt wird, läßt uns auf ein für die Zeit erstaunlich hoch entwickeltes *Freiheitsverständnis* schließen. Das „Ich glaube an Christus" spricht der Bekehrte als Ausdruck eines Verstehens aus, zu dem er sich persönlich durchgerungen hat, und einer Entscheidung, die seine ureigene ist. Zwar gehört die Initiative dem Wort Gottes, das ruft, anbietet und bereits Verpflichtung in Aussicht stellt. Zwar wird dieses Gotteswort von Mitgliedern der bereits bestehenden Ekklesia vermittelt und in die Form einladender Fragen gefaßt. So erhält der Mensch „mit Gott zu tun, indem er mit dem Mitmenschen zu tun erhält".[18] Dennoch spricht der Täufling seine Bekenntnisantwort nicht als bloß vor-gegebenes Wort aus, sondern als seine eigene Tat, sein bewußtes Engagement, und seine freiheitliche Selbstübergabe. Diese Bedingungen bekenntnishafter Selbstidentifikation mit der „ekklesia tou theou" besitzen wegweisenden Wert auch im Hinblick auf die gegenwärtige Bekenntniskritik.

4.2. Freilich reichte es nie, das Leben mit Christus und das Zusammenleben in seiner Gemeinde nur einmal zu wollen, und diesen Willen bloß bei der Taufe zu bekunden. Das Bekenntnis wurde von Anfang an zum Gegenstand wiederholter Ratifizierung, „Konfirmation" und dankender Besinnung gemacht. So vor allem in der täglichen oder wöchentlichen Feier des *Herrenmahls*. Hier bekennen die Versammelten vor und mit ihren Brüdern und Schwestern den Glauben, der sie vereint. Wahrscheinlich in Anlehnung an das „Schema"-Gebet, das „Höre Israel" des Synagogengottesdienstes läßt die urchristliche Gemeinde bei jeder Eucharistiefeier irgendein Christusbekenntnis, wie z. B. den Christushymnus des Philipperbriefes (2,6-11) sprechen oder singen.

Das Beispiel dieses Hymnus ist für unser Thema besonders lehrreich. Hier gipfelt nämlich alles im Schlußsatz: „Und jede Zunge *bekennt*, Herr ist Jesus Christus zur

Ehre Gottes, des Vaters". Aber es scheint mir durchaus legitim, auch die vorausgegangenen Sätze im Kontext des Bekenntnisgedankens auszulegen: als Ausdruck einerseits des „martyrein" Jesu zu Gott und der Welt, andererseits des Sich-bekennens Gottes zu seinem erniedrigten Gesandten. In der Tat soll gerade diese Konvergenz göttlichen und menschlichen Bekennens jene ekklesiale Brüderlichkeit motivieren und tragen, deren sakramentales Zeichen das Herrenmahl ist. Wenn heute evangelische Theologen[19] von der dringlichen Wiederverankerung des Bekenntnisbetens in der gottesdienstlichen Praxis reden, so spricht sicherlich Neutestamentliches für sie.

4.3. Das unter dem Zeichen des neuen Lebens vollzogene Zusammenleben wendet sich freilich mit seiner ganzen Bekenntnisenergie auch nach außen. Es reicht, auf die von der Apostelgeschichte mit hoher historischer Glaubwürdigkeit bezeugte Grundstruktur des apostolisch-missionarischen *Kerygmas* hinzuweisen, um die zentrale Rolle des Themas: „Diesen Jesus hat Gott auferweckt, dafür sind wir alle Zeugen" (2,32; vgl. 3,15; 10,40-43; 17,31) darin zu sehen. Hier wird das Bekenntnis zum Zeugnis; die aus innerster Überzeugung vollzogene „homologia" verwandelt sich in weltzugewandte „martyria". Der Glaube an den Auferweckten spricht sich als „euangelion" für Noch-nicht-Bekehrte aus, wie das auch 1 Kor 15,1-7 nahelegt. Dieses Faktum hat auch für uns heute Normwert: kein Credo ohne Missio, kein christliches Bekenntnis ohne Willen, die Welt missionarisch anzusprechen und im Lebenszeugnis auf die Freude des neuen Lebens aufmerksam zu machen.

4.4. Diese bereits begriffsgeschichtlich nachweisbare und von der Urgemeinde zu alltäglicher Lebenswirklichkeit gemachte Verwandtschaft zwischen dem homologein und dem martyrein[20] erhält dann notgedrungen auch jene negative, *kritische*, kämpferische Dimension, von der in unserer ersten These über die Religionen mit universalem Anspruch die Rede war. Das zur Verkündigung gemachte Christusbekenntnis ruft Widerspruch hervor, stößt auf Verfolgung durch mächtige Andersgläubige. Gerade an diesem Punkt kommt, bereits im Neuen Testament, Pilatus in das Credo ... Der Autor der Timotheusbriefe (1 Tim 6,12-16) nennt ausdrücklich das „gute Bekenntnis" Jesu, das er als ein martyrein „vor Pontius Pilatus abgelegt hat" und stellt es als Vorbild für den „guten Kampf des Glaubens" dar. Das Anliegen ist klar: der Christ soll vor den römischen Behörden tun, was Jesus selbst getan hat[21]: Tat- und Wort-Bekenntnis, wenn notwendig bis zum Martyrium, ablegen. Mögen die Heiden sich vor einer in der Person des Kaisers vergotteten Staatsgewalt beugen: der Christ wird sich strikt weigern, „Kyrios Kaisar" (vgl. Apg 17,7) und „anathema Christos" (1 Kor 12,3) zu rufen. Für ihn gilt einzig „Kyrios Christos" bis zur letzten Konsequenz. Denn er ist weltkritischer Nachfolger des „bekennenden" Jesus.

Die Tatsache, daß das urchristliche Bekenntnis nicht nur mit dem Widerspruch der Staatsreligion, sondern auch mit der Hinterfragung durch *christliche Außenseiter* mit oft hohem spirituellem und intellektuellem Anspruch zu tun bekam, erklärt seine Entwicklung auf das *Lehrhafte* hin. So entstehen Bekenntnisformeln, die sich in ihrer inhaltlichen Struktur selbst von Reaktionen auf Irrlehren bestimmen lassen. Bereits Paulus holt das Wort vom überwundenen Begrabenwordensein Jesu in sein Credo herein, um eine Absage an Auferstehungsskeptiker zu erteilen (1 Kor 15,4). Ähnlich integriert Johannes den Satz „Jesus Christus ist ins Fleisch gekommen" (1 Joh 4,2) und Ignatius den Satz: „er hat gegessen und getrunken" (Trall 9), als Reaktion auf doketische Tendenzen. Wir sind heute bestens in der Lage, alle Gefahren, die eine solche apologetische Bekenntnisbildung in sich bergen kann, zu überblicken. Im Grenzfall gälte sogar das Prinzip: was geleugnet oder verfälscht worden ist, das muß Bestandteil des Bekenntnistextes werden! Das könnte uns freilich von der ursprünglichen Funktion der christlichen homologia als Bezeugung der hohen Taten Gottes in Christus weit weg führen. An diesem Punkt können wir im Hinblick auf die Gegenwart kaum von einer Norm, wohl aber von einem geschichtlich gewachsenen Problem sprechen. Dem hat sich christliches Bekenntnis gerade als Kirchenbekenntnis schon seit dem apostolischen Zeitalter zu stellen gehabt.

Es drängt sich also hier die Frage auf: Kann es überhaupt eine Bekenntnisformel geben, die hält, was sie verspricht, nämlich das Wesentliche des Evangeliums Jesu Christi sowohl für die kultischen wie für die missionarischen und apologetischen Bedürfnisse der verschiedenen Gemeinden in den verschiedensten Zeiten und Kulturen zusammenzufassen? Kann es eine solche „summa et regula fidei" geben? Oder ist ein wahrhaft katholisches, im Sinne der zugleich räumlichen, zeitlichen und inhaltlichen Universalität katholisches Bekenntnis eine pure Fiktion?

Dieser Problematik soll im Folgenden nachgegangen werden, indem zwei geschichtlich gewachsene Bekenntnisse, das sogenannte „Apostolische" und das „Augsburgische", auf ihren Inhalt hin geprüft werden.

5. Wie schon sein Name zeigt, wird das *Apostolicum* durch eine bestimmte Tradition damit als Ur- und Grundbekenntnis des Christentums legitimiert, daß es von den Aposteln oder zumindest aus der apostolischen Zeit[22] hergeleitet wird. Bekanntlich ist das eine Fiktion bzw. eine künstliche Konstruktion, wobei auch nach Maß geschnittene Legenden verwendet wurden.[23] In Wirklichkeit ist die Geburtsstätte dieses Credos vielmehr römisch als unmittelbar apostolisch und sein Geltungsbereich vielmehr westlich als universal-kirchlich. J. Ratzinger geht in der Kritik des Apostolicums (die freilich mehr formalen als inhaltlichen Charakter hat) so weit, daß er in diesem Zusammenhang von „Benutzung" des Symbols „als Mittel der Reichseinheit" spricht: eine Anspielung auf das berühmte Dekret Karls des Großen. Er sieht darin Züge einer „vom Politischen ausgehenden Uniformierung der Kirche im Westen" und sogar eine „Verfremdung des Glaubens"[24] zu glaubensfremden Zwecken.

O. Cullmann kritisiert seinerseits etwas, das dem Inhalt schon näher kommt, indem er feststellt, daß die Entwicklung der einteiligen christologischen Bekenntnisformeln des Neuen Testaments zu dreiteiligen trinitarisch gliederten „schließlich trotz allem die Auslegung des Wesens des Christentums verfälscht hat".[25] In der Tat steht es historisch fest, daß nach den ältesten neutestamentlichen Zeugnissen das Bekenntnis zu Jesus dem Christus ebenso die unangefochtene Mitte des Glaubensverständnisses bildete wie die Anrufung seines Namens die übliche Formel der Taufspendung war.²⁶ Der christliche Glaube artikulierte sich im Ursprung konsequent *christozentrisch;* präziser gesagt: er nahm seinen Ausgangspunkt im Christusereignis bzw. -mysterium und kam *so* zum gläubigen Erfassen der Wirklichkeit Gottes. Vaters und des Schöpfers. Er artikulierte sich nach dem Schema „durch Christus zu Gott" und nicht „durch Gott zu Christus", was u. a. durch den bereits vorreflexiven Willen, das „spezifisch Christliche" gegenüber dem einfach Jüdischen abzugrenzen, mitbedingt worden sein mag. „Unter diesem Gesichtspunkt ist die dreiteilige Formel von 2 Kor 13,13, welche die Gnade des Kyrios Jesus Christos vor die Liebe Gottes des Vaters stellt, der Gesamtheit des neutestamentlichen Zeugnisses gemäßer als die von Matth. 28,19, die unter dem Einfluß liturgischer Rhythmik und Logik oder weil der Sohn selber der Redende ist — Gott den Vater vor Gott den Sohn stellt".²⁷ Diese Artikulierung des Glaubensgegenstandes blieb zum Teil auch bei den „apostolischen Vätern" und den Apologeten erhalten.²⁸

Vorliegender Sachverhalt nimmt jedoch — das muß sofort hinzugefügt werden — nichts von der Sinnhaftigkeit mehrerer neutestamentlicher Bekenntnisse weg, die Gott *vor* Christus nennen: sie erklären sich leicht dadurch, daß sie in einer ausgesprochen missionarischen oder apologetischen Perspektive auf die heidnisch-polytheistische Welt hin und als Einladung zum Monotheismus abgefaßt wurden (so 1 Kor 8,6; 1 Tim 2,5; 6,13f.; 2 Tim 4,1f.). Das macht die grundsätzlich-allgemeine Christozentrik des Glaubens naturgemäß nicht rückgängig.

Tut dies dann vielleicht die Nennung des *Geistes* an erster Stelle, in einem dreigliedrigen Taufbekenntnis wie Eph 4,4? Auch das dürfte wohl verneint werden, zumal hier das göttliche Pneuma offensichtlich „als die in der Taufe empfangene Gabe"²⁹ hervorgehoben wird, wobei die Taufe selbst als der auf den Namen Jesu Christi erfolgte Eingliederungsritus zu verstehen bleibt.

Nun, was folgt aus all dem für das „Apostolicum"? Die Erkenntnis, daß dieses mit seinem starren Vater-Sohn-Geist-Schema dem der Gesamtbotschaft des Neuen Testaments so wesentlichen Prinzip „durch Christus zu Gott" nicht ohne weiteres gerecht wird. Außerdem gibt die Tatsache Anlaß zu Kritik, daß das „Apostolicum" nebst ganz wesentlichen Glaubenswahrheiten wie der Auferstehung Jesu, und historischen Fakten wie seiner Kreuzigung unter Pontius Pilatus im selben Atemzug teils bildhafte teils mythologische Beschreibungen seines Kyriosseins wie „Abstieg in die Unterwelt", „Auffahrt in den Himmel" und „Sitzen zur Rechten des Vaters" nennt. Diese theologische Akzentverschiebung und die z. T. mythologische Sprache leisteten bekanntlich R. Bultmann Vorschub, zu sagen, etliche Sätze des Apostolicum seien heute „erledigt"³⁰, auf jeden Fall nicht mehr nachvollziehbar. Aus verschiedenen Umfragen bei heutigen Jugendlichen ergibt sich eine ähnliche Meinung.³¹

Dennoch drängt sich eine derart radikal entmythologisierende Schlußfolgerung keineswegs als einzige Möglichkeit, und schon gar nicht als Notwendigkeit auf. Vielmehr legt sich radikal nur die *Auslegungsbedürfigkeit* dieses Bekenntnisses und aller Bekenntnisse überhaupt nahe. Ausgelegt müssen sie aber nicht so werden, daß man sie etwa nach dem Maß modernen Weltgefühls zurechtschneidert, und so gleichsam in der Menge reduziert, sondern daß man sie immer wieder mit dem *Kern* der neutestamentlichen Christusbotschaft konfrontiert.[32] Wenn man dies als ersten und entscheidenden Schritt einer gewiß unerläßlichen Bekenntnishermeneutik macht, erfolgt jene Differenzierung zwischen Mitte und Peripherie, bleibender Sache und variabler Sprache, die die je neuen Generationen als Glaubensgehilfen brauchen. Die Bekenntnisformel erhält dann ihre ursprünglich missionarische Funktion wieder: biblisch ausgelegt wird sie neu verständlich und dann auch als eine gültige „Kurzformel" oder – wie Augustinus sagte – ein „verbum abbreviatum" der biblischen Glaubensbotschaft brauchbar. Sie „funktioniert" wieder. Ja, *im Vollzug* der am Kern dieser Botschaft orientierten Interpretation erfüllt das Apostolicum selbst, seine ureigene sachbezogene Aufgabe und hört auf, ein potentielles Hindernis für den Glaubensvollzug zu bilden. Wird es nicht nur in seiner z. B. politisch bedingten Fixierung und in seinem Gebrauch als Taufbekenntnis der römischen Stadtgemeinde erhellt, sondern auch im Hinblick darauf geprüft, wie, in welcher Weise und in welchem Maße es ein getreues Echo[33], eine authentische Übersetzung des Evangeliums sein wollte und kann, fallen die oben angesprochenen Einwände weitgehend weg. Denn es werden Ausmaß und Grenzen jenes dogmatischen Wachstumsprozesses sichtbar, der in einer sinnvollen Weise das ursprüngliche „Durch Christus zu Gott" in einem trinitarischen, genauer ökonomisch-trinitarischen Raster vorlegen konnte. Nur dank einer solchen durch die Schrift normierten Hermeneutik läßt sich begreifen, in welcher Weise das Geheimnis Jesu des Christus seine ureigene Tiefendimension besitzt im Gemeinschaftsgeheimnis des Sohnes mit dem Vater, der durch ihren einen Geist in der Geschichte fortlaufend Heil und Heilsgemeinschaft schafft. Bei einem schriftfremden, isolierten, unausgelegten Hersagen des Apostolicums hingegen droht dieses u. U. zu einer untragbaren Last oder zu einer bedeutungslosen Leerformel zu werden.

6. Mehr und anders als im Apostolicum, mehr und anders als im Nicaenum und im Nicaeno-Constantinopolitanum sind Spuren einer innerchristlichen Dogmenkontroverse in der *Confessio Augustana* zu finden. In ihr nimmt deshalb das *Lehrhafte* ein derartiges Ausmaß an, daß manche verständlicherweise zögern, sie mit den altkirchlichen Symbola in dieselbe Kategorie einzuordnen.

Also eine „confessio sui generis"? Etwa eine „confessio secundi ordinis", abgeleitet von primären Quellen und bewußt auf die Klärung zeitgenössischer Kontroversen bedacht? Ähnliches scheint auf jeden Fall der Autor der Augustana (daß dieser ein Einzeltheologe war, darin liegt auch ein relatives Novum!) selbst zu empfinden, indem er deren dogmatische Legitimation ausdrücklich von ihrer Schrift- und Traditionsgemäßheit abhängig macht.[34] Melanchthon und seine reformatorischen Gefährten waren sich offensichtlich auch der unvermeidlichen Unvollständigkeit ihres Bekenntnisses bewußt, indem sie dieses „*fast* die Summe der Lehre"[35] nannten.

All das drückt sich noch viel stärker in der gegenwärtigen Debatte um eine mögliche römisch-katholische „Anerkennung" oder „Rezeption" des lutherischen Grundbekenntnisses aus. Gerade evangelische Theologen zeigen die offene Tür zu seiner „Überprüfung an der Heiligen Schrift" an[36], reden diesbezüglich von einer evangelisch-katholischen „Umkehr in die Heilige Schrift hinein"[37] und davon, daß die reformatorischen Bekenntnisschriften verbindlich sind, „*soweit* sie mit der Schrift übereinstimmen"[38], zumal letzte Verbindlichkeit allein dem „apostolischen Evangelium" zustehe.[39] Dementsprechend kritisiert G. Kretschmar jene Lutheraner und Katholiken, die das Augsburgische Bekenntnis nicht von der Schrift her, sondern bloß von Luther her hinterfragen.[40]. Hier wird also die hermeneutisch-kritische Korrelation zwischen Bekenntnisformel und biblischer Offenbarung, wie wir dies gerade für das Apostolicum forderten, als selbstverständlich angenommen.

Umso schärfer stellt sich aber dann die Frage nach der Mitte der Offenbarung als Evangelium Jesu Christi. Ist sie unmittelbar, eindeutig und unbestreitbar mit der vom Paulus des Galater- und Römerbriefes erarbeiteten und von Luther ausgelegten Rechtfertigungslehre gegeben? Ist das Evangelium einfach „Evangelium der Rechtfertigung", wie das etwa W. Lohff sagt[41], der dann in der Logik dieser Formel meint, die „augsburgische" Rechtfertigungslehre sei „die Mitte" und „das Vorzeichen, unter dem alle dogmatischen Lehraussagen zu sehen sind", und sie sei „das *Kriterium*, die Grenzbestimmung, von der her sich Legitimität oder Illegitimität in der Verkündigung anderer Glaubensartikel ergibt"[42]?

Eine erste Beobachtung, die hier kritisch stimmen könnte, betrifft das Apostolicum als das weitestgehend, quasi einheitlich rezipierte Symbolum fidei der westlichen Christenheit: es erwähnt die Rechtfertigungslehre mit keinem Wort. Aus diesem Grunde wurde es auch bekanntlich von Theologen der lutherischen Orthodoxie im 17. Jahrhundert angegriffen.[43] Ähnliches gälte vom Nizäno-Konstantinopolitanischen Glaubensbekenntnis, wo zwar bekannt wird, daß Christus „für uns Menschen und um unseres Heiles willen" vom Himmel herabgestiegen und „für uns gekreuzigt worden" ist, doch wird dabei jene Sünde-Gnade-Dialektik, die den Gerechtsprechungsprozeß nach dem Römerbrief auszeichnet, nicht thematisiert. Das Wort von der *Vergebung der Sünden* erhält in beiden altkirchlichen Symbola seinen Standort nicht im zweiten, sondern im dritten Artikel, es wird nicht an die Christologie, sondern an die Lehre vom Geist, von der Kirche und der Taufe angehängt.

Freilich wäre es möglich, aus diesem Sachverhalt auf eine ungenügende Biblizität der alten Symbole zu schließen und anzunehmen, die lutherische Reformation habe gleichsam über ihren Kopf hinweg die Mitte der biblischen Offenbarung und damit den „articulus stantis et cadentis ecclesiae" wiederentdeckt. In brutaler Zuspitzung ließe sich hier fragen: Wer ist „biblischer", die alten Symbola oder die Augustana? Es läge dann vielleicht gleich eine irenisch-kompromißbereite Antwort nahe: beide sind schriftgemäß, nur eben anders! . . .

Meines Erachtens können solche vereinfachten Stellungnahmen den Sachverhalt selbst kaum treffen. Vielmehr muß wiederum geschichtlich gedacht werden und man muß zunächst einmal das ursprünglich zentrale „Durch Christus zu Gott" in Erinnerung rufen. Dieser Satz resümiert nämlich jene Urmitte des christlichen Bekenntnisses, die durch den Glauben *an die Auferweckung des Gekreuzigten und sein österlich geoffenbartes Kyrios-Christos-Sein* entstand. Dieser Glaube hat alle christologischen Hoheitstitel geschaffen (wohlgemerkt: nicht Niedrigkeits-, sondern

Hoheitstitel!), von denen einige auch in die altkirchlichen Symbola eingegangen sind. Freilich stand diese *christologische* Mitte der Schrift nie isoliert abstrakt da, nie ohne konstitutive Verflochtenheit mit dem *soteriologischen* Ziel des österlichen Gottessieges über das Kreuz. Gerade das wollten die „für-uns-Sätze" des Nicaeno-Constantinopolitanum, auch ohne ausdrückliche Einbeziehung des Rechtfertigungsgedankens, zum Ausdruck bringen.

Nun hilft uns hier der eminent bekenntnishermeneutische Grundsatz weiter: andere Zeiten, andere Glaubensformeln. Luther steht am Anfang der Neuzeit, oder auf jeden Fall am Ende des Mittelalters, wo die Heilsfrage mit elementarer Wucht vom glaubenden Subjekt als solchem gestellt wird. Frömmigkeit und Mystik erhalten einen, modern gesprochen, existentiellen Zug. Es zeichnet sich eine *anthropologische Wende* ab, deren Folgeerscheinungen wir heute noch, oder vielleicht besser: heute wieder spüren. Es wird dabei wahrhaft vom Menschen her, und zwar von einem mit den *Negativitäten* seiner Existenz beschäftigten, dadurch ehrlich geängstigten Menschen[44] nach Gott gefragt. Und zwar frühneuzeitlich mehr nach Gott als dem Gnädigen, später und modern mehr nach Gott als dem Sinngeber des Menschenlebens. In diesem Horizont menschlicher Selbsterfahrung und z. T. – wie ich meine – durchaus als Vorläufer der Moderne, verleiht Luther seiner Predigt eine tief in der *Anthropologie verwurzelte Christozentrik*, d. h. er schafft eine auf das personal erfahrbare Heil hin reflektierte Rede vom Christus Gottes. Dazu liefert seine eigene „Entdeckung" des Galater- und Römerbriefes eine feste biblische Grundlage. Nun: sofern die Confessio Augustana diese Glaubenshermeneutik Luthers widerspiegelt, kann ihr sicherlich die Schriftgemäßheit nicht abgesprochen werden, eine Schriftgemäßheit, die hinreicht, um als authentischer Ausdruck des christlichen und im überkonfessionellen Sinn auch katholischen Glauben anerkannt zu werden.[45] Dies zugegeben müßte man freilich auch jenen traditionellen Zusammenfassungen des christlichen Glaubens ihre Legitimität belassen, die sich nicht ausdrücklich an der „justificatio impiorum", sondern an anderen Aspekten des unsagbaren Reichtums Christi orientieren. Und somit vielleicht sogar bessere Chancen als die „Augustana" haben, der Gefahr einer unbiblischen Sündenzentriertheit zu entkommen.

7. *Symbola* sind sie jedenfalls alle, auch viele von jenen „Kurzformeln des Glaubens", die heute für Jugendgottesdienste von mehr oder weniger bekannten Autoren in einer Sprache unserer Gegenwart verfaßt wurden; ein Unternehmen, das K. Rahner und einige seiner Schüler besonders befürwortet haben.[46]

Symbola sind sie nicht nur dadurch, daß sie *Zusammenfassungen*, Summen, verba abbreviata von der biblisch bezeugten Christusbotschaft darstellen, auch nicht nur deshalb, weil sie, gerade durch ihre bunte Vielfalt ein *Zeichen* christlichen Universalitäts-, Katholizitätsanspruchs bilden. Der Symbolcharakter kommt ihnen auch in jenem Ursprungssinn von symbolon zu, der das Stück eines zerbrochenen Ringes besagt, das Stück, das „auf die *Ergänzung* im andern weist und damit gegenseitiges Erkennen und Einheit schafft".[47] Die letztgültige Ganzheit, auf die alle Symbola fidei als ergänzungsbedürftige Teilganze hinzielen, ist nichts anderes als die lebendige Wahrheit Gottes; des unsichtbaren Gottes, der in Jesus dem Christus sichtbar geworden, heute noch so verschiedentlich gesehen wird.

Freilich will ich mit dieser abschließenden siebten These und ihren „erhabenen Allgemeinsätzen" nicht über die Schwierigkeit hinwegtäuschen, die bei jenen symbolischen Schriften auftaucht, die eigentlich Lehrdokumente mit spezifisch dogmatischem Anspruch sein wollen und dazu noch die Doktrin einer christlichen Konfession gegen eine andere aussagen. Hier stellt sich die hermeneutisch ungemein komplexe Frage der sog. „Satzwahrheit", die in ihrer Ordnung auch ihr gutes theologisches Recht hat. Doch ist Lehre etwas anderes als Bekenntnis und fordert über den Glauben der Bekennenden und ihrer Gemeinschaft hinaus die Funktion des authentischen *Lehramtes* nebst der wissenschaftlich-theologischen Forschung heraus. Und da wir aus geschichtlicher Erfahrung wissen, wie kirchliches Lehramt in den verschiedenen Konfessionskirchen funktioniert, können wir ohne jeglichen skeptischen Nebenton schließen: Bekenntniseinheit waltet bereits dort, wo Lehreinheit noch aussteht.

ANMERKUNGEN

1 Vgl. *G. Mensching*, Soziologie der Religion, Bonn [2]1968. 1947, 207ff; *P. Meinhold*, Die Religionen der Gegenwart, Herder TB 656, Freiburg-Basel-Wien, 1978, 21f.
2 Z. B. 1 Kor 8,6.
3 Z. B. 1 Joh 4,2; vgl. Ign. Trall 9; MPG 5, 705.
4 Adv. Praceam 2.30; MPL 1, 208.
5 Vgl. *Hippolyt*, Traditio apostolica, Edition von B. Botte, Münster [2]1963,46.
6 Vgl. *E. Wolf*, Art. Barmen, RGG I, 875ff.
7 Vgl. *C. Westermann*, Art. Bekenntnis II. im AT und im Judentum, RGG I, 990.
8 So charakterisiert *G. von Rad* Dt 26, 5-9 in seiner Theologie des Alten Testaments, Bd. I, München [6]1969, 135ff.
9 Vgl. Dt. 11,13-21; Nu 15,37-41.
10 Joh 3,5 (vgl. 3,3: „das Reine Gottes schauen") und 3.15f (vgl. 3,36: „das Leben schauen").
11 Zum Verhältnis zwischen „homologein" und „martyrein" bezüglich 1 Tim 6,12-16 siehe *O. Cullmann*, Die ersten christlichen Glaubensbekenntnisse, Theologische Studien (hrsg. von K. Barth) 15, Zöllikon-Zürich [2]1949,20ff.
12 Der Ausdruck wird in gegenwartsbezogener Variante von *J. Moltmann*, Theologie der Hoffnung, München 1969, 280-312, verwendet.
13 Dazu *Cullmann*, a.a.O. 13-28, der aber m. E. den missionarischen Verkündigungsaspekt unterbelichtet läßt, während er den Exorzismusaspekt überbetont.
14 Ebd. 14.
15 Ebd.
16 De corona mil. 3; MPL 1, 164.
17 Siehe vorab das Buch VII, 39-45.
18 *J. Ratzinger*, Einführung in das Christentum, München [10]1968,64.
19 So *W. Pannenberg*, Die Ausgburger Konfession und die Einheit der Kirche, in: Confessio Augustana. Hindernis oder Hilfe, mit Beiträgen von H. Fries, E. Iserloh u. a., Regensburg 1979 (= „Confessio"), 276.
20 Vgl. *Cullmann*, a.a.O. 20.
21 Ebd. 21.
22 Siehe DS 10 und die dazu gehörende Einleitung „Formale occidentales".
23 Vgl. *Cullmann*, a.a.O. 11f.

24 *Ratzinger*, a.a.O. 57.
25 *Cullmann*, a.a.O. 45.
26 Ebd. 30f.
27 Ebd. 45f.
28 Siehe Polyk, Phillip. 2; MPG 5, 1005. Ign. Trall 9; MPG 5, 705. Tertul, Adv. Prax 2.30; MPL 1, 208. Iustin, Apol I,13 u. 61; MPG 6.
29 *Cullmann*, a.a.O. 39.
30 Siehe seinen Aufsatz: Neues Testament und Mythologie. Das Problem der Entmythologisierung der neutestamentlichen Verkündigung, in: Kerygma und Mythos. Ein Theologisches Gespräch, Bd. 1, hg. v. Hans-Werner Bartsch, Hamburg-Bergstedt 1967, 15-18.
31 Siehe *R. Bleistein*, Kurzformel des Glaubens. Prinzip einer modernen Religionspädagogik, Würzburg 1971, 165-168. Zur gleichen Problematik siehe *G. Friedrich*, Schwierigkeiten mit dem Apostolicum?, in: Veraltetes Glaubenskenntnis? (mit Beiträgen von P. Brunner u. a.), Regensburg 1968, 65.
32 *Ratzinger*, a.a.O. 58, fordert für das Apostolicum: „das Ganze immer wieder auf das Neue Testament zurückzubeziehen und es aus seinen Absichten heraus zu lesen und zu deuten".
33 Ebd.
34 Siehe BSLK 45,25 ff, wo die „Praefatio" erklärt: „offerimus in has causa religionis nostrorum concinatorum et nostram confessionem, cuiusmodi doctrinam ex scripturis sanctis et puro verbo Dei hactenus illi apud nos tradiderint."
35 Beschluß des 1. Teils: BSLK 83c, 7-10: „Haec fere summa est doctrinae apud nos. in qua cerni potest nihil inesse, quod discrepet a scripturis vel ab ecclesia catholica . . ."
36 So *W. Lohff*, in seinem Beitrag zu „Confessio" (vgl. Anm. 19) 194.
37 So der Altlandesbischof *H. Dietzfelbinger*, in: Katholische Anerkennung des Augsburger Bekenntnisses? (hrsg. von H. Meyer, H. Schütte und H. J. Mund) Frankfurt 1977, 58.
38 So *G. Kretschmar* in seinem Beitrag zu „Confessio" (vgl. Anm. 19), 52.
39 Ebd. 47,56,59.
40 Ebd. 60.
41 In „Confessio" 202.
42 Ebd. 197.
43 Ein Hinweis darauf findet sich bei *Cullmann*, a.a.O. 8.
44 Vgl. *Bleistein*, a.a.O. 69ff.
45 Siehe den sog. Malta-Bericht 1978. Interessanterweise erblickt *Pannenberg* (a.a.O. 273) im Rechtfertigungsverständnis Luthers einen möglichen Ausgangspunkt zur Rezeption des modernen Freiheitsverständnisses.
46 Siehe *K. Rahner*, Sachliche Schwerpunkte der heutigen Verkündigung, in: *Bleistein*, a.a.O. 7-11; vgl. ders. Schriften zur Theologie, VIII 153-164; *K. Lehmann*, Kurzformeln des christlichen Glaubens, in: Handbuch der Verkündigung, Bd. I, Freiburg 1970; *H. Keller*, Bekenntnisbildung in Bewegung (hrsg. von G. Ruhbach, H. Schröer, M. Wichelhaus), Göttingen 1969, 162.
47 *Ratzinger*, a.a.O. 67; vgl. *Kretschmar* in seinem Beitrag zu „Confessio" (vgl. Anm. 19), 56: „Jedes Bekenntnis bleibt Stückwerk und kann mißverstanden werden. Trotzdem ist von uns das Wagnis des aktuellen Bekennens gefordert".

Formale und inhaltliche Aspekte der mittelalterlichen Konzilien als Zeichen kirchlichen Ringens um ein universales Glaubensbekenntnis

Der Begriff „mittelalterliche Konzilien" meint hier in einem engeren Sinn jene Reihe westlicher Kirchenversammlungen, die von der ersten Hälfte des 12. bis zur Mitte des 15. Jahrhunderts auf päpstliche Einberufung abgehalten wurden; namentlich betrifft dies die vier ersten Laterankonzilien, die beiden Konzilien von Lyon, das Konzil von Vienne und das Florentinum[1]. Unter ihren formalen Aspekten sind zu verstehen: ihr mehr oder weniger ausgeprägtes Selbstverständnis, die Gesamtkirche zu repräsentieren, ihr Anspruch, wenn schon nicht „ökumenisch" (wegen der fehlenden Ostkirchen), so zumindest „allgemein" zu heißen, die Bedingungen ihrer Einberufung, ihre Zusammensetzung und Arbeitsweise, ihr erkenntnisleitendes Interesse und ihre Fähigkeit, fremde Positionen zu verstehen. Was ihre inhaltlichen Aspekte anbelangt, sollen hier vorab jene Lehrelemente berücksichtigt werden, die Anspruch auf allgemeine Rezeption im östlichen wie im westlichen Teil der geteilten Christenheit erhoben. Damit ist schon angedeutet, wie diese Konzilien als Zeichen kirchlichen Ringens um ein universales Glaubensbekenntnis zu betrachten sind. Wie sich zeigen wird, läßt ihre Wirkungsgeschichte – mit heutigen Augen gesehen – es kaum zu, in ihnen mehr als nur ein Zeichen dieses Ringens zu erkennen. Die „Sache", um die gerungen wurde, nämlich das universal geltende Bekenntnis des *einen* Glaubens, steht in gewisser Hinsicht heute noch aus.

Dennoch empfiehlt es sich, von der „bezeichneten Sache" auszugehen, zumal sie die Aufmerksamkeit von sich aus gleich auf das Nicaeno-Constantinopolitanum (= NC) lenkt. Aus verschiedenen Gründen ist es als jenes Glaubensbekenntnis anzusehen, dem die Bezeichnung „universal" oder gar „ökumenisch" am ehesten zukommt[2], eher sogar noch als dem sog. Apostolicum (= A). Und da

---

[1] Die konziliaristisch geprägten „*Reform-Konzilien*" von Konstanz (1414–1418) und Basel (1431–1437 bzw. 1448) stellen ein besonderes Problem dar. Von ersterem sagt *J. Gill*, Konstanz und Basel–Florenz, in: Gesch. der ökum. Konzilien IX (Mainz 1967) 383, es sei „in seinen ersteren Sitzungen nicht ökumenisch" gewesen. Letzteres stand lange Zeit unter der Autorität des „Gegenpapstes" Felix, den es selbst gewählt hatte.

[2] *A. Grillmeier*, Bekenntnisse der Alten Kirche II – Das NC, in: Studien zur Bekenntnisbildung ...

der Wortlaut des NC auf dem II. Konzil von Lyon und mehr noch auf dem Florentinum auch selbst zur Debatte stand, sollen diese beiden Kirchenversammlungen eingehender geprüft werden. Selbstverständlich kommt hier nicht nur dem „*Filioque*" eine besondere Bedeutung zu, sondern vorab den mit ihm verbundenen *pneumatologischen* und *christologischen* Implikationen.

Keineswegs darf der Eindruck entstehen, die Diskussion über die Konzilien und ein universales Glaubensbekenntnis wie das NC, mit oder ohne „Filioque", betreffe etwa nur den Dialog zwischen Orthodoxen und römischen Katholiken. Da die Reformatoren selbst[3], etliche reformatorische Bekenntnisschriften[4] und evangelische Theologen unserer Zeit[5] hierzu eine klare Stellung bezogen haben, geht eine Neuaufnahme der Diskussion in der Tat alle Kirchen an. Und da es gerade der reformatorischen Theologie hier in besonderer Weise um das rechte Verhältnis zwischen Pneumatologie und Christologie zu gehen scheint, besitzt die Prüfung der Geschichte des Schnittpunktes „Glaubensbekenntnis – Konzilien" eine echt konfessionsumgreifende Aus- und Zielrichtung.

Concilium und Symbolum: Die Geschichte des Verhältnisses zwischen diesen beiden Größen geht uns jenseits der bisher historisch angesprochenen Tragweite schon aus rein formalen, hermeneutischen Gründen an. Wieweit hat ein Konzil die Pflicht, sich an überlieferte Symbola fidei zu halten? Oder besitzt es das Recht, den Wortlaut der Credos zu ändern? Welcher Art von Konzilien kommt solche Pflicht bzw. solches Recht zu? Und was bürgt bei solchem Wechselspiel zwischen concilium und symbolum dafür, daß es im Interesse der Glaubenseinheit vor sich geht? Gibt es klare Kriterien für die Ökumenizität eines Konzils? Und wenn es welche gibt, ab wann und in welcher Weise gehört zu diesen Kriterien die päpstliche Gutheißung? Welche Funktion kommt in der Wechselwirkung zwischen ökumenischem Konzil und universal verbindlichem Glaubensbekenntnis dem ekklesialen Vollzug der *Rezeption* zu?

(hrsg. von P. Meinhold) (Wiesbaden 1980) 30: ein Bekenntnis-Text, „der wie kein anderer die gegenwärtige Christenheit in ihrem Glauben eint". Vgl. auch die Entscheidung der römischen *Glaubenskongregation* von 1967, die das von bestimmten kirchlichen Amtsträgern abzulegende sog. Tridentinische Glaubensbekenntnis (DS 1862–1870) durch das NC, gefolgt von einem kurzen Zusatz, ersetzt hat (AAS 1967, 1058).

[3] Die Reformatoren übernehmen ohne Einspruch das NC (der Ausdruck „NC" selbst taucht erstmals im 17. Jahrhundert im lutherischen Raum auf; vgl. *J. N. D. Kelly,* Early Christian Creeds [London ³1972] 296) und das Symbol „Quicumque" mit dem Zusatz „Filioque".
Allerdings wären die Gründe Calvins, über den Zusatz und dessen Bedeutung im Genfer Katechismus von 1542 und in der Confession von La Rochelle (1559) zu schweigen, eine eingehende Prüfung wert. Ebenfalls die calvinische Kritik an der Formel des NC „εἰς μίαν... ἐκκλησίαν" in: ICR IV.1.2; OS V,2.

[4] Der allgemeinen Position der Reformatoren folgen die Schmalkaldischen Artikel (1537), die Konkordienformel (1577), reformierterseits: die Confessio Belgica (1561) und die Confessio Helvetica posterior (1566).

[5] Vgl. z.B. *K. Barth,* Kirchliche Dogmatik I/2, 272 f.

Die Fragen können hier nur ansatzweise beantwortet werden. Auch muß von vornherein gesagt werden: Die Beantwortung solcher Fragen kann eine isolierte Analyse der mittelalterlichen Konzilien unmöglich leisten. Nur im Rahmen ihrer Vorgeschichte, d.h. der Geschichte der vorausgegangenen ökumenischen Konzilien, wird das möglich. Deswegen muß hier weit ausgeholt und mit jenen ersten vier „oecumenica" der Anfang gemacht werden, die dem NC selbst Pate standen. Folgende vier Punkte soll der erste, schwerpunktmäßig den „formalen Aspekten" gewidmete Teil umfassen:

1. Das Verhältnis „Konzil – Symbol" auf den ersten vier ökumenischen Konzilien.

2. Die Problematik desselben Verhältnisses vor und nach der photianischen Trennung bis zum Florentinum.

3. Die völlig neue Bestimmung der Konzilsökumenizität gegenüber der reformatorischen Verwerfung des Tridentinums, verbunden mit einer neuen Wertung mittelalterlicher Konzilien und ihrer neuen Numerierung.

4. Ökumenische Einigungsperspektiven *heute* aufgrund einer Erklärung Pauls VI. über das II. Konzil von Lyon.

Der zweite, eher inhaltliche Teil gliedert sich dann wie folgt:

1. Kurze Zusammenfassung des pneumatologischen Anliegens, das in der Erweiterung des nicaenischen Symbols auf dem 1. Konzil von Konstantinopel seinen Niederschlag fand.

2. Die westliche Einfügung des „Filioque" und dessen theologisches Anliegen.

3. Das Fazit der pneumatologischen Diskussion auf dem Florentinum.

4. Der Vorschlag Y. Congars, das „Filioque" aus dem NC unter gewissen Bedingungen zu streichen; dies in Verbindung mit einer eindeutig christologisch fundierten Pneumatologie.

I. Formale Aspekte

1. Das Verhältnis „Konzil – Symbol" auf den ersten vier ökumenischen Konzilien

Was die ersten vier Konzilien als christlichen Glauben bestimmten sowie die Weise, wie sie dies taten, besitzt in bestimmter Hinsicht den Charakter des Maßgeblichen und des Vorbildlichen für alle weiteren Konzilien der Christenheit. Im Folgenden soll nur die Geschichte des Verhältnisses zwischen „Konzil" und „Symbol" auf diesen „Urkonzilien", sofern sie aus den erhaltenen Dokumenten hervorgeht, skizziert werden.

a) Nicaea (325)

Die 325 in Nicaea versammelten „318 Väter" sehen sich mit der Aufgabe konfrontiert, die allerorts vorhandenen, je nach Gemeinde mit verschiedenen Zusätzen versehenen, oft dialogisch gewendeten *Taufbekenntnisse*, „Symbola" genannt[6], an ein normatives, nunmehr in deklaratorischer Form verfaßtes *Lehr-Bekenntnis* zu binden[7]. Anlaß dazu ist das drohende Eindringen heterodoxer Lehren in die für Bekehrung und Taufe bestehenden Formeln des Glaubens. Wie etwa zwanzig Jahre nach dem Ausbruch eines trinitarischen Streites in Rom das bislang mündlich überlieferte Bekenntnis 337 aufgeschrieben und zu einer Urform des sog. „Apostolicum" (= A) wird[8], ähnlich reagierten die Väter von Nicaea, jedoch in konziliarer Weise, auf die arianische Herausforderung, indem sie ihr deklaratorisches, mit bischöflicher Autorität sanktioniertes Lehrbekenntnis niederschrieben. Die „318 Väter" von Nicaea verstehen sich als eine für die *Gesamtkirche* repräsentative und in ihrem Namen zum Lehrentscheid befugte Synode; auch die Sorge um das symbolum fidei steht dieser zu. Dennoch hebt Nicaea die Freiheit, bei der Spendung des Taufsakramentes je nach örtlicher Gewohnheit verschiedene Formeln zu verwenden, keineswegs auf. Die *Einheit* der Glaubenslehre schließt die *Vielfalt* des liturgischen Glaubensbekenntnisses nicht aus.

b) Konstantinopel (381)

Es ist eine Eigentümlichkeit des ersten Konzils von Konstantinopel, daß es das nicaenische Symbol (= N) nicht nur bestätigt, sondern, auf die heterodoxe Pneumatologie des Apollinarios und des Makedonius reagierend, dessen Wortlaut auch erheblich *erweitert*[9]. Und es fällt diese schwerwiegende Entscheidung, ohne daß ein einziger Bischof der lateinischen Kirchen zu dieser Kirchenversammlung eingeladen worden wäre[10], eine Unterlassung, die selbst Ambrosius zum bitteren Wort von der „communio soluta et dissociata" veranlaßt[11]. Daß das Symbolum Constantinopolitanum (= C) dann trotzdem auch im Westen *rezipiert* wird, zeugt nicht nur von dem damals noch über alle Gegensätze erhabenen Willen zur Gemeinschaft, sondern auch von der sachlichen Richtigkeit der von diesem Kon-

---

[6] So seit Mitte des 3. Jahrhunderts. Die ältesten Belege für die Bezeichnung von Taufbekenntnissen als Symbola sind nach H. *Kraft*, Das apostolische Symbol, in: Meinhold 27, bei Cyprian zu finden.
[7] Vgl. *Grillmeier* (s. Anm. 2), 32.
[8] H. *Kraft* (s. Anm. 6), 16.   [9] *Grillmeier* (s. Anm. 2), 31.
[10] Y. *Congar*, Je crois en l'Esprit Saint, III: Le fleuve de vie qui coule en Orient et en Occident (Paris 1980) 268.
[11] Ep. 13,6, in: PL 16,953; vgl. *Grillmeier* (s. Anm. 2), 30 nennt das neue Lehrbekenntnis „das Ergebnis eines Konzils, das man zunächst geradezu als Bruchsynode bezeichnen möchte, bevor es überhaupt ökumenische Geltung erlangen konnte".

zil dem N hinzugefügten „pneumatologischen Klausel"[12]. Damit erscheint eine für die spätere Tätigkeit des konziliaren Lehramtes bedeutsame Möglichkeit: Die Qualität des *Lehrinhaltes* (vorab freilich dessen Offenbarungsgerechtheit und Konformität mit der Heiligen Schrift) und die Rezeption dieser Lehre durch die Gesamtkirche sind höher einzuschätzen als die rein rechtlichen Legitimitätsbedingungen des sie erklärenden Konzils.

In der Tat sucht die „pneumatologische Klausel" des C Joh 15,26b gerecht zu werden, wo der „Geist der Wahrheit" als „vom Vater herkommend" (C ersetzt allerdings das johanneische „παρά" mit einem „ἐκ"!) bezeichnet wird, und bringt zugleich eine Pneuma-Erfahrung zum Ausdruck, die in allen Teilen der Christenheit aus dem Bewußtsein des Getauftseins erwächst und von den ersten Mönchsgemeinschaften in besonderer Weise erlebt und reflektiert wird. Außerdem trägt zur gesamtkirchlichen Rezeptibilität die Autorität maßgeblicher Theologen, auch bald schon „Väter" genannt – es handelt sich hier vorab um die drei großen Kappadokier[13] –, erheblich bei. Das NC ist, trotz vielseitiger Beeinflussung, dennoch als die Schöpfung des I. Konzils von Konstantinopel anzusehen[14]. Das Konzil läßt sich durch bestimmte Irrlehren herausfordern, nimmt Elemente der lebendigen Glaubenstradition auf, mißt sie mit Hilfe des ihm zur Verfügung stehenden theologischen Instrumentars an biblischen Maßstäben und formuliert sie verbindlich im Vorlaut eines neuen erweiterten Symbols. Übrigens werden auch nach dem I. Konzil von Konstantinopel die vielfältigen Taufbekenntnisse nicht verboten: Die Lehre will die Praxis nicht tyrannisch maßregeln. Sogar überregionale Synodal-Symbole erfreuen sich, bei aller sprachlichen Nicht-Identität mit dem NC, weitgehender Geltungsfreiheit[15]. Vorausgesetzt, daß der eine rechte Glaube in seiner Substanz unangetastet bleibt, bewahren die vielen Sekundärsymbole ihr gutes Daseinsrecht.

c) Ephesus (431)

Wieder eine heterodoxe Herausforderung, wieder eine konziliare Entscheidung bezüglich des tragend-einheitlichen Lehrbekenntnisses. Auf den Versuch nestorianischer Elemente, das N mit ihrem eigenen Bekenntnis zu ersetzen[16], antwor-

---

[12] *Grillmeier* (s. Anm. 2), 41.
[13] Vgl. ebd. 47 Anm. 17 unter Verweis auf *A. de Halleux*, La procession de l'Esprit Saint dans le symbole de Constantinople, in: Revue Théol. de Louvain 10 (1979) 16–23. Diesen Vätern bedeutete Theologie noch eine den Glaubensvollzug explizierende „sophia", Weisheit, viel mehr als Wissenschaft im mittelalterlichen oder modernen Sinne des Wortes.
[14] *Grillmeier* (s. Anm. 2), 32.
[15] Vgl. *H. J. Marx*, Filioque und Verbot eines anderen Glaubens auf dem Florentinum (St. Augustin 1977) 205.   [16] Ebd.

tet das Konzil von Ephesus mit dem bekannten *Verbot „eines anderen Glaubens"*, einer „ἑτέρα πίστις". Eine beachtenswerte Tatsache: der gemeinte Glaube wird hier *direkt* nicht mit dem der Konzilsväter von Konstantinopel, sondern mit dem der älteren Kirchenversammlung von Nicaea identifiziert[17]. Dennoch erhält dabei die pneumatologische Klausel des Constantinopolitanums eine *indirekte* Billigung und Rezeption. Sie wird als noch erlaubt und auf jeden Fall orthodox erachtet. Somit gilt das Verbot nur jeder neuen, nach der Abfassung des NC versuchten Zufügung.

Die ephesinische Erklärung lautet: „Die Heilige Synode entscheidet: niemand darf einen anderen Glauben vortragen oder niederschreiben oder verfassen als den, den die in Nicaea versammelten heiligen Väter unter der Wirkung des Heiligen Geistes definiert haben."[18] Das Ephesinum selbst will gutes Beispiel sein: es läßt sich nicht zu einer Einfügung des „θεοτόκος" in das Symbol hinreißen[19].

Dieses Beispiel und diese Erklärung werden später die auf dem Florentinum wirkenden griechischen Theologen sehr ernst nehmen und in der engstmöglichen Weise auslegen. Demnach bezieht sich das Verbot einer „ἑτέρα πίστις" auf den *Text* des NC selbst. Er müsse unangetastet bleiben. Nichts dürfe in ihn hinein- oder aus ihm herausdefiniert werden. Neue Definitionen (ὅροι) mögen notwendig sein; sie müssen jedoch nach dem Symbol und neben ihm gesondert dargelegt werden[20]. Nach diesem Verständnis gibt es einen einzigen maßgeblichen, „zentralen", tragenden Symboltext. Seine Unantastbarkeit steht für die Unabänderlichkeit des Glaubens selbst. Er ist Zeichen und Bürge der Glaubenseinheit. Doch gerade als solcher ist dieser Text in der Lage, gleichsam als tragende Grundlage und als Versammlungsort für viele andere regionale oder gar persönliche Tauf- und Lehrbekenntnisse, „ἰδίαι ὁμολογίαι", zu dienen. Diese fundamentale Texteinheit ermöglicht eine sonstige Bekenntnispluralität ohne Gefahr für den Glauben[21].

d) Chalcedon (451)

Das Konzil von Chalcedon zeichnet sich durch ein in dieser Deutlichkeit vielleicht noch nie dagewesenes Bewußtsein, „οἰκουμενικὴ σύνοδος" zu sein, aus[22].

---

[17] Ebd. 229.
[18] DS 265: „ἑτέραν πίστιν μηδενὶ ἐξεῖναι προφέρειν ἢ γοῦν συγγράφειν ἢ συντιθέναι παρὰ τὴν ὁρισθεῖσαν παρὰ τῶν ἁγίων πατέρων".
[19] Vgl. *Marx* (s. Anm. 15), 211.   [20] Ebd. 216.
[21] Ebd. 218 f: Zur Zeit des 3. Konzils von Konstantinopel wurde eine von Agatho verfaßte „ἰδία ὁμολογία" im Taufprozeß Konvertiten übergeben und eine von Tarasios verfaßte vom Papst Hadrian als Symbol bezeichnet sowie vom II. Nicaenum als „gemeinsames Symbol" rezipiert.
[22] DS 303; NR 178.

Was das Glaubensbekenntnis anbelangt, so begnügt sich diese Kirchenversammlung damit, den Glauben der „150 Väter" von Konstantinopel, welche den Glauben der „318 Väter" von Nicaea *bestätigt und erläutert* hatten, nochmals zu rezipieren[23]. Es geht aus den Akten von Chalcedon hervor, daß dort das C nach dem N gesondert verlesen wurde, wobei die Teilnehmer einstimmig erklärten: „Das ist der Glaube der Orthodoxen. So glauben wir alle."[24] Somit werden *beide Symbole* allem Anschein nach „rechtlich gleichgestellt"[25]. Das heißt: jenes *eine*, maßgebliche, zentrale und alles übrige tragende Symbol wird in der Tat, was die Textgestalt anbelangt, als eine „Zweieinheit" angenommen, und zwar ohne Kritik oder Widerspruch. Im übrigen wiederholt das Chalcedonense das ephesinische „Verbot" in einem leicht geänderten Wortlaut[26].

Nicaea, Konstantinopel, Ephesus und Chalcedon rangen um ein universales Glaubensbekenntnis und kamen dabei zur Fixierung eines „zweieinheitlichen" Textes, des NC, dessen Autorität und Verbindlichkeit den höchsten Rang erhalten sollte. Besonders in den Augen der Ostkirchen, vorab der Griechen, gilt er heute noch als *heiliges* Zeichen der Gemeinschaft im rechten Glauben: Gegenstand religiöser Verehrung, inspirierte Doxologie, liturgischer Glaubensvollzug, kultisches Denkmal des dreieinigen Gottes auf Erden. Der westlich-lateinische Teil der Christenheit scheint immer schon mehr Distanz in seine deshalb nicht geringere Hochschätzung des NC eingebracht zu haben. Vielleicht tat er dies schon aufgrund des Bewußtseins, auch dieser Text sei letztlich menschliche, konziliare Schöpfung, Ergebnis einer geschichtlich und wohl auch politisch bedingten, z.T. apologetischen Reflexion über das überlieferte Glaubensgut, wobei der Einwirkung des Heiligen Geistes doch eine andere Intensität als bei der Inspiration der Heiligen Schrift zukomme. Man dürfte wohl die Einfügung des „Filioque" auf diese spezifisch westliche Grundeinstellung zurückführen.

e) Ansätze einer Kriteriologie der Ökumenizität

Vorerst empfiehlt es sich aber, die Frage nach dem Konzil als ökumenischer Instanz der Symbolbestimmung präziser zu stellen. Gibt es Kriterien, die ermöglichen, ein ökumenisches Konzil von allen anderen zu unterscheiden? Wenn ja, ab wann gibt es sie?

---

[23] Vgl. *A. M. Ritter*, Das Konzil von Konstantinopel und sein Symbol (Göttingen 1965) 208.
[24] Vgl. *E. Schwartz*, Das Nicaenum und das Constantinopolitanum auf der Synode von Chalcedon, in: ZNW 25 (1926) 38–88; ACO II, 1,2, S.80.
[25] *Grillmeier* (s. Anm. 2), 31.
[26] DS 302 f; NR 178. Es wird nunmehr von „τὸ τῶν πατέρων ἡμῖν παραδέδωκε σύμβολον" gesprochen, und das Verbot wird so erweitert: „einen anderen Glauben ... weder hegen noch andere lehren (ἢ φρονεῖν ἢ διδάσκειν ἑτέρως)".

Nach den diesbezüglichen Forschungsergebnissen von Vittorio Peri[27] läßt sich folgendes feststellen. Bis Ende des 11. Jahrhunderts kommt die gesamte Christenheit ohne eine eindeutige und als allgemein geltend angenommene Begriffsbestimmung aus. Der Begriff „ökumenisches Konzil" erhält lange Zeit keine Definition, was jedoch die Theologen zwischen dem 5. und 11. Jahrhundert keineswegs hindert, auf den dogmatischen Wert der ersten vier Konzilien immer wieder hinzuweisen[28] und ihnen Verehrung zu zollen. Um eine Analogie zu benutzen: der „Kanon" der ersten „großen Vier" entfaltet seine dogmatische Wirkung, noch bevor er offiziell festgelegt wurde.

Der erste Schritt auf dem Weg der Kriterienbildung zeigt sich nach V. Peri in einer *negativen* Stellungnahme des II. Konzils von Nicaea 787, das einer ikonoklastisch gesonnenen Synode von Konstantinopel aus dem Jahre 753 den ökumenischen Charakter nachdrücklich abspricht[29]. Das II. Nicaenum – das selber erst nach mehreren ergebnislosen Anläufen seine ökumenische Qualifikation im Westen erhalten sollte[30] – erklärt die besagte Synode als nicht-ökumenisch aus folgenden fünf Hauptgründen[31]: 1) Fehlende Rezeption und Annahme durch die Vorsteher (πρόεδροι) der übrigen Kirchen; 2) Nichtmitwirkung des amtierenden Papstes von Rom (οὐκ ἔσχη συνεργὸν τὸν τενικαυτα τῆς Ῥωμαίων πάπαν) oder der ihn umgebenden Priester (τοὺς περὶ αὐτὸν ἱερείς); 3) Nicht-Zustimmung der östlichen Patriarchen von Alexandria, Antiochia und Jerusalem; 4) mangelnde weltweite Publizität der gefaßten Beschlüsse, d.h. eine allzu lokale Relevanz (τοπικῶς) im Gegensatz zur Verkündigungsweise der Apostel, deren Wort bis an das Ende der bewohnten Erde (εἰς τὰ πέρατα τῆς οἰκουμένης) gelangte; 5) Nichtkonkordanz (ἡ μὴ συμφωνήσασα) mit der Lehre der bisher gehaltenen heiligen und ökumenischen Synoden.

Das II. Nicaenum versteht sich im Besitz aller hier in negativer Form erwähnten Bedingungen und folglich als das siebte ökumenische Konzil der Christenheit. Danach scheint sich die Besinnung über die „ratio universalitatis" eines Konzils auf Sparflamme zu setzen. Im Osten führt die photianische Trennung 870 zur Erkenntnis, daß nunmehr aufgrund der Entfremdung Roms vom Osten keine wahrhaft universale Kirchenversammlung möglich ist. So bleibt man bei den sieben vor der Trennung gehaltenen ökumenischen Konzilien. Im Westen

---

[27] Siehe vor allem: I concili e le chiese. Ricerca storica sulla tradizione d'universalità dei Sinodi Ecumenici (Rom 1965).
[28] Z.B. *Gregor der Große*, Ep. I, 25; III, 10; IV, 38; V, 51 und 54, in: PL 77,478. 613. 712. 780. 786; siehe auch Y. Congar, La primauté des quatre premiers conciles œcuméniques, im Sammelwerk: Le Concile et les Conciles. Contribution à l'histoire de la vie conciliaire de l'Eglise (Chevetogne 1960) 75–109.
[29] *Peri I* (s. Anm. 27), 21–34.   [30] Ebd. 38.
[31] Für den Wortlaut des Dokumentes siehe *Mansi* XIII, 208 f; griechischer Originaltext und italienische Übersetzung bei *Peri I* (s. Anm. 27).

legen eine Art Selbstüberheblichkeit und die Beschäftigung mit den eigenen Problemen die Reflexion über die Ökumenizitätskriterien lahm. Erst bei den großen mittelalterlichen Theologen vor dem II. Lugdunense, mit dem Florentinum[32] und dann mit dem Tridentinum kommt alles, zwar je anders, wieder in Bewegung.

2. Die Problematik des Verhältnisses Konzil–Symbol vor, bei und nach der photianischen Trennung

Würde man die Sachverhalte oberflächlich betrachten, könnte man den Eindruck gewinnen, im frühen Mittelalter habe die lateinische Christenheit mit der einseitigen Einführung des „Filioque" den Griechen den Affront zurückgezahlt, den diese ihnen mit der Festlegung des Glaubensbekenntnisses auf dem I. Constantinopolitanum ohne ihre Beteiligung zugefügt hatten. In Wirklichkeit verhält sich die Sache viel komplexer. Sie hat mit der Entwicklung der spanischen Provinzial- und Nationalsynoden und mit der augustinischen Trinitätslehre zu tun.

a) Die Einführung der Formel „Filioque"

Nach mehrheitlichem Zeugnis der orthodoxen Theologen der Gegenwart[33] ruht die *Lehre* des „Filioque" auf Augustins psychologischer Trinitätslehre auf. Demnach geht der Heilige Geist ähnlich aus dem Vater *und* dem Sohne hervor, wie in der menschlichen Psyche der „affectus" zugleich Frucht der „mens" und des aus ihr hervorgehenden „verbum (internum)" ist. Diese Analogie erhält bei den augustinisch denkenden Theologen eine christologische Spitze. Die Aussage „ex utroque procedit" fällt mit einer Akzentsetzung des „Verbum *incarnatum*" zusammen und stützt sie zusätzlich. Damit wird antiinkarnatorischem Geist-Denken widersprochen. Sofern Jesus Christus als das fleischgewordene Wort des Vaters an der Hervorbringung des Heiligen Geistes teilhat (Joh 15,16 und 16,14–15 werden hier in diesem Sinne interpretiert), erscheint Jesus Christus als der wahre Mensch und der wahre Gott in der Mitte des Heilsgeschehens wie auch – wenn man so sprechen darf – in der Mitte der Dreieinigkeit. Es kommt somit etwas wie eine *christozentrische Pneumatologie* zustande.

Falls nun diese Erklärungshypothese der Entstehung der Filioque-Lehre zutrifft, so bleibt noch zu erklären, auf welchem Weg diese *Lehre* zur Einfügung

---

[32] Interessant ist die Formel Fautinus Vallaressos, der nach dem Konzil von Florenz im Auftrag des Papstes ein „Libellus de ordine generalium conciliorum et unione Florentina" geschrieben hat: „Aliqua fuerunt *ycumenica et universalia* ex utriusque ecclesiae congregatione conflata. Aliqua fuerunt *generalia*, universam ecclesiam repraesentantia, per Romanam ecclesiam canonice congregata; et aliqua topica sive particularia".

[33] Vgl. dazu *Congar* (s. Anm. 10), 250–255.

der entsprechenden *Formel* in den lateinischen Text des NC führen konnte. Nach einer ziemlich verbreiteten Auffassung heißt dieser Weg die *antipriscillianistische* Kontroverse der nordafrikanischen und spanischen Kirchen. Das wäre noch eingehender zu prüfen, als dies bisher getan wurde. Auf jeden Fall läßt sich folgende Indizienkette aufbauen.

Augustinus selbst hat mehrere antipriscillianistische Schriften verfaßt[34]. Seine Theorie über die processio Spiritus Sancti ex Patre et Filio verbreitet sich rapide. Sie scheint u.a. eine Schrift von Pastor von Palencia (um 433), den „Libellus in modum symboli", der ebenfalls sich gegen den Priscillianismus richtet[35], beeinflußt zu haben. Der besagte Libellus wird nun durch die *1. Synode von Toledo* 447 rezipiert: eine Entscheidung, die dann, zwischen 586 und 675, von einer ganzen Reihe toletanischer Provinzialsynoden, von denen einige als regelrechte „National-Konzilien" des westgotischen Königreiches anzusehen sind[36], bestätigt und ratifiziert wird. Was die Formel „Filioque" selbst betrifft: Sie ist erst auf der IV. Provinzialsynode von *Braga* 675 (auch eine antipriscillianistische Kirchenversammlung!) in das Symbol eingeführt worden. Das so ergänzte Symbol wandert dann aus Spanien nach Gallien und Italien. Karl der Große läßt es gegen 800 in seiner Aachener Kapelle nach Verlesung des Evangeliums in der Messe singen.

Wie immer man den antipriscillianistischen Charakter der Einfügung beurteilen mag, das Verfahren ist eindeutig: Provinzial- und Nationalsynoden, auf denen die weltliche Macht des Landes und die Laien ebenso eine Rolle spielen wie Theologen, beanspruchen wie selbstverständlich das Recht, das allgemeine Glaubensbekenntnis an dem Punkt zu ergänzen, wo es von heterodoxen Fehlinterpretationen bedroht zu sein scheint. Eine Befragung des Papstes oder eines allgemeinen, Ost und West umfassenden Konzils wird als nicht notwendig erachtet.

So ist dann auch die Reaktion Leos III. im Jahre 809 verständlich, als er die Einfügung eindeutig mißbilligt, wenn er auch mit der im Filioque gemeinten Lehre einverstanden ist[37]. So läßt sich auch der Widerstand anderer westlicher Kirchen

---

[34] Ad Orosium; Contra mendacium; Ep. 237 ad Ceretium. Siehe *A. Franzen*, Priscillianismus, in: LThK VIII, 770.

[35] *H. Rahner*, Pastor von Palencia, in: LThK VIII, 155.

[36] Vgl. *O. Engels*, Toledo, in: LThK X, 236. – Eine besondere Bedeutung kommt der westgotischen Unionssynode von Toledo 589 zu, wo die Formel „ex patre et filio procedentem" in das NC eingefügt wurde. Siehe *E. Krebs*, Art. Filioque, in: LThK III ([1]1931), 1039 f; *J. A. Jungmann*, Missarum Sollemnia I (Wien – Freiburg – Basel 1962) 597.

[37] Vgl. *J. Gill*, Filioque, in: LThK IV 126. – Nach *H. Lausberg*, Der Hymnus Veni Creator Spiritus, in: Abhandlungen der Rheinland-Westfälischen Akademie der Wissenschaften (Opladen 1979) 140, haben Aachener Mönche ab 807 das NC mit dem Filioque mit besonderem Eifer verbreitet. Zum Widerstand Leos III.: ebd. 98–102. 141. Zum Hymnus „Veni Creator" des Hrabanus Maurus, dessen 5. Strophe („teque utriusque Spiritum credamus") als Niederschlag der antiadoptianistischen Polemik der Aachener Synode 809 anzusehen ist: ebd. 148. Ich verdanke diese sowie die unter Anm. 3 angeführte Information Herrn Kollegen E. J. Lengeling.

begreifen: so vorab der römischen, die erst 1014, lange nach der photianischen Trennung, den Zusatz liturgisch rezipiert[38]; so auch der Kirche in Paris, wo es erst 1240, also lange nach der kerullarianischen Trennung, dazu kommt.

Sonst scheint gerade der Osten, zumindest vor der achten Jahrhundertwende, wenig Widerspruch gegen die Filioque-Lehre angemeldet zu haben. Gregor von Nyssa, Kyrill von Alexandrien, Maximus Confessor, Johannes Damascenus[39] interpretieren in einer ähnlichen Weise den Hervorgang des Heiligen Geistes. Die griechische Christenheit hat auch gegen das Symbol „Quicumque", das mit dem Zusatz zwischen 430 und 500 auch auf griechisch übersetzt und gebraucht wurde[40], nichts einzuwenden gehabt. Für unser Thema ist jedoch das diesbezügliche Schweigen zweier im Osten gehaltener *ökumenischer* Konzilien, nämlich des III. Constantinopolitanums (680–681) und des II. Nicaenums (787), bedeutungsvoll.

Bekanntlich bricht der Streit ganz und gar *„außerkonziliar"* aus, als Aachener Mönche des Ölbergklosters in Jerusalem 807 auf dem „Filioque" in ihrer liturgischen Praxis insistieren und damit bei den Griechen Empörung auslösen. In diesem Streit spricht der als Schiedsrichter angerufene Papst Leo III. seine Ablehnung der Einfügung aus. Wie dieser Streit dann zwischen 807 und 867 an Härte zunehmen und schließlich *Photios* Anlaß zu seinem Nein zu Rom geben sollte, ist hier nicht auszuführen. Wichtiger scheint das zu sein, was als eine tiefe *Verlegenheit* des kirchlichen Bewußtseins in punkto *„ökumenisches Konzil"* erscheinen könnte. Die Griechen leben zumindest bis zu den Unionsversuchen des 13. Jahrhunderts in der Überzeugung, gerade aufgrund der Trennung sei kein ökumenisches Konzil überhaupt mehr möglich; würde es trotzdem, wie von ihnen erwünscht, zustande kommen, höbe es das Schisma ipso facto auf. Im Westen neigt man hingegen dazu, ohne die Griechen auszukommen, die eigenen Konzilien eher „concilia *generalia*" als „oecumenica" zu nennen[41] und nach neuen Kriterien für das Allgemeinsein der „allgemeinen Konzilien", für die „ratio universalitatis" Ausschau zu halten. Das angetastete Symbol bringt das konziliare Bewußtsein durcheinander, es läßt daraus gleichsam ein „schlechtes Gewissen" werden.

---

[38] Genauer: 1014 hat Papst Benedikt VIII., auf Drängen Heinrichs II. und gegen den Widerstand des römischen Klerus, das NC mit dem Zusatz für die gesungene Messe eingeführt; allerdings ist bald darauf die Einschränkung verfügt worden, dies gelte nur an Sonntagen und an bestimmten Festtagen. Dazu: *J. A. Jungmann* (s. Anm. 36), 601.
[39] Siehe zu den genannten: *Congar* (s. Anm. 10), 239. 244. 262.
[40] Siehe die Anmerkungen in DS 75 f und in NR 546.
[41] *R. Foreville*, La réception des conciles généraux dans l'Eglise et la province de Rouen au XIIIe siècle, in: dies., Gouvernement et vie de l'Eglise au Moyen-Age (London 1979) IX, 243, führt die Tatsache, daß im 12. Jahrhundert das Adjektiv „oecumenicum" durch den „terme plus restrictif" von „generale" ersetzt wird, auf den Bruch mit dem Osten zurück. Die Autorin führt als Beispiel die *Summa*

b) Die „Lateranensia" und die „Lugdunensia"
(oder das erzwungene Einheitsbekenntnis)

Alle vier Laterankonzilien beschäftigen sich fast ausschließlich mit den inneren Angelegenheiten der westlichen Christenheit: Bestätigung des Wormser Konkordates (I. Lateran: 1123), das Schisma des Gegenpapstes Anaklet (II. Lateran: 1139), Bestimmung der Zweidrittelmehrheit als die zur Papstwahl notwendige Mehrheit (III. Lateran: 1179), Glaubensbekenntnis gegen die Katharer, Sakramentenlehre (IV. Lateran: 1215). Was die Wiederherstellung der zerbrochenen Ökumene anbelangt, haben die Ostkontakte der für diese Konzilien zuständigen Päpste eher politisch-diplomatischen als ekklesial-dogmatischen Charakter. Zur Zeit des I. Lateranense findet ein Briefwechsel zwischen Calixt II. und dem Kaiser Johannes Komnenos statt; auf dem II. Lateranense sind Bischöfe der lateinischen Staaten des Heiligen Landes anwesend. Zum III. wird nur die lateinische Hierarchie des Ostens eingeladen, die der getrennten Kirchen nicht. Dennoch läßt sich Manuel Komnenos vertreten und schickt einen „Beobachter", den Theologen Nektarios von Casula[42]. Aus diesen spärlichen Ostkontakten erwächst zumindest ein wachsendes Interesse der Lateiner für die griechische Patristik und sogar für die orthodoxe Theologie[43]. Ausschlaggebend bleibt allerdings der brutale Drang nach Osten bei den christlichen Fürsten des Abendlandes, was dann 1204 in der Eroberung von Konstantinopel durch den 4. Kreuzzug seinen Höhepunkt findet. Auf dem IV. Lateranense sind zwar wieder alle fünf Patriarchen repräsentiert, aber in ihrer latinisierten Variante. Sonst sträuben sich sogar die „unierten" Ostkirchen, mit Ausnahme der Maroniten, Vertreter zu schicken. Kein Wunder, zumal nach Raymonde Foreville, einer Spezialistin der Laterankonzilien, der sonst redliche und einheitsfreundliche Innozenz III. immer noch von einer allgemeinen Rezeption des römischen Ritus träumt und eine Einheit durch Absorption der Nicht-Lateiner anstrebt[44].

Summarisch läßt sich sagen, daß die geistige Öffnung, die auf dem IV. Lateranense zum Vorschein kommt, ebenso eine *westliche* wie eine *rechtliche* ist.

Bambergensis vom Anfang des 13. Jahrhunderts an (Doctrina de Jure naturali et positivo humano in Summa Bambergensis, ed. E. M. de Groot [Druten 1970] 79) und zitiert sie übersetzend: „Un concile est général lorsqu'il se tient de par l'autorité du pape ou d'un légat pontifical spécialement mandaté à cette fin."

[42] R. *Foreville*, Le problème de l'union des Eglises dans la perspective des conciles du Latran, in: *Foreville* (s. Anm. 41) II, 18 f.

[43] Ebd. 21.

[44] Ebd. 25; vgl. 28, wo R. Foreville vermerkt, die „communicatio in divinis" sei auch unter solchen Umständen toleriert worden, und schreibt: „Bref, pour la Curie – et, vu sa composition, le concile avait nécessairement la même optique – l'unité de juridiction se trouvant désormais réalisée, l'unité de rite se ferait par assimilation progressive. Quant à l'intercommunion, encore mal définie théologiquement, elle ne posait pas de problème canonique".

Westlich, insofern sie für Anliegen und Denkweise des christlichen Ostens so gut wie kein Verständnis mitbringt. Rechtlich, insofern sie zu einer Erweiterung des Repräsentationsgefüges in der Struktur des allgemeinen Konzils führt[45]. Die Enzyklika „Vineam Domini Sabaoth" von Innozenz III. aus dem Jahre 1213[46] begründet eine solche Erweiterung mit den Gedanken an die „der Gemeinschaft der Gläubigen gemeinsame menschliche Beschaffenheit"[47] und an die höhere *Reform-Effektivität* eines Konzils, das die maßgeblichen Schichten der Christenheit umfaßt. In der Tat erhalten auf diesem Konzil viele Nicht-Bischöfe, Ordensobere, Vertreter der Domkapitel, niedere Prälaten, ein deliberatives Stimmrecht; zusammen mit sonstigen Priestern und Laien, deren Rat gelegentlich und deren Zustimmung regelmäßig erfragt wird, bilden sie eine zahlreichere Gruppe als die der Bischöfe[48].

Das II. Lugdunense wird diese Tradition fortsetzen und darüber hinaus der Mitwirkung der Theologen – darunter Thomas von Aquin und Bonaventura – eine große Bedeutung zuteilen. Dort wird sich „rund um die Bischöfe eine Vertretung der großen ‚Körperschaften' der westlichen Christenheit: Abteien, Kapitel, *Universitäten*", versammeln[49]. Im Hinblick auf unsere gegenwärtige Problematik dürfte nicht uninteressant sein, daß Paul VI. in einer Stellungnahme zum 700. Jahrestag des II. Konzils von Lyon diese Teilnahme der „civilium institutorum" und diesen Willen, in die Beratungen die Theologen stark einzubeziehen, ausdrücklich hervorhebt[50]. Die westliche Kirche scheint bei allem Mangel „*äußerer*" Ökumenizität eine „*innere*" Allgemeinheit auf der Repräsentationsebene anzustreben und dabei der *theologischen Forschung* eine entscheidende Funktion zuzuteilen.

Welche Konsequenzen zeitigt nun dieses neue konziliare Verhalten für das Ringen um ein universales Glaubensbekenntnis? Die Entscheidungsrichtung der Kirchenversammlung läßt sich von der Autorität der maßgeblichen Lehrer weitgehend bestimmen. So entscheidet gleichsam ‚thomistisch' (zumindest teilweise) das II. Lugdunense, nachdem der Aquinate schon 1264 seinen Traktat „Contra errores Graecorum" verfaßt und darin das „ab utroque", vom Neuen Testament und den Vätern her argumentierend, gerechtfertigt hat[51]. In diesem Traktat

---

[45] R. *Foreville*, Représentation et taxation du clergé au IVe Concile du Latran (1215), in: Foreville III, 63, wo es von Innozenz III. heißt: „C'est à lui que revient l'idée d'un élargissement statutaire de l'assemblée conciliaire".
[46] PL 216, 823 ff.   [47] Vgl. *Foreville* (s. Anm. 41) III, 63.
[48] Siehe *S. Werner*, Die Teilnehmerliste des Laterankonzils vom Jahre 1215, in: Neues Archiv der Gesellschaft für ältere deutsche Geschichtskunde XXXI (1906) 584–592.
[49] H. *Wolter* – H. *Holstein*, Lyon I – Lyon II, in: Geschichte der ökumenischen Konzilien VII (Mainz 1972) 194.
[50] Text in: AAS 1974, 620 f.
[51] *Wolter – Holstein* (s. Anm. 49), 178.

äußert Thomas die für den damaligen Stand der dogmatischen Reflexion bezeichnende Meinung, die Ablehnung der römischen Primatslehre sei „ein ebenso schwerwiegender Irrtum wie die Leugnung des Hervorgehens des Heiligen Geistes vom Sohn: es sei nur eine andere Art, die Hoheit *Christi* in Frage zu stellen, wenn man die Vollmacht, welche er seinem ‚treuen Diener' und Statthalter, dem Nachfolger Petri, anvertraut hatte, nicht annehme"[52]. Man beachte die christologische Zuspitzung der hier implizierten, z.T. kraß ekklesiologisch vereinnahmten Pneumatologie[53]!

Durch diese ist auf jeden Fall der Text jenes Glaubensbekenntnisses geprägt, den Clemens IV. bereits 1267 an den Kaiser Michael Paläologus zur Unterschrift übersandt hat und den dann dieser, nach langem Widerstreben, 1274 unter starkem moralischem Druck tatsächlich unterzeichnet[54]. Das II. Konzil von Lyon liegt mit seiner dogmatischen Konstitution „Fidei ac devota" über die Trinität auf derselben Linie: Sie assoziiert die „sacrosancta Romana Ecclesia, mater omnium fidelium et magistra" mit der Verwerfung jener, die leugnen, „aeternaliter Spiritum Sanctum ex Patre et Filio procedere"[55].

Ist letzteres Anathema als eine dogmatische Definition des höchsten Lehramtes, eines ökumenischen Konzils zu verstehen? Falls der bereits erwähnte Brief Papst Pauls VI. gerade dies bezweifeln läßt, eröffnen sich völlig neue Perspektiven für den ökumenischen Dialog. Was die Arbeitsweise des II. Lugdunense generell betrifft, sind bereits vor diesem Ereignis bei katholischen Historikern die Worte „nicht vorausschauend" und „hastig"[56] gefallen. Das Glaubensbekenntnis des Michael Paläologus hat von denselben die Bezeichnung: „ein vorkonziliarer Text, eine autoritative Mitteilung der Päpste an die Griechen"[57] erhalten. Ihnen ist die Wirkungsgeschichte erzwungener Einheitsbekenntnisse klargeworden.

c) Das Florentinum: ein neuer Anlauf konziliarer Ökumenizität

„Seit Ausbruch des kerullarianischen Schismas hatten die Griechen immer wieder ein ökumenisches Konzil angeregt, das die verlorengegangene Einheit mit den Lateinern wiederherstellen sollte."[58] Deshalb will auch die griechische Delegation auf dem Florentinum, mehr noch als die römische, daß dieses Konzil als ökumenisch gelte. Und sie ist bereit, es genau in dem Maße für ökumenisch zu

---

[52] Ebd. 189, unter Verweis auf den besagten Thomas-Traktat, ed. Glorieux 167.
[53] Hier liegt ein gewiß nicht-imaginärer Ansatzpunkt für die systematische Kritik V. Losskys an den ekklesiologischen Folgen einer bestimmten lateinischen Pneumatologie. Siehe dazu das Buch dieses Autors: Essai sur la théologie mystique de l'Eglise d'Orient (Paris 1944) 155 f. 166. 171 f. 185. 193. 242 f. Vgl. *Congar* (s. Anm. 10), 271 f.
[54] Text in: DS 851–861; NR 921–929.   [55] DS 850.
[56] *Wolter – Holstein* (s. Anm. 49), 265 f.
[57] Ebd. 180.   [58] *Marx* (s. Anm. 15), 293.

halten, als es sich in seiner Arbeitsweise nach der des *Nicaenums*, des bekenntnisstiftenden Urkonzils, richtet[59]. Ihre formale Mindestforderung besteht darin, in Florenz möge man maximal das Modell der sieben ersten ökumenischen Konzilien befolgen[60]. Auch Papst Eugen IV. versteht die florentinische Kirchenversammlung als eine ökumenische, wenn auch auf einer anders akzentuierten Grundlage, der der päpstlichen Einberufung und Präsidenz[61].

Andererseits besteht das Novum des Florentinums gegenüber den anderen mittelalterlichen Konzilien darin, daß hier redlich um einen Vergleich der je verschiedenen Verständnisse von „*Symbol*" gerungen wurde.

In der Auffassung der Griechen bedeutet das Symbol – selbstverständlich in der Gestalt des NC – dreierlei: a) die Norm des zu bekennenden Glaubens, des während der Konversion und bei der Taufe zu vollziehenden Glaubens; b) eine Doxologie, deren Platz in der heiligen Liturgie ist, „ein mystischer Hymnus, der die Christen mit dem Glauben ihrer Väter verbindet und sie im gemeinsamen Lobpreis der Großtaten Gottes eint"[62]; c) ein Dokument der Orthodoxie, das seine Autorität weniger von einem aktuell wirkenden kirchlichen Lehramt gewinnt als von der Wahrheit, die in einer idealen Vergangenheit den „Vätern", diesen „heiligen Männern", durch Gottes Gnade zuteil geworden ist; das Symbol ist Wort der „Väter" und trägt als solches „göttliche Aussprüche" für ihre Nachfahren im Glauben[63].

Für die auf dem Florentinum wirkenden lateinischen Theologen besitzt der Begriff „Symbol" eine anders akzentuierte Bedeutung. „Symbol" besagt für sie: a) die (bzw. eine) Summe der Glaubenslehre, der intelligiblen Inhalte der „fides quae creditur"[64]; b) ein Text, dessen Verbindlichkeit auf einem gesamtkirchlichen Konsens, wie er vom Papst verstanden und approbiert ist, beruht; c) ein Text, der deshalb auch in gewisser Hinsicht und bis zu einem bestimmten Maß vom päpstlichen Lehramt modifiziert, den Bedürfnissen der Zeit angepaßt werden darf[65].

In den florentinischen Gesprächen spielt selbstverständlich auch die Frage eine Rolle, wie sich das Symbol zur *Heiligen Schrift* verhalte, eine eminent glaubens-

---

[59] Ebd. 298.   [60] Ebd. 324.   [61] Ebd. 299.
[62] Ebd. 236; vgl. *F. Kottenbusch*, Lehrbuch der vergleichenden Confessionskunde I (Freiburg i. Br. 1892) 269–270; *S. Tyciak*, Theologische Denkstile im Morgenland und Abendland, (in: E. von Ivánka, J. Tyciak, P. Wiertz (Hrsg.), Handbuch der Ostkirchenkunde (Düsseldorf 1971) 238–331, hier 276.
[63] So z.B. Bessarion in: Quae supersunt actorum graecorum Concilii Florentini, ed. I. Gill (Rom 1951–1953) 151. 22–152.
[64] Vgl. *Congar* (s. Anm. 10), 267.
[65] So nach *Fautinus Vallaresso*, Libellus de ordine generalium conciliorum et Unione Florentina, ed. B. Schultze (Rom 1944) 46. 21–24, zitiert von *Marx* (s. Anm. 15), 258; so auch *Thomas von Aquin*, S. Th. II/II, q.1, a.10: „Utrum ad Summum Pontificem pertineat Symbolum ordinare?", zitiert bei *Marx* (s. Anm. 15), 252; vgl. 245.

hermeneutische Frage. Auch hier läßt sich die unterschiedliche Auffassung der Griechen und der Lateiner schematisch deutlich machen. In den Augen ersterer stellen Schrift und Symbol (gemeint ist das NC!) praktisch zwei *gleichgestellte Prinzipien* des Glaubens dar. Beide wurden vom Heiligen Geist geschaffen, beide gemeinsam sollen die Entfaltung der lebendigen Überlieferung im Laufe der Geschichte bestimmend begleiten[66]. Nach den Lateinern läßt sich ein solches Nebeneinander zweier Prinzipien nicht vertreten. Andreas Chrysoberges legt in Florenz gegen Bessarion eindeutig die Überzeugung dar, Glaubensprinzip im eigentlichen Sinn sei *nur das Evangelium*[67]. Der Schrift gebühre also absoluter Vorrang, von ihr als der Quelle aller Glaubenswahrheit lassen sich die *verschiedenen Symbola* gleichsam ableiten; an erster Stelle das Apostolicum, das den Lateinern gleichsam als „Primärsymbol" gilt, dann das Nicaenum und das Constantinopolitanum. Diese Ordnung müsse bewahrt werden schon deshalb, weil sonst sich keine geordnete Dogmenentwicklung in der Kirche fundieren lasse[68]. Wie man sieht, wird hier eine Art „sola scriptura" behauptet, was freilich wiederum auf Augustinus zurückgeht, der nur die kanonischen Schriften als letztlich bindendes Glaubensprinzip erachtet und der wahrheitsbezeugenden Autorität der Väter, so auch dem von ihnen erarbeiteten „symbolum fidei", eine untergeordnete Stelle zuschreibt[69].

Trotz dieses lateinischen Vorbehalts gegenüber dem Prinzipienkomplex „Väter – Symbol" setzt sich auf dem Florentinum eine von beiden Seiten vertretene Überzeugung befreiend durch: „*Sancti non discrepant*, sed *idem Spiritus Sanctus* est in omnibus sanctis ...; ita comperiatur sanctos nunquam dissentire."[70] Diese Überzeugung, die „Väter" könnten aufgrund der ihnen von dem *einen* Geist Gottes verliehenen Weisheit und Heiligkeit, zumindest in ihrer Gesamtheit, weder irren noch einander widersprechen, ist zum Grundstein des florentinischen Kompromisses geworden. Sie ermöglichte es, daß die Griechen die *Lehre* des „Filioque" als nicht-häretisch anerkannten, zumal sie von so viel heiligen Vätern, darunter auch östlichen, vertreten wurde. Sie erlaubten den Lateinern, das NC in seiner griechischen Fassung ohne den Zusatz „Filioque" als rechtmäßig betbares Bekenntnis des gemeinsamen Glaubens zuzulassen. Die römische Theologie hatte es leichter als die östliche. Denn bereits im 13. Jahrhundert lag im Westen eine systematische Rechtfertigung der „ab utroque"-Lehre vor, z.B. bei Duns Scotus: „Wer würde der Häresie beschuldigen einen Autor wie Johannes

---

[66] Vgl. *Marx* (s. Anm. 15), 259–262.
[67] Andreas de Santa Croce, advocatus consistorialis, Acta latina Concilii Florentini, ed. G. Hofmann (Rom 1955) 53. 30–33; Zitat von *Marx* (s. Anm. 15), 262.
[68] Zum Ganzen siehe *Marx* (s. Anm. 15), 262–268.
[69] Vgl. Ad Hieronymum 3, in: PL 33,277; Ad Fortunatianum 15, in: PL 33,628 f.
[70] Concilium Florentinum, Series B, V/2, ed. J. Gill (Rom 1953) 426; vgl. *Congar* (s. Anm. 10), 244.

Damascenus und Heilige wie Basilius, Gregor den Theologen, Kyrill ... und ähnlich ... Hieronymus, Augustinus, Ambrosius und Hilarius ..."[71] Alle lehrten, in verschiedenen Varianten, das „ab utroque".

Zusammenfassend läßt sich über die Arbeitsweise des Florentinums und die dort eingesetzten theologischen Prinzipien folgendes sagen. Die *Theologen* beiderseits spielen die entscheidende Rolle, wenn auch der Papst stets mitdenkt und zum baldmöglichen Abschluß drängt. Man bemüht sich redlich, den Gesichtspunkt der Gegenseite zu verstehen, argumentiert mit meist authentischen Texten, ein Hauch von geschichtlicher Argumentation wird spürbar.

Den Griechen ermöglichte einiges an Kompromißbereitschaft ihr theologisches Prinzip der *„oikonomía"*, das H. J. Marx treffend das Prinzip einer Theologie nennt, „die nicht definieren darf und nicht definieren will"[72]. Die Lateiner ihrerseits arbeiteten unter dem Positiv- bzw. Negativzeichen des *Konziliarismus* (Konstanz – Basel tagte z. T. parallel!) und konnten die Notwendigkeit der innerlateinischen Union und Reform nicht ignorieren. So kam es zu einer realen, wenn auch ephemeren Übereinstimmung über das NC als *das* universale Glaubensbekenntnis mit *und* ohne „Filioque".

3. Neubestimmung der Konzilsökumenizität

Das Scheitern dieser noblen Einigung hindert lange Zeit die Päpste nicht, die Konzilsökumenizität am Florentinum zu messen. Als ob zwischen dem II. Nicaenum und diesem „Unionskonzil" keine andere Kirchenversammlung die „ratio universalitatis" innegehabt hätte! In der Aufzählung der „oecumenica" überspringt man des öfteren das IV. Constantinopolitanum, das Photius abgesetzt hatte, alle Lateranensia, Lugdunensia und das Viennense, bezeichnet das Florentinum als das 8. ökumenische Konzil. Oder man zählt doch das IV. Constantinopolitanum mit, woraus sich dann für das Florentinum die Nummer 9 ergibt.

a) Die „sancta octo"

Von diesen beiden Zählungsweisen wiegt die erstgenannte mitunter sogar eindeutig stärker, worin man eventuell ein diplomatisches Verschweigen der antiphotianischen Entscheidung (immer schon ein Dorn in östlichen Augen!) erblicken könnte. Maßgebliche Vertreter Papst Eugens IV., wie der Erzbischof von Kreta,

---

[71] Vgl. In I Sent. d. XI, q. 1; Opera omnia (Paris 1893) t. IX, 325; andere mittelalterliche Texte in demselben Sinn siehe bei *Congar* (s. Anm. 10), 231–244.
[72] *Marx* (s. Anm. 15), 333.

Fautino Vallaresso, halten an der Unterscheidung zwischen „Ycumenica et universalia" einerseits und „generalia" andererseits fest[73], wobei sie dem Florentinum die Reihenzahl 9 gewähren. Vallaresso präzisiert sogar, nach dem IV. Konzil von Konstantinopel seien bis zum Florentinum *keine ökumenischen Konzilien* versammelt worden; wegen der Trennung des Orients von Rom sei es nicht möglich gewesen[74].

Die „*professio fidei*", die bis zum Tridentinum von jedem neu gewählten Papst abzulegen war und deren Wortlaut im Decretum Gratiani nachzulesen ist, redet von „*sancta octo* universalia concilia", d.h. zählt die mittelalterlichen überhaupt nicht mit[75].

Noch 1526 läßt Papst Clemens VII. die „Acta generalis *octavae* Synodi ... Florentinae ... peractae" drucken und schreibt dazu im Vorwort, es handle sich um die Dokumente des „generalis octavi concilii". Hier überspringt ein Papst selbst alle mittelalterlichen Konzilien und auch das antiphotianische! Er gewährt dem Florentinum die Würde des achten Ökumenischen gleich nach den sieben altkirchlichen, die vor der Trennung gehalten wurden. 1556 äußert sich ähnlich Kardinal Reginald Pole, und seine Äußerung wird 1562 von einer der Kurie nahestehenden römischen Druckerei veröffentlicht[76].

Was veranlaßte Rom, diese Einordnung und Wertung der Konzilien nach Abschluß des Tridentinums plötzlich aufzugeben? Das Konzil von Trient selbst? Oder die Weigerung der Reformatoren, es als ökumenische Kirchenversammlung anzuerkennen? Oder nur die Ausleger des Tridentinums, die ein ganz bestimmtes Ziel verfolgten?

b) Bellarmins gegenreformatorische Konzilstheorie

Bereits in den Jahren nach dem Florentinum begann Juan de Torquemada (1380–1468) über die Ökumenizität der Konzilien systematisch nachzudenken. In seiner „Summa de ecclesia" schlägt er eine Art Definition vor, nach der die Einberufung durch den „Romanus Pontifex" das ausschlaggebende Kriterium zu

---

[73] Libellus de ordine conciliorum et Unione Florentina, 1442, ed. B. Schultze (Rom 1944) 5 f.
[74] Ebd. 18: „Post hanc octavam synodum usque ad concilium Florentinum ... *non fuerunt concilia ycumenica* congregata, quia ... *non fuerat error* sive divisio aut hereses in ecclesia suscitata, ex quo synodus universalis debuerit congregari ... *non potuit* ycumenica Synodus congregari, quia Orientalis ecclesia non obediebat Romano Pontifici, sine cuius autoritate huiusmodi concilia ... congregari non possunt."
[75] Decretum Gratiani, Dist. XVI, c.8 (ed. A. Friedberg [Leipzig ²1879] col.45): „Sancta octo universalia concilia ... pari honore et veneratione digna habere ... profiteor"; vgl. *V. Peri*, Il numero dei concili ecumenici nella tradizione cattolica moderna, in: Aevum 37 (1963) 430–501, hier 439.
[76] Reformatio Angliae ex decretis Reginaldi Poli cardinalis, Sedes Apostolicae Legati, anno 1556 (Romae 1562), apud Paulum Manuntium Aldi F., f.6v.: „octava generali Synodo Florentiae ... celebrata". Weitere Belege bei *Peri* (s. Anm. 75), 437–476.

sein scheint⁷⁷. Allerdings nennt Torquemada drei Bedingungen der Einberufung, die das Blickfeld über einen glatten Papalismus hinaus erweitern: a) es soll um die Verteidigung des katholischen Glaubens gehen, wie er von allen zu bekennen ist; b) eine Fülle des Konsenses muß angezielt werden, die sich am besten durch den Willen der fünf Patriarchen ausdrückt; c) das Ergebnis soll die Behebung einer für die Gesamtkirche schädlichen Situation sein⁷⁸. Schließlich ist Torquemada noch der Meinung, daß die „ratio universalitatis" eines Konzils eine *doppelte* sein könne: einerseits in der erforderlichen Gesamtheit derer fußend, die einzuladen waren oder sich tatsächlich versammelt haben, andererseits sich stützend auf die einladende Autorität des Vorsitzenden, die, wo es sich um den Papst handelt, gesamtkirchliches Gewicht besitzt⁷⁹.

Nun bringt es die Situation nach dem Tridentinum mit sich, daß fast nur noch diese letztgenannte Weise der „ratio universalitatis" gebraucht wird. Das reformatorische Lager lehnt das Konzil aufgrund der erstgenannten ab: Trient habe nicht alle versammelt, die zu versammeln waren. So bleibt als Gegenargument nur noch die zweite „ratio" übrig.

Kardinal Robert *Bellarmin* kommt dann die Autorschaft zu für die entscheidende Wende zu einer neuen römisch-katholischen Theorie der Konzilsökumenizität. In seinen „Disputationes" (veröffentlicht erstmals 1586) verarbeitet er eine Menge kontroverstheologischer Quellen⁸⁰, um schließlich zu einer Liste von vier Bedingungen zu gelangen, die „genügen und notwendig sind", um einem Konzil den „allgemeinen" Charakter zu verleihen⁸¹. Diese vier sind: a) eine allen wichtigsten Kirchenprovinzen mitgeteilte Einberufung; b) kein Bischof darf ausgeschlossen werden; c) Präsenz der vier Patriarchen neben dem Papst; d) Anwesenheit mindestens einiger Vertreter der Mehrheit der Kirchenprovinzen⁸². Nun macht aber Bellarmin einen folgenschweren Einschub nach der Nennung der dritten Bedingung. Er erklärt, die Präsenz der „quatuor praecipui Patriarchae" sei *nicht unbedingt notwendig*, sie werde nur als Bedingung zum „*bene esse*", also nicht

---

⁷⁷ Summa de ecclesia III, c.5 (Venedig 1489) f.278: „est congregatio maiorum prelatorum ecclesiae auctoritate Romani Pontificis speciali convocata ad aliquid communi intentione solemniter tractandum in religione christiana papa ipso in concilio praesidente vel aliquo loco sui".
⁷⁸ Ebd. c.16, f. 293r.
⁷⁹ Ebd. c.3, f. 276r–v: „quod ratio universalitatis potest *dupliciter* accipi, uno modo ... ex parte convocandorum sive convenientium ad concilium ... alio modo ... non ex parte convocandorum sed ex parte auctoritatis in eo praesidentis ..." Zum Ganzen: *Peri* (s. Anm. 27), 64–70.
⁸⁰ Er verwendet neben Torquemada und Gerson vorab Eck, Clichtove, Cochläus, Caietanus, Pighe, Hosius, de Soto, Melchior Cano.
⁸¹ Disputationes ... de controversiis christianae fidei, II: De conciliis et ecclesia l.I, c.17 (ed. Venedig 1599), col. 31f.
⁸² Ebd.: „.... quatuor conditiones et sufficere et requiri ad generale concilium. Prima est, ut evocatio sit generalis, ita ut innotescat omnibus maioribus Christianis provinciis ... Secunda, ut ex episcopis nullus excludatur ... Tertia, ut adsint per se vel per alios quatuor praecipui Patriarchae, praeter Summum Pontificem ... Quarta, ut saltem e maiori parte Christianorum provinciarum aliqui adveniant."

zum „esse" des Konzils erwähnt; außerdem sei in der gegenwärtigen Situation diese Präsenz nicht nötig, weil sie de facto *Häretiker und Schismatiker* betreffe[83].
Man sieht: *das* Problem wird aufgeworfen und sofort gelöst. Einem rein römischen Konzil könnte an sich etwas am Ökumenisch-Sein fehlen, wenn die Gegner der gegenwärtigen Gestalt des Papsttums und der römischen Dogmatik nicht vertreten wären. Doch geht der Ökumenizität eines solchen allgemeinen Konzils nichts ab ohne sie. Denn die theoretisch ins Auge gefaßte Beteiligung der Häretiker und Schismatiker (am besten freilich nach erfolgter Bekehrung) wäre nur dem Wohlergehen der Kirchenversammlung förderlich, stellte aber keine *wesentliche* Bedingung ihres Ökumenisch-Seins dar.

Diese Überlegung ermöglicht nun dem großen Jesuitenkardinal zwei Schlußfolgerungen: a) das Tridentinum war ein vollwertiges „generale concilium", b) die mittelalterlichen Konzilien vor dem Florentinum und das V. Lateranense sind alle zu dieser Kategorie zu rechnen, zumal das Fernbleiben der vier Patriarchen ebensowenig ihr „esse" als ihr „concilium generale" antastet, wie das Fernbleiben der reformatorischen Christenheit das für den Fall des Tridentinums tut.

Die *neue Liste* der allgemeinen Konzilien (bald wird die katholische Scholastik sie wieder „ökumenisch" nennen) ist also erstellt. Bellarmin erklärt: „Concilia generalia approbata numerantur huiusque *decem et octo*"[84]. Es handelt sich um folgende[85]:

1. I. Nicaenum (325)
2. I. Constantinopolitanum (381)
3. Ephesinum (431)
4. Chalcedonense (451)
5. II. Constantinopolitanum (553)
6. III. Constantinopolitanum (680 f)
7. II. Nicaenum (787)
8. IV. Constantinopolitanum (869 f: Absetzung des Photios!)
9. I. Lateranense (1123)
10. II. Lateranense (1139)
11. III. Lateranense (1180)
12. IV. Lateranense (1215)
13. I. Lugdunense (1245)
14. II. Lugdunense (1274)
15. Viennense (1311 f)
16. Florentinum (1437—1443; keine Erwähnung von Pisa, Konstanz und Basel!)
17. V. Lateranense (1511 f)
18. Tridentinum (1545—1563)

---

[83] „Porro haec tertia non omnino necessaria, sed *tantum ad bene esse* indicabatur ... et nunc non sunt necessarii isti Patriarchae, quia haeretici vel certe schismatici sunt."
[84] De conciliis (s. Anm. 81), l. I, c. 5, col. 4.   [85] Ebd. col. 4—9; vgl. *Peri* (s. Anm. 75), 436 f.

Nach dieser Liste hört das Florentinum auf, das achte bzw. neunte allgemeine Konzil zu sein, es erhält die Nummer 16, womit es, bis zum heutigen Tag, den Lateranensia und den Lugdunensia auch an dogmatischem Gewicht prinzipiell gleichgeschaltet wird. Jede Öffnung nach *Osten*, jede Offenheit bezüglich der Filioque-Diskussion wird im gleichen Moment aufgegeben, in dem das Tridentinum in *gegenreformatorischer* Absicht als „generale concilium" seine theoretische Untermauerung erhält[86]. Wie energisch und rasch diese neue Theorie und Numerierung von den päpstlichen Behörden verbreitet wurde, hat Vittorio Peri anhand zeitgenössischer Dokumente vorzüglich nachgewiesen[87]. Er weist aber auch nach, daß gegen diese Maßnahme und deren theoretische Legitimität bis Ende des 17. Jahrhunderts sporadisch Widerstand auftrat[88].

c) Der heutige Stand der Frage

Heute wird vielen katholischen Konzilienhistorikern die ganze Relativität und Nichtverbindlichkeit der Bellarminschen Theorie immer deutlicher. Hubert Jedin erklärt, die heute landläufige Zahl habe „*magis consuetudine quam vera ecclesiae magisterii declaratione*" ihre Geltung[89]. Yves Congar appelliert an die Tradition der päpstlichen, synodalen und theologischen Äußerungen in ihrer Ganzheit, um das Recht jeder Gleichschaltung und -wertung der gewöhnlich als „ökumenisch" aufgelisteten Konzilien zu bestreiten[90]. H. Leclercq, der Übersetzer der Hefeleschen Konzilsgeschichte, hat schon 1907 seine Bedenken angemeldet, indem er den ökumenischen Charakter von mehreren Dekreten von Konstanz und Basel geltend machte[91]. Vittorio Peri bringt schließlich eine recht radi-

---

[86] Vgl. *Peri* (s. Anm. 75), 486.
[87] Ebd. 484–501.
[88] Z.B. durch *Jean De Launoy*, Epistolarum omnium pars octava, ep.11 (Cantabrigiae 1689) 736: „Quae ad restituendum Ignatium et ad deponendum Photium celebrata est synodus ... nec octavam nec universalem habent Photius, Georgios Cedrenus et Ioannes Zonaras. Atque his, quod maius est, adiungo Florentinam synodum, quae in prima sui editione Latina et Graeca, et in Pontificio editiones privilegio Synodus Octava, ogdoé, inscribitur: sic inscripta tunc non esset, si Florentini Patres Synodum illam (sc. Constantinopolitanam) octavam et universalem agnovisset"; 737: „Bellarminus et qui eum sequentur, cum Florentina Synodo minime concordat. Florentina Synodus in prima sui editione Octava Synodus inscribitur idque confirmatur ex editionis privilegio, quod Clemens VII Medicaeus concessit: nam ibi Florentina Synodus Octava quoque synodum decimam sextam nominant."
[89] Conciliorum Oecumenicorum Decreta (Wien ²1962) VII.
[90] La Primauté des quatre premiers conciles œcuméniques, in: Le Concile et les conciles (Chevetogne – Paris 1960) 109: „Dans l'ensemble de la tradition, ni les papes, ni les théologiens, ni les synodes eux-mêmes, n'ont mis tous les conciles sur le même plan, pas même ceux que nous rangeons aujourd'hui dans la même catégorie d',œcuméniques' et dont, d'ailleurs, n'existe pas à proprement parler de liste officielle."
[91] *Hefele-Leclercq* I/1 (Paris 1907) 79: „Indépendamment du Concile du Vatican, qui est venu s'ajouter à ces dix-huit, nous estimons aussi que plusieurs décrets des conciles de Constance et de Bâle ont un caractère œcuménique."

kale Note in die nunmehr wieder offene Debatte ein, indem er erklärt, kein Konzil könne einen gleichen Anspruch auf Ökumenizität erheben wie die der Alten Kirche vor der photianischen Trennung *und das Florentinum*[92]. Damit kommen wieder einmal die Frage nach den „oecumenica" und die nach dem universalen „symbolum fidei" einander nahe.

4. Paul VI. relativiert das II. Lugdunense

Der für katholische Forscher maßgeblichste Fingerzeig scheint mir aber von Papst Paul VI. gekommen zu sein. Er hat in seinem Brief vom 5. Oktober 1974 an Kardinal Willebrands anläßlich des 700. Jahrestages des II. Lugdunense folgende Aussagen getroffen.

Das besagte Konzil aus dem Jahre 1274 sei das *sechste* unter den allgemeinen Synoden, die *im Westen* gehalten wurden[93]. Damit führt der Papst eine neue Kategorie ein, die der *westlichen Generalsynoden*: sie hat ihren Anfang mit dem I. Lateranense gehabt. Kein Wort mehr von der Bellarminschen Liste, nach der das II. Lugdunense doch das *vierzehnte* „generale concilium" heißen sollte!

Sodann gibt der Papst zu verstehen, diese allgemeine Synode des Westens habe vorwiegend im kanonischen Bereich Früchte gebracht[94]. Irgendeine Dogmendefinition wird nicht erwähnt, was angesichts der Lyoner Konstitution „Fideli ac devota"[95] mit der Verurteilung der Gegner des „Filioque" zumindest zu denken gibt. Geradezu scharfe Töne schlägt der Papst dann an, wo er von der verhängnisvollen Verhaltensweise der damaligen christlichen Herrscher gegenüber den östlichen Kirchen, von der Ignoranz der östlichen Gegebenheiten bei verschiedenen Befürwortern der Union und von der Mißachtung der Tradition der griechischen Kirche bei denselben redet[96]. Neben diesen Faktoren habe aber zum Nichterreichen des gesteckten Ziels auch das Fehlen der *freien* Beteiligung der kirchlichen Verantwortlichen der Griechen beigetragen. Die Lateiner haben gleichsam Dik-

---

[92] *Peri* (s. Anm. 27), 75: „nella conseguente assenza dei quattro Patriarchi d'Oriente, nessun concilio celebrato poteva storicamente essere et dirsi ecumenico esattamente come quelli antichi e quello fiorentino".

[93] Den lateinischen Originaltext des Briefes bringt AAS 1974, 620–625. Hier 620: „Hoc Lugdunense Concilium, quod sextum recensetur inter Generales Synodos in Occidentali orbe celebratas ..."

[94] Ebd. 621: „Si autem huius Concilii monumentum perpendimus eiusque fructus ... hoc praesertim debetur eius operi canonico ..."

[95] Vgl. DS 850.

[96] AAS 1974, 622: „agendi ratio christianorum principum cum Orientalibus, quae calamitosa fuit mutuis ipsorum necessitudinibus; rerum Orientalium ignoratio in aliquibus unitatis Ecclesiarum fautoribus, qui proinde mentis habitum ac traditiones Ecclesiae Graecae neglegebant: haec omnia effecerunt, ut praecipua Concilii proposita – nempe adiutorium pro Terra Sancta ac negotium unitatis christianorum – iam ab initio in discrimen adducerentur."

tate vorgelegt, auf jeden Fall keiner echten theologischen Diskussion Raum gegeben[97].

Ganz anders solle heute ein wahrhafter *Dialog* über die damals nicht ausdiskutierten Punkte der *Lehre,* der „doctrina", geführt werden. Dabei dürfte wohl das Filioque nicht der einzige Punkt der neu aufzunehmenden Debatte sein. Viele Fragen nämlich, die Gregor X. und die Lyoner Konzilsväter *damals als erledigt* betrachteten, müßten heute in aller Geduld Gegenstand neuer Beratungen werden[98].

Diese Worte des verstorbenen Papstes dürften von erheblichem Wert für das ökumenische Gespräch zwischen *allen* christlichen Kirchen und Konfessionen sein. Denn hier wird das Prinzip der *gegenseitigen Rezeption,* zumindest implizit, als eine zu erfüllende Bedingung echter konziliarer Effektivität angedeutet. Dabei rückt die bisher an erster Stelle genannte Bedingung der päpstlichen Approbation nicht mehr in den Vordergrund. Wo die Voraussetzungen zu einer gegenseitigen Rezeption, aus welchen Gründen immer, ausgeblieben sind, dort hilft die sonst kirchenrechtlich festgestellte Ökumenizität eines Konzils nichts: seine Beschlüsse müssen neu diskutiert werden.

II. Inhaltliche Aspekte

Bereits unser erster Teil über die „formalen Aspekte" hat es nahegelegt, daß in der Mitte der „inhaltlichen Aspekte" die *Pneumatologie* stand und steht. Darüber soll nun systematisch nachgedacht werden.

1. Das pneumatologische Anliegen des I. Constantinopolitanums

Die „pneumatologische Klausel", die unser Jubilarkonzil dem nicaenischen Symbol hinzugefügt hat, besitzt eine *christologische* Vorgeschichte. Die antiarianische

---

[97] Ebd. 622 f: „Etiam restituta concordia Ecclesiae Graecae et Latinae ... fundamentis admodum incertis ac mobilibus innitebatur. Agebatur, enim, de reconciliatione inter duas Ecclesias a supremis auctoritatibus praestituta, quam imperator Michael VIII Palaeologus sancivit, nulla tamen Ecclesiae Graecae facultate data ut suam de hoc negotio libere sententiam proferret. A Latinis, vero, textus ac formulae selecti sunt, qui referebant doctrinam ecclesiologicam elaboratam et compositam in Occidente, iidemque Imperatori et Ecclesiae Graecae sunt propositi, ut simpliciter exciperentur, nulla habita disceptatione."

[98] Ebd. 623: „Profecto huiusmodi dialogus non ad unam spectabit quaestionem, quae de theologia Spiritus Sancti plus iam mille annos agitatur, sed patienter ac mutua cum caritate alia doctrinae capita, in controversiam vocata, resumenda erunt, quae Gregorius X et Patres Lugdunenses putaverunt a se dirempta esse ..."

Erklärung der Gottheit des Sohnes im N ist, historisch und theologisch gesehen, die Voraussetzung der antiarianischen und antimakedonianischen Aussage des C über das anbetungswürdige Kyrios-Sein des Heiligen Geistes. Auch in der Zielrichtung des göttlichen Handelns „ad extra" folgen die *heilsgeschichtlichen* Bekenntnissätze über das Pneuma denen, die schon über den Sohn gemacht wurden.

a) Das Wirken des Heiligen Geistes in der Heilsökonomie

Wie wenig das älteste Trinitätsbekenntnis bei einem Glauben an die „immanente Trinität" ansetzt, und wie weit, im Gegenteil, es die Gottheit Gottes von ihrer *Heilswirksamkeit* her betrachtet, läßt sich schon an den neutestamentlichen und patristischen Äußerungen ablesen, die jener „pneumatologischen Klausel" allem Anschein nach Pate standen. Alois Grillmeier hält es für wahrscheinlich, daß der Bekenntnissatz von der heilig- und lebendigmachenden Heiligkeit des Pneuma auf Gal 4,4–7 zurückgeht: „Gott sandte seinen *Sohn* ... damit wir das Recht der Sohnschaft erlangten. Weil ihr aber Söhne seid, sandte Gott *den Geist seines Sohnes* in unsere Herzen, den Geist, der ruft: Abba, Vater. Daher bist du nicht mehr Sklave, sondern Sohn ..."[99] Was den patristischen Ansatz anbelangt, liegt es nahe, vorab folgende Lehre des Athanasius ins Auge zu fassen: „wenn der *Sohn* und Logos des Vaters nicht wahrer Gott ist, dann sind wir nicht *erlöst*" und: „ist das *Pneuma* nicht wahrhaft Gott, dann sind wir durch die Beschenkung mit dem Geist nicht wahrhaft der Gottheit *teilhaft*, dann sind wir nicht vom göttlichen Leben erfüllt"[100]. Der hierin zum Ausdruck kommende christologisch-pneumatologische Glaube erscheint eindeutig als soteriologisch ausgerichtet. Der Blick geht von der Ökonomie zur eigentlichen Theologie. Das ist auch verständlich, wenn man die *Taufe* als ursprünglichen Sitz im Leben des trinitarischen Bekenntnisses bedenkt.

Auf jeden Fall dürfte wohl dieser existentielle Kontext vor Augen gehalten werden, wenn man den tiefsten Sinn des konstantinopolitanischen Bekenntniswortes vom Herrseins des Geistes (τὸ κύριον!) und von ihm als dem „*Lebendigschaffenden*" (τὸ ζωοποιόν) erfassen will. Denn ereignet sich nicht in der Taufe neue Schöpfung kraft des Gottesgeistes? Außerdem dürfte wohl der baptismale soteriologische Kontext mitbestimmend gewesen sein auch für den Nebensatz des C: „der durch die Propheten gesprochen hat". Nach J. N. D. Kelly[101] ruft dieser Satz möglicherweise 2 Petr 1,21 in Erinnerung: „Denn es ist noch nie eine Weissagung aus menschlichem Willen hervorgebracht worden; sondern, von

---

[99] Vgl. *Grillmeier* (s. Anm. 2), 44.
[100] Siehe Ep. 1 ad Serapion 2, in: PG 26, 533B; vgl. 544. 554. Ich zitiere nach der freien Übersetzung von *Grillmeier* (s. Anm. 2), 37.
[101] Altkirchliche Glaubensbekenntnisse, Geschichte und Theologie (Göttingen 1972) 336 f.

dem Heiligen Geist getrieben, haben Menschen im Namen Gottes geredet."
Selbstverständlich haben diese Menschen *Worte des Heiles* geredet, wie das auch
in der Kirche durch kerygmatische und sakramentale Verkündigung geschieht.

b) Patrozentrische Rede vom Heiligen Geist

Wie die neutestamentliche und altpatristische Rede vom Pneuma den Vater
immer als den *Ursprung* aller Ursprünge betrachtet, so betont auch das C, der
Heilige Geist, an den wir, die Heilsanwärter, glauben, gehe *aus dem Vater* hervor
(τὸ ἐκ τοῦ πατρὸς ἐκπορευόμενον). Es fällt wiederum auf, wie diese Aussage
dem Tenor einer antiarianischen Lehre des Athanasius im Wesentlichen entspricht. Dort heißt es: „Einer ist Gott der Vater, der in sich ist, indem er über
allem ist; der aber erscheint im Sohn, indem er alles durchwaltet, und der im
Pneuma ist, indem er alles durch den in ihm seienden Logos wirkt."[102]

Das Aus-dem-Vater-Sein und Vom-Vater-Kommen des Geistes wie des Sohnes
darf allerdings nicht im Sinne eines arianischen *Stufendenkens* mißverstanden
werden. Solcher Einbruch des mittleren Platonismus in die christliche Rede von
der Gemeinschaft in Gott, die für die Welt da ist, wird durch das NC gerade abgewehrt. Der Vater ist nicht so absoluter Ursprung und absolute Mitte, wie die ewige Monas Ursprung und Mitte aller Seienden ist, nicht im Sinne des einsamen
Allschöpfers, der seinen Nous unmittelbar und sein Pneuma mittels dieses seines
Nous erschafft. Weder der Sohn ist Geschöpf des Vaters, noch das Pneuma ist es.
Vielmehr sind sie dem absoluten Vater-Ursprung in einer einzigartigen Weise
zugewandt: Sie sind Gott und anbetungswürdiger Kyrios, wie er es ist. Deshalb
betont unsere „pneumatologische Klausel", der Heilige Geist (dessen Heiligkeit
die Menschen heilig zu machen vermag) sei „mit dem Vater und dem Sohne
zusammen angebetet und verherrlicht" (συμπροσκυνούμενον καὶ συνδοξαζό-
μενον). Dieses Zusammen-angebetet-Werden soll auch ein In-gleicher-Weise-
angebetet-Werden sein, obwohl die innertrinitarischen Unterschiede (die nichts
mit Abstufung zu tun haben) auch angedeutet werden. So z.B. durch den Herr-
Namen des Heiligen Geistes, der in neutraler Form τὸ κύριον lautet, während
Christus, der Sohn, in männlicher Form ὁ κύριος heißt[103].

c) Der Hervorgang des Heiligen Geistes

Dennoch würde man dem Grundanliegen des NC nicht gerecht, würde man diesen Unterschied über Gebühr pressen. Das Bekenntnis deutet höchstens eine
Nuance an; ansonsten zielt es auf die Bestätigung des Gottseins des Pneumas ab.

---

[102] Or. 3 contra Arianos 16, in: PG 26, 353.   [103] Vgl. *Grillmeier* (s. Anm. 2), 41.

Auch seine Rede vom Hervorgehen des Geistes aus dem Vater, der wohl auch allen Gottseins Ursprung ist, hat diese Zielrichtung. Dabei dient dem Bekenntnis allem Anschein nach Joh 15,26b als biblische Grundlage, jenes Wort vom „Geist der Wahrheit, der vom Vater herkommt". Die Schreiber des Bekenntnisses wandeln zwar das johanneische „παρὰ τοῦ πατρός" in „ἐκ τοῦ πατρός" um, behandeln jedoch das Verb: „ἐκπορεύομαι". Auch die Bedeutung dieses Terminus darf nicht gepreßt werden. Mit ihm wird vor allem beabsichtigt, die Meinung der Pneumatomachen zu verwerfen, das Pneuma sei die „*Kreatur des Sohnes*"[104]. Nein, der Geist ist etwas ganz anderes: er ist wahrer Gott, *weil* er vom Vater ausgeht, ähnlich wie der Sohn wahrer Gott ist, weil er vom Vater ewig „gezeugt" bzw. „geboren" wird. Das Hauptziel ist eindeutig: Die Gottheit des Heiligen Geistes soll zusammen mit und parallel zur Gottheit des Sohnes ausgesagt werden. Ist das aber so, was kann der Zusatz „Filioque" dann beabsichtigen?

2. Der pneumatologische Sinn des „Filioque"

Zumindest hypothetisch läßt sich sagen, der lateinische Symbolzusatz entspreche der Intention, dieselbe Grundlage, die bereits die NC-Autoren hatten, zu erweitern, d.h. neben Joh 15,26b auch Joh 15,26a und c zu berücksichtigen. Dort sagt der johanneische Jesus: „Wenn aber der Paraklet kommt, den *ich* euch vom Vater *senden* werde ..., dann wird er Zeugnis *für mich* ablegen." Damit erscheint der Sohn als Sender des Geistes, desselben Geistes, der vom Vater herkommt.

a) Die psychologische Trinitätslehre des Augustinus

Es ist nun weiter anzunehmen, daß Augustin ähnliche neutestamentliche Aussagen im Hinterkopf hatte, als er die Beziehungen zwischen dem Vater, dem Sohn und dem Heiligen Geist mit dem Verhältnis zwischen den drei Grundstrukturen der menschlichen Psyche verglich: der „mens", dem „verbum" und dem „affectus". Nach dieser Theorie äußert sich die mens stets durch ein inneres verbum, das seine geäußerte Ent-Sprechung ist. Und es erwächst aus der Begegnung zwischen beiden ihr gegenseitiger affectus, ihr „vinculum caritatis". Weil der affectus der der mens für sein verbum und der des verbum für die mens ist, liegt die Vorstellung von einer *kausalen* Beziehung nahe, nach der die mens *und* das verbum ihren gegenseitigen affectus gemeinsam verursachen. Es heißt also sinngemäß: „affectus ex mente verboque procedit". Deshalb könne auch der affectus als das „vinculum caritatis" der mens und seines verbum angesehen werden. Hier han-

---

[104] Ebd. 42.

delt es sich – wie man sieht – um die „*interne Struktur*" einer Psyche. Sie dient als Analogie für die innertrinitarischen Wechselbeziehungen. Sie macht auch verständlich die Formel „Filioque", die sonst in der neutestamentlichen Aussage von der Sendung des Geistes durch den Vater und den Sohn ihre Grundlage haben kann[105].

Um den Unterschied dieser Theorie zu der „griechischen" zu veranschaulichen, kann die Trinitätslehre des Johannes Damascenus zum Vergleich angeführt werden. Dieser geht von der Analogie des *hörbar ausgesprochenen Wortes* aus. Dieses Wort geht aus dem Sprechenden mit einem Hauch, gleichsam in einem Atemzug, hervor. Der Sprechende haucht, indem er sein Wort ausspricht, und er spricht sein Wort aus, indem er in bestimmter Weise haucht. So kommen Wort und Hauch beide von ihm. Er ist der eine Sender für beide „Sendungen"[106]. Wie man sieht, spielt hier weniger der Gedanke einer Kausalität als der einer *lokalen* Bewegung die bestimmende Rolle. Es wird assoziativ an die Sendung, die „emissio" oder gar „missio" zweier miteinander eng verbundener „Gesandtengestalten" durch den einen Sender gedacht. Daraus folgt, daß, trinitätstheologisch angewendet, diese Theorie eine patrozentrische Vorstellung gut verdeutlichen kann.

Nun steht noch die Frage im Raum, welche Theorie dem biblischen Befund besser entspricht bzw. ob sie vielleicht beide je einen anderen Aspekt der neutestamentlichen Gottesoffenbarung hervorheben. Darauf versuchten schon die Theologen der Hochscholastik eine Antwort zu geben.

b) Zur Biblizität des „Filioque"

Es können hier nur einige exemplarisch ausgewählte Zeugnisse angeführt werden. Alexander von Hales kommt um 1225 in seiner Glosse zu den „Sentenzen" des Lombarden auf den Hervorgang des Heiligen Geistes zu sprechen[107]. Er legt sowohl die augustinische wie die ‚damascenische' These dar, meint aber, daß beide einem bestimmten Anliegen der christlichen Lehre entsprechen, nur ihr jeweiliges Analogiematerial sei verschieden. Es komme aber auf jeden Fall auf das rechte Verständnis des Verbums „*procedere*" an. Verstehe man es *lokal*, wie die Griechen, so sei es der ältesten christlichen Lehre nicht konform, zu behaupten, der Heilige Geist habe seinen *Ausgangspunkt* im Sohne und gehe vom Sohn zum Vater. Denn der letzte Urheber aller *Bewegung* des Geistes könne nur der Vater sein. Verstehe man aber „procedere" im Sinne einer geheimnisvollen *Kausalität*, nämlich jener der *Liebenden*, so spreche nichts dagegen, daß man einen Hervorgang, eine „processio" des Geistes vom Vater und dem Sohne annehme, zumal

---

[105] Vgl. *Congar* (s. Anm. 10), 233 f.   [106] Vgl. ebd. 234.
[107] Glossa in quatuor Libros Sententiarum ..., lib. I, d. XI (ed. Quaracchi) 135 f.

das Neue Testament selbst von der *wechselseitigen* Verbundenheit beider in der Liebe redet[108].

Bonaventura geht seinerseits in seinem Sentenzenkommentar aus dem Jahr 1250 recht nuanciert vor[109]. Er unterscheidet drei Ebenen in der Rede von der Trinität. Die des *Glaubens*, welche sich der biblischen Ausdrucksweise bedient: hier seien sich Griechen und Lateiner einig. Zweitens die der theologischen *Erklärung*, die sich je nach anderen Kategorien richtet; hier liege der Grund des Unterschiedes zwischen beiden Parteien. Drittens die der *Bekenntnisformel*; darüber sei der Streit ausgebrochen. Nun gehe es darum, immer wieder auf die Heilige Schrift zurückzugreifen. Dort heiße es aber eindeutig, der Geist sei der *Geist des Sohnes* und auch *durch ihn gesandt*. Die Lateiner haben das mit dem höchst spirituellen Erklärungsbegriff des Filioque zu verdeutlichen gesucht, deshalb werden sie dem Anliegen der Schrift gerechter als die Griechen. Sie wiederholen nur, was die Schrift selber klar aussagt, nämlich daß der Heilige Geist *ebenso* Geist des Vaters wie des Sohnes sei[110].

Hier mögen diese beiden mittelalterlichen Beispiele genügen, um anzudeuten, mit welchem intellektuellen Rüstzeug die katholischen Theologen des Florentinums die Verhandlungen mit ihren griechisch-orthodoxen Gesprächspartnern aufnahmen.

3. Der florentinische Kompromiß: „ex Patre per Filium"

Das Ergebnis der Beratungen faßt das „Dekret für die Griechen" vom 6. Juli 1439 wie folgt zusammen[111]: „Wir bekennen alle, daß der Heilige Geist aus dem Vater und dem Sohne ewig ist, daß er sein Wesen sowie sein subsistierendes Sein zugleich vom Vater und dem Sohn besitzt und daß er aus beiden als einem *einzigen* Prinzip und kraft einer einzigen Hauchung ewig hervorgeht. Wir erklären, daß die Aussage der heiligen Lehrer und Väter, der Heilige Geist gehe *aus dem*

---

[108] Vgl. *Alexander von Hales*, Summa theol., lib. I, pars 1, inq. II, q. 1, tit. II, c. IV (ed. Quaracchi) 450.
[109] In I Sent. d. XI, art. un., q. 1 (ed. Quaracchi 1882) 211 f.
[110] Siehe für die bisher angeführten und weitere Beispiele: *Congar* (s. Anm. 10), 233–240.
[111] DS 1300 ff: „omnes profiteantur, quod Spiritus Sanctus ex Patre et Filio aeternaliter est, et essentiam suam suumque esse subsistens habet ex Patre simul et Filio, et ex utroque aeternaliter tamquam ab uno principio et unica spiratione procedit; declarantes, quod id, quod sancti Doctores et Patres dicunt, ex Patre per Filium procedere Spiritum Sanctum, ad hanc intelligentiam tendit, ut per hoc significetur, Filium quoque esse secundum Graecos quidem causam, secundum Latinos vero principium subsistentiae Spiritus Sancti, sicut et Patrem. Et quoniam omnia, quae Patris sunt, Pater ipse unigenito Filio suo gignendo dedit, praeter esse Patrem, hoc ipsum quod Spiritus Sanctus procedit ex Filio, ipse Filius a Patre aeternaliter habet, a quo etiam aeternaliter genitus est. Diffinimus insuper, explicationem verborum illorum ‚Filioque' veritatis declarandae gratia, et imminente tunc necessitate, licite ac rationabiliter Symbolo fuisse appositam."

Vater durch den Sohn hervor, dahingehend zu verstehen ist, daß dadurch die Auffassung zum Ausdruck kommen muß, der Sohn sei – nach den Griechen – *auch* Ursache, oder – nach den Lateinern – auch Prinzip der Subsistenz des Heiligen Geistes, ähnlich wie der Vater. Und weil der Vater selbst alles, was ihm gehört, seinem einziggeborenen Sohn, indem er ihn zeugt, *gegeben hat*, außer dem Vatersein, so hat es der Sohn vom Vater ewig in sich, daß der Heilige Geist aus ihm hervorgehe ... Wir erklären außerdem, die mit jenen Worten ‚Filioque' gemeinte Verdeutlichung sei um der Erklärung der Wahrheit willen dem Symbol hinzugefügt worden; es sei in Anbetracht der damaligen Notsituation erlaubter- und vernünftigerweise geschehen."

Als neu wirkt in diesem Dekret der Gedanke, der Heilige Geist gehe „ex patre *per* Filium" hervor, was dem patrozentrischen Anliegen der Griechen ein gutes Stück entgegenkommt. Dieser Gedanke trägt der Überzeugung Rechnung, allein der Vater sei *Urquell* des Gottseins, der Sohn aber partizipiere an dieser geheimnisvollen Beschaffenheit des Vaters als sein ewiger „Assoziierter"[112]. Ja, die ewige Wirksamkeit des Sohnes bezüglich des Heiligen Geistes könne nicht einfach mit der des Vaters identifiziert werden. Denn er *empfängt* vom Vater die Macht, den Heiligen Geist mitzuhauchen[113]. Oder, wie es in einem Votum der Lateiner vom 2. März 1439 heißt: es ist nur „unus spirator", wenn auch „duo spirantes"[114]. In der Tat hatte Maximus Confessor eine ganz ähnliche These erarbeitet: dem Vater allein komme die „ἐκπόρευσις" des Geistes zu, dem Sohne, zusammen mit dem Vater, nur dessen „προιέναι", indem der Geist durch ihn „ausgeht"[115]. Leider kann die lateinische Sprache diese Nuance nicht genau wiedergeben; sie hat für beide Begriffsinhalte nur ein Wort: „procedere" bzw. „processio".

Es ist also offensichtlich, daß dieses Konzil, das sich als durchaus ökumenisch versteht, die sachliche *Gleichwertigkeit der Lehren* „ex Patre Filioque" und „ex Patre per Filium" annimmt, ja sogar sie über Gebühr harmonisiert[116]. Dennoch, und gerade aufgrund dieser Harmonisierung, bindet das florentinische Dekret die griechische *Ausdrucksweise* mit einer einseitig westlichen Akzentuierung an die lateinische zurück. Eine auch in der liturgischen Praxis dokumentierbare echt gegenseitige Anerkennung der beiden Formeln bleibt bis heute aus. Genauer: das NC mit und ohne Zusatz wird nicht als von beiden Seiten gleichwertig und gleich praktikabel anerkannt.

Das Hindernis bleibt wohl nach wie vor die einst einseitig westlich getätigte Ergänzung des NC-Wortlauts, eine Einseitigkeit, die einen echt *gegenseitigen*

---

[112] Vgl. *Congar* (s. Anm. 10), 263: „le Père est source originaire et le Fils associé ou participant".
[113] Vgl. *Congar* (s. Anm. 10), 243.   [114] Ebd. unter Verweis auf *Mansi* XXXI A, 971; vgl. 974 f.
[115] Vgl. Quaestiones ad Thalassium, c.LXIII, in: PG 90, 672CD, und sein Brief an Marinos, in: PG 91, 136; beide zitiert in französischer Übersetzung von *Congar* (s. Anm. 10), 262.
[116] *Congar* (s. Anm. 10), 246 f.

Rezeptionsprozeß beider an sich komplementären Formeln verhindert. Deshalb wünschen heute katholische Forscher wie André de Halleux und Yves Congar lieber eine Wiederherstellung der ursprünglichen Gestalt des NC durch das katholische Lehramt[117].

4. Zum Vorschlag Yves Congars

Es sind katholischerseits schon mehrfach Vorschläge gemacht worden, das NC so zu verändern, daß sowohl das westliche wie das östliche Anliegen auf seine Kosten kommt. So hat z.B. Juan-Miguel Garrigues 1972 folgende Formel vorgeschlagen: „Ich glaube an den Heiligen Geist, den Herrn und Lebensspender, der dem Vater entsprießt (ἐκπορευόμενον) und aus Vater und Sohn hervorgeht (procedere)."[118]

Dennoch neigt die ökumenische Forschung heute eher dazu, gar keine Änderungen im Wortlaut des NC vornehmen zu wollen, sondern jene geistesgeschichtlich verhängnisvoll gewordene Formel, die durch die Provinzialsynode von Braga 675 vollzogen wurde, lehramtlich zurückzunehmen. Das ist der Vorschlag Yves Congars, der allerdings dazu zwei Vorbedingungen stellt[119].

Erstens sollten die von Rom und von der westlichen Christenheit getrennten Ostkirchen den *nicht-häretischen* Charakter des Filioque zugeben. Das wäre aufgrund der Einsicht möglich, daß dieser Zusatz, recht verstanden, einem ganz bestimmten wesentlichen Anliegen des Neuen Testaments entspricht.

Zweitens: Das Kirchenvolk hüben wie drüben müßte auf eine solche Änderung geistig vorbereitet werden, damit der *Rezeptionsvorgang* auch seitens der Gemeinschaft der Glaubenden gefördert wird.

Darüber hinaus hält es Y. Congar für nötig, daß die diesbezüglichen theologischen Gespräche zwei Positionen ganz besonders mitberücksichtigen. Die erste ist jene orthodoxe, die Wladimir Lossky[120] am schärfsten zum Ausdruck gebracht hat und die *ekklesiale* bzw. *ekklesiologische* Auswüchse brandmarkt, die sich möglicherweise oder wirklich aus einer bestimmten römischen Auslegung des Filio-

---

[117] A. de Halleux, Orthodoxie et Catholicisme: du personnalisme et pneumatologie, in: Revue Théologique de Louvain 6 (1975) 3–30; *ders.*, Pour un accord œcuménique, sur la procession du Saint-Esprit et l'addition du Filioque au Symbole, in: Irénikon 51 (1978) 451–469; *Congar* (s. Anm. 10), 263 ff.
[118] Procession et ekporèse du Saint-Esprit, in: Istina 17 (1972) 345–366; hier 366, deutsche Übersetzung von *Marx* (s. Anm. 15), 378; vgl. auch P. *Henry*, Contre le „Filioque", in: Irénikon 47 (1975) 170–177, der vorschlägt: „ex unione Patris et Filii procedit". Weitere Belege und Stellungnahme bei *Congar* (s. Anm. 10), 261 f.
[119] *Congar* (s. Anm. 10), 266–270.
[120] Vgl. Essai sur la théologie mystique de l'Eglise d'Orient (Paris 1944) 155 f. 163. 166. 171 f. 185. 193. 242 f; zitiert bei *Congar* (s. Anm. 10), 271 f.

que ergaben oder ergeben haben sollen. Nach Lossky hat eine einseitige Filioque-Lehre dazu geführt, daß die Christologie die Pneumatologie völlig verdrängt. Einige Beispiele: Überbetonung des Leib-Christi-Gedankens gegenüber dem Volk-Gottes-Gedanken, Hervorhebung der Gehorsamspflicht gegen die christologisch legitimierte Institution unter Ausschaltung der paulinischen Charismenlehre, Juridismus vor Prophetie, Scholastik vor Mystik, Klerusbetonung vor Würdigung der Laien, Papalismus statt echter Kollegialität.

Andererseits müßte die Position des Reformierten Karl Barth vor Augen bleiben, der schrieb[121]: Es ergibt sich aus dem gesamten Neuen Testament, „daß der Heilige Geist nicht irgendwoher, sondern eben *von Christus herkommt*, und mit ihm schlechterdings alles, was die Kirche zur Kirche, die Christen zu Christen macht ... Wir stehen hier vor der Wurzel der Erkenntnis, auf Grund deren die abendländische Kirche das Filioque in bezug auf den ewigen Ausgang des Heiligen Geistes neben das *ex Patre* in das Symbol aufgenommen hat (vgl. Bd.I/1, S.500–511). Mit solcher Bestimmtheit meinte sie den Heiligen Geist in Gottes Offenbarung als *Geist Jesu Christi* und untrennbar von diesem nur als Geist Jesu Christi zu erkennen, daß sie bekennen zu müssen glaubte: Er ist nicht nur jetzt und hier und für uns, er ist auch von Ewigkeit her ... der Geist des Vaters und des Sohnes ... Es ist von Ewigkeit her in Gott begründet, daß niemand zum Vater kommt denn durch den Sohn, weil der Geist, durch den der Vater seine Kinder zu sich zieht, von Ewigkeit auch der Geist des Sohnes ist, weil der Vater durch seinen Geist niemanden anderswohin zieht als eben zum Sohne."

Eine echt reformatorische und typisch reformierte Stellungnahme. Sie ließe sich diskutieren. Zum Beispiel von einer Christologie her, die beim irdischen Jesus anzusetzen sucht und seine Gestalt im Rahmen der prophetischen und messianischen Tradition des Alten Testamentes sowie der zeitgenössischen Apokalyptik sichten will. Jesus als der eschatologische Prophet (und „mehr" als das!), der unter der Wirkung des Geistes Jahwes redet, handelt, betet, leidet und von den Toten aufersteht ... Eine solche Christologie führt notwendig zu einer nochmaligen Hinterfragung der Positionen Losskys und Barths und versetzt die pneumatologische Thematik in den Kontext der gegenwärtigen Forschung.

Die Formel von Maximus Confessor, der das ewige Hervorgehen des Pneumas „durch den Sohn" anspricht, muß auf die christologische Erkenntnis, dasselbe Pneuma habe an und in Jesus von Nazaret geschichtlich einmalig gewirkt, zurückgekoppelt werden. Dadurch liegt die Aufgabe in aller Klarheit vor: Nur eine christologisch begründete Pneumatologie kann weiterhelfen[122].

---

[121] Kirchliche Dogmatik I/2, 272 f.
[122] Siehe dazu: *F. Mußner*, Ursprünge und Entfaltung der neutestamentlichen Sohneschristologie, in: Grundfragen der Christologie heute (QD 72) (Freiburg – Basel – Wien 1975) 77–113; *W. Pannenberg*, Grundzüge der Christologie (Gütersloh ⁵1976), bes. 113–194.

Der Heilige Geist als Kraft und Person

Die Frage nach der ›Personhaftigkeit‹ des Heiligen Geistes beschäftigt heute jeden, der am christlichen Glauben an den dreieinigen Gott festhält und ihn für unsere Zeit in seiner Sinnhaftigkeit zu erweisen sucht. Verschärft wird diese Frage besonders im Kontext zweier theologischer Versuche. Zum einen durch die Bestrebung, im Geist die dritte »Seinsweise« Gottes als der einen »absoluten Persönlichkeit« zu erblicken[1] oder ihn neben Christus als die zweite Weise »der freien, ungeschuldeten Selbstmitteilung Gottes an die geistige Kreatur« zu bestimmen[2]. Zum zweiten durch jenen anthropologisch reduzierten Monotheismus, für den der Heilige Geist einfach als die dritte »Abschattung« des Glücks- und Heilsereignisses, das Gott sein soll, erscheint und das sich deshalb ganz und gar im Menschlichen erfahren läßt[3]. Von beiden Seiten her liegt eine kritische Hinterfragung des Personbegriffs nahe, dessen geistesgeschichtliche Variationsbreite (prósopon, individua substantia, Bewußtseinswesen, Relationssubjekt) übrigens nicht immer klar thematisiert wird. Auch im vorliegenden Versuch soll dies nicht als erster Denkschritt getan werden. Vielmehr soll der erste Blick dem biblischen Befund gelten, wo der Begriff ›Person‹ in der Beschreibung des Pneumas Gottes und Christi gar nicht vorkommt, aber die damit gemeinte ›Sache‹ in großem Aspektreichtum greifbar wird. In einem zweiten Teil wird das neutestamentlich bezeugte Agape-Sein Gottes als jener hermeneutische Rahmen erarbeitet, in dem das, was die auf Gott bezogene Person-Analogie besagen will, verständlich werden kann. Schließlich soll die Analogie der Gruppe, insofern ihr ›der Dritte‹ konstitutiv ist, mit gebührender Vorsicht herangezogen werden. Vielleicht liegt darin eine Möglichkeit, den Heiligen Geist als ein eigenständiges Subjekt des Liebe-Seins und der Liebeshandlung des Dreieinigen zu begreifen, kraft dessen dann der Dreieine sich auch als ökonomisch offene ›Gemeinschaft‹ zum Heile der Welt vollzieht.

---

[1] So I. A. Dorner, System der christlichen Glaubenslehre, Bd. I, Berlin 1879, 401–431, und, unter ausdrücklicher Berufung auf Dorner, K. Barth, KD I/1, 374–380; siehe dazu die Stellungnahmen von W. Pannenberg, Die Subjektivität Gottes und die Trinitätslehre, in: Grundfragen Systematischer Theologie, Bd. 2, Göttingen 1980, 99–108, und von J. Moltmann, Trinität und Reich Gottes, München 1980, 154–161.
[2] So K. Rahner, Der dreifaltige Gott als transzendenter Urgrund der Heilsgeschichte, in: Mysterium Salutis, Bd. II, Einsiedeln 1967, 371; siehe für das Ganze 370–397; ders., Grundkurs des Glaubens, Freiburg-Basel-Wien 1976, 139 ff.
[3] G. Hasenhüttl, Einführung in die Gotteslehre, Darmstadt 1980, 53; vgl. 55 f.: »Gottesgeist /.../ bedeutet: Du bist geliebt.«

1. Der biblische Befund

Unbestreitbar bietet das Alte Testament ein stark dynamistisches Verständnis vom Gottesgeist. Vom Naturphänomen Wind und vom atmenden, begeisteten Menschen heraufblickend, wird von der »ruach Jahwe« geredet. Dieser Jahwegeist »braust« über den Chaoswassern (Gen 1, 2), bringt Gericht (Jes 30, 27 f.) und Heil (Joël 3, 1 ff.), macht Auserwählte kräftig (Ri 14, 6.19), beseelt Propheten (Ez 2, 2), entrückt sie (Ez 3, 14), läßt sie Gottesworte sprechen (Jes 61, 1). Er erweist sich als absolute Schöpfermacht sowohl für das natürliche Leben (Ez 37, 9 f.) wie auch, und vielleicht noch mehr, für das eschatologisch zu vollendende Leben (Jes 32, 15). Aber er macht zugleich das innere Wesen Jahwes aus, jene Tiefe, aus der sein Wissen und Wollen (Jes 40, 13; 34, 16) sowie sein Langmut (Mi 2, 7) entspringen[4].
Somit erweist sich die »ruach« Gottes gleichsam als die geschichtsmächtige Entfaltung seiner Einzigkeit, durch und durch monotheistisch als die Kraft seiner universal-weisen, patriarchalisch anmutenden Alleinherrschaft über das Volk und den Rest der Welt. Der Geist erscheint ganz als Funktion Gottes, untrennbar von ihm, ja kaum zu unterscheiden von seinem kompakt-wirksamen Wesen. Es scheint im ganzen Alten Testament nur eine einzige Ausnahme von dieser allgemeinen Regel zu geben: die Vision der Auferweckung nach Ezechiel, wo Gott über seinen Propheten den Geist als ein Gegenüber anspricht und ihm einen Befehl erteilt (37, 9)[5].
Ein anderes Bild zeichnet sich im Neuen Testament ab. Das Geistverständnis beginnt, von den ältesten Zeugnissen an und so schon bei Paulus, zwei Spuren zu verfolgen: eine weiterhin dynamistische, funktionale, und eine andere, nach der der Heilige Geist als eigenständiges, wenn auch nicht im modernen Sinn »autonomes« Handlungssubjekt auf den Plan tritt.
Die Jesusüberlieferung selbst, sofern sie das Wirken des Nazareners überhaupt mit dem göttlichen Pneuma in Verbindung bringt[6] – und das tut sie m. E., soweit sie ihn mit prophetischen Zügen zeichnet –, vertritt eindeutig das dynamisch-funktionale Verständnis. Der Geist ist die Kraft, in der Jesus handelt, die ihn »treibt« (Mk 1, 12 par). Der Geist zeigt sich als die Gotteskraft der kommenden Gottesherrschaft,

---

[4] Zum Ganzen F. Baumgärtel, Art. »Pneuma«, in: ThWNT 6, 357–366.
[5] Ebd. 362: »Ez 37, 9 wird ruach von Gott unterschieden. Ob Jes 48, 16 hier heranzuziehen ist, bleibt fraglich.«
[6] F. Hahn, Das biblische Verständnis des Heiligen Geistes. Soteriologische Funktion und »Personalität« des Heiligen Geistes, in: C. Heitmann, H. Mühlen (Hrsg.), Erfahrung und Theologie des Heiligen Geistes, Hamburg-München 1974, 135: »Richten wir den Blick jetzt auf die *Jesusüberlieferung*, so ist /.../ vom Geist Gottes im Zusammenhang mit dem vorösterlichen Wirken Jesu nicht gesprochen.«

die Jesus verkündigt und vorlebt; so kann Lukas seine ›Antrittspredigt‹ sachgerecht mit dem Prophetensatz anfangen: »Der Geist Gottes ruht auf mir« (Lk 4, 16). Wenn der irdische Jesus auch kaum vom Geist explizit redet (vielleicht genausowenig wie von seiner Messianität!), wäre es doch unverständlich, würde man sein Wirken als weniger geistererfüllt denn dasjenige des Täufers ansehen. Darum wußte jedenfalls die Urgemeinde, die das Jesuswort, er treibe die Dämonen »durch den Finger« (Lk 11, 20) bzw. »durch den Geist Gottes« (Mt 12, 28) aus, eben in diesen beiden Varianten festgehalten hatte. Alles dies läßt sich in plausibler Weise darauf zurückbinden, was bezüglich der Taufe Jesu durch den geisterfüllten Johannes (vgl. Lk 1, 15) berichtet wird: ein entscheidendes Ereignis in seiner lebensgeschichtlichen Geistererfahrung. Daß Lukas gerade an dieser Stelle das Kraft-Sein des Pneumas Gottes mit einer Andeutung seines eigentümlichen Subjekt-Seins verknüpft (siehe das Symbol Taube!), markiert schon einen weiteren Schritt der Entwicklung[7]. Wie dem auch sei, alle vier Evangelien zeigen Jesus als »Träger des Geistes«[8], aus dessen verkündigendem Handeln der schöpferische, richtende, befreiende, vollendende Gottesgeist nicht wegzudenken ist.

Die dynamistische Linie findet bei Paulus einen besonders reichhaltigen Ausdruck. Bereits die Auferweckung des Gekreuzigten ist für ihn »dem Geist der Heiligkeit nach« geschehen (Röm 1, 4). Ähnliches gilt dann auch von unserer zukünftigen Auferweckung (Röm 8, 11; vgl. 1 Kor 6, 14); denn im Geiste und nirgends sonst entfaltet sich Gottes eschatologische Schöpfermacht. Durch ihn erwartet unseren vorerst noch sterblichen Leib eine qualitative Umwandlung in etwas, das dann in aller Logik »soma pneumatikon« (1 Kor 15, 44) heißen wird. Bis dahin ist jeder Christ aufgerufen, »im Geiste zu wandeln« (Gal 5, 16), was durch den baptismalen Empfang des Geistes als »Erstlingsgabe« (Röm 8, 23) und »Angeld« (2 Kor 1, 22; 5, 5) tatsächlich ermöglicht wird. Diesen Geist, der zugleich der Geist der Charismen ist, gilt es nicht »auszulöschen« (1 Thess 5, 19), sondern in sich wirken zu lassen, damit man fähig ist, »aus ihm heraus« den Kyrios zu bekennen (1 Kor 12, 3) und »in ihm« Gott »Abba« zu nennen (Röm 8, 15). »Durch den Heiligen Geist« ist ja »die Liebe Gottes in unsere Herzen ausgegossen« (Röm 5, 5; vgl. 15, 30; Gal 5, 22; Kol 1, 8), so daß der zum rechten Bekennen und Beten erforderliche Vertrauensmut uns nicht mehr unzumutbar bleibt. Diese vertrauensweckende Mitteilung göttlicher Agape

---

[7] H. Schürmann, Das Lukasevangelium. Erster Teil, Freiburg-Basel-Wien 1969, 192: »Das Verbum ›niedersteigen‹, der bestimmte Artikel, mehr noch die Taubengestalt rufen die Vorstellung eines personalen Wesens hervor /.../.«

[8] Vgl. F. Hahn, a.a.O. 137: »nach Auffassung aller vier Evangelien in vorösterlicher Zeit ausschließlich Jesus selbst als Träger des Geistes gewesen«.

wirkt befreiend, was nicht wundert, da der Geist wesentlich Geist des erlösenden Kyrios Christos ist. Darin liegt eben das entscheidende Moment an der eschatologischen Gottesherrschaft: sie läßt Freiheit herrschen, wo bislang Knechtschaft waltete; sie läßt die ›kyriale‹ Gottesliebe gleichsam von allen Seiten her zum Menschen kommen. Vom alttestamentlich bezeugten Kyrios-Jahwe her ebenso wie vom österlich siegreichen Kyrios-Christos her und von jenem Kyrios her, den Paulus in überraschender Weise mit dem Pneuma identifiziert. Das wäre m. E. eine mögliche Auslegung der schwierigen Stelle 2 Kor 3,16f., die zunächst an Jahwe denkend Ex 34,34 zitiert: »Sobald sich aber einer zum Kyrios wendet, wird die Hülle entfernt«, um dann an Christus und seinen Geist denkend fortzufahren: »Der Kyrios aber ist der Geist, und wo der Geist des Herrn wirkt, da ist Freiheit«[9].

Deutet sich schon in dieser Stelle (zumindest wenn sie triadisch gelesen wird) etwas wie eine ›Personalisierung‹ des Geistes an? Oder reicht es hin, die Aussage einfach dynamistisch auszulegen und im Geist nur eine Gott »offenbarende Macht«[10] oder eine von Christus gehandhabte Weise der Selbstvergegenwärtigung[11] zu sehen? Ist dies aber so, wie kann man dann ohne Gefahr der Widersprüchlichkeit gleichzeitig sagen, die neutestamentliche Rede von »dem Geist« in absoluter Form trage dazu bei, »so etwas wie eine personale Eigenständigkeit und Eigenwirksamkeit des Geistes neben Gott und Jesus Christus herauszustellen«[12]? In der Tat stellen die neutestamentlichen Schriften in ihrer Gesamtheit den Theologen vor die schwierige Aufgabe, den Heiligen Geist sowohl als Macht bzw. Kraft Gottes wie auch als eigenständig Handelnden nicht »neben«, sondern in engster Verbindung mit Gott und Christus zu denken. Welche Hermeneutik eine sachgerechte Erfüllung dieser Aufgabe ermöglicht, soll später entwickelt werden. Vorerst seien noch weitere und klarere Belege für das personale Handeln des Heiligen Geistes gesichtet.

Trotz der großen hermeneutischen Schwierigkeit, die Selbsterfahrung Jesu von Nazareth mit nachösterlichen Glaubenserfahrungen der Ge-

---

[9] Ähnlich F. Hahn, a.a.O. 143: »Was für Israel der *Kyrios* war, nämlich Jahwe, das ist jetzt in der nachösterlichen Heilszeit das *pneuma*, der Geist, und zwar der ›Geist Christi‹.«

[10] Das Macht-Sein des Pneumas betont H. Schlier in seinem ganzen Beitrag »Herkunft, Ankunft und Wirkungen des Heiligen Geistes im Neuen Testament« im unter Anm. 6 angeführten Sammelwerk, wo er, dann lukanische und paulinische Belege gekoppelt auswertend, erklärt: »Geist Gottes ist Gott selbst in seiner ihn und sein Heilsgeheimnis offenbarenden Macht« (119).

[11] Ebd. 120: »Der Heilige Geist ist seiner Herkunft nach, die sein Wesen vorzüglich bestimmt, die heilige und heiligende Macht des sich selbst offenbarenden Gottes. Er ist dies als die Jesus Christus in seiner Wahrheit vergegenwärtigende Kraft.«

[12] Ebd.

meinde in Verbindung zu setzen, dürfte jede Suche nach der Identität des Heiligen Geistes nur beim Verhältnis Jesu zu Gott als seinem Vater ansetzen können[13]. Jeder andere Weg würde Gefahr laufen, in eine philosophisch oder religionsphänomenologisch bestimmte ›Mythologie‹ zu fallen. Damit ist nochmals der Imperativ formuliert, den irdischen Jesus und den Gottesgeist zusammenzudenken bzw. die Wirklichkeit des Pneumas am Leben und Werk des mehr als prophetischen Nazareners abzulesen. Was schimmert nun von diesem Leben und Werk bezüglich des Gottesgeistes durch die evangelischen Zeugnisse hindurch?

Bereits Markus berichtet von einem Jesuswort, das die Konfrontation der Anhänger der Basileia mit der damaligen konkreten Weltwirklichkeit betrifft: »Und wenn man euch abführt und vor Gericht stellt, dann macht euch nicht im voraus Sorgen, was ihr sagen sollt /.../; denn nicht ihr werdet dann reden, sondern der Heilige Geist« (13,11). Ist damit einfach jene »Gotteskraft, die zu Reden und Taten befähigt«[14], gemeint? Oder doch, trotz der sonstigen pneumatologischen Zurückhaltung des Markusevangeliums, ein zeugendes und verteidigendes Reden, dessen Subjekt eben der Heilige Geist sein soll? Letztere Möglichkeit könnte durch den lukanischen Paralleltext erhärtet werden, zumal er einen Vergleich mit einer ähnlich subjekthaft-eigenständigen Beistandstätigkeit des erhöhten Jesus nahelegt. In 12,12 heißt es: »Der Heilige Geist wird euch /.../ eingeben, was ihr sagen müßt«, und in 21,15: »Ich werde euch die Worte und die Weisheit eingeben«. Also: die eine und selbe Handlung vollzogen von zwei verschiedenen Agierenden, wobei das Pneuma an Subjekthaftigkeit dem verherrlichten Menschen Jesus keineswegs nachzustehen scheint. Wie dem auch sei: solche Parallelisierung der Pneumahandlung mit der Christushandlung ist kein lukanisches Sondergut. Auch Paulus und Johannes kennen sie, wie sogleich noch zu zeigen sein wird.

Lukas neigt von allen Synoptikern bekanntlich am ehesten dazu, dem Heiligen Geist Tätigkeiten zuzuerkennen, die wir heute als eminent personale verstehen. In seiner Apostelgeschichte tritt der Geist sprechend, befehlend, berufend, entscheidend auf den Plan: »der Heilige Geist hat durch den Mund Davids im voraus gesprochen« (1,16); »der Heilige Geist sprach: ›Wählt mir Barnabas und Saulus zu dem Werk aus, zu dem ich sie mir berufen habe!‹« (13,2): diese Ich-Formel des

---

[13] Mit diesem Satz soll dem Anliegen W. Pannenbergs, Die Subjektivität Gottes und die Trinitätslehre. Ein Beitrag zur Beziehung zwischen Karl Barth und der Philosophie Hegels, in: Grundfragen Systematischer Theologie, Bd. 2, Göttingen 1980, 101, 107, Rechnung getragen werden.

[14] E. Schweizer, Artikel »pneuma«, in: ThWNT 6,401; zitiert auch von R. Pesch, Das Markusevangelium, 2. Teil, Freiburg-Basel-Wien 1977, 286.

Pneumas stellt eine echte neutestamentliche Rarität dar. Nicht weniger ›personal‹ klingt die Entscheidung des »Apostelkonzils«, wo die Apostel und die Ältesten sich mit dem Geist gleichsam in eine Wir-Formel zusammenschließen: »der Heilige Geist und wir haben beschlossen« (15, 28), was im Hinblick auf eine mögliche rabbinische Analogformel den Gedanken an kollegiale Beschlußfassung hervorrufen mag[15]. Daß es zu den Tätigkeiten des Heiligen Geistes gehört, die Schrift rechtmäßig auszulegen, gleichsam dazu den rechten Kommentar zu sprechen, behaupten neben der Apostelgeschichte (1, 16; 4, 25; 28, 25) vorab die späteren Briefe (Hebr 3, 7; 10, 15 ff.; 1 Petr 1, 11; 2 Petr 1, 21), aber der Gedanke taucht auch schon bei Markus (12, 36) und Matthäus (22, 43) auf.

Das Zeugnis des Paulus für das Pneuma als eigenständiges Handlungssubjekt verdient bereits dadurch ein besonderes Interesse, daß es zugleich die dynamistische Auffassung stark vertritt. Namhafte Exegeten meinen daher, es fehle bei ihm »jeder Ansatz zu einer Personalisierung des Geistes«[16]. Daß diese Meinung nicht zutrifft, zeigen m. E. zumindest zwei paulinische Gedankengänge. Der erste findet sich in 1 Kor 2, 10 ff., wo es um die Offenbarung dessen geht, was »Gott den ihn Liebenden bereitet hat« (2, 9): »Denn uns hat es Gott enthüllt durch den Geist. Der Geist ergründet nämlich alles, auch die Tiefen Gottes. Wer von den Menschen kennt den Menschen, wenn nicht der Geist des Menschen, der in ihm ist? So erkennt auch keiner Gott – nur der Geist Gottes.« Bezüglich dieses Textes wollen sogar Exegeten, die dazu neigen, »πνεῦμα« hier nach gnostischem Muster anthropologisch zu verstehen, die Frage offenlassen, ob Paulus »von Gottes Geist als Offenbarungspotenz /.../ redet oder vom göttlichen Geist im Menschen als der Möglichkeit des Empfanges der Offenbarung«[17]. Für mich kommt nur die erstgenannte Möglichkeit in Frage. Denn Paulus reduziert im Text und im Kontext keineswegs das göttliche Pneuma auf das menschliche; er setzt nicht irgendeine ›göttlich‹ qualifizierte Empfangspotenz des Menschen mit dem »πνεῦμα τοῦ θεοῦ« ineins. Vielmehr setzt er eine Analogie zwischen dem, was das Menschenpneuma und das Gottespneuma tun, was sie beide trotz wesentlichen Unterschieds vergleichbar macht, nämlich das Erkennenkönnen dessen, was in der Tiefe eines frei handelnden Wesens ist. Das Menschenpneuma vermag es, in sich und im (geliebten) Mitmenschen das In-

---

[15] Vgl. E. Haenchen, Die Apostelgeschichte, Göttingen ⁵1965, 394; E. Jacquier, Les Actes des Apôtres, Paris 1926, 464, der aus einem Schreiben Gamaliels an seine Mitbrüder in der Diaspora zitiert: »Es hat uns und unsern Kollegen gefallen ...« Vgl. noch Lk 2, 27; 12, 12; Apg 8, 29; 16, 6f.
[16] F. Hahn, a.a.O. 143.
[17] H. Conzelmann, Der erste Brief an die Korinther, Göttingen 1969, 83.

nerste zu erfassen. Analog, aber freilich in durchaus göttlicher Weise, verhält sich das Gottespneuma zu den tiefsten Geheimnissen Gottes. Deshalb kann dann »der Geist, der aus Gott stammt« (»τὸ ἐκ τοῦ θεοῦ«), auch den Menschen göttliche Weisheit »lehren« (1 Kor 2,12 f.).

Der andere Gedankengang liegt in Röm 8,9–34 vor. Zunächst bringt Paulus den Gedanken an die ›Einwohnung‹ des Geistes in den Glaubenden vor, die ja nicht mehr von jener Macht der Sünde bestimmt sind, die der Apostel gern ›personifiziert‹, wenn auch freilich nicht einfach als ein personhaft beschaffenes Wesen versteht[18]. Das ›Wohnen‹ des Gottesgeistes in uns entspricht »unserem In-Sein im Geist«[19], was dann mit unserem ›In-Christus-Sein‹ und dem Wohnen Christi in uns (vgl. 8,10) engstens zusammenzudenken ist. Solches Ineinandersein versteht Paulus sicherlich nicht im Sinne einer mystisch-ekstatischen Verschmelzung; auch nicht als einen Zustand der »Besessenheit«, in dem der schwächere Partner der Wechselbeziehung durch den mächtigeren erdrückt oder willfährig gemacht würde. Vielmehr bleiben die Partner echte und, je nach eigener Art, freie Gegenüber füreinander. Der Geist tritt als »Gegenüber zum Menschen«[20] auf den Plan. Als solcher »führt« (8,14) er ihn und »treibt« ihn nicht[21], läßt bei ihm freie Antwort, Aktivität und Verantwortung zu; ja er verlangt sogar sein glaubensethisches Mittun. So »schafft der Geist Leben auf Grund der Gerechtigkeit« (8,10), die durch die befreiende Liebestat Christi Wirklichkeit geworden ist. Und so »macht« er auch aus den Menschen, in denen er wohnt, »Söhne« (8,15), denen die Freiheit zusteht, Gott »Abba, Vater!« zu nennen (8,16). Nach dem Paralleltext von Gal 4,6 ruft der Geist selbst den vertrauensvollen Gottesnamen aus, was den Gedanken an ein Mit-Rufen und Mit-Beten des Pneumas und der Glaubenden nahelegt.

Weiter zeigt unser Paulustext den Geist als Subjekt bezeugender Tätigkeit (8,16) von Gott her und interzessorischer Bemühung im Namen der Menschen zu Gott hin: er »tritt für uns ein« (8,26). Nun aber tut dies ebenso Christus, der »zur Rechten Gottes sitzt« (8,34), womit

---

[18] U. Wilckens, Der Brief an die Römer, 2. Teilband, EKK VI/2, 1980, 131: »Das ›Einwohnen‹ des Geistes in den Christen korrespondiert in 7,17.20 dem ›Einwohnen‹ der Sünde. Wie das letzte nicht zufällig im Vorstellungsfeld von dämonischer Besessenheit formuliert ist, so ist auch das ›Wohnen‹ des Geistes im Inneren des Christen sehr konkret gemeint: Das göttliche Pneuma (V. 16 vgl. 1 Kor 2,11) bzw. noûs (1 Kor 14,14 f.) /.../«.

[19] Ebd. 132.

[20] Ebd. 141.

[21] Ebd. 136. Ähnlich H. Schlier, Der Römerbrief, Freiburg-Basel-Wien 1977, 251, der die ekstatische Auslegung E. Käsemanns, An die Römer, Tübingen ³1974, 216, ablehnt.

das beste paulinische Beispiel für die Parallelität von Geistestun und Christustun gegeben ist. Das in beiden Fällen gebrauchte Zeitwort »ἐντυγχάνειν« besagt grundsätzlich soviel wie: Klage führen vor einem Richter gegen jemanden[22]. Paulus gibt ihm aber hier kreativ eine positive Wendung, um das Eintreten des Geistes und Christi für die Kinder Gottes vor dem ewigen Richter (der doch »lieber Vater« heißt und ist) auszudrücken. Der Geist tut dies, allem Anschein nach, ebenso souverän wie der erhöhte Christus. Denn er überträgt menschliche Gebetsversuche in Gottes Gottheit wahrhaft entsprechende Worte, wie sie Gott haben will (8,27). Diese Worte gehen über die Möglichkeit menschlicher Sprache hinaus, sind daher »unaussprechlich« (8,26). Von Gott werden sie auf jeden Fall verstanden. Denn Gott kennt das Innerste des Geistes ebenso, wie der Geist die Tiefen Gottes »ergründet« (1 Kor 2, 10): »Gott, der die Herzen erforscht, weiß, was die Absicht des Geistes ist« (Röm 8,27).
Subjekt von Absicht, Anliegen, Intention wie Subjekt von Erkennen und Sprechen: der Heilige Geist erscheint in diesem zentralen Zeugnis paulinischer Gotteslehre mehr denn als bloße Kraft, Macht, dynamis oder objektive Gegebenheit und Gabe. Wäre der Geist nur Gotteskraft, so könnte schwer gesagt werden, er trete ein vor Gott, er leiste Fürbitte, er mache unausgesprochene Heilsanliegen des Menschen vor dem göttlichen Vater-Richter angemessen geltend. Nur ein freies geistiges Subjekt als relationales Personwesen vermag das; und auch nur von einem solchen kann gesagt werden, es »teile einem jeden seine besondere Gabe zu, wie er will« (1 Kor 12,11). Eine einfach instrumentale ›Gnadenkraft‹ besitzt keinen eigenen Willen[23].
Konnten Exegeten noch in die paulinischen Schriften ein rein dynamistisches Pneumaverständnis (vielleicht aufgrund eines modalistischen oder existentialen Vorverständnisses) hineininterpretieren, so widerstrebt das johanneische Schrifttum einer solchen Hermeneutik ganz und gar[24]. Zumindest aus den Paraklet-Aussagen des Johannesevangeliums muß nach H. Schlier »so etwas wie eine personale Eigenständigkeit und Eigenwirksamkeit des Geistes«[25] herausgehört werden. Nachzuprüfen bleibt allerdings, wieweit die Annahme überhaupt zutrifft, es

---

[22] U. Wilckens, a.a.O. 161, Anm. 707.
[23] Dies sei gegen H. Conzelmanns rein dynamistische Exegese, a.a.O. 247, eindeutig gesagt.
[24] F. Hahn, a.a.O. 144: »Was bei Paulus noch außerhalb jeder theologischen Reflexion bleibt (sic!), das bahnt sich in den *johanneischen Schriften* langsam an: die Vorstellung von der Personalität des Geistes – jedoch keineswegs schon im Sinne der altkirchlichen Trinitätslehre. Immerhin stoßen wir hier auf die entscheidenden Prämissen der Trinitätslehre, die dann /.../ der Gemeinde den Weg zum trinitarischen Dogma gewiesen haben.«
[25] H. Schlier, a.a.O. 120.

gebe zwischen dem paulinischen und dem johanneischen Verständnis des Pneumas bezüglich seiner eigentümlichen Personalität eine theologisch entscheidende Differenz.

Ohne auf alle Einzelheiten einzugehen, dürfte wohl diese Frage verneint werden, wenn man sich am Vergleich des johanneischen Parakleten mit dem paulinischen Geist, der für uns eintritt, orientiert. Zunächst einmal hebt Johannes ähnlich wie Paulus die Erkenntnis- bzw. Offenbarungsfunktion des Geistes hervor: er wird von Gott gesandt, um »in die volle Wahrheit zu führen« (16,13), »alles« zu »lehren«, an das von Jesus Gesagte zu »erinnern« (14,26), für ihn »Zeugnis« abzulegen (15,26) und ihn in alledem zu »verherrlichen« (16,14). Doch geht es dabei nicht nur um die Verherrlichung des auferweckten Gekreuzigten, sondern – wiederum ähnlich wie bei Paulus – um ein Gerichtsverfahren der Gnade, in der der Heilige Geist für die Menschen als Beistand und Anwalt wirkt (vgl. 16,7–11). Als solcher tritt der Paraklet vor Gott und unterscheidet sich dadurch notwendigerweise von ihm. Diese Selbstunterscheidung des Geistes vollzieht sich andererseits als höchste Einigung und Gemeinschaft mit Gott: »Denn er wird nicht von sich aus reden, sondern was er hört, wird er reden, und das Kommende wird er verkünden« (16,13). Eine ähnliche einigende Selbstunterscheidung läßt sich auch zwischen dem Geist und Christus erkennen: er wird ja daran erinnern, was Christus in seinem irdischen Leben gesagt hat (14,26).

Einigung in der Unterscheidung und Unterscheidung in der Einigung zwischen dem Heiligen Geist und Christus, dem Sohn – darauf deutet auch jene Handlungsparallelität, die Johannes, ähnlich wie schon Paulus und Lukas, zwischen beide setzt. So nennt er den Geist betont den »anderen Beistand« (14,16). Wie Christus auf Erden mit seinem Wahrheitszeugnis den Glaubenden beigestanden ist, so wird der Heilige Geist ihnen in der ganzen nachösterlichen Phase der Geschichte beistehen. Ein gemeinsames Werk eint die beiden. Im übrigen sind sie auch darin miteinander verwandt, daß für sie die gleiche Ökonomie des Gesandtseins gilt, wobei der Geist sowohl durch den Vater (14,26) wie durch den Sohn (15,26; 16,7), welcher selbst Gesandter Gottes ist, seine Sendung erhält[26]. Und beide sollen auch »kommen« bzw. »wiederkommen«; sowohl Jesus, der die Seinen nicht »verwaist zurücklassen« will (14,18), wie der »andere Paraklet«, der kommen soll, um »das Kommende« zu verkünden (16,13). Die Einheit in der Handlung stiftet kein Konkurrenzverhältnis, sondern schließt die heilsökonomi-

---

[26] R. Schnackenburg, Das Johannesevangelium, 3. Teil, Freiburg-Basel-Wien ²1976, 135: »Die Doppelaussage, daß Jesus ihn sendet und daß er vom Vater ausgeht, ist ein synonymer Parallelismus, der variierend das gleiche sagt.«

sche Unterscheidung zwischen vor- und nachösterlicher Zeit harmonisch in sich.
In engstem Zusammenhang der Vater-Sohn-Beziehung, die zur zentralen Thematik des vierten Evangeliums gehört, soll die Aussage vom »Ausgehen« des Geistes vom Vater gesehen werden. Denn ähnlich wie nach Johannes Jesus, der Sohn, »von Gott« (»παρὰ τοῦ θεοῦ«: 16, 27; vgl. 17, 8) bzw. »aus dem Vater« (»ἐκ τοῦ πατρὸς«: 16, 28) ausging, geht der »Geist der Wahrheit /.../ vom Vater« (»παρὰ τοῦ πατρὸς«: 15, 26) aus. Zwar werden für den Sohn und den Geist je andere Zeitwörter verwendet (»ἐξέρχομαι« für ersteren und »ἐκπορεύομαι« für letzteren), doch bezeichnen beide Verben einen weitgehend aktiven Vorgang, eben den des Hervor- und Ausgehens einer zur eigenständigen Handlung fähigen Personalität[27], wobei oft eine bestimmte Zielgerichtetheit mitgemeint ist. Hier wirkt das absolute Ursprungsein des Vaters als seinsmäßiges Verbindungsglied und ›gemeinsamer Nenner‹ für den Sohn und den Geist; ihre Unterschiedenheit tritt erst auf der Ebene der Handlung und der Sendung voll ins Licht.
Solche konstitutiven Unterschiede hat schon die paulinische Überlieferung angedeutet, indem sie ihre berühmten triadischen Formeln prägte, wobei die Zielrichtung immer in der Verwirklichung des Menschenheils liegt. Sei es die alte Grußformel: »Die Gnade des Herrn Jesus Christus und die Liebe Gottes und die Gemeinschaft des Heiligen Geistes sei mit euch allen!« (2 Kor 13, 13), oder sei es die spätere Aussage über die Versöhnung der Juden und der Heiden: »Durch ihn (Christus) haben wir beide in dem einen Geist Zugang zum Vater« (Eph 2, 18): überall kommt eine differenzierte Heilstätigkeit Gottes zum Ausdruck, die auf eine ebenfalls differenzierte ewige Liebesgemeinschaft des Vaters, des Sohnes und des Geistes schließen läßt. Diese ›kooperative‹ Liebesgemeinschaft meint das Johannesevangelium u. a. in seinen soeben angeführten Stellen und auch der erste Johannesbrief, wo das hermeneutisch alles erhellende Wort fällt, Gott sei Agape.

2. Das Agape-Sein als hermeneutisches Prinzip

Nachdem der biblische Befund umrissen wurde, scheint es mir angebracht, das Kraft- und Person-Sein des Heiligen Geistes, zumindest arbeitshypothetisch mit dem Liebesein Gottes auszulegen, um dann in einer letzten Arbeitsphase die Frage, wer der Heilige Geist sei, beantworten zu können.
Der erste Johannesbrief faßt die Gesamtbotschaft des Neuen Testaments insofern zusammen, als er die heilbringende Gemeinschaft des

---

[27] Siehe W. Bauer, Wörterbuch zum Neuen Testament, Berlin ⁵1963, 484, 543 f.

Menschen mit Gott und das damit gegebene Ethos der Bruderliebe auf das Sein und Sosein Gottes selbst zurückbindet[28]. Der Blick des Verfassers richtet sich sowohl auf menschliche Glaubenserfahrung und -aufgabe wie auf deren göttliche Ermöglichung. Man könnte sagen: es geht ihm um die ›ökonomische‹ Entfaltung göttlicher ›Immanenz‹, um die in Bruderliebe mündende Gottesliebe und – wie ich meine – um die die Menschengemeinschaft tragende Gemeinschaft, die Gott Vater, Sohn und Gottesgeist ist. Darin liegt der letzte theo-logische Indikativ, der den ethischen Imperativ zwischenmenschlichen Agape-Austausches begründet und bestimmt.

Nun fällt es auf, wie die Rede des Briefes von »dem Geist Gottes« seine Rede von dem Agape-Sein Gottes gleichsam einrahmt. Nachdem er lange nur von der Vater-Sohn-Beziehung gesprochen und auf den Geist nur mit dem Symbol des »Salböls von dem Heiligen« (2, 20)[29] indirekt angespielt hat, schreibt er: »Wer seine Gebote hält, bleibt in Gott und Gott in ihm. Und daß er in uns bleibt, erkennen wir an dem Geist, den er uns gegeben hat« (3, 24; vgl. 4, 13). Hier geht es offensichtlich um das Pneuma als Gabe, als in der Taufe vermittelte Dynamik wahrer Gotteserkenntnis. In diesem Sinn erhält das Pneuma dann auch den Titel »der Geist der Wahrheit« (4, 6), was aber zweifellos mit dem personhaft erscheinenden Parakleten des vierten Evangeliums (Joh 14, 17; 15, 26; 16, 13; vgl. 1 Joh 4, 6; 5, 6) zusammenzubringen ist[30]. Es folgt eine dramatische Skizze des Gegensatzes zwischen göttlichem und widergöttlichem Geist-Wirken, wobei der dämonisch-lügenhafte Geist »dieser Welt« zum Vorschein kommt (4, 1-6). Und von daher hebt sich plötzlich der Vorhang vor dem alles Heil verheißenden Geheimnis: »Gott ist Liebe« (4, 8.16). Jene Liebe, die »uns zuerst geliebt hat« (4, 19), die uns durch Jesus den Christus vom Vater her in die Welt gebracht worden ist. Und der Gedankengang schließt dann mit einigen Sätzen über das »Zeugnis«, das wiederum der Geist von diesem Heilsgeschehen »ablegt« (5, 6). Darin erweist er sich wohl nicht mehr bloß als Kraft und Gabe: er ist Subjekt worthaften (und offensichtlich auch sakramentalen[31]) Bezeugens. Er ist ebenso aktives Zeugnissubjekt wie der Vater, der für seinen Sohn »Zeugnis abgelegt hat« (5, 9f.). Von einer Zeugnisfunktion des Sohnes selbst ist im ursprünglichen Text an dieser Stelle keine Rede. Doch hat diese der als »Comma Johanneum« bekannte Kommentar ergänzend eingefügt, wodurch er sich aber m. E. vom Gesamtbefund des johanneischen Schrifttums in

---

[28] Vgl. R. Schnackenburg, Die Johannesbriefe, Freiburg-Basel-Wien ³1965, VIIf., 208.
[29] Vgl. ebd., 151–154, 210.
[30] Ebd. 210.
[31] Ebd. 260–269.

der Sache nicht weit entfernt hat[32]. Denn die Gott-Gemeinschaft, die sich hierbei erschließt, kann als (teilweise und zumindest potentiell gegenseitige) Zeugnis-Gemeinschaft des Vaters, des Sohnes und des Geistes erachtet werden. Auf jeden Fall betont der Originaltext selbst, das Zeugnis des Geistes stimme mit dem wohl sakramentalen Selbstzeugnis Christi durch das (Tauf-)»Wasser« und das (Herrenmahls)»Blut« völlig überein[33].

So erscheint das Pneuma personhaft handelnd mitten in der Agape-Wirklichkeit, die der Vater und der Sohn mit ihm gemeinsam bilden, die sie gemeinsam *sind*. Diese Sicht der Gotteswirklichkeit als Agape berechtigt den Systematiker, auf Gesagtes zurückzuverweisen und den so erhärteten Ansatz vorsichtig weiter auszubauen.

Es ist gesagt worden, daß bereits bei Paulus etwas wie eine ›kyriale‹ Gemeinschaft Jahwes, Christi und ihres gemeinsamen Pneumas sichtbar wird; und das könnte mit dem johanneischen Gedanken an eine (zumindest teilweise) gegenseitige Verherrlichungsgemeinschaft zwischen ihnen reflexiv verbunden werden[34]. Es ist ferner von dem reziproken In-Sein gesprochen worden, das Paulus zur Bezeichnung der Christus-Mensch- und Geist-Mensch-Beziehung einbringt und das bei Johannes auf das wechselseitige Verhältnis des Sohnes und des Vaters hin erweitert und zum göttlichen Modell für jeden gläubigen Gottbezug der Menschen erhoben wird: »Alle sollen eins sein; wie du, Vater, in mir bist und ich in dir bin, sollen auch sie in uns eins sein« (Joh 17,21). Ist also ein derartiges Ineinandersein nicht ein Hauptmerkmal göttlicher und folglich menschlich vollzogener Agape? Und spielt dabei nicht der Heilige Geist die unbestreitbar personhafte und eigentätige Rolle eines ›Vollmitglieds‹ der göttlichen und folglich uns ›nahegekommenen‹ Gemeinschaft?

Sicherlich müßte man bei der Bestimmung des Standortes, der dem Geist zukommt, auf die Genitivkonstruktionen achten, durch die er als Gottes und Christi Geist qualifiziert wird. Hier scheint die Schrift ein unumkehrbares Verhältnis nahezulegen; denn es wird nie vom Gott bzw. Vater des Geistes oder vom Christus bzw. Sohn des Geistes gesprochen. Doch wäre es andererseits unstatthaft, aus dieser Unum-

---

[32] 1 Joh 5,7: »Drei sind es, die Zeugnis ablegen (bisher der ursprüngliche Text, dann die Ergänzung:) im Himmel: der Vater, das Wort und der Heilige Geist, und diese drei stimmen überein. Und drei sind es, die Zeugnis geben auf Erden (weiter V. 8 des ursprünglichen Textes:) der Geist, das Wasser und das Blut; und diese drei stimmen überein.«

[33] Vgl. R. Schnackenburg, Die Johannesbriefe, 261.

[34] Vgl. J. Moltmann, a.a.O. 141. Nach ihm ist das Pneuma »der verherrlichende Gott«, der als solcher »ein Subjekt« ist. Allerdings unterläßt er es, diesen Titel johanneisch zu belegen (etwa mit Joh 16,14) und das damit Gemeinte mit der verherrlichenden Tätigkeit des Vaters für den Sohn und umgekehrt (Joh 13,31f.; 17,1.5).

kehrbarkeit eine sachliche Unterordnung des Geistes unter den Vater und den Sohn abzuleiten. Nichts leistet in den Texten einer solchen ›Hierarchisierung‹ der göttlichen Agape-Subjekte Vorschub. Der Vater erscheint nirgends als ›Monopolbesitzer‹ der Agape-Macht, sein Sohn und sein Geist erscheinen nirgends als bloße Instrumente oder gar Diener dieser Macht. Vielmehr stehen die verschiedenen Agape-Vollzüge unter dem Zeichen eines ›partnerschaftlichen‹ Teilens und der sich je neu und variabel gestaltenden Komplementarität. Anders und etwas salopp formuliert: die ›Monarchie‹ des Vaters hat ›demokratische‹ Züge[35], und die Differenzierung, die sie erzeugt, hat nichts mit stufenweiser Ab- oder Aufwertung der Unterschiedenen zu tun. Im übrigen sind Genitivkonstruktionen, wo gerade der Geist bezüglich des Vaters und des Sohnes Subjekt ist, theologisch gar nicht undenkbar. Die Schrift erlaubt es z. B., den Vater als den Hervorbringer *des* Geistes und den Sohn als den (gesandten) Sender *des* Geistes zu bezeichnen. Diese Formeln beinhalten nicht einmal den Gedanken an die Passivität dessen, der Gegenstand von Hervorbringung und Sendung ist. Noch weniger den an irgendeine besitzhafte Objektivierung. Man könnte sagen: die Genitiv-Aussagen über die Subjekte der Gott-Agape sind mehr ›Beziehungsgenitive‹ als ›Possessivgenitive‹. Denn sie beruhen auf wechselseitigem Liebesverhalten, wobei der ›Gegenstand‹ der Liebe in seiner Eigenheit nur anerkannt und entsprechend gewertet werden kann. Gewertet, nicht auf- oder ab-gewertet! Deswegen tut man gut daran, auf allzu systematische »Reihenfolgen«[36] in dieser vielseitigen und -fältigen Verhältnisbestimmung zu verzichten. Es genügt, am Prinzip der Gegenseitigkeit und Wechselseitigkeit der Unterschiedenen nach ihrer jeweiligen Eigenheit festzuhalten.

Gewiß ist der Vater allein absoluter Ursprung nicht nur für Welt und Geschichte, sondern, in der ›Variante‹ der unvorstellbaren Ewigkeit, die alle Zeiten umschließt, auch für den Sohn und den Geist. Doch dieses Ursprung-Sein des Vaters wird erst dort recht verstanden, wo es nicht mit einer Einbahnstraße der patrozentrischen Selbstmitteilung verwechselt wird[37], was zwangsläufig in die Nähe einer modalistischen

---

[35] Vgl. G. A. Studdert Kennedy, The Hardest Part, London 1918, 95: »This is the God for Whom the heart of democracy is longing«; zitiert von J. Moltmann, a.a.O. 51.

[36] J. Moltmann, a.a.O. 106, 110f. schlägt drei »Reihenfolgen«, »Ordnungen« bzw. »Sequenzen« vor. Für Sendung, Hingabe und Auferweckung (Jesu) Christi: »Vater-Geist-Sohn«, für die Herrschaft des erhöhten Christus: »Vater-Sohn-Geist«, für die eschatologische Vollendung: »Geist-Sohn-Vater«. Obwohl mir dies als eine Übersystematisierung des Sachverhaltes vorkommt, gebe ich zu, daß Moltmann mit seiner Rede von den »Wandlungen der offenen Trinität« (110) dem Prinzip der Gegenseitigkeit weitgehend gerecht wird.

[37] K. Rahner, Der dreifaltige Gott als transzendenter Urgrund der Heilsgeschichte, in: Mysterium Salutis, Bd. II, Einsiedeln 1967, 387: »Wenn *wir heute* von Person im

Trinitätslehre oder der Vorstellung einer sich selbst entfaltenden »absoluten Persönlichkeit«[38] führt. Mir scheint die Schrift den Theologen geradezu zu verpflichten, bei aller Anerkennung der einmaligen und ureigenen Ursprünglichkeit des Vaters eine mehrbahnige Gegen- und Wechselseitigkeit zwischen *dem* Vater, *dem* Sohn und *dem* Geist aufrechtzuerhalten. Denn bei allen ›Dreien‹ ist die gleiche Spannungseinheit der Agape zwischen Selbstunterscheidung und Selbstmitteilung, Selbstbezogenheit und Selbstlosigkeit, Selbstbehauptung und Selbsthingabe anzunehmen, eine Spannungseinheit, auf die der je andere unbedingt achtet. Und weil solches gegenseitiges Achten auf den Liebespartner dem ewigen Wesen Gottes durchaus entspricht, wird die Bedingung der Möglichkeit, daß in Gott selbst »einer des anderen Last« trägt (vgl. Gal 6, 2), erkennbar.

Das beste Beispiel dafür liefert wohl das Passionsgeschehen. Hier schimmert durch die Erzählungen hindurch, wie der Vater die gesundmenschliche Selbstliebe Jesu, seinen Eros zu leben, nicht erdrückt und wie der leidende Sohn darauf achtet, was N. Berdjajew die »innere Sehnsucht« der Gottheit nach ihrem »Anderen«, und so nach Gegenliebe, nannte[39]. Nichtsdestoweniger erringt auf beiden Seiten (die dritte Seite hält sich diskret zurück) der Drang nach Selbsthingabe die Oberhand. Der Vater trägt am Kreuz seines Sohnes mit; und gibt es für ihn eine größere Selbstlosigkeit als die Preisgabe seines Einzigen und über alles Liebsten? Der Sohn trägt sein eigenes Jesus-Kreuz als Vollzug einer Selbsthingabe, zu der er sich mit ringendem Beten und unter Gottverlassenheitsgefühl durchgerungen hat. Und der Geist? Er ist im Blut Christi wirksam gegenwärtig, in dessen Blut, »der sich selbst kraft ewigen Geistes als makelloses Opfer Gott dargebracht hat« (Hebr 9, 14). Daß ein derartig gemeinsames Pathos Gottes, der Agape ist, auf Golgotha stattfand, konnte sich keine spekulative, nur eine my-

---

Plural reden, denken wir /.../ an mehrere geistige Aktzentren, geistige Subjektivitäten und Freiheiten. Drei solche gibt es aber in Gott nicht. Sowohl weil es nur *ein* Wesen und also *ein* absolutes Beisichsein in Gott gibt, als auch weil es nur *eine* Selbstaussage des Vaters, den Logos gibt, er nicht der Aussagende, sondern der Ausgesagte ist, und es nicht eigentlich eine *gegenseitige* (zwei Akte voraussetzende) Liebe zwischen Vater und Sohn, sondern eine liebende, Unterschied begründende Selbstannahme des Vaters /.../ gibt«. Eine solche ›Dreifaltigkeitslehre‹ sehe ich in der Schrift nicht begründet und stimme der Kritik Moltmanns (a.a.O. 161–166) an Rahner weitgehend zu.

[38] Dazu W. Pannenberg, a.a.O. 99–108, wo die Genese dieser Idee von Augustin und Anselm her über Hegel bis zu Dorner und Barth skizziert wird; die Idee des einen Geist-Gottes, dessen Wesen als Agape nicht zum Durchbruch kommt.

[39] Der Sinn der Geschichte, Darmstadt 1925, 80.

stische Theologie oder eine regelrechte »Theodramatik«[40] glaubhaft vorstellen. Eine solche beschauliche Gotteslehre vermöchte vielleicht sogar von einem ›gegenseitigen Gehorsam‹ zwischen dem Vater, dem Sohn und dem Geist zu reden, analog dazu, was Paulus von den Zungenrednern und Propheten in der Gemeinde verlangt (vgl. 1 Kor 14,27.32f.)[41]. Wie in der vom Geist belebten Gemeinde zu Korinth der Redende auf die Auslegung eines anderen hören soll und der Prophet sich den anderen Propheten freiwillig unterzuordnen hat, analog dazu könnte die Agape-Gemeinschaft in Gott gedacht werden. Denn auch dort hört z. B. der Vater auf die Fürbitte des Sohnes und des Geistes (vgl. Röm 8,26.34) und stellt sich auf das »Anliegen« des Fürbittenden im voraus aufmerksam ein (vgl. Röm 8,27). Ja die Schrift erlaubt es, an einen ›innergöttlichen‹ Dialog des Bittens und des Erhörens, des Anliegenerratens und des Nachgebens zu denken. Dabei kommt dem Geist gewiß keine bloß gegenständlich-funktionale Rolle zu.

Die hier eingebrachte Analogie des ›gegenseitigen Gehorsams‹ will zunächst einmal zur Diskussion gestellt werden. Sie bildet sicherlich eine sekundäre Analogaussage, abgeleitet von der primären, Gott sei Agape[42]. Sie nährt sich vor allem aus dem biblisch hinreichend nahegelegten Gedanken an ein ›Aufeinander-Hören‹ der göttlichen Liebessubjekte. Auf ihre Grenzen stößt sie aber z. B. dort, wo das Gesandtsein thematisiert wird. Denn nirgends sagt die Schrift, der Geist sende den Vater, obwohl er ihn sonst erfahrbar und ›anrufbar‹ macht. Und nirgends fällt das Wort, der Geist sende den Sohn, obgleich er den irdischen Jesus ›treibt‹ und er ihn kraft der eucharistischen Epiklese mit Leib und Blut immer wieder ›gegenwärtig setzt‹. Gesandtsein im eigentlichen, biblisch verbalisierten Sinn konzentriert sich in der gegenwärtigen Heilsökonomie, während unserer verlängerten eschatologischen Wartezeit, im Heiligen Geist. Er wird sowohl durch den Vater (vgl. Joh 15,26) wie durch den Sohn (vgl. Joh 15,26), »a Patre Fi-

---

[40] Vgl. Hans Urs von Balthasar, Theodramatik. III. Die Handlung, Einsiedeln 1980, 297–327; ältere Literatur bei Moltmann, a.a.O. 40–76.

[41] 1 Kor 14,27: »Wenn man verzückt reden will, so sollen es nur zwei tun, höchstens drei, und zwar einer nach dem andern; dann soll einer es auslegen«. Ebd. 32f.: »Wer im Geist prophetisch redet, unterwirft sich den andern Propheten. Denn Gott ist der Gott des Miteinanders, nicht des Durcheinanders.«

[42] Das Agape-Prädikat für das Sein Gottes ist insofern analog, als sein Denk- und Sprachfundament mit der menschlichen Liebe gegeben ist, die sich von der göttlichen in ihrer Beschaffenheit radikal unterscheidet. Denn Menschen können nur Liebe *haben*, empfangen und schenken; es ist ihnen unmöglich, Liebe zu *sein*. Das kann nur Gott. Dazu E. Jüngel, Gott als Geheimnis der Welt, Tübingen ²1977, 461, 469.

lioque«⁴³, gesandt. Seine eigene Weise, Agape zu sein, vollzieht sich in der Animation der Gesandten Christi und deren Gemeinschaft der Kirche. Bei ihm fallen Liebe-Sein und In-Sendung-Sein zusammen.

Das eigentliche Ziel dieser Überlegungen liegt aber im Aufzeigen der neutestamentlich begründbaren Glaubenserkenntnis, daß der Geist sein schöpferisch-missionarisches Kraft-Gottes-Sein in einer Weise entfaltet, die einem vollwertigen personhaften Subjekt der göttlichen Agape-Gemeinschaft zukommt. So läßt sich der Geist auch von Ewigkeit her begreifen als Mittäter jener »wechselseitigen Hingabe«⁴⁴, in der sich die Agape, die Gott ist, vollzieht und ereignet. Ewiger Mittäter einer konvergierenden Selbsthingabe, durch die jedes göttliche Agape-Subjekt sein eigenes Selbst verwirklicht und behauptet, ist der Heilige Geist auch Mitträger der sich daraus ergebenden Gemeinschaft. Und da diese Gemeinschaft aufgrund des neutestamentlichen Zeugnisses als die absolut ursprüngliche Gegebenheit anzusehen ist, aus der dann die spezifisch göttliche Einheit ihre Form hat, kann der Heilige Geist keineswegs eine vom einen Gott erst zwecks Schöpfung und Heilsökonomie ausgestrahlte Kraft und Energie sein. Vielmehr muß er letzteres im Modus des zur analog ›personalen‹ Selbsthingabe und Gemeinschaftsbildung fähigen ewigen Subjektes sein.

Trifft dies aber zu, dann erscheint der Heilige Geist nicht mehr als irgendeine Erscheinungs- und Abschattungsweise des numerisch einen ewigen Gottwesens, auch nicht als die dritte ›Stufe‹ der geschichtlichen Selbstmitteilung des (platonisch anmutenden) Ureinen. Vielmehr tritt er von Ewigkeit her als analog ›personhaftes‹ Subjekt jener Agape-Einigung auf, in der die Einheit Gottes besteht. J. Moltmann ist zuzustimmen, wenn er erklärt: »Der eine Gott ist ein *einiger* Gott. Das setzt personale, nicht nur modale Selbstdifferenzierung Gottes voraus, denn nur Personen können *einig* sein, Seinsweisen oder Subsistenzweisen aber nicht.«⁴⁵

Bei aller Zustimmung zu dieser Aussage scheint mir aber eine ergänzende Bemerkung zu dem hier ziemlich unbefangen verwendeten Person-Begriff vonnöten zu sein. Dieser kann m. E. nur im Sinne einer sehr differenzierten Analogie ohne Mißverständnis gebraucht werden. Es ist nämlich evident, daß die grundlegende Erfahrungswirklichkeit,

---

[43] Siehe dazu H. J. Marx, Filioque und Verbot eines anderen Glaubens auf dem Florentinum, St. Augustin 1977.

[44] W. Pannenberg, a.a.O. 108, sieht auch bei Hegel die Möglichkeit, eine »Deutung der göttlichen Einheit aus der Gemeinschaft der Liebe, die Vater und Sohn verbindet«, zu geben.

[45] J. Moltmann, a.a.O. 167; vgl. 111. Leider exemplifiziert er diese ›Einigungseinheit‹ in Gott fast ausschließlich mit biblischen Belegen (so Joh 10,30) und systematischen Überlegungen, die das Verhältnis Vater-Sohn bzw. Sohn-Vater betreffen.

die menschliche Person, wesentliche Unterschiede hinsichtlich der göttlichen ›Personen‹ aufzeigt. Nur sie vollzieht sich z. B. unter den unabdingbaren Bedingungen des Leib-Seele-Geist-Seins und der damit verbundenen Sterblichkeit. So gesehen besitzt freilich nur der menschgewordene Sohn eine spezifisch menschliche Personhaftigkeit. Anders muß die des Vaters und wiederum anders die des Heiligen Geistes gedacht werden. Ohne auf Details in dieser schwierigen Reflexion einzugehen, sei nur dies gesagt: bei der Bestimmung des eigentümlichen ›Person-Seins‹ des Heiligen Geistes müssen die oben analysierten neutestamentlichen, christologisch verankerten Zeugnisse vom Pneuma als eines eigenständigen Handlungssubjektes die erste und fundamentale Denkstufe bilden. Der philosophische Arbeitsgang darf nur darauf folgen, und dazu soll er auch noch recht vorsichtig ausfallen, da der philosophische Person-Begriff vielfältigen geistesgeschichtlichen Variationen unterliegt (hypostasis, prosopon, rationalis naturae individua substantia, Ich-Bewußtsein, autonomes Selbstbewußtsein, endliches Bewußtseinswesen, relationales Selbst usw. zeigen erhebliche Erfahrungs- und Verständnisunterschiede auf). Bei der trinitarischen Rede von Personen kommen die innergöttlichen Differenzen noch hinzu.

Da hier diese ganze Reflexionsarbeit unmöglich geleistet werden kann, genüge es wenigstens, abschließend eine skizzenhafte Antwort auf die Frage, wer und was der Heilige Geist sei, zu versuchen.

3. Wer und was ist der Heilige Geist?

Konsequent mit dem gewählten biblischen Ansatz dürfte wohl als erstes summarisch gesagt werden: der Heilige Geist wird als diejenige Gotteskraft erfahren, die den mehr als prophetischen Jesus in die Öffentlichkeit der vorgelebten Basileia-Verkündigung hinein ›antreibt‹ und die nach Ostern Menschenherzen zum Glauben und Gemeinden zu missionarischer Tätigkeit befähigt. Doch je mehr auf den Glaubensgegenstand ›Jesus Christus‹ nachösterliches Licht fällt, je mehr Jesus in der Gestalt des verherrlichten und »zur Rechten des Vaters« sitzenden Sohnes erscheint, um so deutlicher enthüllt sich das eigentümliche Person-Sein dessen, der der gemeinsame Geist des Vaters und des Sohnes ist. Es gibt etwas wie eine zunehmende Offenbarung des Pneumas als eigenständig Handelnden, die mit der je stärkeren Glaubensüberzeugung, Gott sei Agape und somit ewige Gemeinschaft, parallel läuft. Innerhalb dieser Gemeinschaft, die wir heute vielleicht auch als ›Gruppe‹ bezeichnen könnten, erweist sich das Pneuma sicherlich nicht nur als »vinculum caritatis« oder als »Ereignis der Liebe«[46] zwischen dem liebenden Vater und dem geliebten Sohn. Innerhalb der göttlichen Agape-Gemeinschaft tritt der Geist selber als geliebter Liebender und liebender Geliebter auf, was seiner Sendung ›nach außen‹ unbedingt entspricht. Er vollzieht sein ganzes Wesen als Täter göttlicher Offenheit und Öffnung. Das bewahrheitet sich auf jeden Fall in der Dimension der Heilsökonomie: »Durch die Sendung des schöpferischen Geistes wird die trinitarische Geschichte Gottes zu einer weltoffenen, menschenoffenen und zukunftsoffenen Geschichte.«[47] Doch muß dann auch die ewige, seinsmäßige Bedingung der Möglichkeit solcher ökonomischen Offenheitsgeschichte mitgedacht werden.

Hier sei als Denkversuch eingeführt: der Geist ist der ewig-göttliche Dritte, der, gerade weil er personhaftes Gegenüber des Vaters und des Sohnes ist, deren Liebesbeziehung zu einer wesentlich offenen macht. Das gilt als Analogaussage aufgrund dessen, was sich unter Menschen erfahren läßt. Menschliche Ich-Du-Beziehung bleibt so lange bzw. insofern unter dem Gesetz der Zweisamkeit, als kein Drittes sie aufbricht. Ohne dieses läuft sie sogar Gefahr, in einen Egoismus zu zweit zu fallen. Die höchste öffnende Wirksamkeit kommt allerdings nicht dem rein gegenständlichen Dritten, etwa einer gemeinsamen Aufgabe, zu, sondern dem personhaften Dritten, der z. B. in der Gestalt des Kindes oder eines Freundes da sein kann. Gerade weil dieser die beiden Liebenden nicht nur ansieht und prüfend verfolgt, sondern an ihrer gegenseitigen Liebe in der ihm eigentümlichen Weise teilnimmt, trägt er zur Selbsttranszendenz der beiden anderen nach ›außen hin‹, auf weitere Subjekte und Objekte hin, maßgeblich bei. Er liebt frei die beiden Liebenden und auch ihre Liebe und erfährt von ihnen auch ›Gegenliebe‹. Eben diese ihm zuteil werdende Gegenliebe macht schon ein Offenheitsereignis aus, das dann die gesamte Gemeinschaft ›auftut‹, über sich hinausführt und zur ›Gastfreundlichkeit‹ veranlaßt.

Jean-Paul Sartres Phänomenologie der Gruppe mit dem Gedanken an den »regulativen Dritten« könnte hier herangezogen werden[48]. Demnach steuert der Dritte (der übrigens jedes Mitglied auf je eigene Weise sein kann und somit dem Prinzip der Wechselseitigkeit unterliegt) die Gruppe schon dadurch, daß er anders ist als die anderen und ihnen somit je neue Handlungsziele anbietet. »Subjekt-Gruppen« gestalten sich demnach notwendig als »Dreiergruppen«, gleich ob sie

---

[46] So E. Jüngel, a.a.O. 506: »In der Unterscheidung von Liebendem (und deshalb wieder Geliebtem), Geliebtem (und deshalb wieder Liebendem) und vinculum caritatis (als Ereignis der Liebe) liebt Gott sich selbst.«
[47] J. Moltmann, a.a.O. 106.
[48] Kritik der dialektischen Vernunft. Band I, Theorie der gesellschaftlichen Praxis, Reinbek bei Hamburg 1967, 391–408.

scheitern oder gelingen. »Die Mitglieder der Gruppe sind die Dritten, das heißt jeder als die Wechselseitigkeiten anderer totalisierend.«[49] Neben dieser Totalisierungsfunktion und mit ihr engstens verbunden betätigt aber der Dritte auch die Überführung der »Gruppenimmanenz« in die Transzendenz bzw. »Quasi-Transzendenz«[50] nach außen, in Richtung auf andere Personen und Gruppen, ja auch auf die an sich gestaltlose »Menge«[51], also darauf, was für die sich öffnende Gruppe zunächst einmal fremdes Gebiet ist. Die Menge muß aber nicht fremdes Land bleiben; sie verliert genau in dem Maße ihr Fremdsein, als sie in das Strahlungsfeld von durch »den Dritten« gesteuerten, »regulierten« »Dreiergruppen« gerät oder von diesen eingeholt wird. Dürfte der Theologe die Kühnheit haben, Elemente dieser Phänomenologie auf die ewige Wirklichkeit Gottes analog zu übertragen, dann könnte der Heilige Geist (in dem der Glaube ohnehin den ›absoluten Gesandten‹ auf Welt und Geschichte hin erblickt) in besonderer Weise als jener Dritte gedacht werden, der zum Offensein des Vaters und des Sohnes von Ewigkeit her seinsmäßig-aktiv beiträgt. Er trüge aber dann dazu nicht im Modus einer namen- und gesichtslosen Gotteskraft bei[52]; vielmehr im Modus des ebenfalls liebenden und geliebten Dritten. Das nähme vom biblisch unbestreitbar bezeugten Kraft-Sein des Heiligen Geistes nichts weg. Nur ließe es das Pneuma als eine Kraft erscheinen, die von der wechselseitig erwiderten Liebe der göttlichen Agape-Subjekte ausgestrahlt wird. Ja, der Geist ist Kraft für Gott und Mensch, aber eine Kraft, die am Verhalten eines geliebten Liebenden und liebenden Geliebten aufstrahlt[53].

---

[49] Ebd. 400.
[50] Ebd. 407.
[51] Ebd. 408.
[52] Vgl. J. Moltmann, a.a.O. 185, redet von einer »gewissen Anonymität« des Heiligen Geistes.
[53] Zum theologischen Ansatz, der im vorliegenden Versuch verfolgt wurde, siehe E. Biser u. a., Prinzip Liebe. Perspektiven der Theologie, Freiburg-Basel-Wien 1975: eine Vortragsreihe, die auf eine dankenswerte Anregung von meinem verehrten Freund Eugen Biser hin zustande kam.

Trinität – vom Heiligen Geist her reflektiert

Eine Skizze

Die gegenwärtige dogmatische Forschung weist eine Erneuerung der Trinitätslehre und der Pneumatologie auf. Zwischen diesen beiden kommen Interferenzen zum Vorschein, die wohl mit der *Schlüsselposition* zu tun haben, die dem Heiligen Geist bei der Zusammenschau der ökonomischen und immanenten Trinität zukommt. Eine solche Stellung des Heiligen Geistes schließt freilich den Gedanken an seine »ganz eigenartige Personalität«[1] ein, näherhin die Frage nach jener Analogie besonderer Art, die es sinnvoll macht, den Heiligen Geist überhaupt »Person« zu nennen und zugleich seine »Personhaftigkeit« von der des Vaters, des Sohnes, und nicht zuletzt des Menschen, zu unterscheiden. Eine eingehende »Klärung der ›Personalität‹ des Heiligen Geistes«, die sich in der modernen Trinitätstheologie als »*neuralgischer Punkt*« erweist[2], bleibt noch zu leisten. Doch scheinen mir die Ansätze dazu bereits hinreichend vorzuliegen, um den Versuch zu wagen, das Glaubensgeheimnis der Dreieinigkeit einmal *vom Heiligen Geist her* zu reflektieren. Hatte nicht schon *K. Barth* an seinem Lebensabend davon geträumt, daß eine Theologie entworfen werde, die beim dritten Artikel des Credos ansetzt[3]? Daß ein derartiges Unternehmen sinnvoll sein und weiterhelfen könnte, in ähnlichem Maße wie etwa eine christozentrische Sicht des Mysteriums, davon bin ich überzeugt. Gotthold Hasenhüttl hat mit seinem Buch »Charisma. Ordnungsprinzip der Kirche«[4] insofern ein beachtliches Stück »Theologie vom Dritten Artikel her« geleistet, als er sich darin auf die Bestimmung der »Grundstruktur« der Kirche konzentrierte. Allerdings hat er hier die Antwort auf die Frage offengelassen, inwiefern Charisma-Erfahrung als aktuelle Erfahrung des Heiligen Geistes verstanden werden müsse. So sei ihm dieser Beitrag als freundschaftlich-komplementärer Denkversuch gewidmet.

Die Erfahrungswelt, von der ich ausgehe, liegt im Glaubensvollzug, der trotz aller säkularen Hindernisse auch heute immer wieder mög-

---

[1] *J. Moltmann*, Der Geist des Lebens. Eine ganzheitliche Pneumatologie, München 1991, 25.
[2] *B. J. Hilberath*, Der Personbegriff der Trinitätstheologie in Rückfrage von Karl Rahner zu Tertullians »Adversus Praxean« (IThS 17), Innsbruck/Wien 1986, 329.
[3] *K. Barth*, Nachwort zu: Schleiermacher-Auswahl (GTBS 113/114), München/Hamburg 1968, 310 ff.
[4] Freiburg/Basel/Wien 1969.

lich wird und sich in tätiger Nächsten-, Fernsten- und Feindesliebe bewährt.

Nach traditionell-christlichem Verständnis ist *der Ermöglicher* der glaubenden Grundhaltung der Heilige Geist. Er bringt uns die Gnade nahe, die in der ungeschuldeten Selbstmitteilung Gottes zur Selbstwerdung des Menschen besteht und den Glauben an Gott ermöglicht[5]. In dieser Hinsicht erweist er sich als diejenige der göttlichen Personen, die dem Menschen am nächsten ist, und seine Nähe, wenn auch unbemerkt oder ungenannt, besitzt sowohl zeitlichen wie relationalen Charakter. Das ist auch in der »charismatischen Grundstruktur« der Christengemeinde impliziert.

Trinitätstheologisch könnte man darin die ökonomische Allgegenwart des Pneumas erblicken, wie sich das etwa in der paulinischen und der lukanischen Tradition als normative Urerfahrung des Christentums erkennen läßt. Hier tritt besonders die Taufe als lebensgeschichtlich bestimmendes Realsymbol der ökonomischen Geist-Nähe auf den Plan. Es fällt auf, daß gerade die Überlieferung, die den Eingliederungsritus »auf den Namen Jesu Christi« spenden läßt, mit diesem den Empfang der »Gabe des Heiligen Geistes« konsequent verbindet (z. B. Apg 2,38). Daß diese Gabe nicht objektiviert, sondern *subjektanalog* gedacht wird, zeigen die vielen Stellen in der Apostelgeschichte, in denen der Heilige Geist spricht (10, 19; 11, 12; 13, 2), verbietet (16, 7), »ordiniert« (20, 28), entscheidet (15, 28), betrogen wird (5, 3). Zu Recht wird er also in der matthäischen Taufformel (Mt 28, 19) mit dem Vater und dem Sohn in einem Atemzug genannt: auf den Namen aller Drei wird getauft. Ähnliches geschieht in sämtlichen Taufbekenntnissen. Der Geist wird dann bis zum Konstantinopolitanum zunehmend als der *konstitutive* Dritte der göttlichen Dreieinigkeit ins ekklesiale Bewußtsein gehoben.

Die Taufe zeigt sich aber nicht bloß als ein pneumatisch-enthusiastischer Augenblick für den Glaubenden, sondern auch als die Begründung einer fortlaufenden Lebensgeschichte, in der der Heilige Geist unablässig wirkt. *Paulus* spricht von denen, die »sich vom Geist Gottes leiten lassen« (Röm 8, 14; vgl. 8, 4).

Die Tradition erblickt nicht zufällig die sinngebende Vorwegnahme des christlichen Initiationsritus in der *Taufe Jesu*. Die diesbezüglichen Zeugnisse sind triadisch strukturiert. »Der Geist Gottes« kommt mit der »Stimme aus dem Himmel« auf den »geliebten Sohn« herab, um ihn dann in die Wüste hinauszuführen (Mt 3, 16–4, 1 par). Bei den Synoptikern kommt auch der Gedanke an den Jesus bleibend führenden

---

[5] Vgl. *A. Ganoczy*, Aus seiner Fülle haben wir alle empfangen. Grundriß der Gnadenlehre, Düsseldorf 1989.

bzw. »treibenden« (vgl. Mk 1, 12) »Heiligen Geist« (Lk 3, 22; 4, 1) zum Ausdruck. Darin liegt der *mehr als prophetische* Grundzug seiner Lebensgeschichte.

Zur Erhellung des *Osterereignisses* wird ein Zweifaches gesagt: Jesus hat sich »kraft ewigen Geistes Gott als makelloses Opfer dargebracht« (Hebr 9, 14), und: das Pneuma dessen, »der Christus Jesus von den Toten auferweckt hat« (Röm 8, 11), ist jener »Geist der Heiligkeit«, »kraft dessen«[6] nicht nur die Auferweckung geschah, sondern der Auferweckte »als Sohn Gottes in Macht« eingesetzt wurde (Röm 1, 4). In dieser Sicht wird Jesus gerade als der Christus zum Gegenstand der schöpferischen Tätigkeit des Gottesgeistes.

Das Johannesevangelium bezeugt eine gewisse *Umkehrung* dieses Verhältnisses: der nunmehr erhöhte Sohn *sendet* den Geist (15, 26; 16, 7). Doch nicht einmal diese Wende macht aus ihm einen bloß heilsökonomischen Gesandten. Das Pneuma bleibt auch dasjenige, »*aus*« dem die Getauften genauso »geboren« werden (3, 5–8) wie »aus Gott« (1, 13; 3, 3). Dieselbe Präposition »ek« setzt den Geist mit dem Vater in eine operationelle Parallelität. Ähnliches widerfährt aber auch der Beziehung zwischen Jesus und dem »Geist der Wahrheit« (4, 23 f; 14, 17; 15, 26; 1 Joh 4, 6; 5, 6), jenem »anderen Parakleten« (14, 16), der den ersten ablöst, um »für immer« bei den Gläubigen zu »bleiben« (ebd.). Beide sind Sprecher und Fürsprecher, wie nur eine Person es sein kann. Beide stammen »aus« dem Vater und erfüllen so ihre Mission (15, 26; 16, 28). Doch zeichnet sich jene Rückkoppelung des zweiten Parakleten an den ersten nicht nur durch passive Züge aus – »er wird nicht aus sich selbst heraus reden« (16, 13) –, sondern auch durch *aktive*. Er bezeugt, erinnert, belehrt, verkündet, »was kommen wird«, »überführt die Welt« (16, 8) und führt die Glaubenden »in die ganze Wahrheit« (16, 13), die mit Christus identisch ist, ein. Dank des »anderen Parakleten« eröffnet sich den Menschen aller Zeiten jene alétheia, die letztlich im liebenden Ineinander des Vaters und des Sohnes besteht. Daß keiner den Christus Gottes als den »in das Fleisch Gekommenen« in Wahrheit zu bekennen vermag, ohne den Geist Gottes erkannt zu haben, darum weiß die johanneische Überlieferung (vgl. 1 Joh 4, 2 f) ebenso wie die paulinische (1 Kor 12, 3). Die heilsökonomische Korrelation »Christus – Geist« geht für *Paulus* so weit, daß er die Formel wagt: »Der Herr ist der Geist« (2 Kor 3, 17).

Die Identität des Heiligen Geistes hängt nach Paulus gewiß an den Genitivformeln »der Geist Gottes« und »der Geist Christi« (Röm 8, 9.14; 1 Kor 2, 14.16): Diese scheinen eine Art »Genitivus missionis« darzu-

---

[6] Vgl. *U. Wilckens*, Der Brief an die Römer. Röm 1–5 (EKK VI/1), Zürich u. a. 1978, 65.

stellen, etwa nach dem gleichen Muster wie der Gedanke eines doppelten Hervorgangs im Johannesevangelium. Doch legen solche Vorstellungen keine starre »taxis«, noch weniger eine numerierbare Anordnung der drei Handlungssubjekte fest, was unter Umständen der subordinatianistischen Theologie entspräche. Was solche Reduktion des Heiligen Geistes auf eine bloße Gotteskraft, Energie oder auf ein »Kraftfeld«[7] bei *Paulus* verbietet, sind zumindest drei Aussagen über *Eigeninitiativen* des Pneumas, die, einmal zusammengeschaut, vom Bereich der zeitlichen Ökonomie in den der ewigen Immanenz verweisen.

Die erste betrifft die ekklesía, welcher »der eine Geist« seine *Charismen* schenkt, durch die der eine Gott und der eine Herr ihren Willen zur Vereinigung der Glaubenden verwirklicht sehen (vgl. 1 Kor 12, 4–6). Diese ad personam geschenkten Gaben, ohne die keine Personengemeinschaft entsteht, teilt der eine und selbe Geist jedem zu, »wie er will«. So dürfte er wohl als der Architekt und zugleich als der Baumeister des ekklesialen oikodomein angesehen werden.

Die zweite Initiative liegt darin, daß der »Geist Gottes«, der in den Glaubenden »wohnt«, und der »Geist Christi«, ohne den keiner zu ihm gehören kann (Röm 8, 9), in einer Weise sich gibt und empfangen läßt (eher als einfach: »gegeben« und »empfangen« wird), daß dank seines Mitwirkens der sonst unmögliche Gebetsruf *»Abba, Vater!«* möglich wird (Röm 8, 15). Nach Gal 4, 6 ruft dies der Geist des Sohnes selbst, den der Vater in unser Herz sendet. So wird dieses Gebet »triadisch« eingerahmt. Deshalb »weiß« Gott, »was die Absicht des Geistes ist« (Röm 8, 27). Auch die parallele Tätigkeit der beiden Gesandten, von denen jeder auf seine Weise für uns »eintritt« (Röm 8, 27.34), erscheint hier wieder.

Drittens findet sich bei *Paulus* eine gewiß singuläre, nichtsdestoweniger qualitativ vielsagende Äußerung, die an ein immanentes »Hineingehen« des in die Ökonomie »Hereingekommenen« denken läßt, an eine Anabasis des katabatisch Erfahrenen. 1 Kor 2 thematisiert die Weisheit Gottes, die zwar »verborgen« ist, »en mysterío«, »vor allen Zeiten«, unzugänglich für »die Machthaber dieser Welt«, und doch von Gott denen zur Erfahrung bereitet ist, »die ihn lieben« (VV 6–9). Es heißt dann: »uns hat es Gott enthüllt durch den Geist. Der Geist ergründet nämlich alles, auch die *Tiefen* (ta báthe) Gottes« (V. 10). Dieser Ausdruck ist »im Gnostizismus des 2. Jahrhunderts n. Chr. zur ty-

---

[7] *J. Moltmann,* aaO. 287, distanziert sich mit Recht vom diesbezüglichen Vorschlag W. Pannenbergs.

pischen Bezeichnung für das *Wesen* Gottes geworden«[8]. Ökonomisch gewendet verwies er schon in Dan 2, 22 LXX auf die ewige Heilsintention der göttlichen Weisheit. Nun ist der Geist »das *Subjekt* des Erforschens und Erkennens« dieser »Tiefen« der Gottheit, man könnte vielleicht sagen »des Herzens« des Heil wollenden Schöpfers aller Dinge. Trifft die Auslegung *F. Langs* zu, die gemeinte Tiefenerkenntnis habe für *Paulus* sein Analogon in der Selbsterkenntnis und im Selbstbewußtsein des Menschen[9] (vgl. V. 11), so erscheint diese Aktivität des Geistes als eine Gott »immanente«, die sich aber von sich aus »nach außen« wendet. Sie kommt einer ewigen Intention des Schöpfers gleich. In diesem Zusammenhang bewirkt der wissende Geist, »der aus Gott stammt« und Gott ergründet, daß auch wir das Geheimnis erkennen (V. 12).

Somit tritt der Heilige Geist gleichsam als »*der Öffnende*« schlechthin auf den Plan, aber auch schon als jener, der dort hineingeht, woraus er hervorgegangen ist: in die »Tiefen« eines Gottes, dessen Sein und Tun durch die *Agape* bestimmt sind.

Ich setze voraus, daß bereits *Paulus* das Liebesein Gottes lehrt und daß er deshalb Gott (z. B. Röm 5,5; 2 Kor 13,13; 2 Thess 3,5), Christus (z. B. 2 Kor 5,14; Gal 2,20; Röm 8,35) und dem Gottesgeist (z. B. Röm 15,30; vgl. Kol 1,8), jeweils nuancierend, aktives Lieben zuschreibt (2 Kor 13,13). Dürfen cháris und koinonía als Erscheinungsgestalten der göttlichen agápe verstanden werden, dann kann 2 Kor 13,13 als eine triadische Aussage über das interaktive Liebesein Gottes gelesen werden.

Dem entspricht in expliziter Weise der Satz in 1 Joh 4,8.16, der nach neuerer[10] und neuester[11] Exegese das *Wesen* und *Handeln* Gottes »definiert«. Daß dies in einem Text geschieht, in dem alles göttliche Tun *triadisch* gedacht wird, ist für unser Thema nicht ohne systematischen Belang. Denn es wird dadurch ein Agape-Gott denkbar, der immer schon die Möglichkeit besitzt, gemäß einer inneren Struktur der *Relationalität* als gleichwertiges, gegenseitiges und ineinandergreifendes Liebendsein da zu sein. So sieht die johanneische Tradition eine in die Ewigkeit reichende Kommunion der »Drei« im Sein, Insein, Haben, Erkennen, Sprechen, Zeugnisgeben, Verherrlichen. Dabei kommt oft wiederum die Christus-Geist-Parallelität zum Zuge, vorab in Sachen des Zeugnisses (Joh 15, 26), des Lehrens (Joh 14, 26; 16, 13) und Verherrlichens (Joh 16,14).

---

[8] Vgl. *F. Lang*, Die Briefe an die Korinther (NTD 7), Göttingen/Zürich [16]1986, 44–48.
[9] Ebd. 45.
[10] Vgl. *R. Schnackenburg*, Die Johannesbriefe (HThK XIII/3), Freiburg u. a. 1979, 231 f.
[11] Vgl. *H.-J. Klauck*, Der erste Johannesbrief (EKK XXIII/1), Zürich u. a. 1991, 247 f.

Mit Recht haben *Augustinus* und *Richard von St. Victor* von daher den Stoff geholt, um eine Trinitätslehre mit dem Prinzip Agape spekulativ auszubauen. Von der Theologie Augustins sei hier nur seine heute oft kritisierte *Identifikation* der Agape mit dem Pneuma[12] erwähnt. Demnach sind nur der Vater und der Sohn eigentlich Liebende, während der Heilige Geist einfach die Liebe oder »das Band der Liebe« ist. Anders und biblischer dachte *Richard*. Nach seinem Traktat »De Trinitate« ist die immanent-ewige »concordia« der göttlichen »caritas« nur als eine Gemeinschaft von »*condilecti*« gleichen Gewichts möglich (III 11)[13]. Dabei kann die jeweilig »dritte Person« nicht fehlen (III 18). Denn sie öffnet gleichsam die Zweisamkeit der beiden anderen über sie hinaus und hebt jede egoistische Neigung in ihrer Ich-Du-Beziehung auf[14]. Ohne den Dritten keine Trinität: »Beachte nun, wie das Band der dritten Person allenthalben die Gesinnung der Mitliebe verbreitet, die Mitliebesgemeinschaft durch alle hindurch und in allen begründet. [...] Siehe, wie es sich aus der Mitbruderschaft der dritten Person in dieser Trinität heraus ergibt, daß mitherzliche Liebe und mitgemeinschaftliche Neigung überall, nirgends aber Vereinzelung zu finden ist.«[15] Kein Gott als »solitaria persona« also, wenn er wesentlich »caritas« sein soll! Und keine göttliche Ich-Du-Beziehung, die ihre Glückseligkeit nicht in selbstlosem Teilnehmenlassen des Dritten an ihr suchte. Denn Liebe existiert nur in *Liebenden*[16].

Das johanneische »Ich und der Vater sind eins« (Joh 10, 30) der Sache nach fortdenkend und auf die *Wesensgleichheit* der Drei hin deutend, schreibt *Richard*: »Keiner ist größer als der andere, keiner ist geringer, keiner ist vorher, keiner nachher. In der Dreieinigkeit sind alle Personen mitgleich und mitewig (coaequales simul et coaeternas)« (III 21)[17].

---

[12] So De Trin. 6,7; De fide et symbolo 19.
[13] Zitiert werden für das Original: *Richard de Saint-Victor*, La Trinité. Texte latin, introduction, traduction et notes de Gaston Salet, s. j. (SC 63), Paris 1959, und für die dt. Übersetzung: *Richard von Sankt-Victor*, Die Dreieinigkeit. Übertragung und Anmerkungen von Hans Urs von Balthasar (CMe 4), Einsiedeln 1980.
[14] Vgl. *H. U. von Balthasar*, aaO. 19. Interessant ist in diesem Zusammenhang, was *J. P. Sartre* in seiner »Kritik der dialektischen Vernunft. Theorie der gesellschaftlichen Praxis« (dt. Reinbek bei Hamburg 1967), 407, von der konstitutiven Rolle des »regulativen Dritten« in der Gruppe schreibt. Vgl. auch 391–408.
[15] »Attende nunc quomodo tertiae personae copula concordialem affectum ubique comparat et consocialem amorem per omnes et in omnibus confoederat. [...] Ecce quomodo ex tertiae personae consodalitate in illa Trinitate agitur, ut concordialis caritas et consocialis amor ubique, nusquam singularis inveniatur« (III 20). Die deutsche Übersetzung wurde gegenüber der Übersetzung von *H. U. von Balthasar* (aaO.) geringfügig geändert.
[16] *Y. Congar*, Der Heilige Geist, Freiburg u. a. 1982, 397, kommentiert Richard bezüglich des Geistes: »er liebt die beiden«.
[17] *H. U. von Balthasar*, aaO. 106.

Daraus folgt logisch, daß nicht einmal die »taxis« der »Hervorgänge« im Sinne eines kausalen Nacheinanders oder einer Subordination gedacht werden darf. Nur relationale Koordination und Simultaneität kommen in Frage.
Es dürfte auch keine Aufteilung auf gebende und empfangende Personen erfolgen, soll das *Reziprozitätsprinzip* ernst genommen werden: »Die göttlichen Personen betrachten einander alle gegenseitig und unmittelbar, eine wirft den Strahl des höchsten Lichtes auf die andere und empfängt ihn von der anderen her« (V 9)[18]. Solches Geben-Empfangen ist der schenkenden Liebe eigen. Das könnte sogar heißen, daß die Agape als Gottes Seinsweise keine feste »taxis« zuläßt, sondern sich in freiem »Driften« aufeinander zu vollzieht: »Nimm irgendeine der Personen: die beiden anderen lieben sie wie aus einem Herzen« (III 20)[19]. »Wenn in allen in jeder Hinsicht der gleiche Wille ist, *liebt jeder den anderen wie sich selbst*« (V 23)[20]. In diesem Fall hindert den Theologen wahrlich nichts, die Trinität vom Heiligen Geist her zu reflektieren.
Leider wird *Richard* seinen eigenen Grundsätzen untreu, wenn er sich im VI. Buch seines Trinitätstraktats in die Frage nach den »Hervorgängen« einsperren läßt, in der alles Trinitarische vom ursprungslosen Ursprungsein des Vaters und dem ursprunghaften Ursprungsein des Sohnes her erörtert wird. Hierbei fällt das Urteil: »Gemeinsam ist dem Vater und dem Sohn, sie (die ganze Fülle) zu besitzen und zu verschenken (tam habere quam dare). Eigentümlich aber ist dem Geist, sie zu besitzen, aber sie nicht zu verschenken (habere nec alicui dare)« (VI 11)[21]. Und: »Keine Person [...] empfängt vom Heiligen Geist die Fülle der Gottheit«[22] (ebd.).
Das Anliegen ist klar: Der Geist Gottes »zeugt« keine vierte göttliche Person. So gesehen ist er nicht mehr Geber, sondern nur Gabe göttlicher Fülle. Doch hier wird von jenem Geben und Sich-Geben völlig abgesehen, das in Gott nur ein *wechselseitiges* sein kann, will er sich als Dreieinigkeit vollziehen. *Augustinus* selbst scheint einen Wink in diese Richtung gegeben zu haben mit einem Satz, der den Hl. Geist weder ökonomisch noch immanent auf ein »donum« reduziert: »Ita enim datur (Spiritus) sicut donum Dei ut etiam *seipsum* dat sicut Deus«[23] (»So nämlich wird [der Geist] wie eine Gabe gegeben, daß er auch *sich selbst* gibt wie Gott«). Demnach gehört das Sich-Geben zur Gottheit des

---

[18] Ebd. 160.
[19] Ebd. 105.
[20] Ebd. 175.
[21] Ebd. 196.
[22] Ebd. 197.
[23] De Trin. XV 19,36; vgl. De fide et symb. 9.

Heiligen Geistes und nicht bloß das Sich-Empfangen »ex patre filioque« oder nur das ökonomische Gegebenwerden. Der Gesichtspunkt seiner »processio« erschöpft bei weitem nicht seine Identität als Person. Dazu ist seine aktive Rolle in der ewigen Agape-Gemeinschaft mit erforderlich als diejenige Tätigkeit, die durch jenes paulinische Ergründen der Tiefen Gottes möglicherweise schon angedeutet wurde. Wie dem auch sei, ein Heiliger Geist, der in der Immanenz nur empfangend und letztlich passiv, in der Ökonomie aber als höchst aktiv und gebend zu begreifen wäre, ist nur schwer vorstellbar. Erweist er sich aber innerhalb der laufenden Heilsgeschichte als der göttliche Agens schlechthin, als die uns am nächsten kommende Person, schöpferisch im Sein, Erkennen, Lieben, charismatischen Aufbauen, so müßte man, gerade mit den Prinzipien *Richards*, auf seine ewige Aktivität, näherhin auf seine tätige Liebe schließen. Nur so hat seine Schlüsselposition zwischen der immanenten und der ökonomischen Trinität einen bibelnahen Sinn. Wenn er der die Menschenherzen Öffnende ist, muß er auch der die Vater-Sohn-Beziehung Öffnende sein. Diese beiden öffnenden Tätigkeiten finden in der laufenden Heilsgeschichte, sehen wir sie mit den Augen des Glaubens, ihren konkreten Ausdruck. Schöpfung, Lebensstiftung, Menschwerdung und Auferweckung des Sohnes, Heiligung, eschatologische Vollendung sind ihm deshalb eigen.

Vielleicht könnte man noch radikaler formulieren: Aufgrund der nicht abgeschlossenen, sondern andauernden Heilsgeschichte *muß* die Dreieinigkeit vom Heiligen Geist her gedacht werden können, damit Gott darin nicht zu einem nur zeugen könnenden Patriarchen erstarrt und der auferweckte Gekreuzigte nicht zu einer ehrwürdigen Gestalt der Vergangenheit verkommt, somit die Gegenwart und das Werden des Heiles als eine lebendige Verbindung zwischen Himmel und Erde erscheinen.

Die Frage nach der analogen *Person-Prädikation* für den Heiligen Geist müßte in diesem hermeneutischen Zusammenhang neu gestellt werden. Dabei helfen m. E. Überlegungen zu den Begriffen »hypóstasis«, »prósopon«, »rationalis naturae individua substantia« wenig weiter. Vielversprechend ist aber jener Person-Begriff, den neuerdings *B. J. Hilberath*[24], bei Tertullian ansetzend und bis in die Moderne vorstoßend, auf die beiden Säulen der Individualität und der Relationalität, besser noch auf die der relationalen Individualität gestellt hat.

Zum *individuellen* Aspekt der Person-Analogie genügen vermutlich die vielen Personifizierungen der rūaḥ Jahwes, parallel zu seiner ḥokmā, mehr noch die zahlreichen neutestamentlichen Stellen, in de-

---

[24] Vgl. *B. J. Hilberath*, Der Personbegriff der Trinitätstheologie, aaO. 130–144.

nen das Pneuma als Subjekt geistiger, sprachlicher, offenbarender, inspirierender, sendender, aufbauender Handlungen auftritt. Individuell in irgendeiner Weise muß wohl das Sein und Wirken des »anderen Parakleten« vorgestellt werden. Insofern diese ganze pneumatische Ökonomie, die von einem namhaften Wissen und Willen getragen ist, eine »immanente« Entsprechung haben muß, drängt sich die Analogie des ewig mittätigen Handlungssubjekts in der »Gesellschaft« des Vaters und des Sohnes auf. Ist Gott Liebe, so existiert diese Liebe nur in einander Liebenden. Ist er Agape-Liebe, so kann er sich nicht in ewiger Zweisamkeit erschöpfen. Dann steht der Heilige Geist als *der dritte Liebende* – nicht bloß Geliebte – noch weniger einfach als der Liebesvollzug der beiden im Raum. Konstituiert sich Gott erst dank der dritten Person als Trinität, so dürfte man weder den Vater noch den Sohn gerade in ihrem Liebendsein ohne den Heiligen Geist denken. Ohne ihn wäre die Liebe zwischen dem Vater und dem Sohn keine Agape, das heißt keine Liebe, die in der wechselseitigen selbstlosen Selbsthingabe der »individuell« Verschiedenen besteht. Das bedeutet, zugespitzt gesagt, daß der Geist in seinem Selbststand als Mitliebender für den Vater und den Sohn der Faktor der »Personalisierung« ist.
Gerade darin zeigt sich die *Relationalität* des dritten Handlungssubjektes in Gott. Er verbindet die beiden anderen, indem er sich an sie bindet. Das macht ihn irgendwie einem menschlichen Selbstbewußtsein ähnlich, das sich immer anderen verdankt und zugleich für andere gemeinschaftskonstitutiv wirkt.
Ökonomisch wirkt der Heilige Geist personalisierend in der Ermöglichung von glaubend-liebenden Lebensgeschichten unter den Getauften und auch anderswo.
Von daher aufsteigend, ließe sich die immanente Trinität als ewige Einigung der Drei in Agape neu reflektieren – eben vom Heiligen Geist her.

2. Schöpfungslehre im Gespräch mit der Gegenwart

Schöpfung im Christentum –
Versuch einer Neuformulierung*

I.

Der christliche Schöpfungsglaube soll hier nicht in der Form einer abgeschlossenen, nicht mehr befragbaren Lehre angesprochen werden. Vielmehr soll er als Gegenstand von Befragung und Infragestellung in Erscheinung treten, wie die gegenwärtige Lage von Menschen- und Naturwelt dies erforderlich macht. Es geht ja darum, eine *Hermeneutik* des christlichen Schöpfungsglaubens für Menschen zu versuchen, die in der Gegenwart, in unserem krisenreichen Heute das Verständnis ihrer selbst und ihrer natürlichen und künstlichen Umwelt redlich anstreben.

Ausgangspunkt ist dabei die Überzeugung, daß ein allzu großer Riß zwischen der Rede von der Schöpfung und dem Selbstverständnis des Menschen ein völlig unangemessener, kontradiktorischer, ja absurder Zustand ist. Wenn die Rede von der Schöpfung in keiner Weise dazu beiträgt, daß z. B. der Mensch unseres westlichen Kulturbereiches begreift, was er ist und wozu er da ist, so erfüllt diese Rede nicht mehr ihre ureigenste Funktion. Denn exegetisch steht fest, daß bereits die sog. ›Schöpfungsberichte‹ des Buches Genesis (1. Mose) an erster Stelle »aus der Sorge des Menschen in seinem *Dasein*«[1] erwachsen sind, auf jeden Fall aber nicht aus einem rein intellektuellen Drang, die Entstehung des Kosmos zu erklären. So liegt es in der Natur der Sache, daß auch heutige Versprachlichung von ›Schöpfung‹ nicht in der distanzierten Beliebigkeit eines »opulenten Vergangenheitsmythos« (*Ernst Bloch*) oder einer legendär ausgeschmückten Kosmogenese steckenbleiben kann, sondern gegenwärtige Menschen in ihrer Suche nach Selbstwerdung und Zukunftsbewältigung, kurz: ›existentiell‹ anzusprechen hat. Wird dieses Ziel nicht erreicht, liegt Zweckentfremdung vor: die Schöpfungstheologie verfehlt dann ihre Bestimmung.

---

* Vorgetragen bei der Tagung »Die vergessene Schöpfung. Christentum, Judentum, Islam und die Zukunft der Welt« vom 28.-30. Oktober 1977 in der Evangelischen Akademie Hofgeismar.
[1] *Claus Westermann*: Schöpfung. Stuttgart/Berlin 1971, S. 170.

II.

Die Neuinterpretation, die ich, freilich ohne Anspruch auf Letztgültigkeit, versuchen möchte, orientiert sich an drei Erkenntnissen:
– der einst vorwiegend mit den Augen des Glaubens betrachtete Weltprozeß ist seit der Neuzeit zunehmend zum Gegenstand *naturwissenschaftlicher Forschung* und *technischer Bearbeitung* geworden;
– das neuzeitliche Denken zeichnet sich durch eine *radikale Wende zum Subjekt* aus;
– neuerdings wächst das Bewußtsein von der *Ambivalenz* aller Errungenschaften der technischen Vernunft, was vielerorts zu einer regelrechten Krise des Fortschrittglaubens führt.
Dazu kommt die Tatsache, daß die produktive Reflexion darüber, was mit ›Schöpfung‹ gemeint ist, während dieser ganzen Entwicklungsperiode vor allem des westlich-menschlichen Selbstbewußtseins aus der theologischen Regie fast vollständig in die *philosophische* übergegangen ist. Was heißt das? Seit der Renaissance-Zeit etwa waren es nicht mehr die Theologen, die eine immer neue, der jeweiligen Selbsterfahrung entsprechende Hermeneutik des Schöpfungsgedankens anboten. Das taten eher Philosophen wie *Kant, Hegel, Feuerbach, Marx, Nietzsche, Sartre* und verschiedene Neomarxisten, also vor allem jene Denker, die den raschen Aufstieg der naturwissenschaftlichen und technischen Vernunft mit wachsamen Augen verfolgten[2]. So entstand die für uns heute noch maßgebliche Vorstellung vom schöpferischen, kreativen Menschen, der sich unter Umständen auch ohne Gott-Hypothese in seiner Welt zurechtzufinden glaubt[3]. Wenn früher in der religiösen Sprache allein Gott Schöpfer hieß, so trägt nunmehr der sich seiner Schaffensmöglichkeiten bewußte Mensch, ob als Person oder Kollektiv, diesen Ehrennamen. Durch die Entfaltung seiner naturwissenschaftlich-technischen Möglichkeiten schafft sich der Mensch je neue Umwelten und Welten, durch die Aktuierung seiner leib-seelischen Potenzen als freies Subjekt betreibt er Selbsterschaffung etwa in Sport, Bildung und Kunst, durch seine vielen realistisch in Kauf genommenen äußeren und inneren Konflikte macht er die Erfahrung, daß alle seine Errungenschaften zweideutig sind. Das gereicht ihm bald zum Ansporn zum Weiterkämpfen, bald zur Resignation und Verzweiflung, was ein Existenzphilosoph wie *Sartre* plastisch zu zeigen wußte. Nun: Alle diese Höhen und Tiefen des schöpferischen Menschen mit oder ohne Schöpfergott vermochten lange Zeit nicht die theologischen Vertreter des christlichen Schöpfungsglaubens, wohl aber eine Reihe säku-

---
[2] Siehe dazu im einzelnen *Alexandre Ganoczy:* Der schöpferische Mensch und die Schöpfung Gottes. Mainz 1976, S. 19–107.
[3] Siehe dazu ausführlich *Ganoczy* (oben Anm. 2) passim.

larer Denker einzuholen und zu thematisieren. Nach dieser Abwanderung der Schöpfungshermeneutik in das Reich der Säkularität halfen dann freilich keine katechetischen Appelle mehr, um die Herzen moderner Menschenkinder mit Erzählungen über Gottes alte Taten am Anfang der Zeiten zu erwärmen. Kurz: Das Fehlen einer theologischen Anthropologie der menschlichen Kreativität macht es immer schwerer, an einen Schöpfergott zu glauben und auf einen solchen Glauben die je eigene Lebensgeschichte aufzubauen.

III.

Es lohnt sich, das bisher Gesagte mit einigen Beispielen zu verdeutlichen, um die große Not in Sachen theologischer Schöpfungshermeneutik noch greifbarer zu machen.
Die herkömmliche Theologie der Schöpfung mißt eine wesentliche Funktion dem Gedanken zu, Gott sei *Ursache* – Wirk- und Finalursache – der Welt. Meist wird hier noch die aristotelische Ursachenlehre benutzt, um den Weltprozeß als einen Mechanismus von Zweitursachen unter der Herrschaft des »Unbewegten Bewegers« zu erklären. Nun sträuben sich naturwissenschaftlich geschulte oder zumindest beeinflußte Köpfe gegen eine solche Schöpfungslehre. Sie haben das nicht unbegründete Gefühl, daß es unangemessen sei, mit Einwirkungen eines Ursache-Gottes zu operieren, wenn die Phänomene einfach durch kausalanalytisches Forschen eingeholt werden können[4].
Was nun den Bereich der Subjekterfahrung anbelangt, so bekommt die herkömmliche Ursachen-Theologie auch hier leicht Schwierigkeiten, sobald sich das Verhältnisproblem zwischen göttlicher Allmacht und menschlicher *Freiheit* stellt. Diesbezügliche Aporien sind kein Monopol der christlichen Schöpfungslehre (man denke nur an die Prädestinationsproblematik bei *Augustin, Thomas* und *Calvin*), sie nehmen auch in der aristotelisch-averroistisch geprägten islamischen Scholastik (z. B. bei den Gabriten und den Aschariten) einen beachtlichen Raum ein[5].
Ferner könnte als typische Begleiterscheinung der mangelnden Schöpfungshermeneutik bei Theologen der Neuzeit das Unvermögen genannt werden, dem Pendeln des philosophischen Schöpfungsdenkens zwischen *Deismus* und *Pantheismus* wirksam entgegenzutreten und sein Einmünden in den mechanistischen *Materialismus* zu verhindern.

---

[4] Siehe dazu *Günter Altner:* Schöpfung am Abgrund. Die Theologie vor der Umweltfrage. Neukirchen-Vluyn 1974, S. 15.
[5] Siehe dazu *H. Stieglecker:* Die Glaubenslehren des Islam. Paderborn/München/Wien 1962, S. 102f.

Eine recht undifferenzierte und mit der kritischen Exegese schon gar nicht vereinbare Wunder-Lehre ruft heute noch als Reaktion deistische Vorstellungen vom göttlichen Weltplaner hervor, der sich in die spätere Ausführung nicht mehr einmischt. Die ausgebliebene Antwort auf *Hegels* Dialektik, nach der der eine Weltgeist, der zugleich göttlich und menschlich ist, sich in immer neuen Selbstentäußerungen progressiv auszeugt, gibt noch bei unseren Zeitgenossen zu pantheistischer Weltbetrachtung Anlaß. Ein völlig unbiblisches Vergessen der anthropologischen Relevanz von Materie, Natur und Tierwelt hat manche Scholastiker noch in der jüngsten Vergangenheit dazu verleiten können, etwa *Teilhard de Chardin* als einen ketzerischen Täufer der materialistischen Evolutionslehre zu brandmarken.

Noch ein letztes Beispiel sei genannt: Die schlechte Schöpfungshermeneutik, für die es nahelag, eine Theologie des grenzlosen Fortschritts vom Genesiswort »Machet euch die Erde untertan« (Gen 1, 28) abzuleiten, konnte zu jener christlichen Selbstanklage angesichts der Umweltzerstörung führen, die bei *Carl Amery* einen recht depressiven Ausdruck gefunden hat[6]. Die Nicht-Verarbeitung der Ambivalenzproblematik in letzter Konkretheit und Schriftgemäßheit mag auch den päpstlich gutgeheißenen Fehlschlag der Enzyklika »Humanae vitae« (1968) über die Geburtenregelung mitbestimmt haben.

IV.

Es sei nun die Frage nach der Neuformulierung konstruktiv gestellt: Nach welchem *Auslegungsprinzip* soll die Arbeit durchgeführt werden? Wie soll das Grundanliegen des biblisch bezeugten Glaubens an den Schöpfergott mit der positiven und negativen Selbsterfahrung des schöpferischen Menschen sinnvoll vermittelt werden? Empfiehlt sich eine Radikalisierung der ohnehin naheliegenden Anthropozentrik? Oder ihre Erweiterung durch kosmologische Einsichten? Oder im Gegenteil eine forcierte Wiederherstellung jener Theozentrik, die allen drei abrahamitischen Religionen – Judentum, Christentum und Islam – gemeinsam zu sein scheint? Oder schließlich eine zwar redliche, aber das interreligiöse Gespräch erschwerende Betonung der Christozentrik, etwa nach dem Grundsatz: außer dem auferweckten Christus und der »neuen Schöpfung« in ihm kein rechtes Verständnis von Schöpfung und Vollendung? Prüfen wir zunächst kurz die erst- und die letztgenannte Möglichkeit.

---

[6] *Carl Amery:* Das Ende der Vorsehung. Die gnadenlosen Folgen des Christentums. Reinbek 1972.

1. Eine Radikalisierung der *Anthropozentrik* käme dem angesprochenen Trend der philosophischen Anthropologie und unserem Weltgefühl, das für diese Anthropologie zugleich Grund und Ausdruck zu sein scheint, zweifelsohne entgegen. Das könnte z. B. dadurch erzielt werden, daß man von dem Satz *Karl Rahners*, die Liebe Gottes sei anthropozentrisch gewendet[7], ausgeht und daraus optimistisch eine Art Prozeßtheologie der Gottebenbildlichkeit in Richtung auf eine Theologie der Arbeit, der Kunst, der Technik, des Fortschritts, der Politik usw. entwickelt. Tatsächlich sind in den letzten Jahrzehnten viele solcher Versuche gemacht worden. Sicherlich hat dieser Trend eine seiner ausgeprägten Entfaltungen in der Theologie der Säkularisierung[8] gefunden, nach welcher die zunehmende Emanzipation und Verweltlichung der Menschenwelt durchaus dem Willen des Schöpfers entspricht. Ja, es dürfte vielleicht zutreffend sein, wenn man das Schöpfungsverständnis des *II. Vaticanum* (1962–1965), vor allem nach der Konstitution über die Kirche in der Welt von heute, teilweise zu einer ähnlichen Richtung rechnet.

Nun: Hinter allen diesen Versuchen spürt man die Absicht, beiden Polen der hermeneutischen Vermittlung, Tradition und Gegenwartssituation, gerecht zu werden. Biblische Aussagen über Schöpfungsauftrag, Weltliebe, Leibfreundlichkeit und Erfüllungshoffnung werden mit den Augen des emanzipierten Neuzeitchristen gelesen.

Einspruch gegen diese Tendenz wird, nach dem erstaunlich raschen Verstummen der Dialektischen Theologie, nicht so sehr von Vertretern einer radikalen Theozentrik eingebracht. Zumindest nicht im christlichen Lager, wo etwa die Rede von *Pinchas Lapide* von der »anthropozentrischen Arroganz«, mit der man Gott menschengerecht zu definieren trachte[9], kaum ihresgleichen findet. Christliche Schöpfungstheologen – das ist recht merkwürdig – stützen schon lieber ihre Kritik der Anthropozentrik auf naturtheologische und ökologische Argumente. Sie tadeln – das ist charakteristisch – eine »anthropozentrische Verachtung nichtmenschlichen Lebens«, eine ebensolche »Geringschätzung der Natur« oder gar ein Menschenbild, das naturfremd

---

[7] Dieser Satz wird zu einem Grundgedanken bei *Johann Baptist Metz:* Christliche Anthropozentrik. München 1962; Zur Theologie der Welt. Mainz/München 1969, S. 51–71.

[8] Siehe vor allem *Friedrich Gogarten:* Der Mensch zwischen Gott und Welt. Heidelberg 1952; Verhängnis und Hoffnung der Neuzeit. Die Säkularisation als theologisches Problem. Stuttgart 1953.

[9] *Pinchas E. Lapide:* Bonhoeffer und das Judentum, in: *Evangelische Akademie Hofgeismar* (Hg.): Bonhoeffer: noch aktuell? Hofgeismar 1977 (Protokoll 123/1977), S. 48–60; dort S. 53.

konzipiert wird und deshalb bei allem »ökologischen Hedonismus« zur Selbstzerstörung des Industriemenschen führt[10].
Ich möchte meine Kritik nicht ausschließlich von dieser Seite her begründen. Doch sehe ich hier einen guten Hinweis darauf, daß eine einseitig auf Menschenemanzipation bedachte Theologie der Welt – sagen wir es zugespitzt – durch die ›Todsünde‹ eines realitätsblinden Optimismus sündigt. Sie sieht nicht, daß der auf sein geliebtes Selbst zentrierte säkular-emanzipierte Mensch seine Umwelt, statt sie liebevoll zu bebauen und zu erhalten, kurzsichtig verbraucht und damit die Äste, auf denen er sitzt, selbst absägt[11]. Solche Ansätze will ich unbedingt in meine Anthropozentrik-Kritik einbauen. Doch halte ich sie für sich genommen glaubenshermeneutisch für ungenügend.

2. Dies gesagt, wenden wir uns – zugegeben: etwas sprunghaft – der *christozentrischen* Lösung zu. Diejenigen Theologen, Barthianer oder Nichtbarthianer, die diesen Weg als den redlichsten und deshalb einzig möglichen für die christliche Schöpfungstheologie ansehen, werden der biblischen Botschaft insofern gerecht, als sie sich der dort bezeugten engen Verzahnung von *Schöpfung und Erlösung*, von Protologie und Eschatologie bewußt sind. Sie stehen auf der Basis folgender Grundeinsicht: Weltwirklichkeit und Heilswirklichkeit besitzen ein und denselben Grund und Endzweck. Schöpfung und Neue Schöpfung gehören nicht zwei getrennten Sphären an. Und die Zusammengehörigkeit dieser beiden tut sich in eigentümlicher Weise in dem kund, was wir Christen das Christusereignis nennen, in der leiblichen Auferweckung des Gekreuzigten als Vorwegnahme vollendeter, ›heiler‹ Schöpfung.
Einen imponierenden Entwurf christozentrischer Schöpfungstheologie bzw. Theologie der Natur hat *Hermann Dembowski* vorgelegt[12]. Hier wird als grundlegende Erkenntnis folgendes formuliert: »Aufgrund seiner heilsamen Wahrnehmung von Mensch, Natur und Gott wird Jesus Christus als Schöpfungsmittler angesprochen: Er hat die Welt von Menschen und Natur immer schon in der Hand, er begründet sie, er begrenzt sie, er gibt sie frei.« Weiter heißt es dann: »In dieser christologischen und soteriologischen Perspektive ist das Zeugnis des

---

[10] *Altner* (oben Anm. 4), S. 199 (vgl. 180). 186. 118f. 149f.
[11] »Sie sägten die Äste ab, auf denen sie saßen / Und schrieen sich zu ihre Erfahrungen / Wie man schneller sägen konnte, und fuhren / Mit Krachen in die Tiefe, und die ihnen zusahen / Schüttelten die Köpfe beim Sägen und / Sägten weiter« (*Bertolt Brecht:* Exil III, in: *B. Brecht*: Gesammelte Werke in 20 Bänden [Werkausgabe Edition Suhrkamp] IX. Frankfurt am Main 1967, S. 556).
[12] *Hermann Dembowski:* Ansatz und Umrisse einer Theologie der Natur, in: Evangelische Theologie 37 (1975), S. 33–49 (die im Text folgenden Zitate dort S. 39f.).

Alten Testaments von Schöpfung und Urgeschichte zu rezipieren, so wie auch im Alten Testament Schöpfung vom Heil her in den Blick genommen und als Heil verständlich wird.«

Nun meine ich, daß diese These nur solange unbefragt stehen bleiben kann, solange man von der Frage ihrer interreligiösen Verstehbarkeit absieht. Sobald nämlich die Grundtendenzen des jüdischen und des islamischen Schöpfungs- und Heilsverständnisses mit berücksichtigt werden, erscheint zumindest der zweite Teil der These als Anlaß zur möglicherweise vorzeitigen Verhinderung des Dialogs. Dann könnte auch die selbstkritische Einsicht *Dietrich Bonhoeffers* ein Geltungsfeld finden, der lange Zeit das Alte Testament bedenkenlos und voreilig »christozentrisch christianisiert«[13] hat. Aber auch für den Islam würde eine mit Ausschließlichkeit behauptete Schöpfungschristozentrik eine Blockierung des Gesprächs bedeuten, zumal der Glaube an die Gottheit Jesu Christi, die in der Vorstellung von seiner soteriologischen Schöpfungsmittlerschaft impliziert ist, für Moslems nicht nur bekenntnismäßig unannehmbar ist, sondern gegebenenfalls auch Erinnerungen an erlittene christliche Intoleranz und Kreuzzugsmentalität wachruft. In säkularen Ohren schließlich, die für die gegenwärtige Umweltkrise besonders empfindlich sind, klänge eine mit der Gegenwartssituation nicht vermittelte Berufung auf die kosmologische Christologie des Epheser- und Kolosserbriefes als höchst unwirksames Lippenbekenntnis. Hier zitiere ich nur *Günter Altner,* der zugleich als Biologe und Theologe reagiert: »Welche Probleme der technischen Welt wären schon durch die Beschwörung von Kreuz und Auferstehung Christi gelöst worden?!« Damit meint er, daß das reformatorische »Solus Christus« so lange reines Postulat und Appell bleibt, solange es sich nicht in Taten eines neuen Umweltethos konkretisiert[14].

Aus allen diesen Gründen stellt sich die Frage: Welche Christologie, auf welcher Ebene eingesetzt, ist imstande, jene höchst aktuelle Bekehrungsbewegung nicht vorzeitig abzubrechen, die Anhänger der drei großen abrahamitisch-monotheistischen Religionen *gemeinsam* zu vollziehen haben?

Ohne vorläufigen Denkansätzen Letztgültigkeit zuschreiben zu wollen, möchte ich auf eine analoge Problematik hinweisen, welche die Theologie des Vaticanum II einer möglichen Lösung ein Stück nähergebracht hat. Ich meine die Problematik der *Heilsvermittlung.* Früher bestand das katholische Lehramt auf dem Grundsatz »Extra ecclesiam nulla salus«, »Außerhalb der Kirche kein Heil«. Neuerdings ist dieser Grundsatz faktisch abgelöst worden durch einen anderen: »Extra

---
[13] So die Charakterisierung von *Lapide* (oben Anm. 9), S. 50.
[14] *Altner* (oben Anm. 4), S. 13 f.

Christum non est salus« oder – positiv gewendet – »Omnis salus in Christo«, wofür die *Rahnersche* These vom »anonymen Christentum« ein beredtes Beispiel ist. Schließlich gibt es heute Ansätze dafür, daß christliche Theologen es für möglich halten, die christozentrische Soteriologie in eine umfassende *theozentrische* zu integrieren, so daß der Leitsatz »Extra deum non est salus« eine auch christlich vertretbare Geltung erhält[15]. Nun, was im Bereich der Heilsfrage möglich gewesen ist, könnte das nicht auch schöpfungstheologisch möglich sein? Die logisch-inhaltliche Abhängigkeit des Schöpfungsglaubens vom Heilsglauben, welche zumindest ein dem Judentum und dem Christentum gemeinsames Glaubensgut ist, könnte eine solche Entwicklung jedenfalls nahelegen.

Es gibt übrigens auch im Trend moderner christologischer Reflexion etwas, das zum erwähnten Klärungsprozeß beitragen könnte. Zunehmend wird Christologie vom *historischen* Jesus her betrieben, d. h. auf einer Ebene angesetzt, wo auch für Nichtchristen das vorstellbar und verstehbar werden kann, was mit der Christuswerdung Jesu von Nazareth aufgrund seiner Auferweckung von den Toten gemeint ist. Das Nachdenken über jenen *Propheten* des einen Gottes, der sich selbst nie ausdrücklich als den Messias bezeichnete, der nicht seine eigene Herrschaft, sondern nur die kommende Gottesherrschaft verkündigte, dessen Einheit mit Gott vor allen Dingen als Tateinheit, Aktionseinheit greifbar wurde und für den seine eigene Auferweckung als eine unerwartete, radikal neue Tat Gottes erscheinen mochte – das Nachdenken über all das, als die geschichtliche Wurzel aller späteren Christologien, könnte eine neue Funktion der Theozentrik auch im christlichen Schöpfungs- und Heilsverständnis herbeiführen. Das müßte nicht unbedingt einer Reduzierung der Christologie auf eine horizontalistisch gedachte Jesulogie gleichkommen. Denn je mehr das radikal theozentrisch gelebte und auf diese Weise höchst kreative Leben Jesu reflektiert würde, um so mehr käme möglicherweise auch seine Funktion als Christus Gottes einer größeren Klärung entgegen.

3. Bevor ich nun zur systematischen Skizzierung einer theozentrischen Schöpfungstheologie übergehe, will ich noch kurz die Möglichkeit ›*Kosmozentrik*‹ ansprechen. Strikt genommen scheint dieser Weg weder der jüdischen noch der christlichen, noch der islamischen Tradition zu entsprechen – eher einer antiken, stark hellenistisch geprägten Naturphilosophie, nach der der Mensch in allem kosmologischen Gesetzmäßigkeiten unterworfen ist. Vielleicht liegen die Prozeßphiloso-

---

[15] Siehe dazu ausführlich *Alexandre Ganoczy:* Außer Gott kein Heil?, in: Lebendiges Zeugnis 32 (1977), S. 55–66.

phie *Alfred N. Whiteheads* und, in gewisser Hinsicht, die Kosmos-Vision *Teilhard de Chardins* ebenfalls auf dieser Linie. Besonders erwähnenswert aber scheint diese Strömung deshalb, weil verschiedene auch von Theologen vertretene Lösungsvorschläge für die Umwelt- und Zukunftskrise sich auf kosmozentrische Argumente stützen. Wenn der amerikanische Sozialethiker *John B. Cobb* verlangt, die Menschen sollten sich nicht mehr als Gegenüber, sondern vielmehr als Teil der Natur und Umwelt verstehen, sie sollten sich als »Mitkreaturen eines langwährenden kreativen Prozesses« betrachten (der als Synonym für »Gott« verstanden wird)[16], dann sieht man, daß hier ein radikales Aufgeben der bisherigen Anthropozentrik zugunsten einer alles heilen sollenden Kosmozentrik verlangt wird. Bei aller Zustimmung zu einer bitter notwendig gewordenen Re-Naturalisierung des Industriemenschen kann der christliche Theologe hier nur vom Ungenügen eines solchen Ansatzes Zeugnis ablegen.

4. Es bleibt also als theologisch gangbarer Weg derjenige einer biblisch grundgelegten und mit der Gegenwartssituation hermeneutisch hinreichend vermittelten *Theozentrik*. Wie sollte dieser Weg aussehen? Und wie könnte er auch eine gemeinsame Plattform für unseren interreligiösen Dialog bieten?
Unbestreitbar zeichnen sich die biblischen Schriften durch eine umfassende Hinordung alles Geschaffenen auf Gott aus, der für die Völker, die Geschichte – ebenso die Natur- wie die Heilsgeschichte – Urheber, Endziel und fürsorgende Mitte ist. Dieser Gott heißt im Alten Testament Jahwe und hört auch im Neuen nicht auf, trotz verschiedener Benennung wesentlich Jahwe-Züge zu tragen. Er ist und bleibt derjenige, der sich immer wieder im Sinne seiner Selbstoffenbarung an Mose erfahrbar macht: »ich bin, der ich bin« oder: »der ich da sein werde« oder: »der ich mich erweise«[17]. Eine unsagbare *Relationalität* und eine im engsten Sinne des Wortes verstandene *Zukünftigkeit* bestimmen sein Wesen: Der Jahwe Moses wie der Jahwe Jesu und des Paulus ist ein Bundesgott und ein Gott stets freigesetzter Zukunft. Seine Freisetzungsmacht ist unbestreitbar das ursprünglichste Moment seiner Selbstoffenbarung. Sie erfährt das verknechtete Volk des Mose. Der von ihr geschaffene Exodus tut Israel kund, wie schöpferisch sein Gott ist, wie sein Wort chaotische Zustände in Geschichte und Natur in Ordnung zu bringen vermag. Dieser Gott erweist seine Schöpfermacht

---

[16] *John B. Cobb jr.:* Der Preis des Fortschritts. Umweltschutz als Problem der Sozialethik. München 1972, S. 147, 163, 174.
[17] Siehe dazu *Gerhard von Rad:* Theologie des Alten Testaments I. München 1969, S. 134.

in Erlösungstaten. Er ist schöpferischer Erlöser und erlösender Schöpfer. Dieser Gott kann ferner nur der eine Gott sein, was der Islam mit einer ganz besonderen prophetischen Beständigkeit immer wieder einschärft (zumal man annehmen darf, daß Allah mit Jahwe weitgehend identisch ist). Eine weitere Eigentümlichkeit des islamischen Gottesglaubens besteht übrigens darin, daß er die Einheit der Schöpfung und die universale Brüderlichkeit der Menschen aus dem Einssein des Schöpfers ableitet[18]. Der Monotheismus bürgt damit für eine immer wieder anzustrebende Ökumene aller Geschöpfe.

Der christliche Schöpfungstheologe hat keine Bedenken, auch dort ein gutes Stück seines weiteren Gedankengangs mit dem Koran zu gehen, wo dieser ähnlich wie die Bibel behauptet, der Mensch sei der »khalifa«, der Statthalter Gottes, berufen, dem einen Gott in seiner Welt stets »einigend« zu dienen. Dieser Einheitsdienst vollzieht sich sowohl in kultischer Anbetung wie in profanem Gottesdienst an den Weltdingen[19]. Hier berührt sich der islamische Schöpfungsmonotheismus mit dem jüdischen, wo der Adam gegebene Schöpfungsauftrag letztlich sowohl im Tempelbau wie im Bebauen und Erhalten der Erde ausmünden soll[20]. Man kann im Alten Testament sogar den Trend zu einer Bevorzugung des profanen Gottesdienstes vor dem kultischen sehen, also etwa ein »Labora et ora« statt »Ora et labora«[21]. Jedenfalls zeichnet sich die biblische und die koranische Theozentrik als eine höchst tätige, Kontemplation und Aktion in eine umfassende Dienstdynamik zusammenhaltende Theozentrik aus.

Für unsere gegenwartsbezogene Schöpfungshermeneutik scheint weiter von besonderem Belang zu sein, daß die heiligen Schriften aller drei Religionen um die *Ambivalenz* wissen, mit der der Mensch auf den Bundesruf des einen Gottes antwortet. Es sei nur auf die Sure 33,72 des Korans hingewiesen, wo es sich um das »anvertraute Gut« (»amana«) handelt, das der Mensch zwar von Gott übernommen hatte, aber mit dem er dann »unwissend und tyrannisch« umging[22]. Die biblische Sündengeschichte vom »Gott-gleich-sein-Wollen« bis zum

---

[18] Siehe dazu *Horst Bürkle:* Die Säkularisierung – Ein Thema des christlichen Dialogs mit anderen Religionen, in: *Abdoldjavad Falaturi/Walter Strolz* (Hg.): Glauben an den einen Gott. Menschliche Gotteserfahrung im Christentum und im Islam. Freiburg 1975, S. 157–187.
[19] Siehe dazu *Hamid Algar:* Zur Frage des Säkularismus in der islamischen Welt, in: *Falaturi/Strolz* (oben Anm. 18), S. 130–156, dort 132 ff.; *Annemarie Schimmel:* Schöpfungsglaube und Gerichtsgedanke im Koran und in mystisch-poetischer Bedeutung, ebd. S. 203–237, dort S. 213.
[20] Siehe dazu *Norbert Lohfink:* Die Sabbatruhe und die Freizeit, in: Stimmen der Zeit 194 (1976), S. 395–407, bes. S. 406.
[21] Siehe dazu *Ganoczy* (oben Anm. 2), S. 135.
[22] Schimmel (oben Anm. 19) S. 212 f.

Brudermord und dem Turmbau liegen auf der gleichen Linie. Entscheidend ist aber dabei – und das zeigt sich in der Bibel besonders deutlich –, daß der eine Bundesgott nach jedem Versagen des ambivalenten menschlichen Schaffens diesem immer wieder eine neue Chance eröffnet und anbietet. Anders gesagt: Alle gegenwärtige Größe und alles gegenwärtige Elend des zur tätigen Theozentrik berufenen Menschen wird mit Zukunftsmöglichkeiten konfrontiert; es liegt in einem gewiß variierenden Maße an ihm, ob er diese wahrnimmt oder nicht. Er hat auf jeden Fall eine offene eschatologische Perspektive vor sich.
Es stellt sich nun die Frage, auf welche Weise die hier in interreligiösem Versuch skizzierte Theozentrik des schaffenden und anbetenden Menschen modern ausgesagt und verständlich gemacht werden kann. Sicherlich kann sie in unseren säkularisierten Gesellschaften (und sogar islamische Länder säkularisieren sich[23]) nur *indirekt* zum Tragen kommen. Eine Möglichkeit der indirekten Zentrierung und Re-Zentrierung abrahamitischer Theozentrik besteht sicherlich in der Beschäftigung mit der *Sinnfrage*, die als universale und planetare Frage nach unserem gemeinsamen Endziel und nach einer lebbaren Zukunft aller Erdbewohner (inklusive Pflanzen und Tierwelt) gestellt wird. Es gibt für solche Bemühungen gute Beispiele. Es sei nur hingewiesen auf *Wolfhart Pannenbergs* Versuch, die Schöpfungsfrage von der Zukunftsfrage her im Sinne der *kommenden* Schöpfungsherrschaft Gottes zu beantworten. Demnach ist Gott so schöpferisches Zentrum der Geschichte, daß in ihm die von modernen Menschen in eigentümlicher Weise gesuchte Sinntotalität in Erscheinung tritt[24]. Man kann auch, angeregt u. a. durch die Utopie-Theorie von *Ernst Bloch*, den Schöpfungsglauben aus folgenden Gesichtspunkten beleuchten: Freiheit, Sinnfrage, Negation, Praxis und Zukunft[25].
Hier muß aber die Frage noch gründlicher gestellt werden: Läßt das Gottesbild unserer alten Monotheismen eine solche Aktualisierung überhaupt zu? Und wenn ja, weshalb? Der Gott Abrahams und aller ›Abrahamiten‹ kann dies deshalb leisten, weil die auf ihm beruhende Theozentrik eine ganze *Anthropologie* erschließt. Diese Anthropologie besitzt genügend Grundelemente, die der neuzeitlichen Wende zum Subjekt wie auch dem neuzeitlichen Naturdenken durchaus entgegenkommen. Was korrespondiert mit dem modernen Subjekt-Ideal? Ich möchte vorsichtig sein und nuanciert antworten: eine Ernstnahme des Einzelmenschen als Träger von gehorchender Kreativität sogar mitten im umfassend-vorherrschenden Volkskollektiv. Nicht umsonst ver-

---

[23] Siehe dazu *Algar* (oben Anm. 19); *Schimmel* (oben Anm. 19).
[24] *Wolfhart Pannenberg:* Theologie und Reich Gottes. Gütersloh 1971.
[25] Siehe dazu *Ganoczy* (oben Anm. 2), S. 108–190.

kehrt Jahwe mit erkorenen Personen wie Abraham, Mose und den Propheten, um seine Botschaft dem Volk mitzuteilen. Nicht umsonst wird das gesamtmenschliche Kollektiv in Adam und Eva personifiziert und *so* als zweigeschlechtlich-partnerschaftliches Ebenbild des Schöpfers angesprochen[26]. Und was korrespondiert mit dem modernen Naturdenken, wozu freilich auch die moderne Technizität und Kunstfähigkeit mitzudenken sind? Bekanntlich ist es der sog. Schöpfungsauftrag. Die Stichworte »die Erde untertan machen« und »über die Tiere herrschen« (Gen 1, 28) erhalten zwar erst in der neuesten Exegese und unter dem Einfluß der Umweltkrise ihren ursprünglichen Sinn wieder. So können sie – wie *Norbert Lohfink* zeigt[27] – nicht mehr als Freibrief zur maßlosen Ausbeutung der Natur und zur tyrannischen Unterwerfung der Mitkreaturen gedeutet werden. Vielmehr klingt hier eine Einladung zum verantwortlichen, haushälterischen, maß- und grenzbewußten Einsatz von Arbeit, Wissenschaft und Technik an. Es geht ja laut Genesis um ein *Bebauen und Erhalten* des Garten Eden (1, 15), das keiner sündhaften Willkür und Zerstörungsmechanik den Raum überlassen darf. So verstanden, erscheint die Anthropologie, die in den theozentrischen Schöpfungsberichten impliziert liegt, in keinem Widerspruch zu jener säkularen Sozial- und Umweltethik, für welche die menschliche Freiheit eine gefährdete und gefährdende, auf jeden Fall kontroll- und orientierungsbedürftige Potenz ist. Die biblische Rede von der Schöpfungsgeschichte vermag solche Ethik sicherlich zu fördern, zumal sie den Menschen nicht als das Ebenbild einer ebenso blinden wie allmächtigen ersten Ursache, sondern eines bundesbereiten, solidarischen Gottes vorstellt.

Genau darin liegt der springende Punkt: Da der Schöpfergott in unseren Religionen wesentlich *Bundesgott* ist, kann die von ihm bestimmte Theozentrik recht verstanden nur zu einer Bundesethik für den zum Mitschöpfertum befähigten Menschen Anlaß geben. Das impliziert eine verantwortliche Nachfolge des erlösenden Schöpfers und schöpferischen Erlösers gegenüber der natürlichen, mitmenschlichen und künstlichen Umwelt in dieser Welt Gottes. Der Schöpfungsbund, der aus der Bibel herauszulesen ist (der Koran spricht von einem »urewigen Vertrag Gottes mit der Menschheit«: Sure 7, 171), erweist sich nicht nur als Struktur der Sinngebung, sondern auch als Struktur der Verantwortung. Es gibt keine Schöpfungsdogmatik für unsere Schwesterreligionen ohne eine anspruchsvolle Schöpfungsethik. Unsere Schöpfungsindikative besitzen eine starke imperativische Stoßrichtung.

---

[26] Siehe dazu *Ganoczy* (oben Anm. 2), S. 120.
[27] *Norbert Lohfink:* Von einer stabilen Welt träumen, in: Orientierung 41 (1977), S. 145–148; dort S. 146.

An diesem Punkt will ich nun schließlich den *prophetischen* Grundzug der abrahamitischen Religionen ansprechen, der ganz in der Logik des Schöpfungs- und Befreiungsbundes liegt. Es gibt keine gelebte Ethik ohne Propheten. Es gibt keine Nachfolge des schöpferischen Erlösergottes ohne prophetische Verkündigung und Mahnung. Wäre es nicht möglich, hinter der Differenzierung, die im jüdischen, christlichen und islamischen Verständnis vom Prophetischen und vorab von *dem* Propheten Gottes schlechthin vorhanden ist, als gemeinsamen Nenner die Glaubensüberzeugung zu entdecken, daß alles Geschaffene samt dem ›mitschöpferischen‹ Menschen nur durch prophetische Vermittlung ans Ziel zu kommen vermag?

Für das christliche Schöpfungsverständnis ist Jesus von Nazareth der endzeitliche Prophet. An den auch historisch erkennbaren Grundzügen seiner Verkündigung und seiner Person kann auch der moderne Mensch die Imperative seines Verhaltens als kreativ begabtes Geschöpf mitten in der größtenteils von ihm selbst gefährdeten Schöpfungs- und Naturordnung ablesen. Der Tod Jesu als Konsequenz seines eigentümlich theozentrisch gelebten Prophetenlebens, der als ein Tod für alle Mitkreatur verstanden wurde, sowie seine Auferweckung von den Toten, die als einmaliges Bekenntnis Gottes zu seinem Propheten geglaubt wurde: dieser Tod und diese Auferweckung begründen zusammen das, was mit der Einheit Jesu mit Gott oder mit seiner Gottessohnschaft gemeint ist. Hier ist die Stelle, wo so etwas wie Christozentrik in eine umfassende Theozentrik hermeneutisch eingebaut werden kann.

V.

Ich weiß nicht, ob eine ähnliche Vermittlung der Ethik und des Glaubens in schöpfungstheologischer Perspektive für das jüdische Propheten- und Messias-Verständnis sowie für das islamische Verständnis von der Funktion Muhammeds zulässig sein kann. Es würde mich besonders interessieren, wie unsere jüdischen und islamischen Gesprächspartner an der historischen, faßbaren Wirklichkeit ihrer Propheten bzw. ihres Propheten schöpfungstheologisch und -ethisch anknüpfen würden.

Das Schlußwort soll aber doch ein anderes sein: Ich sehe meinen Versuch einer Neuformulierung doch als hermeneutisch sehr unvollendet und unvollkommen an. Auf die drei Bestimmungsfaktoren unseres Weltgefühls – naturwissenschaftliches Denken, Subjektzentriertheit, Bewußtsein der Ambivalenz – sowie auf die philosophische Säkularisierung des Schöpfungsgedankens in der Neuzeit ist nur sporadisch zurückgegriffen worden. Auch die anthropologisch angereicherte

Theozentrik des biblischen Schöpfungsglaubens mag eher als ein Postulat für gegenwärtige Sinngebung erscheinen. Auf die wichtige Frage, wie mit unserem alten bzw. erneuerten Schöpfungsverständnis die dringliche Zukunftsnot unserer Zeit überwunden werden könnte, gab es keine systematisch durchdachte Antwort.

Ich stelle also ganz einfach zur Diskussion, ob die hier vorgelegten Überlegungen zu einer auf die Sinnfrage unserer Zeit bezogenen schöpfungstheologischen Theozentrik unser interreligiöses Gespräch in puncto Zukunftsbewältigung, wenn auch bescheiden, zu stimulieren vermögen.

Thesen zu einem christologischen Schöpfungsverständnis

»Communio« beginnt mit und vollzieht sich als Kommunikation. Das gilt wohl auch von der interdisziplinären Zusammenarbeit zwischen Naturwissenschaft und Theologie: ein Phänomen, das heute nicht ohne Analogie zur ökumenischen Aussöhnung der Kirchen ist. In einer ganz besonderen Weise empfiehlt sich eine auf »communio« abzielende Interdisziplinarität dort, wo sich uns die schwierige Frage der »Funktion« Jesu Christi in der »Geschichte der Natur« stellt. In seiner Person stehen nach unserem Glauben wahre Menschheit und wahre Gottheit miteinander im Austausch, in Ihm konvergieren, wie Teilhard de Chardin sagte, das höchste Evolutionsergebnis und der Sinngeber aller Natur und Geschichte.
In den folgenden zehn Thesen sollen Probleme und Möglichkeiten einer solchen formalen und inhaltlichen Begegnung zwischen der materiell-geistigen Natur und dem Sohn Gottes, dem Evolvierenden und dem auferweckten Gekreuzigten, der Werdewelt und der Ewigkeit zur Diskussion gestellt werden. Der dogmatische Kontext dieses Unternehmens kann nur der *Dreieinige Gott* sein. Sein Gemeinschaftswerk ist, laut Augustinus, die Schöpfung, Erlösung und Vollendung unserer Welt, die wir heute in besonderer Weise als eine in ihrer Existenz gefährdete erfahren. Welche »communio« menschlichen Wissens und Könnens läßt uns diesen dreieinigen Schöpfer gleichsam sakramental und zu Taten rufend aufleuchten?

Reden von Christus im Kontext von Naturwissenschaft und jüdischem Schöpfungsglauben ist keine einfache Aufgabe. Die Tatsache, daß Christus mit dem Juden Jesus von Nazareth identisch ist, und das Faktum, daß moderne *Physik,* Mechanik, Biologie auf dem Boden westlicher Gesellschaften christlicher Herkunft entstanden sind, reichen nicht aus, um die Schwierigkeiten zu beheben. Teilhard de Chardins christozentrische Evolutionstheorie kommt vielen heute als enthusiastische Überinterpretation des Epheser- und Kolosserbriefes vor, seine Vorstellung von einem Universum im Prozeß der »Christifikation« wird sogar belächelt. Was rechtfertigt denn die Annahme solcher Zielgerichtetheit der Natur- und Menschengeschichte? Respektiert Teilhard überhaupt die Grenzen der Analogie zwischen physikalischen Prozessen und göttlichen Verheißungen?

Im Hinblick auf die *jüdische* Theologie der Schöpfung, mag sie auch zur Substanz der christlichen gehören, endet der gemeinsame Weg oft an jener Kreuzung, wo die Auferstehung des Gekreuzigten, seine Messianität und seine Gottessohnschaft mitten in seiner Kreatürlichkeit angesprochen werden.

Angesichts dieser Schwierigkeiten einer christologischen Schöpfungslehre und im Hinblick einer heute buchstäblich notwendigen Diskussion hat der christliche Dogmatiker Farbe zu bekennen, ohne allzu schnell in die ethische, näherhin umweltethische Auseinandersetzung einzutreten, als sei der spezifisch christliche Schöpfungsglaube nur eine Handlungsmotivation unter anderen, vorab situations-ethisch geprägten, zur Überwindung der Krise. Dennoch will ich in meinen Thesen über Christus und die Schöpfung weder deren weitgehende Verwurzelung in dem jüdischen Gottesglauben noch ihre Berührungspunkte mit der Geist-Suche heutiger Naturwissenschaftler unberücksichtigt lassen. Und ich hege die Hoffnung, daß mein theozentrischer Ansatz, innerhalb dessen alles vom Schöpfersein des dreieinigen Schöpfers her betrachtet wird, an der konkret-mißlichen Lage unserer gefährdeten Schöpfung nicht vorbeigeht.

1. *Nach christlicher Glaubenslehre begründet Jesus der Christus die Hoffnung der Welt, von ihrem Schöpfer erlöst und vollendet zu werden. Viele Naturwissenschaftler, die immer zahlreicher im Rahmen ihrer Forschung selbst vom Göttlichen oder gar von Gott reden, orientieren sich eher an einem »Weltgeist« nach fernöstlichem oder animistischem Vorbild als an Jesus dem Christus* (P. Davies[1], E. Jantsch[2], F. Capra[3], I. Prigogine[4], S. M. Markus[5]).

Beginnen wir mit der Erläuterung des zweiten Teiles der These. Die in Klammern genannten Wissenschaftler halten sich meist gar nicht mehr an die engen Grenzen ihrer Disziplin. Sie treiben alle jenseits ihrer Naturwissenschaft *Naturphilosophie*, was z. B. den theoretischen Physiker dazu führt, von Subjekt, Geist, Gott und Schöpfung zu reden. Paul Davies zögert nicht, in seinem neulich erschienenen

---

[1] *P. Davies,* Gott und die moderne Physik. Vorwort von H. von Ditfurth, München 1986.

[2] *E. Jantsch,* Die Selbstorganisation des Universums. Vom Urknall zum menschlichen Geist, München ³1986.

[3] *F. Capra,* Das Tao der Physik. Die Konvergenz von westlicher Wissenschaft und östlicher Philosophie, Bern/München/Wien 1983; *ders.,* Wende der Zeit. Bausteine für ein neues Weltbild, Bern/München/Wien ²1986.

[4] *I. Prigogine – I. Stengers,* Dialog mit der Natur. Neue Wege naturwissenschaftlichen Denkens, München ⁵1986.

[5] *S. M. Markus,* Der Gott der Physiker, Basel/Boston/Stuttgart 1986.

Buch »Gott und die moderne Physik« zu erklären, die Naturwissenschaft biete »bei der Suche nach Gott einen sichereren Weg als die Religion«.⁶ Dieser Gott ist freilich kein »übernatürlicher«, sondern ein »natürlicher Gott«, insofern sich in der Natur ein »allumfassender Geist« entdecken läßt⁷, den jeder aufs Ganze schauende und somit »holistisch« denkende Forscher erkennen kann. Dieser Gott ist mit der »Schöpfung« (Davies verwendet diesen theologischen Namen der Natur) engstens verbunden, nicht aber einfach als deren Ursache. Vielmehr erklärt er die Schöpfung, indem er ihr Sinn gibt. Als dem sinngebenden Geist des Universums gebührt ihm der Schöpfername. E. Jantsch geht nicht so weit. Für ihn ist Gott nicht der Schöpfer, »wohl aber der Geist des Universums«, das sich selbst unaufhörlich organisiert.⁸ Ausgesprochen östliche Wege geht Fritjof Capra, indem er vom »Tao der Physik« und der entsprechenden Mystik redet.

Diese drei Beispiele mögen genügen, um den genannten Trend etwas zu erhellen.⁹ Es fällt nun zweierlei auf. Die genannten Autoren widmen fast ebensowenig Aufmerksamkeit der gegenwärtigen *Umweltkatastrophe* wie der Bedeutung *Christi* für diese Welt. Hat dieses zweimalige Schweigen irgend etwas miteinander zu tun? Vielleicht ist das der Fall und auch verständlich. Man dürfte nämlich annehmen, daß hierbei westliche Denker mit christlich geprägtem Kulturerbe, zumindest indirekt, eben ihrer Enttäuschung über die »gnadenlosen«¹⁰ oder »naturfremden« Folgen des Christentums Ausdruck geben: ein durch den Christusglauben bestimmtes Schöpfungsverständnis habe geschichtlich versagt; entweder habe es die Natur moralistisch verteufelt oder in maßloser Anthropozentrik zum bloßen Produktions- oder Genußmaterial degradiert. Implizit mag hier ebenso eine bestimmte »katholische« theologia gloriae wie eine »protestantische« theologia crucis gemeint sein, freilich unter dem Gesichtspunkt ihrer verhängnisvollen faktischen Folgen für unseren Weltbezug. Ob die Alternative der Entdramatisierung und der Entchristlichung ihrerseits keinen gefährlichen Optimismus in sich birgt, mag vorerst dahingestellt bleiben.

Wenden wir uns nun der spezifisch *christologischen* Seite der These zu. Auch hier soll zunächst Kritisches zu Wort kommen. G. Altner hat vor etlichen Jahren schon gegen die Beschwörung des »solus

---

⁶ *P. Davies*, Gott, 294.
⁷ Ebd., 284.
⁸ *E. Jantsch*, Die Selbstorganisation, 412.
⁹ *F. Capra*, Das Tao, 83–307.
¹⁰ Vgl. *C. Amery*, Das Ende der Vorsehung. Die gnadenlosen Folgen des Christentums, Reinbek bei Hamburg 1974.

Christus« angesichts der Umweltkatastrophe Stellung genommen und die Frage gestellt: »Welche Probleme der technischen Welt wären schon durch die Beschwörung von Kreuz und Auferstehung Christi gelöst worden?«[11] Andererseits wehrte Altner auch eine »naturphilosophische Nivellierung der Christologie« ab.[12] Meinerseits möchte ich hier vor jeder eigentlichen Christologie vom schlichten *Christusglauben* ausgehen und den ersten Teil meiner These so verdeutlichen: Wenn ein Mensch die wahre Wirklichkeit Jesu Christi glaubend erfaßt, in seinem Lebensentwurf alles auf sie setzt und entsprechend handelt und leidet, ist seine Hoffnung auf eine sinnvolle Zukunft der Schöpfungsgeschichte begründet. Unter »wahrer Wirklichkeit Jesu Christi« verstehe ich zunächst Jesus von Nazareth, sodann seine Grundeinstellung zu seinen Mitgeschöpfen, seine Liebe zu den Geringsten, sein freiwilliges Eingehen auf das Ijob-Schicksal, sein geschöpfliches Leiden und Sterben, seine Auferweckung von den Toten und das ihm eigene ewige Leben. Das bleibt noch näher auszuführen. Unter Glauben an ihn verstehe ich jenen von Martin Buber definierten Emuna-Glauben[13], der wesentlich ein Vertrauen, ein vertrauendes Wahr-Nehmen des Wirklichseins Jahwes, seines Du-Seins ist, den Emuna-Glauben, den Jesus selbst als der eschatologische Ijob vorgelebt hat, der sich an guten wie bösen Tagen der Geschichte durchhält, treu macht, gegen alle Hoffnung hoffen läßt und in der Liebe zum Mitgeschöpf tätig wird. Die Emuna-Haltung besteht schon für die Rabbinen in einer »Nachahmung« Jahwes, dessen Erbarmen allen Kreaturen gilt.[14] Weil der Christ mit einer ähnlichen, d. h. letztlich jüdischen Glaubensweise, sein Vertrauen auf die *Einheit Christi mit dem Schöpfer* setzt, erkennt er in Gott *mehr* als einen geheimnisvollen »Geist des Universums« als Träger seiner Selbstorganisation und Sinnhaftigkeit. Der Schöpfer ist ein Du, analog zum mitkreatürlichen Du und vertrauenswürdiger als dieses. Denn der Schöpfer wohnt in Christus, ist mit ihm eins und entfaltet in und durch seine Person seinen Plan einer erlösten und vollendeten Schöpfung.

2. *Das Schöpfungsverständnis Jesu von Nazareth läßt sich u. a. angesichts des nahen Endes und des Schicksals der »Geringsten« ablesen.* Es

---

[11] G. Altner, Schöpfung am Abgrund. Die Theologie vor der Umweltfrage, Neukirchen-Vluyn 1974, 13 f.
[12] Ebd., 17.
[13] M. Buber, Zwei Glaubensweisen, in: Werke, Bd. 1. Schriften zur Philosophie, München/Heidelberg 1962, 651–782, hier 779.
[14] A. Nissen, Gott und der Nächste im antiken Judentum. Untersuchungen zum Doppelgebot der Liebe, Tübingen 1974, 70–75.

widerspricht jeder Art des sog. Sozialdarwinismus und macht aus der Agape zum Schöpfer und zum Mitgeschöpf das Hauptgebot der kommenden Gottesherrschaft.

Es liegt sicherlich eine gewisse Analogie zwischen der Naherwartung der jüdischen Apokalyptik zur Zeit Jesu und unserem Rechnen mit einer nuklearen Apokalypse heute, morgen oder übermorgen. Die Ähnlichkeit reicht zumindest bis zur Erwartung einer Katastrophe universalen Ausmaßes. Sie hört freilich bei der Vorstellung des »was danach« auf. Der Apokalyptiker erwartet den Weltenbrand mit Hoffnung auf den neuen Äon. Was erwarten wir nach dem Ende? ... Was Jesus anbelangt, bleibt sein Verhältnis zu den Apokalyptikerkreisen seiner Umwelt historisch schwer zu ermitteln. G. Bornkamm zeigt, was der Historiker darüber mit einiger Sicherheit sagen kann: die größere Nähe der Botschaft Jesu zu der »apokalyptisch-kosmischen Erwartung« als etwa zur »politisch-messianischen Bewegung der Zeloten«.[15]

»Auch Jesus redet vom bald und jäh hereinbrechenden Tage des Weltgerichtes, vom *Ende* dieser Welt und den Drangsalen, durch die sie hindurch muß, wie einst in den Tagen der Sintflut (Lk 17, 26 f; 21, 34 f; u. ö.), vom Kommen des Menschensohn-Weltrichters (Mk 8, 38; 13, 24 ff)«.[15a] Andererseits aber unterscheidet sich Jesus von den Apokalyptikern in wesentlichen Punkten. Zunächst einmal verhält er sich *weniger als Seher denn als Täter*. Er legt wenig Wert auf Weltendberechnungen und -theorien, läßt die bohrende Frage »Herr, wie lange noch?« offen und projiziert keine phantastischen Bilder der Weltzerstörung, um seinen Hörern heilsame Angst einzujagen. Was ihn von den Sehern vielleicht am ehesten absetzt, ist, »*daß er selbst in das Kampffeld eintritt*«.[16] Sein Kampf besteht nun aber weitgehend im Zurückdrängen des Leidens und des Bösen, die die Schöpfung verunstalten. Es ist eine aktive Naherwartung ganz ohne Worte der Vertröstung. Hier und jetzt bereichert er die Armen mit seinem Beistand. Deshalb trifft die lukanische Fassung der Seligpreisungen die Wirklichkeit mit ihrer präsentischen Formel gut: »Wohl euch, ihr Armen, denn euch gehört das Reich Gottes« (Lk 6, 20); d. h., euch gehöre ich. Dieser jesuanischen Haltung entspräche heute etwa eine aktive Entwicklungshilfe oder Artenrettung, die sich durch pessimistische Vorhersagen nicht abschwächen läßt. Jesus wertet nie die gegenwärtige Schöpfung angesichts der künftigen ab, wenn er darin auch manches relativiert. Er selbst weiß

---

[15] *G. Bornkamm*, Jesus von Nazareth, Stuttgart/Berlin/Köln/Mainz ⁹1971, 60.
[15a] Ebd.
[16] Ebd., 61.

die Güter dieser Welt zu genießen. Seine Beschimpfung aus vielleicht apokalyptischem Asketenmund »Fresser und Säufer« gilt als historisch (Mt 11,19). So auch der Bericht über seine Todesangst (Mk 14,33–36 par). Andererseits gibt er sein Leben für seine Mitkreaturen freiwillig hin, läßt er es im Interesse der Gottesherrschaft und des Menschenheils *eschatologisch relativ* sein. Nicht abgewertet, aber relativ sind Jesus auch die Schöpfungswerte Ehe und Familie (Mk 3,31–36; 6,1–6; 10,29–31), wie sonst die Naturwelt, die er in seinen Gleichnisreden zur »Predigerin Gottes« erhebt.[17] Hier fällt die Selbstverständlichkeit auf, mit der der Nazarener Mensch und Tier in einem Atemzug als Gegenstand der Schöpferfürsorge nennt (Mt 6,25–35; 10,29 ff). Mag sich auch eine Gruppe von Samaritern seiner Jüngergruppe gegenüber feindselig zeigen, so ist das für Jesus kein Grund dafür, auf sie »das Feuer vom Himmel« herabzurufen (Lk 9,45 f). Nach einigen Textzeugen soll er diese Weigerung, das Strafgericht Gottes wie einst Elia auf Mitkreaturen herabzurufen, mit folgenden Worten erläutert haben: »Der Menschensohn ist nicht gekommen, um Menschen zu vernichten, sondern um sie zu retten« (Lk 9,55 par). Also keine »Apokalypse now«!

Nun aber widerspricht solche Schonung des Feindes oder des religiösen Versagers nicht nur einem bestimmten apokalyptischen Gotteskämpfertum, sondern auch den *Naturgesetzen,* die wir seit Darwin im »Kampf ums Dasein« und in der »natürlichen Zuchtwahl« zu erkennen gewohnt sind. Für Darwin ist der Mensch »das dominierendste Tier«.[18] Als solcher entwickelt er sich dank einer Selektion, die den je Tüchtigsten überleben, gedeihen und sich vermehren läßt. Jesus scheint dieses Naturgesetz zumindest auf der *menschlichen* Ebene nicht zu kennen oder sich ihm geradezu entgegenzustemmen. Denn er identifiziert den göttlichen Richter oder gar Gott selbst mit den »geringsten seiner Brüder« und nicht mit irgendwelchem »Tüchtigsten«! (Mt 25,40. 45). Das scheint einer entschiedenen Absage an jede Art von *Sozialdarwinismus* gleichzukommen. Dieser schöpfungs-, möglicherweise auch umweltethisch wichtige Satz schließt eine ganze Reihe schwieriger Fragen in sich, die hier nicht behandelt werden können, die aber Darwin selbst schon gestellt hat, z. B.: Wird damit nicht minderwertiges Leben bevorzugt? Redet das Schöpfungsverständnis Jesu etwa einer biologischen und geistigen Dekadenz das Wort? ... Was den irdischen Jesus anbelangt, offenbart er jedenfalls das, was Ernst Bloch einen

---

[17] Ebd., 109.
[18] *Ch. Darwin,* Die Abstammung des Menschen (Übersetzung von H. Schmidt). Mit einer Einführung von Chr. Vogel, Stuttgart ⁴1982, 55.

»Zug nach unten« des Gottesgesandten nannte.[19] Er nimmt freiwillig aus Liebe zu den Geringsten die Stelle derselben ein: Hunger, Durst, Obdachlosigkeit, Entblößung, Gefangenschaft und Krankheit zum Tode wurden ja ihr eigenes Schicksal.

3. *Jesus stirbt am Kreuz mit der Ijob-Frage auf den Lippen und teilt damit das Schicksal der auch unter der Herrschaft der Sünde leidenden Kreatur.* Der Kreuzestod Jesu kommt einer Verantwortungsübernahme des Schöpfers für die mißratene Schöpfungsgeschichte gleich (K. Barth) *und offenbart den aus Agape zum Mitleiden bereiten Gott!* (J. Moltmann, D. Sölle).
Der auf den Christus-Glauben zentrierte Schöpfungsglaube mußte sich immer schon der *Theodizeefrage* stellen: Wenn es einen guten und allmächtigen Gott gibt, woher kommt dann das Böse? Woher das physische und das moralische Übel? Warum leidet der Unschuldige genauso wie der Schuldige oder gar mehr als er? Die alttestamentliche Antwort auf diese Ijob-Frage fällt zunächst recht pauschal aus: Der Mensch ist wie Gras, er ist sterblich, deshalb ist es auch normal, daß er krank wird (vgl. 2 Sam 14, 14); das Leiden hat mit dem ebenfalls *allgemeinen* Gesetz des Tun-Ergehen-Zusammenhangs zu tun; meist ist es Strafe für bewußte oder unbewußte Verfehlung, oft wird es aber auch vom Schöpfer als Erprobung und Läuterung herbeigeführt; da Gott aber aus Bösem Gutes hervorspringen lassen kann, wird zumindest am »Ende« alles gutgemacht und Gerechtigkeit hergestellt; im übrigen bleibt der Schöpfer, wie der Töpfer dem Topf, weit erhaben über irdische Gegebenheiten; seine Freiheit ist ohne Grenzen: Er rettet, wann, wie und wen er will. Gerhard von Rad hat vorzüglich dargestellt, wie wenig sich Ijob mit den Pauschalantworten seiner Freunde zufrieden gibt.[20] Er behauptet sich als einmalige Person, als Ich, das hier und jetzt eine Antwort sucht und zu Gott »mein Schöpfer« sagt. Er verstummt nicht wie ein Opferlamm, rechtet mit Gott, weiß sich im Recht gegenüber seinem Schöpfer und wagt *das Dämonische* an seinem Verhalten, wenn er Willkür walten läßt oder spottet, bloßzustellen. Von Rad sieht in Ijob einen kritischen Gottesknecht[21], der nach einem *neuen* Gottesbild verlangt. Er sehnt sich einen Gott herbei, dessen Allmacht nunmehr als Eigenschaft seiner göttlichen Liebe zu diesem Geringsten da greifbar wird.
Nun behauptet die vorgeschlagene These, daß Jesus am Kreuz die

---

[19] E. *Bloch,* Das Prinzip Hoffnung, Bd. III, Frankfurt a. M. 1973, 1487.
[20] G. *von Rad,* Weisheit in Israel, Neukirchen-Vluyn ²1982, 276–288.
[21] Ebd., 283.

Ijob-Frage mitvollzieht. Zumindest der individuell-personal zugespitzte Ruf »Mein Gott« und das »Warum« seiner Gottverlassenheit erinnern stark an den großen Gott-Kritiker des jüdischen Kanons. Es ist aber zu bedenken, daß im Falle Jesu das gottverbundene Geschöpf schlechthin Gottverlassenheit verspürt und erfährt; derjenige, der nach neutestamentlichem Verständnis *eins* ist mit dem Schöpfer, eins im Sinne höchster Einigung und Gemeinschaft, eben in der Einheit des Sohnes mit dem Vater. So ist im Gekreuzigten *der Fragende und der Antwortgebende zugleich* da, wenn auch freilich nicht auf der Ebene des klaren psychologischen Bewußtseins. Es geschieht gewiß Passionsgemeinschaft nicht bloß zwischen irgendeinem Geschöpf und seinem Schöpfer, sondern zwischen dem einen Menschen Jesus, der der eine Sohn Gottes geworden ist, und seinem Vater. Diese eigentlich schon implizit *trinitarische* Interpretation des Kreuzesgeschehens veranlaßte K. Barth zu folgender schöpfungs-christologischer Aussage: Es handelt sich hier um die »*Verantwortung*, die Gott selbst damit übernommen hat, daß er den Menschen geschaffen und seinen Sündenfall nicht verhindert hat«.[22] Dieser Satz Barths mag einseitig sündenzentriert sein. In der Tat verbindet sich damit der Gedanke, der Schöpfer habe die entsprechende »Verwerfung« auf sich genommen, »für sich selbst«, während er den Menschen zum Heile erwählt.[23] Ich frage mich aber, ob man nicht diese Verantwortungsübernahme des Schöpfers auch, ja vor allem bezüglich des geschöpflichen Leidens, vorab des unverschuldeten und ungerechten, aussagen muß. Denn nur so vermag das Kreuz Jesu die Ijob-Frage voll zu treffen und zu beantworten. Nur so *solidarisiert sich* nämlich der Schöpfer mit seinem ganzen Menschengeschöpf und bleibt nicht der allen Töpfen unerreichbar erhabene himmlische Töpfer.

Die Schlußfolgerung, die Barth-Schüler wie J. Moltmann, E. Jüngel und die Bultmann-Schülerin D. Sölle aus dieser These, die auf Luthers theologia crucis zurückgeht, gezogen haben, ist bekannt. Sie sprechen eindeutig vom »gekreuzigten Gott« oder zumindest von dem Gott, der aus Liebe zu seinem gekreuzigten Sohn im Geiste seinen Tod mit-erleidet.

4. *Diese erlösende Ohnmacht des Allmächtigen spricht moderne Juden* (z. B. E. Wiesel) *und religionskritische Existenzphilosophen* (z. B. A. Camus) *an; sie wird aber mit anderen Worten auch schon vom katholischen Lehramt vertreten (Leo I.).*

---

[22] *K. Barth*, Die kirchliche Dogmatik, Bd. II/2. Die Lehre von Gott, Zollikon ⁴1959, 181.
[23] Vgl. ebd., 177–180.

Papst Leo I. machte gegen den Monophysiten Eutyches die unsagbare und freie Vereinigung der Schöpferallmacht mit der geschöpflichen Ohnmacht und Sterblichkeit geltend.[24] Eine einseitige Überbetonung der göttlichen Natur Christi mußte damit abgewehrt werden. Als Konsequenz ergab sich daraus ein Bild vom Schöpfer, das ganz im Lichte des Kreuzes steht.
Ohne jegliche christologische Vermittlung, aber aufgrund eines unverwüstlichen Emuna-Glaubens erblickt Elie Wiesel Gott selbst in der Person des von den SS in Auschwitz gehängten, zäh gegen den Tod ankämpfenden jungen Juden. Der neue Begegnungsort Jahwes ist der moderne Galgen des erwählten Volkes.[25] Albert Camus' Text ist ausgesprochen schöpfungstheologisch gewendet, wenn man bedenkt, wie Camus die Ijob-Frage stellte: »Ich werde mich bis in den Tod hinein weigern, die Schöpfung zu lieben, in der Kinder gemartert werden.«[26]. Die Schöpfung ist für Camus so lange schlecht, wie Unschuldige leiden und sterben müssen. Den Schöpfer müsse man also lästern und seine vernachlässigte Welt unter Einsatz von viel, rein menschlicher Liebe verbessern. Dennoch werde in Jesus dem Christus dieser garstige Graben zwischen dem Schöpfer und dem Geschöpf überwunden. Man könnte sagen: im Sinne einer zweipoligen Realsymbolik. Einerseits nimmt das an Pest gestorbene Kind »im zerwühlten Bett die groteske Stellung eines Gekreuzigten ein«.[27] Andererseits trägt Christus das Leiden der Kreatur in den Himmel des Allmächtigen unwiderruflich ein.[28]

5. Die Auferweckung des Gekreuzigten durch Gott ist Ereignis der Neuen Schöpfung kraft seines Geistes (Röm 1, 3f; 8, 11). Die Beschaffenheit des Auferweckten als »Geistleib« (soma pneumatikon) sprengt alle Vorstellungen von einem, mitunter auch von religionskritischen Naturwissenschaftlern (z. B. P. Davies) angenommenen »körperfrei gewordenen« Menschengeist.
Die Rede von einer neuen, endzeitlichen Schöpfung ist fest verankert in der prophetischen Tradition Israels. Tritojesaja kündigt die Erschaffung eines neuen Himmels und einer neuen Erde an

---

[24] DS 294; NR 176.
[25] Vgl. *E. Wiesel*, Night, 1969, 75 f.
[26] *A. Camus*, Die Pest (Übersetzung von G. G. Meister), Reinbek bei Hamburg 1978, 129.
[27] Ebd., 126.
[28] Vgl. *A. Camus*, Der Mensch in der Revolte (Übersetzung von J. Streller), Reinbek bei Hamburg 1977, 91: »Er tritt dazwischen und erleidet seinerseits die äußerste Ungerechtigkeit, damit die Revolte die Welt nicht entzweischneidet, damit der Schmerz auch den Himmel gewinnt und ihn dem Fluch der Menschen entreißt.«

(65,17f; 66,22), Ezechiel die Schenkung eines neuen Geistes und eines neuen Herzens (11,19; 18,31; 36,26). Die äußere, kosmische, wie die innere, personale Geschichte des Gottesvolkes soll einst erneuert werden. Interessanterweise verbindet das Buch Ezechiel die Weissagung solcher neuen Schöpfung mit der Vision der Auferweckung Israels, das nur noch ein Haufen Gebeine ist, und dieses Wunder wird durch den Geist Gottes vollbracht, wo Jahwe ihn ruft: »Geist, komm herbei /.../, damit sie lebendig werden« (Ez 37,9). Auch das neue Leben des toten Jesus, d.h. seine personale Auferweckung nicht erst am Ende, sondern mitten in der Geschichte, ist Werk des *Gottesgeistes* (Röm 1,3f; 8,11). So soll einst der Geist alle, die in Christus sind, lebendig und »neu« machen (vgl. Joh 6,63). Wie bei Jesus, so sollen einmal für alle Glaubenden bzw. Menschen Ostern und Pfingsten gleichsam zusammenfallen und neugeschaffenes Leben über den Tod hinaus bringen. Wo dies geschieht, vollendet sich die Gottesherrschaft, die schon nach Markus und Johannes »Leben« als vorrangiges Synonym hat, im kraft des Gottesgeistes auferweckten Menschen. Und weil das neue Leben des neuen Menschen *in Christus* schon da ist, verdienen alle, die in ihm sind, den Namen »neue Kreatur« (2 Kor 5,17; vgl. Gal 6,15). Christus ist gleichsam die *vollendete Basileia in Person*. Jene, die in Glaubensbeziehungen zu ihm stehen, sind bereits anfanghaft Teilhaber des neuen Lebens.

Interessant wäre aufzuzeigen, was naturwissenschaftliches Denken an diesem Punkt ausschließt und für mythischen Rest hält. Man könnte neben der ewigen Gottessohnschaft Jesu vermutlich seine *pneumatische Leiblichkeit*, sein soma-pneumatikon-Sein nennen. Es scheint physikalisch und biologisch schwer nachvollziehbar, daß ein totes Individuum nicht nur wieder belebt wird (dafür liefert R. Moody verblüffende Hinweise[29]), sondern ein völlig neuartiges, keinem biologischen Abbau mehr unterworfenes, eben »ewiges« Leben erhält. Noch schwieriger ist es, naturwissenschaftlich anzunehmen, daß dieses neue Leben *zugleich* somatisch und ganz durch das Pneuma Gottes bestimmt sein soll. Ist eine solche Vergeistigung der Großmoleküle, der lebenden Materie Mensch denkbar? Die Frage soll hier offen bleiben. Allerdings scheint mir ein Gedanke von P. Davies in seinem Buch »Gott und die moderne Physik« in diesem Zusammenhang bemerkenswert. Davies meint, als theoretischer Physiker auf die »Existenz des Geistes« als ganzheitschaffendes »Organisationsmuster, das sogar *vom Körper abtrennbar* ist« schlie-

---

[29] *R. Moody*, Leben nach dem Tod. Mit einem Vorwort von E. Kübler-Ross, Reinbek bei Hamburg 1982.

ßen zu können.³⁰ Wenn ich ihn recht verstehe, erteilt er dem Materialismus eine Absage, hält den Geist, aufgrund der Quantentheorie, für das schöpferische Ordnungsprinzip sowohl des Universums als auch der einzelnen Individuen, ja der atomaren und subatomaren Vorgänge. Dieser Geist ist für ihn so sehr eigenständig, daß er mitunter mit dem Begriff »der natürliche Gott« bezeichnet werden kann.³¹ Mehr noch: Davies scheint die Hypothese, dieser Geist bzw. Gott des Universums sterbe mit dem einmal sterbenden Universum mit, für weniger plausibel zu halten als die einer Neubegeistung neuer Universen durch ihn.³² Das käme einer sowohl »ewigen« wie »unendlichen« Tätigkeit des Geistes bzw. Gottes in verschiedenen physikalischen Welten gleich. Oder einer ewigen »Software« bei wechselnder »Hardware« im computerähnlichen Verlauf der Naturgeschichte. Ich frage mich, ob diese Konzeption nicht zumindest einige Analogiezüge zur Glaubensvorstellung anbietet, daß der Gekreuzigte nicht nur als der Geist des Individuums Jesus seinen eigenen Tod, getrennt von seinem Körper überlebt, sondern daß er durch den Geist, der Gott ist, in eine neue Weise des Lebens überführt wird. Paulus und Davies trauen solche »Singularität« dem Geist zu, wenn sie auch unter »Geist« je etwas anderes verstehen. Was Paulus unter dem Heiligen Geist versteht, samt dessen lebendigmachender, neuschaffender Tätigkeit, sprengt in der Tat alles, was naturphilosophisch erdacht werden kann. Denn Ostern ist letztendlich ein Ereignis der empiriejenseitigen Christuswirklichkeit.

6. *Das Osterereignis ist die geschichtliche Grundlage der Christologie schlechthin. Es offenbart das Herr-Sein des auferweckten Gekreuzigten über alle Schöpfung, so auch über die Mächte der Sünde und des Todes. Es erschließt auch Christus als den neuen »eschatos Adam« (1 Kor 15,45) und das wahre Ebenbild Gottes (2 Kor 4,4).*
Erst jetzt sind wir zum innersten Kern unserer Thematik »Christus und die Schöpfung« gelangt. Der Name »der Christus«, d. h. »*der Messias*«, nimmt seinen christlichen Ursprung überhaupt in der nachösterlichen Zeit. Aufgrund dieses unerhörten Geschehens erkennen die Jünger in Jesus den verheißenen »Massiah«, den *mit und durch Gottesgeist Gesalbten Gottes,* also den endzeitlichen Heilbringer. Erst jetzt wird auch das eigentümliche Kyrios-Sein dieses Christos behauptet, sein *Herrsein,* das die Herrschaftsweise sonstiger

---

³⁰ *P. Davies,* Gott, 294.
³¹ Ebd., 283.
³² Vgl. ebd.

Herrscher auf den Kopf stellt. Sonstige Herrscher entsprechen meist der Darwinschen Rede vom »dominierendsten Tier«, hochselektiert zum Gipfel der Macht über seine Artgenossen. Der Kyrios Christus herrscht dagegen durch seine *Agape-Liebe,* die ihn nach dem Philipperhymnus zur freiwilligen Selbstentäußerung und zum Machtverzicht veranlaßt. Der Herr herrscht, indem er dient (vgl. Phil 2,5–11): auch dies ist eine schöpferische Neuheit. Und worin besteht diese von Christus ausgeübte Dienstherrschaft? Grundlegend in der Entmachtung zweier anonymer Mächte, die die Schöpfungsgeschichte seit jeher belasten: der Herrschaft der *Sünde* und des *Todes.*

Was die Sünde (paulinisch: hamartia) anbelangt, wird sie in ihrem wahren Wesen als *schöpfungswidrige* Macht erst angesichts Christi erkennbar. Insofern Jesus der Christus die Vereinigung des Schöpfers mit dem Geschöpf in Agape vorlebt, leuchtet die Sünde als gewolltes Ohne-Gott-Sein, als Nicht-Anerkennen Gottes (Röm 1,21) und Nicht-Vertrauen auf seine freie Gnade (Röm 2,17–29) ein. Und insofern Jesus der Christus die Geringsten erhebt, Leben schont und rettet, neue Schöpfung in jedem Glaubenden entstehen läßt, tritt die Sünde als Gewaltherrschaft der Starken, als todbringende Zerstörung der Mitgeschöpfe, als wahre Umweltsünde, die sogar die Naturwelt knechtet (vgl. Röm 8,19–22) voll in Erscheinung. Ich meine: diese Auskunft stellt den spezifisch jüdisch-christlichen Beitrag, das not-wendige Komplement zu aller wissenschaftlichen Analyse zerstörerischer, chaotischer, fortschrittswidriger, evolutionshemmender Phänomene dar. Der Glaube an den Erlöser macht die offene Rede von Sünde als Schöpfungs- und Naturwidrigkeit schlechthin, die zudem noch weitgehend in der Verantwortung des Menschen, auch des Wissenschaftlers, liegt, unerläßlich. Nun bekennt der Christus-Glaube, daß diese negative Macht kein Verhängnis ist. Vielmehr ist sie überwindbar, da Christus sie bereits auf seine schöpferische Weise überwunden hat.

Die andere Macht, die des *Todes,* zeigt genau in dem Maß, als sie durch die Sündenmacht so oder so bestimmt ist, ebenfalls angesichts des auferweckten Gekreuzigten ihr wahres Wesen in der Schöpfung. Angesichts Christi bleibt zwar der biologische Tod das natürliche Ende des Lebensbogens; er verliert aber seinen erschreckenden Charakter als Eintauchen in das Nichts. Nach Paulus vernichtet der Tod das Leben nicht: eher schon soll er selbst bei der Vollendung als »der letzte Feind« voll »entmachtet« werden (1 Kor 15,26). In Christus kommt der Tod des Gläubigen einer harten Art der *Verwandlung* gleich (1 Kor 15,51–55), einer Verwandlung vom alten in das neue Leben hinein. Schon deshalb verdient die vorab bei

evangelischen Theologen häufig vorkommende These, die Auferstehung sei eine zweite »creatio ex nihilo« dogmatische Kritik. Nein, der tote Mensch ist kein vernichteter Mensch. Seine Auferstehung ist ganz und gar »creatio ex aliquo« und nicht »ex nihilo«. Meine Mutter bleibt dieselbe, die sie vor ihrem Ableben war. Ihre Schaffung in das ewige Leben hinein bricht die Kontinuität ihrer Lebensgeschichte nicht ab.
Christus ist somit geglaubt als derjenige, der allem *Sein* Bestand, Selbstwerden, Vollendung und Sinn verleiht. Deswegen assoziieren ihn Paulus und die deuteropaulinische Tradition engstens mit der Schöpfungstat des Schöpfers bereits am Anfang der Welt. Sie bekennen »durch Ihn sind wir« (1 Kor 8,6), »alles ist in Ihm erschaffen /.../, alles ist durch ihn und auf ihn hin geschaffen« (Kol 1, 15 f). Damit haben wir wiederum ein »Sprungbrett« in Richtung ewiger, göttlicher, trinitarischer Gottesgemeinschaft Christi. Christus ist »der Erste und der Letzte« – laut Apokalypse (Offb 1, 17); er umfaßt die Geschichte von ihren beiden Enden her. Ähnliches hat Israel bereits von der schöpferischen Weisheit, der Hokmah Jahwes, als seiner uranfänglichen Mitarbeiterin ausgesagt.
Das, was das christliche Dogma unter der »wahren Menschheit« Jesu Christi versteht, erhält bei Paulus eine echt jüdische Überqualifikation als der zweite, der letzte, der endgültige, der *»eschatos Adam«* (1 Kor 15, 45 ff. 49). Damit wird keiner symmetrischen Gegenüberstellung zwischen dem ersten Menschen und Christus das Wort geredet. Schon deshalb nicht, weil der erste eher als Kollektivpersönlichkeit, während der zweite vorab als Einzelperson gedacht ist. Aber die größte Unvergleichbarkeit zwischen beiden liegt darin, daß Christi Heilswirkung über die Wirkung Adams *unendlich* hinausragt (vgl. Röm 5, 16–21). Die Gnade Christi ist unvergleichbar größer als die Sünde Adams. Das gleiche gilt von dem Leben, das er vermittelt. Ansonsten ist Jesus ein hundertprozentiger »Adamit«, Sohn Adams, Sohn der einen geschichtlichen Menschheit, dem aufgrund des Schöpfungssegens und als einem männlich-weiblichen Wesen das Nach-Gottes-Bild-geschaffen-Sein zugesprochen bleibt. Nur verwirklicht Christus in einmaliger, wahrlich eschatologischer Weise das »Programm« der Gottebenbildlichkeit. Er ist *das* Ebenbild Gottes schlechthin (2 Kor 4, 4; Kol 1, 15).
Damit habe ich keinen abstrakten Gedanken eingebracht, sondern einfach den schöpfungstheologischen Grund christlicher Spiritualität als *Nachfolge Jesu Christi* benannt. Was besagt die Rede der Genesis von dem Bilde Gottes? Nach guten Exegeten, daß es zunächst der Erschaffung des Menschen als Modell vorlag, folglich daß der zweigeschlechtliche Mensch *nach ihm* geschaffen wurde (Gen

1, 27). Damit ist aber keine bloße Abbildung in platonischem Sinne gemeint, sondern etwas durchaus Handlungsbezogenes. Der zweigeschlechtliche Mensch hat so zu handeln, wie sein Schöpfer handelt. Es geht um eine »analogia activa creaturae ad Creatorem«. Gemeint ist eine Nachfolge des Schöpfers, namentlich in einer freilich spezifisch menschlichen Weise der Selbstmitteilung, der Einwohnung in der Welt, und deren verantwortlicher Inbesitznahme und Beherrschung. Das ergibt sich aus einer zusammenschauenden Lektüre der Verse 26, 27 und 28 in Gen 1.

Was entspricht nun dieser handlungsorientierten Interpretation der Gottebenbildlichkeit in der auf Christus zentrierten Schöpfungslehre? Einfach das, was in der paulinischen Spiritualität der Taufe grundgelegt ist. Der Getaufte »*wandelt*«, in der Nachfolge des auferweckten Gekreuzigten, als neuer Mensch, näherhin in einer »neuen Weise des Lebens« (Röm 6, 4: »en kainóteti zooês peripatésoomen«). Also auch hier kein passives Abbild-Sein, sondern eine höchst aktive Nachahmung Christi, um nunmehr ganz »für Gott zu leben«, eben »in Jesus Christus« (Röm 6, 11). Ist nun aber Christus *das* Ebenbild des Schöpfers schlechthin, näherhin des erlösend handelnden Schöpfers, so wissen die sich nach seinem Vorbild verhaltenden Getauften, was sie zu tun haben, um eine höchstmögliche Gleichgestaltung mit ihm ebenso gnadenhaft wie selbstverantwortlich zu erfahren. Ich würde gern diesem Gedanken nicht nur sakramentale, ekklesiale und moralische, sondern auch ausgesprochen umweltethische Überlegungen anschließen, da der Schöpfungsauftrag der Genesis durch die Tauftheologie von Röm 6 nicht aufgehoben, vielmehr überformt wird. Das wird uns auch tief in den Bereich einführen, wo unsere christologische Schöpfungslehre nochmals pneumatologisch aufgipfelt, in den Bereich der Charismen.

7. Der Heilige Geist Christi seufzt personal mit der auf Befreiung hoffenden Menschheit und Naturwelt mit (Röm 8, 26); er beseelt dementsprechend die Kirche charismatisch, zum Dienst an der Schöpfung.

Ich gehöre zu jenen Dogmatikern, die vom Heiligen Geist nicht nur als Kraft, sondern auch als Handlungssubjekt in analoger Personhaftigkeit mit ruhigem Gewissen reden.[33] Dazu liefert mir das Neue Testament genügend Belege: Der Heilige Geist spricht, kommt, tritt bei Gott für uns ein, ist ein Beistand ähnlich wie der erhöhte Jesus, sendet Missionare, faßt Beschlüsse mit den Aposteln und Pres-

---

[33] Vgl. *A. Ganoczy*, Der Heilige Geist als Kraft und Person, in: Communicatio fidei, *Festschrift für E. Biser*, hg. von H. Bürkle und G. Becker, Regensburg 1983, 111–123.

bytern in Jerusalem, verteilt seine Gaben, wie er will. Das Credo nennt ihn auch den »Lebensspender« oder den »Lebendigmachenden«. Schöpfungstheologisch ist aber sehr wichtig, daß man den Heiligen Geist bei aller Eigenständigkeit und Freiheit als *den Geist Jesu Christi* glaubt. Denn nur so wahrt er seine vollständige Identität und kann von anderen »Geistern« unterschieden werden (vgl. 1 Kor 12,3; 1 Joh 4,2f), auch von jenem Weltgeist, von dem die Stoa oder der Quantenphysiker P. Davies sprechen. Der Geist Christi zeichnet sich dadurch aus, daß er dem ganzen erhöhten Christus, ihn in Wort, Sakrament und Nachfolge gegenwärtig setzend, entspricht. Das heißt: er *vollendet* in der Schöpfungs- bzw. Naturgeschichte Christi Taten, die wiederum Gottes Taten entsprechen. Das beste Beispiel dafür liefert uns Röm 8, 18–30, wo es um die Zukunft der gesamten Schöpfung um den Menschen herum, ihn freilich einbegriffen, geht. Diese Zukunft soll vollendete Erlösung sein für ein Universum, das der Vergänglichkeit, der Sklaverei und der Verlorenheit unterworfen ist. Politische und ökologische Konkretionen sind uns hier nicht schwierig. Nun inspiriert der Geist Christi in dieser mißlichen Situation, wo die Sünde der Menschheit die außermenschliche Kreatur immer wieder in Mitleidenschaft zieht, *begründete Hoffnung*. Worin begründet? Einfach darin, was in Christus greifbar wurde: die unverwüstliche Treue und *Liebe* des Schöpfers zu seiner Schöpfung. Aus dieser Liebe nahm Christus »das Fleisch der Sünde«, d. h. unsere konkrete »conditio humana« auf sich, übte er menschennah Barmherzigkeit und Liebe zur geschundenen Kreatur. Dieses Werk soll vollendet werden, nicht zuletzt so, wie schon die Rabbinen lehrten, daß der Mensch in die Nachfolge dieses Gottes treten soll: barmherzig zu allen Mitkreaturen, auch zu den Tieren, aktiv liebend zum Mitmenschen.[34]
Die Gaben des Heiligen Geistes sind zum Tragen eines Mitwirkens mit dem erlösenden Schöpfer bestimmt. Was Paulus in 1 Kor 12.13 und 14 beschreibt, nämlich wie eine konkrete *Ortsgemeinde* charismatisch leben und handeln solle, ist hier festzuhalten. Trotz der auch in Korinth herrschenden Naherwartung konvergieren die Geistesgaben in diesem »Leib Christi« am Ort nicht ausschließlich im prophetischen Wort, in der Verkündigung oder im Gebet. Auch in der Diakonie am zeitlichen, innerweltlichen Wohl der Brüder und Schwestern. Und alle Gaben stehen unter dem Kriterium der Agape, ohne die nichts Schöpferisches geschieht, nichts Bestand hat. Also wiederum Handlungsbezug: Worte und Gefühle, seien sie auch charismatisch erhitzt, reichen nicht. Taten der Agape schaffen

---

[34] Vgl. *A. Nissen,* Gott und der Nächste, 70–75.

das, was an diesem Ort, in dieser Gemeinde der Schöpfung Gottes dient. Ich neige dazu, diese Charismenlehre mit einer modernen Theologie der *Berufe* zu verbinden, ähnlich wie schon Luther und Calvin es taten, um noch konkreter zu werden. Freilich wären auch hier umweltethische Schlußfolgerungen möglich. Kurzum: als der Geist Christi wirkt der Heilige Geist schöpfungs- und erlösungsgerechte Ordnung in Kirche und Welt. So sind die beiden Bereiche »Schöpfung« und »Erlösung« gerade im Kontext des nur pneumatisch denkbaren Dritten, nämlich dem der »Vollendung«, voneinander untrennbar.

8. *Die universale Heilsbedeutung Christi drücken Eph und Kol mit kosmologischen Bildern aus. Daraus ergeben sich Möglichkeiten einer Theologie der Natur, vor allem wenn sie im Kontext einer Geschichte der Natur* (C. F. von Weizsäcker), *d. h. der Evolution* (P. Teilhard de Chardin, Prozeßtheologie) *entworfen wird.*
Nach dem Epheserbrief hat Gott »in Christus alles zusammenzufassen beschlossen, was in den Himmeln und was auf der Erde ist« (1, 10). Für »zusammenfassen« steht im Griechischen »anakephalaioûn«, was buchstäblich »rekapitulieren« bedeutet, d. h. »auf die Summe bringen«, »summieren«. Christus aber wird in diesem Text auch als derjenige bezeichnet, »der als Haupt (kephalé) alles überragt« und »das All ganz und gar beherrscht« (1, 22 f). So schwingen in »anakephalaioûn« die Gedanken mit: alle Kreaturen in Christus als deren *Haupt zusammenzufassen und zu versöhnen.* Nun denkt der Kolosserbrief dies noch dynamischer; als den kosmischen *Prozeß,* in dem »alles« auf Christus hin erschaffen wird (1, 17), auf ihn, den »Erstgeborenen von den Toten« (1, 18). Der Auferstandene zieht gleichsam die Weltbewegung an sich, als dessen schöpferisches Ziel und Erfüllung.
Nach Teilhard de Chardin ist diese Vorstellung erst im Zeitalter der *Evolutionstheorie* in angemessener Weise verständlich geworden. Gewiß haben schon die neutestamentlichen Autoren die universale Heilsbedeutung Christi mit diesen Sätzen ausdrücken wollen. Diese bleibt heute genauso aktuell. Aber das gemeinte Menschenheil erscheint in der Moderne als eingebettet in einem kosmischen, physikalischen, biologischen und kulturellen Weltprozeß. Das Heil ist mitten in dieser naturwissenschaftlich erkennbaren Vorwärtsbewegung der Dinge und Lebewesen jenseitig. Keineswegs ist es dieser fremd. Eine Trennung zwischen natürlicher Evolution und übernatürlicher Erlösung anzunehmen kommt der dualistischen Sünde eines weltfremden, spiritualistischen Christentums gleich. Teilhard will hier die Synthese wieder herstellen, indem er Christus selbst

evolutiv deutet. In zweierlei Hinsicht gehört Christus selbst zur Entwicklungswelt. Einmal als deren *Ergebnis,* d. h. als der Jude Jesus, der ein personal und ethisch hoch entwickelter Mensch ist. Andererseits ist er der Christus der Parusie, der von Gott her kommt und somit als schöpferischer »*Beweger und Beleber*« der Evolution wirkt.[35] Teilhard erklärt: »Die Evolution macht Christus möglich, indem sie einen Gipfel der Welt entdeckt, ebenso wie Christus die Evolution möglich macht, indem er der Welt einen *Sinn* gibt«.[36] Er könnte aber der Welt keinen Sinn geben, hätte er schon als Jesus von Nazareth nicht höchst sinnvoll gelebt, wäre er nicht eine Höchstverwirklichung von Personsein gewesen, eine echt »personalisierende Personalität«.[37] Selbstverständlich entfaltet sich die Person Jesu und wirkt personalisierend aufgrund seiner Auferstehung von den Toten. Da werden alle individuellen Schranken des Mannes aus Nazareth gesprengt, und er wird der wahrhaft universale Christus: »Man kann die Auferstehung als das Universalwerden Christi definieren. Christus wird eine universale Energie, sein menschliches Ego wird ein Super-Ego, der Anziehungspol des ganzen Universums.«[38] Freilich gibt es keine Auferstehung ohne Kreuzigung. Obwohl Teilhard manchmal die »theologia crucis« zu vernachlässigen scheint, lassen sich bei ihm Aussagen über den »gekreuzigten Gott« finden.[39] Die Wirkung dieses Hineintauchens Christi und Gottes in die menschliche Sterblichkeitssphäre bewirkt eine »Ultra-Hominisation« und ist daher für die Evolution der Menschengattung und folglich des Kosmos entscheidend. Der »Christus Redemptor« ist also zugleich der »Christus Evolutor«.[40]

Was kann man Teilhards Vision vorwerfen? Sicherlich eine Vermischung des naturwissenschaftlich Beweisbaren mit dem, was nur durch den Glauben erfaßbar ist. So z. B. eine heute eher fragwürdig gewordene Teleologie, Zielgerichtetheit der Naturgeschichte, mit der biblisch verheißenen Vollendung der Heilsgeschichte. Besonders evangelische Theologen haben ferner die theologisch undifferenzierte Rede Teilhards von einem »Glauben an die Welt« als Par-

---

[35] Vgl. *P. Teilhard de Chardin,* Le Christique, 1955, 2. Teil, 3; zitiert von *S. M. Daecke,* Teilhard de Chardin und die evangelische Theologie. Die Weltlichkeit Gottes und die Weltlichkeit der Welt? Göttingen 1967, 364.
[36] *Ders.,* Comment je crois, Paris 1969, 2. Teil, 3. Kap. Deutsche Übersetzung von Karl Schmitz-Moormann, Mein Glaube, Freiburg 1972.
[37] Vgl. *ders.,* Christianisme et évolution, §§ 7 f; *S. M. Daecke,* Teilhard, 364.
[38] Unveröffentlichte Aufzeichnungen zitiert von *S. M. Daecke,* Teilhard, 365.
[39] Vgl. Brief vom Karfreitag 1955, in: Janus 4, Paris 1964/65, 32.
[40] Wie Anm. 37.

allelhaltung zum »Glauben an Gott« beanstandet. Denn kann man *an* anderes als Gott und Christus im eigentlichen Sinne glauben, auf es sein Grundvertrauen setzen? Es kann hier gewiß keine Apologie der Teilhardschen Vision improvisiert werden. Nur kann vielleicht deren Legitimität neben anderen »holistischen« Erklärungen des Universums angenommen werden. Denn was versuchte dieser Paläontologe und Mystiker in Personalunion, wenn nicht die Evolutionstheorie in seine wesentlich an *Christus* orientierte, christozentrische Glaubensvision zu integrieren? Folglich auch jene »Naturalisierung« des Schöpfers, die er mit der Inkarnation selber gewollt hat, konsequent denkerisch nachzuvollziehen. Andere bauen ihre holistische Schau ohne das Christus-Prinzip auf. Sie postulieren dafür z. B. ein »anthropisches Prinzip«[41] oder machen aus Gott den »Geist des Universums«[42] oder einen »natürlichen Gott«[43]. Bei all diesen Versuchen sind theoretische Physiker am Werk, die nicht zögern, in ihre Evolutionserklärung Naturphilosophisches und Theologisches zu integrieren, wobei sie sich eher an fernöstlichen oder animistischen Religionen als am Christusglauben orientieren. Was die im Anschluß an Whitehead entstandene amerikanische Prozeßtheologie anbelangt, so zögert sie nicht, die evolutive Veränderung in das Wesen Gottes selbst hineinzutragen und in diesem Sinne von einer zweiten »Folgenatur« Gottes zu reden.[44] Demgegenüber bleibt Teilhard ein christozentrisch denkender Christ. Er meint, keine fremde Religion zu Hilfe rufen zu müssen, um die Schöpfung im Sinne der Naturwissenschaft auszulegen. Ich meine, Teilhards Anliegen ist legitim und richtig. Es müßte mit besseren interdisziplinären Mitteln neu aufgegriffen werden.

9. *In Christus offenbart sich der Schöpfer als der Dreieinige, der Agape ist und aus Agape die erste und die neue Schöpfung hervorbringt. Diese ist nach der Pastoralkonstitution »creatio ex amore« (GS 19/1). Indem C. F. von Weizsäcker unserer technokratischen Gesellschaft »Erkenntnis ohne Liebe« vorwirft, zeigt er eine Diskrepanz zwischen dem christlichen Schöpfungsverständnis und der tatsächlichen Entwicklung der Kultur an.*
Es gibt heute eine ausgesprochen naturphilosophische und von Naturwissenschaftlern vertretene Religionskritik. Sie fällt meist als Christentumskritik aus. Kritisiert wird u. a. eine traditionelle Lehre,

---

[41] Vgl. *R. Breuer,* Das anthropische Prinzip, Frankfurt a. M./Berlin/Wien 1984.
[42] *E. Jantsch,* Die Selbstorganisation, 47, 412.
[43] *P. Davies,* Gott, 271.
[44] *A. N. Whitehead,* Prozeß und Realität. Entwurf einer Kosmologie (Übersetzung von H. G. Holl), Frankfurt a. M. ²1984, 79f, 82–84, 614–618, passim.

nach der Gott die absolute *Wirkursache* der Welt sei. Näherhin jene Ersturscahe, die *allein* und souverän wirkend eine Reihe von Sekundärursachen in Bewegung setzt und auch mitunter wunderhaft unterbricht. Eine solche Definition des Schöpfers stößt auf Schwierigkeiten nicht zuletzt nach der Revolution der Quantentheorie, die eine wahrhafte Krise des Kausalitätsprinzips mit sich zog. Nun genüge es hier, darauf hinzuweisen, daß bereits die Weisheitsliteratur des jüdischen Kanons die Vorstellung von einem *einsamen* monokausal schaffenden Gott relativiert hat, indem sie dem Schöpfer bei der Erschaffung der Welt die personifizierte Hokmah als weibliche Mitarbeiterin Gottes beigesellte. Die im Johannesprolog stehenden Sätze: »Am Anfang war das Wort, und das Wort war bei Gott« sowie: »Alles ist durch das Wort geworden« (Joh 1, 1–3) verdankt sich weitgehend dieser jüdischen Tradition. Neben der Weisheit kommt auch dem Geist, der ruach Jahwes eine schöpferische Rolle zu. Die johanneische, und davor schon die paulinische Überlieferung faltete diesen Ansatz dahingehend weiter aus, daß sie die Schöpfungs- und Erlösungsgeschichte zunehmend als ein göttliches *Gemeinschaftswerk* erscheinen ließ und entsprechend mit triadischen Formeln in Verbindung brachte. Bekanntlich führte das zur Formulierung des *trinitarischen* Credos, das die Schöpfung als ein vom Vater, durch den Sohn erschaffenes und durch den Heiligen Geist belebtes Weltall auslegte. Nun kann man angesichts dieses Befundes schlecht von göttlicher *Monokausalität* oder schlichter *Allmachtsentfaltung* reden. Um so weniger als Gott, nach 1 Joh 4, 8, von seinem Wesen her Agape, d. h. sich mitteilende Liebe ist. Deshalb konnte Augustinus etwa die Entstehung, Entwicklung und Begnadung der Welt in Kategorien der *Teilhabe*, der »participatio« erläutern.[45] Insofern nämlich der Schöpfer in sich ewiger Liebesaustausch des Vaters, des Sohnes und des Heiligen Geistes ist, kann die Welterschaffung als überströmende Selbstmitteilung dieser Agape verstanden werden, was alles andere ist als eine blinde, bloß allmächtige monokausale Hervorbringung.[46] Ich bin davon überzeugt, daß diese Sicht christologisch noch verschärft werden kann, da im Kreuz Christi deutlich wird, wie Gott »diese Welt geliebt hat« (Joh 3, 16). Nun können wir von dieser Warte her auf die Relativierung der Begriffe: erste Ursache, absolute Wirkursache, bloße Allmacht usw. schließen und der Schöpfung von ihrem Ursprung her eine *dialogische* Struktur, die allein der dreieinig-liebenden Quelle allen Seins entspricht, zuerkennen.

[45] Vgl. Ep. 140, IV, 10; PL 33, 541 f.
[46] Vgl. z. B. De praed. sanct., VIII, 13; PL 44, 970; De Trin. lib. XV, XVIII, 32; PL 42, 1082 f.

Mit einem gewagten Sprung komme ich nun auf Weizsäckers Satz von der »Erkenntnis ohne Liebe« zu sprechen.[47] Erkenntnis liegt nach ihm heute weitgehend als reine Ratio-Betätigung vor, empirisch, experimentell, rechnend. Das so gewonnene Wissen hat Machtcharakter, erzwingt Zustimmung mit mathematischer Exaktheit und behauptet sich mit Mitteln einer überaus erfolgreichen Technik. Man könnte sagen: Diese Machtentfaltung vollzieht sich wie eine vollsäkularisierte Variante der göttlichen Allmacht und Wirkursächlichkeit. Zwar *muß* diese Vernunft nicht ohne Liebe sein. Aber sie ist es oft, so daß z. B. die erfolgreichsten technischen Zivilisationen auch zugleich zu den rücksichtslosesten gehören. Nun plädiert Weizsäcker im Namen der in Christus offenbar gewordenen Agape des Schöpfers für eine Rehabilitierung der Erkenntnis aus Liebe, für ein neues Gleichgewicht zwischen dem Objekt und dem Subjekt.

10. *Die biblische Offenbarung ermöglicht, ja verlangt in ihrer Ganzheit eine Ethik des Schöpfungsauftrags unter den Bedingungen der jeweiligen Gegenwart. Elemente einer Situationsethik und einer Sympathieethik müssen heute in eine christliche Glaubensethik integriert werden, die in einer Nachfolge des Schöpfers als Nachfolge Christi besteht.*

Wie N. Lohfink überzeugend nachgewiesen hat[48], würde und wird das Wort »macht euch die Erde untertan« oft textfremd verstanden (Gen 1,28). Das hebräische Original meint damit keine Unterwerfung und Vergewaltigung, sondern ein friedliches Inbesitznehmen, vielleicht sogar ein Schützen und Verteidigen des Landes, das der Schöpfer jedem Volk und innerhalb bestimmter Grenzen zuteilt. Auch das »Herrschen über die Tiere« verweist eher auf die Haltung des guten Hirten und des gerechten Herrschers denn an irgendwelche Tyrannei. Die rabbinische Tradition und Philo fordern die Menschen in diesem Sinne auf, unter der Nachahmung eines liebenden Schöpfers, den Mitgeschöpfen Erbarmen und den Mitmenschen, zumindest innerhalb des erwählten Volkes, Liebe entgegenzubringen.

Nun erfahren wir heute, daß die meisten Bürger der Industriegesellschaften zu solchem altruistischen Verhalten gegenüber der Mit- und Umwelt, das ohne Opfer nicht geht, nur minderheitlich moti-

---

[47] C. F. von *Weizsäcker*, Die Geschichte der Natur, Göttingen ⁸1979, 126.
[48] N. *Lohfink*, Die Priesterschrift und die Grenzen des Wachstums, in: StZ 99 (1974), 435–450; vgl. ders., »Macht euch die Erde untertan«?, in: Orien 38 (1974), 137–142.

viert sind. Der Industriemensch greift zwar mit Eros nach den Dingen, will ihnen aber kaum in Agape dienen. Hier muß eine reine Glaubensethik scheitern. Es gibt aber die Situationsethik, die uns auch schon auf der Ebene der Erkenntnis ohne Liebe anspricht. Denn sie zeigt die Gefahren der Situation, in die sich die Menschheit durch Überbevölkerung, maßlose Rohstoffnutzung und nukleare Rüstung etwa hineinmanövriert hat. Da wird an das wohlverstandene Eigeninteresse appelliert: Nur ein Narr lacht, während er den Ast, auf dem er sitzt, absägt (B. Brecht). Es wird eingeschärft: Nicht die Pflanzen und Tiere sind generell auf den Menschen unbedingt angewiesen, sondern der Mensch auf sie. Ferner wird die *Furcht* vor vielerlei jederzeit drohenden Katastrophen heilsam geschürt. Diese Furcht ist rational begründet und kann somit situationsethisch positive Reaktionen, eine gewisse Weisheit auslösen. Sie kann dann Gefühle mit einbeziehen, z. B. die Sympathie für Kinder, Tiere, die Schönheit der Heimatlandschaft usw. Die Glaubensethik im Sinne Christi und des in Agape erfüllten Schöpfungsauftrags darf diese sehr nüchternen, mit Zweckmäßigkeit argumentierenden Ansätze nicht verachten. Vielmehr soll sie sie in sich einbauen, wie etwa nach katholischer Moraltheologie die sog. »unvollkommene Reue« in die »vollkommene« integriert wird.

Hier sollte der Ethiker den Stab von den dogmatischen Händen übernehmen und die Reflexionen weiterführen.

Selektionstheorie und christliche Agape

1. Zur Fragestellung

Die heutige Krise des Verhältnisses zwischen dem Menschen und der Natur veranlaßt forschende Dogmatiker zu Versuchen, die christliche Schöpfungslehre mit einer »Theologie der Natur« zu bereichern[1]. Dies erfolgt in einem neuen Dialog mit den Naturwissenschaften, vorab mit der Physik, die die Wende der Relativitäts- und der Quantentheorie vollzogen hat und eine neue Offenheit gegenüber den Geisteswissenschaften zeigt[2]. Dabei übernimmt die Theologie weitgehend einen naturwissenschaftlichen Begriff von Natur, der sich an der Materie im Prozeß der Selbstorganisation orientiert. Dieser wird zumeist als ein Evolutionsprozeß gesehen, der beim Urknall ansetzt und über kosmische Wege verläuft, wie jene der Lebewesen und der Menschheit, bis auf ein mehr oder weniger entferntes Ende des uns bekannten Weltsystems hin[3]. Da die bisher gelaufene Entwicklung ein datierbares Alter hat und als unumkehrbar gilt, spricht man von einer »Geschichte der Natur«[4], einer Natur, die Theologen schon in diesem materiellen[5] und geschichtlichen Sinne als durch die Gnade vorausgesetzt und erhoben sehen möchte[6].

Nun aber erschwert die Tatsache den Dialog, daß die gemeinte physikalische, biologisch-anthropologische und kulturelle Evolution ursächlich ganz verschieden gedeutet wird. Darwinistische, neudarwinistische, vitalistische, synthetische, ja neuerdings auch »biosophische«[7] Interpretationen prallen aufeinander. Strittig sind nicht zuletzt die Deutung und Funktionsbestimmung der von Darwin vorgeschlagenen Selektionstheorie

---

[1] Vgl. A.M.K. Müller, W. Pannenberg, Erwägungen zu einer Theologie der Natur, Gütersloh 1970; K.M. Meyer-Abich (Hrsg.), Frieden mit der Natur, Freiburg-Basel-Wien 1979; A. Ganoczy, Theologie der Natur, Zürich-Einsiedeln-Köln 1982.

[2] Eine solche Tendenz vertreten: W. Heisenberg, Physik und Philosophie, Frankfurt-Berlin-Wien 1959, 1981; Der Teil und das Ganze. Gespräche im Umkreis der Atomphysik, München ⁹1985; C.F. von Weizsäcker, Die Geschichte der Natur, Göttingen ⁸1979; im Zusammenhang fernöstlicher Religionen: F. Capra, Das Tao der Physik. Die Konvergenz von westlicher Wissenschaft und östlicher Philosophie, Bern-München-Wien 1983.

[3] Vorzüglich dargestellt von W. Stegmüller, Hauptströmungen der Gegenwartsphilosophie, Bd.II, Stuttgart ⁶1979, 497-776.

[4] Siehe das in Anm. 2 angeführte Werk C.F. von Weizsäckers, das W. Pannenbergs in Anm.1 genannte Abhandlung angeregt hat.

[5] Vgl. I. Kants Unterscheidung zwischen einem formalen und einem materiellen Naturbegriff, in: Metaphysische Anfangsgründe der Naturwissenschaft, Werke (Ed. Cassirer) Bd. 4, 369.

[6] Das Axiom »gratia praesupponat naturam« taucht erstmals bei Bonaventura auf: II sent. d.9 q.9 ad 2; vgl. Thomas von Aquin, In III Sent. d.24 q.1 a.3.

[7] Zur »Biosophie« bekennt sich St. Lackner, Die friedfertige Natur. Symbiose statt Kampf, München 1982.

als kausale Erklärung evolutiver Fortschritte oder Rückfälle in der Geschichte der Arten. Strikt darwinistisch besagt Selektion das »strenge Gesetz der natürlichen Zuchtwahl«, dem nicht nur die Tierarten, sondern auch die Menschengattung unterworfen sind, wenn sie sich »über das Maß ihrer Existenzmittel hinaus« vermehren und miteinander einen »Kampf um die Existenz« auszutragen haben[8]. Es überlebt dabei die je tüchtigste Rasse; die untüchtigen, schwachen, weniger anpassungsfähigen und intelligenten werden verdrängt und aus dem Evolutionsprozeß der Lebewesen heraus-selektiert. Es können nur so je lebensfähigere und mit einem feineren Organismus und Instinktgefüge ausgerüstete, höhere Tierarten erzeugt werden. Ebenso ist dies der Fall bei Menschenrassen. Auch bei ihnen kann die Evolution nur je begabtere, zivilisiertere und sittlich fortgeschrittenere Menschenrassen erzeugen, wenn ihre »Weiterzüchtung« unter optimalen Bedingungen verläuft[9], d.h. wenn die Vorfahren ihre im Lebenskampf erworbenen Eigenschaften ihren Nachkommen über Vererbung weitergeben können. Schon J.B. de Lamarck hat dies erkannt[10]. Damit erhält die »natural selection« einen nicht unwichtigen Aspekt durch »sexual selection«, nach der nochmals die stärksten und besten Männchen durch ihre Weibchen »zum Zweck gemeinsamer Nachzucht« ausgewählt, selektiert werden[11].

Selbstverständlich gäbe es für den Theologen die Möglichkeit, aus der so angelegten Evolutionslehre die Menschengattung aufgrund ihres vom Schöpfer gewollten qualitativen Unterschieds zum Tier herauszunehmen, näherhin aufgrund ihrer Gottebenbildlichkeit. Er könnte erklären, der Mensch sei nicht dem »strengen Gesetz der natürlichen Zuchtwahl« unterworfen, er habe als Kulturwesen auch die Möglichkeit, derlei Impulsen zu widerstehen. So verläßt man aber die gemeinsame Gesprächsbasis mit Darwin, der zwischen Tier und Mensch — den er das »dominierendste Tier« nennt[12] — eben an diesem Punkt keine qualitative Zäsur zuläßt.

Eine andere Möglichkeit bestünde darin, daß man schon rein naturphilosophisch dem ganz und gar instinktgebundenen Raubtier etwa die »Unschuld der Natur« zuspräche, während man den Menschen aufgrund seiner Freiheit für jedes Leiden, das er im Daseinskampf anderen Menschen oder der Natur antut, oder — wie C.F.von Weizsäcker sagt — jeden solchen »Mangel an Liebe« für sündig und schuldig erklärte[13]. Auf diesem Weg ergäben sich etwa die Schlußfolgerungen: (a) der Schöpfer sei nicht anzuklagen, daß er die blinde Befolgung kämpferisch-todbringender Selektionsinstinkte durch den freien Menschen zuläßt; (b) sofern der Mensch trotzdem sich so verhalte, vollziehe er nur sein erbsündig bedingtes Wesen; (c) das Evangelium der Nächsten- und Feindesliebe überfor-

---

[8] Ch. Darwin, The Descent of Man, London 1871; dt. Übersetzung von H. Schmidt, Die Abstammung des Menschen, mit einer Einführung von Ch. Vogel, Stuttgart [4]1982, 54.
[9] Ebd. 176.
[10] Vogel, aaO. (siehe Anm. 8), Xf; vgl. J.B. de Lamarck, Philosophie zoologique, Paris 1809.
[11] Vogel, aaO, VII.
[12] Darwin, Die Abstammung (siehe Anm. 8), 55.
[13] Weizsäcker, aaO, 122.

dere die natürlichen Fähigkeiten des gefallenen Menschen bei weitem, allein dank der Gnade lasse sie sich befolgen, also »sola gratia«. Daß auch bei solch summarischem Auseinanderhalten von naturwissenschaftlich erkannter Natur und übernatürlich geoffenbartem Evangelium die Dialogchancen erheblich schwinden, dürfte einleuchten.

Es stellt sich nun die Frage, ob eine *beiderseits differenziertere* Sicht des Tier-Mensch-Verhältnisses, näherhin der Naturgeschichte im Rahmen der Kulturgeschichte, nicht einen dritten Weg eröffnen könnte, wonach die Kluft zwischen Schöpfung und Erlösung bzw. Natur und Gnade mehr unter dem Gesichtspunkt ihrer Überbrückbarkeit in Erscheinung träte. Dieser Frage soll im folgenden *Versuch* nachgegangen werden. Sinn und Notwendigkeit derartiger Versuche wird wohl keiner bezweifeln, der die grausamen Folgen der verschiedenen Sozialdarwinismen (nationalsozialistische Rassenideologie, liberal-kapitalistisches Konkurrenzideal, marxistische Preisgabe ganzer Menschengruppen, »Gleichgewicht des Schreckens«, Genmanipulation) einsieht. Auch wird er andererseits das jesuanische Agape-Gebot nicht für eine unerreichbare, utopische, weil völlig widernatürliche Forderung halten, auch nicht für eine Sache bloßen Gefühls, die keinen Bezug zur Sachlichkeit und Gerechtigkeit gegenüber Mit- und Umwelt hätte. Man kann schließlich als Christ die Schizophrenie zwischen einer naturhaften Privilegierung der Großen, Starken, Gesunden und Reichen und einer christlichen Agape, die Kleine, Schwache, Kranke und Arme für gleichberechtigte Wesen hält, auf die Dauer nicht aushalten. Mehr noch: Es stellt sich heute die »umweltethisch«[14] dringliche Frage, welche Folgen eine auf die Agape für die »Geringsten der Brüder« fußende Ethik der Nächstenliebe für das »Erbarmen« hat, das der Mensch unseres industriellen Atomzeitalters gegenüber der außermenschlichen Biosphäre praktisch werden lassen müßte. Kann sich etwas wie eine *analoge* Ausdehnung des Agape-Gebots auf die Naturwelt durch die christliche Offenbarung und Tradition legitimieren? Oder soll hier das Feld fernöstlichen Religionen überlassen werden, die nicht in selber Weise wie das Christentum der Anthropozentrik verpflichtet sind?

2. Die Selektionstheorie und ihre Wandlungen

2.1. Wenn man den Umgang *Darwins* selbst mit seiner Selektionstheorie beobachtet, stellt man bei ihm eine gewisse Verlegenheit fest. Diese scheint bei der systematischen Übertragung seiner Forschungsergebnisse über die »Entstehung der Arten durch natürliche Zuchtwahl«[15] auf den »Ursprung des Menschen und seine Geschichte« besonders deutlich zu werden[16], d.h. bei der anthropologischen Anwendung seiner zoologisch-

---

[14] Vgl. A. Auer, Umweltethik. Ein theologischer Beitrag zur ökologischen Diskussion, Düsseldorf 1984.
[15] Ch. Darwin, On the Origin of Species by Means of Natural Selection, London 1859; dt. Übersetzung von C.W. Neumann, Die Entstehung der Arten durch natürliche Zuchtwahl, Stuttgart 1963.
[16] Darwin, Die Abstammung, 1.

phylogenetischen Erkenntnisse. Wieweit ist das Selektionsprinzip als »Gesetz« anzusehen? Und in welchem Maß als für Tier und Mensch in gleicher Strenge geltendes und gegenüber anderen Gesetzmäßigkeiten *vorherrschendes* Gesetz? Darwin gesteht: »Die natürliche Zuchtwahl wirkt nur in der Weise eines Versuchs. Individuen und Rassen haben unleugbaren Vorteil daraus ziehen können und sind doch vernichtet worden, da sie in anderen Beziehungen nicht genügten«[17]. Außerdem sei »der Fortschritt« auf diesem Weg »kein unabänderliches Gesetz«[18]. Wenn ich recht verstehe, wirkt die Selektion nach Darwin zwar auch im menschlichen Bereich gesetzmäßig, aber doch weder determinierend noch monokausal oder absolut. Gerade das evolutive Heraustreten des Menschen aus der tierischen Naturgemeinschaft bringt den Beweis, daß die selektionsrelevante »fitness« nicht nur biologisch, organisch, instinktmäßig zu verstehen ist, sondern eher als »intellektuelle« Stärke[19].

Eine zweite Schwierigkeit, oder wie Darwin sagt, ein »Paradoxon« empfindet er, wenn er verstehen will, wie auf der Basis »von strikter individueller Konkurrenz kooperative soziale Systeme entstehen können«[20]. Die je punktuell erfolgende generative Übertragung der organischen Tüchtigkeiten und der geistigen Tugenden, die etwa ein Mann und eine Frau in ihrem gemeinsamen Dasein jeweils erworben haben, auf ihre entsprechend zahlreiche Nachkommenschaft bringt diese zwar evolutiv voran, reicht jedoch nicht aus, die Entstehung einer fortschrittlicheren, zivilisierten Sozietät allein zu erklären. Gegen eine solche Entwicklung wirkt jedenfalls eine weitere, für Darwin schwer erklärbare Tatsache. Die »wilden« Völker scheiden ihre an Körper und Geist schwachen Volksgenossen selektionsgerecht aus, während die »zivilisierten« sich oft gegenüber »Idioten, Krüppeln und Kranken« zu Maßnahmen herbeifinden, um deren Überleben künstlich zu sichern[21]. Darin versündigen sie sich im Grenzfall an ihrer eigenen Erhaltung, teils auch an ihrem evolutiven Fortschritt. Sie geben dem »Instinkt der Sympathie«[22] nach, sogar der Nächstenliebe, beschwören aber dadurch die Gefahr herauf, daß auch diese »schwachen Individuen« ihre »Art fortpflanzen«, was »für die Rasse« bzw. die gegebene Sozietät »äußerst nachteilig« wirkt[23]. Es geschieht Degeneration dadurch, daß die »Weiterzüchtung« der besser Begabten mit der »Ausscheidung« der Minderbegabten nicht ins Gleichgewicht kommt; letztere behaupten sich[24]. Hinzu kommt noch das Problem, daß moralisch und bildungsmäßig hochwertige Menschen oft weniger Kinder zeugen als Minderwertige, z.B. die Iren mehr als die Schotten[25]. An diesem Punkt läßt sich Darwin zu regelrechten ras-

---

[17] Ebd. 181; vgl. 184.
[18] Ebd.
[19] Ebd. 77.
[20] Vogel, aaO, XXII.
[21] Darwin, Die Abstammung, 171.
[22] Vogel, aaO, XXXIV.
[23] Darwin, Die Abstammung, 172.
[24] Ebd. 176.
[25] Ebd. 178; vgl. 175.

senhygienischen Imperativen hinreißen. Eine auf Gesundheit und Stärke bedachte Gesellschaft soll die Verbrecher hinrichten, die Schwermütigen Selbstmord begehen lassen, die Ruhelosen in die Kolonien schicken[26] und dann, dank dieser Wahrung des hohen zivilisatorischen Standards, »sich ausdehnen« und die »tiefer stehenden Rassen verdrängen«[27]. Beispielhaft dafür sind die Amerikaner: »angelsächsische Auswanderung« und »natürliche Zuchtwahl« haben es ihnen ermöglicht, »die außerordentlichen Fortschritte«, die man kennt, zu erreichen[28]. Aufgrund solcher Aussagen nimmt Ch. Vogel mit einem guten Teil heutiger Forscher an, die Selektionstheorie Darwins selbst habe dem Rassismus und Sozialdarwinismus »Vorschub« geleistet, ja diese »vorbereitet«; der Nationalsozialismus habe sie nur konsequent in »politische Handlungsmaximen« umgesetzt[29].

Als weniger folgenreich erscheinen andere Sätze Darwins, die *Liebe und Sympathie* auch schon unter Tieren betreffen[30], u.U. bis zur Selbstaufopferung eines Individuums. Hier konnten spätere Forscher ansetzen und z.B. auf einen gerade evolutiv außerordentlich erfolgreichen Altruismus bei Tier und Mensch schließen, nicht zuletzt dank jener »Gene«, die im genetischen Material verschiedener Individuen sich zu »Allelen« entwickeln[31].

2.2. Nicht nur eine Nuancierung, sondern eine *Ergänzung* erfuhr Darwins Selektionstheorie bei Wissenschaftlern, die deren Geltung vom biologischen Bereich auch auf den astrophysikalischen, den prä-biologischen und den geistigen erweiterten[32]. Deutlicher als Darwin haben sie die Mutationen im Genmaterial[33], die Isolation, die Annidation, die Schwankungen der Populationsgröße und die Systembedingungen als Mitursachen der Evolution erkannt[34]. Als denkbar undeterministisch erscheint die Wirkweise dieses Bündels von Triebkräften, so daß E. Jantsch erklären kann: »Evolution ist zumindest im Bereich des Lebens sehr wesentlich ein Lernprozeß«, und: »Evolution ist nicht nur in ihren vergänglichen Produkten, sondern auch in den von ihr entwickelten Spielregeln offen«[35].

---

[26] Ebd. 176.
[27] Ebd. 173.
[28] Ebd. 183.
[29] Vogel, aaO, XXXI und XXXIII.
[30] Vgl. Darwin, Die Abstammung, 84ff, 129; Vogel, aaO, XXVI.
[31] Vogel XXXVII nennt W. Hamilton als Beispiel, der neben der »direkten Selektion« nach Darwin auch eine »indirekte« annimmt; diese ist genetisch den »Allelen«, einer Variante von Genen, zu verdanken, die zwischen Trägern gleichartiger Allelen ein altruistisches Verhalten ermöglichen, das zu mehr Nachkommen führt. Vgl. F.M. Wuketits, Grundriß der Evolutionstheorie, Darmstadt 1982, 127f.
[32] Z.B. Manfred Eigen, Self-Organisation of Matter and the Evolution of Biological Macromolecules, in: Naturwissenschaften 58 (1971), 465-523; ders. und Ruthild Winkler, Das Spiel; Naturgesetze steuern den Zufall, München 1975; Erich Jantsch, Die Selbstorganisation des Universums. Vom Urknall zum menschlichen Geist, München ³1986; zum Ganzen siehe W. Stegmüller, Hauptströmungen der Gegenwartsphilosophie. Eine kritische Einführung, Bd.II, Stuttgart ⁶1979, 497-776.
[33] So vor allem H. de Vries um 1900, siehe Wuketits, aaO, 39, 125-130.
[34] Ebd. 119-147: zu den »Triebkräften des Evolutionsgeschehens«.
[35] Jantsch, aaO, 34.

Offen »nach vorn« im Sinne einer »*Metaevolution*«, offen nach allen Seiten hin als »*Koevolution*«[36]. Es besteht nicht bloß eine Art friedlicher Koexistenz zwischen den Evolvierenden und den Mutanten, sondern ihre kommunikative *Symbiose* stellt neben dem Konkurrenzkampf eine Bedingung des Fortschritts dar, wobei manchmal die scheinbar weniger Tüchtigen sich letztlich als erfolgreicher erweisen als die sog. Tüchtigsten. All das wird bei vielen, wie ich sehe, nicht mehr unter Absehen *geistiger* Faktoren, so auch Weisen der Liebe, gesehen. Die »geistigen Strukturen« evolvieren derart[37], daß sie sich immer wieder in kontingenten Ereignissen individueller, ja interpersonaler Kreativität auf den Gesamtprozeß zurückbinden[38]. Zwar steht der Mensch nicht notwendig als ein höheres, jedenfalls aber als ein komplexeres Wesen mitten im Prozeß, er ist ja zugleich dessen Produkt und Bestandteil. Er ist jedoch fähig, die *eigenen Lebensgesetze zu überschreiten*. Er kann dies, indem er mit positiver oder negativer Kreativität auf den Prozeß einwirkt, ihn steuert oder bloß manipuliert, aber auch indem er den Lauf der Dinge meditiert, ekstatisch beschaut, in ihm Sinn entdeckt und für ihn Verantwortung übernimmt[39]. Diese Sicht der Dinge erlaubt es dem Physiker oder Biologen, zumindest philosophierend, an die Schwelle der Theologie vorzustoßen und vom Göttlichen oder sogar von Gott selbst zu reden[40]. Solche Rede gilt der überpersönlich einen Gottheit, etwa dem Woraufhin unserer evolutiven Selbsttranszendenz, eher als dem analog personhaften Gott der Bibel. Allerdings geht C.F. von Weizsäcker so weit, daß er in seiner »Geschichte der Natur« jene »Möglichkeit« des Menschen, seine »Kampfinstinkte gegen den Mitmenschen« unter Kontrolle zu bringen, anspricht, die in dem Satz ausgesprochen ist: »Gott ist *Liebe*«[41].

Im Rahmen einer modernen Physik, die, über die Relativitäts- und Quantentheorie, zum Indeterminismus, zur Subjektbewußtheit und zum komplementären Denken gelangt ist und sich zugleich auf ihre eigenen letzten Konsequenzen bedacht zeigt, erfolgt eine ganz wesentliche Ergänzung und Verfeinerung der Darwinschen Selektionstheorie. Weizsäcker verläßt diesen Rahmen nicht, wenn er das Agape-Sein des Schöpfers und das darin begründete Gebot der Nächstenliebe zumindest als einen möglichen Ausweg aus einer Krise der Naturgeschichte erwähnt. Er tut dies im Bewußtsein der Krise, die durch eine einseitige und überzogene Befolgung des Kampfprinzips durch die Menschheit für Mitmensch und naturale Umwelt heraufbeschworen wurde.

---

[36] Ebd.
[37] Ebd. 38.
[38] Zum Thema Kreativität im Kontext einer Schöpfungstheologie siehe A. Ganoczy, Der schöpferische Mensch und die Schöpfung Gottes, Mainz 1976; A. Ganoczy, J. Schmid, Schöpfung und Kreativität, Düsseldorf 1980.
[39] Jantsch, aaO, 44-47.
[40] Ebd. 416: »Höchster Sinn liegt im Unentfalteten ebenso wie im voll Entfalteten; beides reicht an die Gottheit heran«. Allerdings meint Jantsch mit »Gottes-Struktur« und »Gottesliebe« eher den Gott des Buddhismus oder der Prozeßphilosophie A.N. Whiteheads als den analog personhaften Gott der Bibel, geschweige denn den Dreieinen Gott des christlichen Dogmas. Vgl. 47, 412: Gott wäre dann »nicht der Schöpfer, wohl aber der Geist des Universums«.
[41] Geschichte der Natur (siehe Anm. 2), 124.

2.3. Dennoch würde man sich heute noch täuschen, hielte man diese theologisch durchaus relevante, naturphilosophische Zusammenschau von Selektion und Agape für eine mehrheitliche Meinung bei Naturwissenschaftlern. Die Szene wird eher schon durch ein Schwanken zwischen *pessimistischen* und *optimistischen* Tendenzen eines Neodarwinismus beherrscht, die sich teils einem methodologischen, teils einem ideologischen Atheismus verpflichtet fühlen. Exemplarisch für diese Polarität seien einige Gedanken von zwei so verschiedenen Denkern wie Jacques Monod und Stephan Lackner angeführt, die sich um eine Einordnung des Übels bzw. des *Bösen* in ihre jeweils nur naturwissenschaftlich begründete Lebensphilosophie bemühten. Für Monod ist der Mensch in seinem Wesen durch die Tatsache bestimmt, daß er genauso reines Zufallsprodukt der Evolution ist wie das Leben überhaupt[42]. Die Natur hat sich die Menschengattung nicht als teleologisch vorgefertigte Krone erst aufgesetzt. Der homo sapiens bleibt vielmehr dem Weltall fremd, ist in ihm total verloren. Er müßte eigentlich wissen, »daß er seinen Platz wie ein Zigeuner am Rande des Universums hat, das für seine Musik taub ist und gleichgültig gegen seine Hoffnungen, Leiden und Verbrechen«[43]. Weiterhin müßte der Mensch um seine »tierische Beschaffenheit« wissen und den Mut haben, sie auch heute auf sich zu nehmen[44]. Freilich ist er ein besonderes Tier, nämlich das mörderischste von allen. Denn seitdem es diese Art fertiggebracht hat, ihre Umwelt zu beherrschen, hat sie »keinen anderen ernsthaften Gegner mehr vor sich als sich selbst«[45]. Seither wird immer wieder der »Kampf auf Leben und Tod zu einem der wichtigsten Selektionsfaktoren *innerhalb* der menschlichen Art«[46]. Bei nichtmenschlichen Tieren kämpfen zwar die Männchen mit ihren Artgenossen; dieses Ringen endet jedoch nur selten mit der Tötung des Besiegten. Nur der Mensch zeichnet sich durch einen erbitterten, auch durch die Evolution der Ideen mitgetragenen, »intraspezifischen Kampf« aus. Auch das gehört zu jenem Selektionsdruck, der stets auf ihn einwirkt.

Wohin drängt uns aber dieser Druck in unseren heutigen Gesellschaften? Nicht mehr so sehr auf den genetischen Erfolg der Artgemeinschaft als vielmehr auf einen *persönlichen* Erfolg, der dem Drang nach Reproduktion oft entgegenwirkt. Wie schon Darwin festgestellt hat: die Elite, die über das beste Erbgut verfügt, vermehrt sich kaum, sie schrumpft oft sogar. Dagegen explodiert die Bevölkerung mit weniger entwickeltem Erbgut zahlenmäßig derart, daß die Wissenschaft, die die Kindersterblichkeit zurückgedrängt hat, vielleicht doch zum Schluß kommen wird, Kinder wieder massenhaft sterben zu lassen[47]. Es liegt eine echte Gefahr für die fortgeschrittenen Gesellschaften darin, daß

---

[42] Zufall und Notwendigkeit. Philosophische Fragen der modernen Biologie, München ⁵1982, 95: »ein blindes Kombinationsspiel«.
[43] Ebd. 151.
[44] Ebd. 155.
[45] Ebd. 142.
[46] Ebd.
[47] Vgl. 150.

die Bedingungen der Selektion in die Aporie zwischen Überindividualisierung und kollektiver Gegenlese münden.

Die größte Bedrohung der menschlichen Zukunft liegt aber in der »kindlichen« und »*tödlichen Illusion*«[48] der Mehrheit, die glaubt, daß Mutter Natur oder ein göttlicher Schöpfer den Menschen natürliche oder religiöse Gesetze eingestiftet hat (das gilt wohl auch für ein angebliches Eros-Gesetz oder ein Agape-Gebot!) und daß diese für den Gesamtverlauf der Evolution von Kultur und Natur *unabänderliche Wertvorstellungen* festschreiben. Monod nennt die so gearteten Erklärungen von Welt und Geschichte »animistisch« und führt als Beispiel bezeichnenderweise Platon, Hegel, Marx und Teilhard de Chardin an[49]. Er stellt aber dann mit der Bitterkeit des streng wissenschaftsgläubigen Forschers fest, das menschliche Bedürfnis nach umfassenden Welterklärungen und Wertordnungen sei ihm anscheinend »angeboren« und stehe »irgendwo in der Sprache des genetischen Code vorgezeichnet«[50]. Monod ist der Überzeugung, dieses Bedürfnis, das offensichtlich durch die Gattung als solche in einem frühen Entwicklungsstadium erworben und dann noch philosophisch reflektiert bzw. von fortschrittlichpositivistischen Gesellschaften mitgetragen wird, trage zu einem »Reich der Finsternis« bei und zeitige letztendlich selektionswidrige Wirkungen.

Das *Böse*, das Pessimum läge demnach darin, daß die Menschheit sich nicht mit der Tatsache abfinden will, in ihrer wahren Beschaffenheit Zufallsprodukt zu sein. Sie klammert sich krampfhaft an ihrer *Geborgenheit in einer Natur* fest, die sie religiösmythisch zu verbrämen neigt. Die meisten Menschen zeigen sich immer noch unfähig, mit der Angst zu leben, einem eisig-finsteren Weltall gegenüberzustehen. Folgegemäß leben die Bürger der Industriegesellschaften in eigenartiger Zerrissenheit: einerseits profitieren sie maximal von den exakten Wissenschaften, andererseits weigern sie sich, auf Wertvorstellungen zu verzichten, deren Unwahrheit diese selben Wissenschaften von Grund auf bewiesen haben[51]. Das Pessimum kann nur überwunden werden, wenn sich aus dieser massa damnata ein neuer Menschentyp herausselektiert, der in der »objektiven Erkenntnis« die »*einzige* Quelle authentischer Wahrheit«[52] anerkennt und die entsprechende »Ethik der Erkenntnis«[53] als die ausschließliche Maßgabe für die Praxis befolgt. Auf die Frage, ob »diese nüchterne, abstrakte und hochmütige Ethik« in der Evolution unserer Kulturen irgendeine Erfolgschance hat, antwortet Monod eher skeptisch: »Ich weiß es nicht ... vielleicht ...«[54]. Würde ihr tatsächlicher Erfolg beschert, so träte ein weiterer Selektionsfaktor stärker in den Vordergrund, nämlich das »Bedürfnis nach *Transzendenz*«.

---

[48] Ebd. 156.
[49] Vgl. ebd. 147.
[50] Ebd. 146; vgl. 155.
[51] Ebd. 149.
[52] Ebd. 148.
[53] Ebd. 154; vgl. 149.
[54] Ebd. 155; vgl. 148.

Dieses erränge dann die Oberhand über das nach »animistischen« Gesamterklärungen. Somit wäre der Mensch endlich ein *mündiger* »Zigeuner am Rande des Universums«, fähig, seine Werte und Handlungsnormen selber zu bestimmen. Er würde sich diese nicht mehr von Naturgesetzen oder (was für Monod dasselbe zu sein scheint) von göttlichen Geboten aufzwingen lassen.

Es kann hilfreich sein, an dieser Stelle C.F. von Weizsäckers Rede von Erkenntnis und Askese einzuflechten, so sehr sie dem Monodschen Pessimismus materiell nahekommt und sich doch zugleich davon scharf absetzt. Auch Weizsäcker sieht die Evolution unserer Kultur in eine Sackgasse geraten: wir leben und handeln mehrfach widernatürlich. Wir sind auch bei weitem nicht auf der Höhe unserer wissenschaftlichen Errungenschaften. Doch verleiht Weizsäcker seiner bedingt pessimistischen Diagnose eine zusätzliche Dimension, indem er das Transzendente im religiösen, näherhin christlichen Erbe erblickt. Das ermöglicht ihm neben einer Ethik der Erkenntnis bzw. der »Einsicht« auch eine Ethik der Liebe, näherhin der Agape. Für ihn liegt ein Grund des Übels in der »Erkenntnis ohne Liebe«[55], sofern sie immer wieder Quelle von Macht wird, die zu Gewalt neigt. Dagegen ist die *»christliche Liebe ... sehend«*[56]. Von da her steht ihre Fähigkeit sowohl zu wissenschaftlicher Sachlichkeit wie zur Überwindung der Gewalt fest. Die Agape kann ebenso selektiv wie verbindend wirken. Auch sie stellt sich der uns evolutionsmäßig eingegebenen Angst; auch sie weigert sich, von umfassenden Natur- und Geschichtsvisionen sich eine illusorische Geborgenheit zu erhoffen; auch sie führt heute noch eine minderheitliche Existenz. Aber sie weiß zugleich darum, daß der Mensch mit einer auf Gott hin *überwindbaren Schuld*, dem »Mangel an Liebe«, belastet ist[57].

Nicht Weizsäckers Position stellt freilich einen echten Gegensatz zum pessimistischen Neodarwinismus Monods dar. Ein solcher Gegenpol läßt sich eher bei St. Lackner erkennen. Er wagt es, sein Buch über »die friedfertige Natur« mit einem »optimistischen« Manifest abzuschließen[58]. Bezüglich der Darwin'schen Selektionstheorie hebt er darin den *»Instinkt der Sympathie«* hervor und kommt zur Schlußfolgerung: »Die Liebe ist in der Natur ebenso entscheidend wie die Angriffslust. Eros und Aggression halten sich ungefähr die Waage«[59]. Als unannehmbar bezeichnet Lackner die Behauptung von Konrad Lorenz, es seien »sogar in friedlichen Umweltsituationen Rivalenkämpfe innerhalb einer und derselben Art als das einzig wirksame Ertüchtigungsmittel« anzunehmen[60]. Allerdings reicht das von Lackner postulierte Gleichgewicht zwischen Kampf und Frieden doch nicht so weit, daß die *Ausscheidung der schwachen Individuen* nicht im Interesse

---

[55] Weizsäcker, aaO, 126.
[56] Ebd.124.
[57] Vgl. ebd. 122.
[58] Lackner, aaO, 169-176.
[59] Ebd. 59; vgl. 10, 23.
[60] Ebd. 48, mit Verweis auf K. Lorenz, Das sogenannte Böse. Zur Naturgeschichte der Aggression, Wien 1963, [36]1974, 60; vgl. 37. Lackners Kritik an Lorenz scheint mir an Nuancen zu mangeln.

der Art läge: »Es ist für die Erhaltung und Ausbreitung der Art kein Vorteil, wenn ein Einzelwesen sehr alt wird«. Es ist ja »sexuell und daher genetisch unwirksam« geworden[61]! Diese Äußerung zeigt, daß der Autor anstelle der Selektion durch Kampf bzw. durch eine im Kampf erworbene Lebenstüchtigkeit jene durch Zeugungsfähigkeit, d.h. die »sexuelle Auswahl« in die Mitte rückt. Er schreibt in diesem Sinn: »Liebe, nicht Kampf, erklärt die Aufwärtsentwicklung der Wesen«[62].

Auf die menschliche Ebene übertragen hört diese Liebe nicht auf, Geschlechtstrieb zu sein: »Wir müssen /.../ unsere Hoffnung auf den *Eros* setzen«[63] und von solcher »Nächstenliebe ökologische Vorteile erwarten«[64]. Dem biologischen Eros wird die Fähigkeit zugeschrieben, unsere gesunden »egoistischen Bedürfnisse« mit unserem »altruistischen Opferwillen« in Einklang zu bringen[65], unserer Physis, die zutiefst »friedliebend« sein soll[66], freien Lauf zu lassen und unseren »unnatürlichen Aggressionen« Einhalt zu gebieten[67]. Optimistisch dürfe man die Chancen einer derartigen Rückkehr zur guten Natur bzw. »lebensfreudigen Triebkonstruktion« beurteilen, die unsere Vorfahren, die Affen, besser als wir »bewahrt« haben sollen[68]. Entwickelt sich denn unsere Zivilisation nicht offensichtlich so, daß das Raubtier für uns unmodern geworden ist und daß wir Blut und Gewalt gar nicht mehr mögen[69]?... Liebestrieb und sexuelle Auswahl erhalten außerdem bei Lackner noch jene umfassende Sinngebungsfunktion, die Monod so entschieden als animistische Illusion abgetan hatte. Richtig gelebte Eros-Liebe stärke unsere Seele nicht nur in ihrer natürlichen Flexibilität, um Auswege aus der gegenwärtigen Misere zu finden; sie sichere nicht nur das Überleben des Kooperativsten, sondern lasse uns auch den Sinn unseres (freilich auf das Diesseits beschränkten) Lebens optimal entdecken. Denn diese Liebe allein erlaube, uns in die evolvierende Natur *funktional einzuordnen* und so, gleichsam von innen her, darauf kulturgestaltend Einfluß zu nehmen[70]. So deutet der Autor, der sich zur »Biosophie« bekennt[71], die Darwin'sche Selektionstheorie um. Er möchte mit Goethe das Leben um des Lebens willen fördern, wobei er sich allerdings bereit zeigt, den Einzelnen der Gesamtheit, wie dem Samenkorn dem Wald, auch zu opfern[72].

---

[61] Lackner, aaO, 41f; vgl. 46ff.
[62] Ebd. 46; vgl. 49, 54, 170.
[63] Ebd. 64.
[64] Ebd.
[65] Ebd. 29.
[66] Ebd. 121.
[67] Ebd. 11; vgl. 34.
[68] Ebd. 121.
[69] Vgl. ebd. 66, 117.
[70] Vgl. ebd. 139f; auch 11, 72.
[71] Vgl. ebd. 10, 170.
[72] Vgl. ebd. 20ff.

3. Die christliche Agape

Es gehört zweifellos zum Wesen des spezifisch christlichen Schöpfungsglaubens, daß er seine Hoffnung auf eine ganz bestimmte Art der Liebe setzt, die Agape. Christliche Ethik ist in jeder Hinsicht Agape-Ethik. Das ergibt sich sowohl aus 1 Joh 4, 8.16: »Gott *ist* Liebe«, wie aus dem Hauptgebot Jesu. Es stellt sich nun eine Reihe von Fragen. Beschränkt sich der Geltungsbereich der Agape auf eine rein spirituelle Dimension menschlichen Handelns? Oder auch auf alles Biologische, Physikalische, ja materiell Naturhafte, das den Menschen wie seine Mit- und Umwelt in ihrer Evolution zutiefst bedingt? Gehört zur Wesensstruktur der Agape auch eine naturale Komponente oder ist sie rein übernatürlich? Hat sie nichts mit einer ganz bestimmten Phase zumindest der kulturellen Entwicklungsgeschichte zu tun? Bezieht sie sich irgendwie auf das naturale Drama der Selektion, der »natürlichen« und »sexuellen Zuchtwahl«? Regelt sie diese mit? Oder verhält sie sich hier neutral? Erhebt diese Agape als zugleich Wesen, Gabe und Forderung des Gottes Jesu Christi nur auf die Steuerung zwischenmenschlicher und sozialer Beziehungen Anspruch oder etwa auch auf die Gestaltung der Natur im Menschen und um ihn herum? Kann sie auch in der Weise einer ökologischen Tugend zur Geltung kommen? Wenn ja, wie? In aller Direktheit? Etwa so, daß auch Tier und Pflanze mit Agape-Liebe geliebt werden? Oder eher indirekt, indem die Agape andere Tugenden und Handlungsweisen erweckt und beseelt?

3.1. Auf eine echte Entstehungsgeschichte der Agape läßt die Tatsache schließen, daß ihr Begriff in substantivischer Form vorbiblisch fast vollständig fehlt[73]. Das Verb ἀγαπᾶν wird in der *Septuaginta* meist aus אָהַב (ahab) übersetzt, das in imponierender Vieldeutigkeit alle Aspekte umfaßt, die die Griechen mit ἐρᾶν, φιλεῖν und ἀγαπᾶν je gesondert ausdrückten[74]. In solcher Bedeutungsdichte fließen also Triebhaftes und frei Erwählendes einfach zusammen. Es ist wohl in vielen Fällen fast unmöglich, das Naturale vom göttlichgnadenhaft Eingegebenen zu unterscheiden. Das griechische Alte Testament bezieht »agapân« überwiegend auf menschliche Haltungen. Der Mensch liebt mit dieser Liebe seinen Mitmenschen, seinen Geschlechtspartner, seinen Gott, dessen Gesetz, Eigenschaften und Gaben. Relativ selten und eher spät bezeichnet das Wort die Liebe Gottes zu den Menschen[75]. Manchmal hat ἀγαπᾶν Sachen zum Gegenstand: Geld, Gold, Geschenke, die heilige Stadt, oder auch, aber mit einem Akzent der Mißbilligung, den Tod (Spr 8,36), das Herumschweifen, den Dirnenlohn und Sonne und Mond, die man als Göt-

---

[73] E. Stauffer, Art. ἀγαπάω, ThWNT 1,37.
[74] G. Quell, Art. ἀγαπάω, ebd. 23.
[75] Ich verdanke meinem Mitarbeiter Dr. J. Schmid folgende Statistik: Von den rund 250 Stellen der LXX bezieht sich agapân 53mal auf die Liebe des Menschen zu Gottes Gaben (Recht, Gesetz, Wort, Gutes und Schlechtes, Mitleid, Wahrheit, Heil u.ä.), 50mal auf seine Liebe zu Gott selbst, 48mal auf Weisen der Nächstenliebe, 40mal auf die Beziehung zwischen Mann und Frau, 31mal auf Gottes Menschenliebe, 6mal auf Freundschaft, 5mal auf die Wechselbeziehung von Vater, Mutter und Kind, 1mal auf das Wohlwollen gegenüber dem Feind.

ter anbetet (Jer 8,2). Eine göttliche Liebe zur Natur schimmert an einer sicher schon hellenistisch geprägten Stelle durch, Weish 11,24: »Du liebst alles, was ist (oder: alles Sein), und verabscheust nichts von allem, was du gemacht hast«. Daraus folgt, daß der Schöpfer des Alls alles im Dasein erhält, schont, als sein Eigentum betrachtet und »Freund des Lebens« ist (VV.25f). Dennoch erlaubt der Gesamttenor des Alten Testamentes nicht, von einer »Allerweltsliebe« Gottes zu sprechen[76]. A. Nissen bestätigt das Urteil von E.Stauffer: Gott wendet sich diesem Verständnis zufolge *erwählend* der Menschheit zu[77]. Sein ἀγαπᾶν »bindet sich« als Bundesliebe an sein Eigentumsvolk und weiht diesem eine quasi-eheliche Treue. Dementsprechend schließt die Agape Jahwes auch leidenschaftliche *Eros-Züge* ein. Die bewußt gewählte, aus der Reihe anderer herausselektierte Volksgemeinschaft erfährt den ganzen Segen der sie zugleich begehrenden und bergenden Zuneigung des Schöpfers.

»*Selektiv*« zeigt sich folgerichtig auch das jüdische ἀγαπᾶν den Mitmenschen. Bevorzugt wird grundsätzlich der Volksgenosse. Die in Lev 19,18 geforderte Nächstenliebe gilt, als Einzelgebot, gewiß nicht unterschiedslos *allen* Menschen[78]. Fremde oder Beisassen soll der Israelit gelegentlich lieben wie sich selbst (Lev 19,34; Dtn 10,18), zumal Israel auch einmal als Fremdengruppe in Ägypten leben mußte. Nirgends dehnt das Alte Testament aber die Agape unterschiedslos auf alle Wesen aus, und kein einziges Mal benutzt es diesen Begriff, um etwa die Liebe zu Tieren zu bezeichnen. Andererseits aber wäre es unsachgemäß, aus der so verschieden akzentuierten Überlieferung der jüdischen Bibel pauschal die Ideologie einer gottgewollten Selektion abzuleiten, samt einer entsprechenden Variante des Kampfes ums Dasein und des Überlebens des Tüchtigsten. Die vielen Kriegsberichte, nach denen das erwählte Volk siegt und seine Feinde vertilgt, dürfen durch ihre quantitative Bedeutung die qualitativ viel höherstehenden, *friedlich* geprägten Aussagen nicht verschleiern. Es sei hier exemplarisch nur auf die urgeschichtlichen Erzählungen über den Schöpfungsanfang hingewiesen, wo die mörderische Rivalität des Kain gegen seinen Bruder (Gen 4) und das Anfüllen der Erde mit Gewalttat (Gen 6,11ff) als *schöpfungswidrig*, also als Schuld und Sünde bezeichnet werden; wo sogar die Herrschaft des Menschen über die Tiere mehr als »Hirtenherrschaft«[79] denn als Freibrief für Tötung[80], Ausbeutung, Tyrannei, Ausrottung und maßlose Nutzung zum Ausdruck gebracht wird.

---

[76] Stauffer, aaO., 38: »Der griechische Eros ist von Haus aus Allerweltsliebe, wahllos, treulos, weitherzig«.
[77] A. Nissen, Gott und der Nächste im antiken Judentum. Untersuchungen zum Doppelgebot der Liebe, Tübingen 1974, 286.
[78] Ebd. 278, 284f.
[79] Vgl. A. Ganoczy, Schöpfungslehre, Düsseldorf 1983, 16-36, hier: 29, 31; ders., Theologie der Natur (siehe Anm. 1), 41, 46-50; auch E. Zenger, Der Gott der Bibel, Stuttgart ²1981, 148f.
[80] G. von Rad, Theologie des Alten Testaments, Bd.I, München ⁶1969, 160: »Das Töten und Schlachten schließt dieses Herrschaftsrecht freilich noch nicht ein. Die Nahrung des Menschen und der Tiere sollte nach Jahwes Schöpferwillen eine pflanzliche sein«.

Die Urgeschichte entwirft die Vorstellung von etwas wie einer gottgewollten »*Symbiose*« zwischen Mensch und Tier. Beide wurden aus der Materie des »Ackerbodens« geformt, beide heißen נֶפֶשׁ חַיָּה (näphäsch hajja) (Gen 2,7f und 19), beide erhalten einen gleichlautenden Fruchtbarkeitssegen. (Man denke — analog — an den allen Lebewesen gemeinsamen genetischen Code!). Die Texte deuten eine gewisse, sicher asymmetrische Gegenseitigkeit in der Hilfeleistung zwischen ihnen an (vgl. Gen 2,18ff und die erwähnte »Hirtenherrschaft«)[81]. Außerdem erwähnen diese und andere, meist prophetische Überlieferungen einen sein sollenden »Tierfrieden«, auch im Sinne eines von Gott gestifteten »Bundes« (Gen 9,9f, trotz 9,2-7: »Furcht und Schrecken...«), was zumindest in der eschatologischen Zukunft eintreten soll (Hos 2,20; Jes 43,19f; 65,25). Schließlich gilt nach von Rad die צְדָקָה (Sedaka)-Gerechtigkeit als *der* Maßstab für das Verhältnis der Menschen untereinander, »ja auch für das Verhältnis des Menschen zu den Tieren und zu seiner naturhaften Umwelt«[82]. So verstanden begründet die צְדָקָה (sedaka) jenen שָׁלוֹם (schalom), der »die Unversehrtheit, die Ganzheit eines Gemeinschaftsverhältnisses, also einen Zustand harmonischen Gleichgewichts, der Ausgewogenheit aller Ansprüche und Bedürfnisse« zwischen den Teilhabern am בְּרִית (berith) bedeutet[83].

Diese Überlegungen haben uns vom Thema »Agape« nur scheinbar entfernt. Eher haben sie uns in das *Umfeld* derselben Einblick gegeben. Die schöpfungs- und bundesgemäße אָהַב (ahab)-Haltung Gottes begründet und fordert die צְדָקָה (sedaka)-Haltung des Menschen, auch gegenüber seinen Mitgeschöpfen. In ähnlicher Weise scheint mir eine frühjüdische Tradition von der Schöpfungsliebe Gottes auf eine menschliche Liebe zu schließen, zu deren Umfeld dann die Forderung des »Erbarmens«, auch gegenüber den Tieren, gehört.

Hier sei aber noch vermerkt, daß die Schöpfungsgeschichte nichts von einem Selektionskampf der Menschengattung gegen ihre tierischen Rivalen andeutet, sieht man ab von der schwer interpretierbaren Stelle Gen 9,2: »Furcht und Schrecken vor euch soll sich auf alle Tiere der Erde legen«. Das sage ich freilich nicht als Versuch, die naturwissenschaftlichen Erkenntnisse Darwins zu widerlegen. Ich spreche dies nur als Anzeichen einer uralten theologischen Tradition an, nach der *friedliche Vorgänge schöpfungs- und heilsgerechter* sind als gewalttätige; einer Tradition, die etwa in der Priesterschrift[84], ebenso wie in einer heute für sehr wahrscheinlich gehaltenen Interpretation der Landnahme durch

---

[81] Vgl. ebd. 163; J. Jeremias, Art. ποιμήν, ThWNT 6,486: der Hirte führt, leitet, schützt, sammelt, trägt, erquickt seine Tiere.
[82] Von Rad, aaO, 382.
[83] Ebd., 144.
[84] Vgl. N. Lohfink in seinen Abhandlungen: »Machet euch die Erde untertan?«, in: Orient. 38 (1974), 137-142, und: Die Priesterschrift und die Grenzen des Wachstums, in: StZ 192 (1974), 435-450; er hat überzeugend gezeigt, wie der Schöpfungsauftrag sowohl bezüglich des dominium terrae wie der procreatio durchaus gewaltlos gemeint ist.

die Vorfahren Israels[85] klar zum Ausdruck kommt. Das führt aber die Bibel nicht auf irgendeine der Naturwelt immanente Friedfertigkeit zurück, vielmehr auf die *Grundhaltung des Schöpfer- und Erlösergottes*, in dessen Nachfolge der Mensch, gerade als sein Abbild, gerufen ist. Ähnlich gilt als absolutes Vorbild für den Menschen jene Liebe Jahwes, in der er ausgerechnet ein kleines, schwaches und wenig verbreitetes Volk auserwählt hat. »Nicht weil ihr zahlreicher als die anderen Völker wäret, hat euch Jahwe der Herr ins Herz geschlossen und ausgewählt; ihr seid das kleinste unter allen Völkern; sondern weil Jahwe euch liebt ...« (Dtn 7,7f). Die göttliche »Elektion« geschieht offensichtlich nach anderen Kriterien als die natürliche »Selektion«, insbesondere wenn diese im Sinne des oben beschriebenen »Sozialdarwinismus« verstanden wird. Zwar habe ich irgendwie ein schlechtes Gewissen, Theologisches mit Naturwissenschaftlichem in dieser ungeschützten Weise zusammenzubringen; andererseits könnte vielleicht mit solcher Provokation der Blick, zumindest für einen Teil des heute von allen gesuchten neuen Naturverhältnisses, geschärft werden.

3.2. Das *Frühjudentum* ergänzt das bisher gewonnene Bild durch den ethisch betonten Beitrag der Rabbinen und den der hellenistisch denkenden Juden. Rabbinen reden nunmehr von einem Gott, dessen Barmherzigkeit über die strikte Gerechtigkeit weit hinausreicht und dem der Fromme gerade darin nachzueifern hat[86]. Ps 145,9: »Jahwe ist allen gütig und sein Erbarmen erstreckt sich über *alle* seine Werke«, wird gelegentlich in dem Sinn ausgelegt, daß Gottes Erbarmen allen Kreaturen gilt, »vom Israeliten über den Heiden bis zum Tier«[87]. Dies wird bestätigt durch das »Testament der 12 Patriarchen«, wo Jahwe erklärt: »Ich gebiete euch /.../, *Erbarmen* gegen den Nächsten zu üben und Barmherzigkeit gegen alle zu haben, nicht nur gegen Menschen, sondern auch gegen *Tiere*«[88].

Philon greift allem Anschein nach einen ähnlichen Ansatz auf, um seinen großen apologetischen Harmonisierungsversuch zwischen jüdischem Schöpferglauben und hellenistischer Allerweltsliebe durchzuführen[89]. Demnach gewinnt die Philanthropie Gottes, weitgehend als Agape-Liebe verstanden, eine bislang jüdisch undenkbare Weite. Sie erstreckt sich »bis auf Tiere, ja Pflanzen« als Glieder der einen Naturgemeinschaft. Dabei verflacht und entpersönlicht sie sich aber nicht wenig[90]. Eben dies vermeidet jedoch das biblische Buch der Weisheit, wenn es die außermenschliche Natur als die große Lehrmeisterin der Menschen darstellt[91].

---

[85] E. Zenger, aaO, 128ff äußert die Meinung, daß die Landnahme durch die Vorfahren Israels ein »eher friedlicher Prozeß war«.
[86] A. Nissen, aaO (siehe Anm.78), 70-73.
[87] Ebd. 75, als Deutung von Gen R (Genesis rabba) 33,3 zu Gen 8,1, wo es heißt: »Gott dachte an Noach und alle Tiere und alles Vieh, das bei ihm in der Arche war«.
[88] Test Seb (Sebulon) 5,1; ed. R.H. Charles (1908); vgl. Nissen, aaO, 75, Anm. 167; siehe auch in diesem Sinn: BM (Baba Mezia) 32b; Sanh 84b.
[89] De virtutibus (1) 51ff; (13) 105ff.
[90] Nissen, aaO, 496; vgl. E.R. Goodenough, An Introduction to Philo Judaeus, Oxford ²1962, 124-132.
[91] Vgl. Philo, Spec 2, 141 und A. Ganoczy, Schöpfungslehre, 39f.

Was ergibt sich für unser Thema aus dieser Entwicklung des jüdischen Denkens? Sicherlich eine Bestätigung der friedfertigen Tendenz in der Auslegung der Schöpfungsgeschichte. Der Schöpfer liebt sein Werk. Seine schöpferische Agape veranlaßt ihn zu einem kosmisch erweiterten Erbarmen. Darin hat der Mensch ihm nachzufolgen. Solche Nachfolge wäre aber undenkbar, wenn der Mensch in seiner naturalen Selbstbehauptung das *Erbarmen* gegenüber dem Mitmenschen, der kein Volksgenosse oder einfach nur schwach ist, und auch gegenüber Tieren und Pflanzen sträflich unterließe. Modern gewendet: sein Selektionsvorsprung verleiht ihm nicht das Recht zur Gewalttätigkeit bis zur Ausscheidung des Schwächeren, vielmehr eine höhere Verpflichtung zur uneigennützigen, hirtenhaften Herrschaft über die Natur. Zwar bleibt die Ökonomie solcher Agape streng konzentrisch strukturiert. In der Mitte steht die Erwählungsliebe Jahwes für sein Eigentumsvolk; erst von diesem her strömt gottgewollte Sympathie auf die Proselyten, die Beisassen, die Feinde, die Sklaven, die Tiere, die Pflanzen und alle Kreatur[92]. Das sind aber keine biologisch bestimmbaren, je nach Überlebenstüchtigkeit eingestuften Kategorien, so daß auch »Untüchtige« mit erfaßt werden können.

3.3. Das *Neue Testament* führt, bei aller Originalität, auch solche Gedanken weiter. In der Jesustradition erfolgt aber eine Konzentration aller sittlichen Forderung auf die Agape als das »größte Gebot« (Mt 22,36; Mk 12,31). Sie vereinigt untrennbar die Liebe zu Gott und die zum Nächsten (Dtn 6,4f und Lev 19,18). Als Nächstenliebe löst sie sich »ein für allemal von ihrer Beschränkung auf den Volksgenossen«[93]. Die Agape wendet sich ferner, aufgrund der Basileia, d.h. eines neuen Weltverhältnisses Gottes, mehr zum Einzelnen als zum Kollektiv. Aus demselben Grund widerstrebt sie jeder Diskriminierung: der *Vater* erstreckt ja seine Fürsorge auf Gute und Böse (Mt 5,43ff), ja auch auf Tiere (Mt 6,25-35 par; Mt 10,29ff). Wer dem himmlischen Vater nachfolgt, hat auch dem Fremden, den Feinden und dem Verfolger Agape entgegenzubringen (Mt 5,43f; Lk 6,32f), für sie zu beten (Mt 5,44), sie zu segnen (Lk 6,27ff). Mag sein, daß der Angefeindete oder Verfolgte ganz spontan aggressiv reagiert, es geht ja für ihn oft ums Überleben. Und Jesus gibt mit keinem Wort etwa die Weisung: »Kämpft nicht! Ergebt euch den Bösen!« Nur mutet er seinen Jüngern die weitgehend über-natürliche Haltung zu, sogar dem zu bekämpfenden Feind oder dem Menschenrecht verachtenden Angreifer mit Agape entgegenzutreten. Das verlangt moralische Stärke beim physisch Unterlegenen, ein Aushalten der Spannung zwischen der Liebe zu sich selbst und der Liebe zu anderen. Grundmotivation der Feindesliebe kann unmöglich der bloße »Instinkt der Sympathie« oder ein Wille zur Symbiose oder der einfache Eros sein. Vielmehr gehört dazu, wie E. Stauffer treffend bemerkt, das Bewußtsein, von Gott im eigenen Leben Vergebung, Barmherzigkeit, d.h. göttlich wirksame »Feindesliebe« erfahren zu haben (vgl. Lk 6,36; 7,47)[94].

---

[92] Vgl. Philo, Virt 51ff.
[93] Stauffer, aaO, 46.
[94] Ebd. 47.

Wirksam hat die Agape allemal zu sein. Da »das ganze Gesetz und die Propheten« am größten Gebot hängen (Mt 22,40), da dieses auch die Gerechtigkeit als den Willen, jedem sein *Recht* zu gewähren, in sich schließt, übersteigt die Agape das Reich der Gefühle oder des bloßen Wohlwollens. Sie drängt zu Taten, zu gerechten sozialen Werken (vgl. Jak 2,8 mit 5,1ff). Auf keinen Fall bleibt sie von der bloßen Affektivität abhängig. Paulus gibt dafür eine Erklärung. Diese Liebe ist Äußerung des *Glaubens*: »die πίστις wirkt durch die Agape« (Gal 5,6). Nun aber ziehen beide Grundhaltungen ihre Durchschlagskraft aus gnadenhaft erhöhter Natur, deren Werkmeister nach Paulus der Heilige Geist ist (vgl. Röm 5,5).

Hat die Agape somit gar nichts mit Eros zu tun? Die ethische Botschaft Jesu legt das »nein« bereits nahe. Gerade dadurch, daß Jesus aus der Formulierung der Nächstenliebe das Wollen des eigenen Wohls, der Liebe zu sich selbst, nicht ausläßt und die goldene Regel positiv wendet (Mt 7,12; Lk 6,31), gibt er dem Eros das Seinige. Der schöpfungsmäßige gute Eros mit all seinen Begierden hat sich unter die Führung der Agape zu begeben. Er unterliegt aber dann auch deren Gericht, sobald er etwa in Habsucht, Ehrsucht und Selbstsucht ausartet. Wo solcher Eros, übermächtig, das ἀγαπᾶν selbst zum Lieben des Mammon (Mt 6,24) oder der Ehrenplätze in den Synagogen (Lk 11,43) verleitet, muß er in dieser seiner Tat verurteilt werden. Andererseits wird dem triebhaften und auf die eigne Art beschränkten Eros von der Agape ein eigentümlicher Lernprozeß auferlegt, indem diese den Glaubenden zur spontan kaum angezielten Liebe der Armen, der Kranken, der Unterdrückten, der aus nationalen, moralischen oder hygienischen Gründen Ausgestoßenen aufruft. Der Rechtsspruch des eschatologischen Richters über diejenigen, die für Hilflose, jene *»Geringsten meiner Brüder«*, das Nötige getan bzw. unterlassen haben (Mt 25,40.45), eröffnet eine neue Dimension der Nächstenliebe[95].

Der auferweckte Gekreuzigte ist für *Paulus* gewiß das vollendete Agape-Werk Gottes in Person. Christus selbst verleiht durch kenotische Selbsthingabe für alle (Röm 8,28.31ff.37) der Agape allgemeine *soteriologische* Wirksamkeit. Deshalb trägt sie nicht nur zur Erhaltung, sondern auch zur Erlösung und Vollendung der Menschengattung, sowie mit ihr verbunden, »der gesamten außermenschlichen Schöpfung« (vgl. Röm 8,18-23)[96] über alle Erwartung bei. Als erlösend-vollendende Agape erhebt sich diese über das Maß ihrer eigenen Naturhaftigkeit weit hinaus. Sie wurde ja in unsere Herzen nachösterlich durch den *Heiligen Geist* ausgegossen (Röm 5,5; vgl. Gal 5,22: der »Geist der Agape«; Röm 15,30: die »Agape des Geistes«). So wirkt sie nunmehr als das *Ur- und Grundcharisma* in der Gemeinde, ohne das keine andere Tugend, auch nicht die Gerechtigkeit und die Barmherzigkeit zur Mitwelt, Bestand haben könnte (vgl. 1 Kor 13).

---

[95] Allerdings findet sich der Gedanke des Erbarmens gegenüber Nackten, Kranken usw. bereits im rabbinischen Schrifttum; so in b Sota 14a; b Schab 115b.
[96] So die Mehrheit der Exegeten nach U. Wilckens, der selbst auch zustimmt: Der Brief an die Römer, EKK VI/2 (Röm 6-11), 153.

In klarem Kontrast dazu erscheint die *Sünde* der Welt wesentlich als Lieblosigkeit, destruktive Egozentrik oder als die Naturordnung pervertierende Erosherrschaft (vgl. Röm 1,18-32; 2,17-29). Umso gnadenhafter erscheint die Agape Gottes zu diesem Kosmos des sündhaften Menschen, nicht zuletzt in der johanneischen Theologie (Joh 3,16; 1 Joh 4,9f). Der Vater hat seinen Sohn und der Sohn sich selbst für eine durch das Böse beherrschte Welt hingegeben. Zugleich aber hat dadurch diese Welt in die Agape-Gemeinschaft des Vaters, des Sohnes und des Heiligen Geistes, in diese im Hinblick auf das Kreuz dramatische und doch unzerstörbare »Symbiose« und »Synergie« der Drei Einlaß gefunden (vgl. Joh 3,35; 10,17; 14,31; 1 Joh 4,1-16).

4. Ansatzhafte Schlußfolgerungen

Die Kluft zwischen der »natürlichen Zuchtwahl« und der christlichen Agape erscheint insofern nicht unüberbrückbar, als erstere nicht einmal von Darwin selbst als ein deterministisch wirkendes Naturgesetz erachtet wurde. Mehr und mehr wurde dann die Selektion durch andere Mitursachen der Evolution ergänzt. Die nachdarwinistische Biologie hat sich viel Mühe gegeben, um neben den Entwicklungsfaktoren, welche die Individuen und Arten gegeneinander treiben, auch jene klarzulegen, welche sie zusammenführen und -halten.

Nichtsdestoweniger erfahren wir heute auf Menschheitsebene eine Dominanz des bis zum Krieg steigerbaren Kampfes ums Dasein und ums Sich-Behaupten. Dabei steigert die Menschheit vielfach — wie J. Monod vermerkt — ihre arteigene Kunst des »intraspezifischen Kampfes« bis zum Tod des Unterlegenen, und dies in erschreckender Perfektion. Ich glaube nicht, daß die Beschwörung einer *an sich* »friedfertigen Natur« oder einer sich letztendlich positiv erstreckenden »Autopoiese«[97] der Materie ausreicht, um unsere Hoffnung zu begründen. Wir wissen um die Grenzen des Wachstums und unserer Friedensfähigkeit, wenn wir dieses Bewußtsein auch immer wieder verdrängen.

Bessere Chancen verspricht eine Naturwissenschaft, welche die Grundsätze der Komplexität und Komplementarität, vom Atom bis zur Völkergemeinschaft, ernst nimmt, um dem Subjekt, dem Geist und der Kreativität wieder größeren Raum zu gewähren.

Solche Wissenschaft scheint mir eine ebenso vielversprechende wie unerläßliche Verbündete der Glaubenswissenschaft zu sein, um gegen Sozialdarwinismen aller Art erfolgreich zu kämpfen. Voraussetzung einer theologischen Zusammenarbeit mit ihr ist eine stärkere Einbeziehung ihres *materiellen* Naturbegriffs. Denn die Natur, wie sie im Spiegel heutiger Physik, Biologie und Psychologie in Erscheinung tritt, zeigt sich der Gnade

---

[97] Zum Begriff siehe Jantsch, aaO, 33.

durchaus fähig. Ihre Gnadenfähigkeit tritt sogar konkreter und vielseitiger hervor als jene der nur metaphysisch gedachten »natura humana«.

Die Agape ist in mehrfacher Hinsicht Gnade: als das Wesen des sich mitteilenden dreieinigen Gottes, als vom Gottesgeist uns geschenktes Ur- und Grundcharisma und auch als die mit dem Hauptgebot gemeinte Tugend der gerechten, wirksamen Liebe zum Nächsten, den Rivalen inbegriffen. Gewiß »selektiert« die Agape, indem sie ihren Gegenstand frei er-wählt. Gerade aber weil sie sich als »sehende Liebe« und als freie Entscheidung vollzieht, widerstrebt sie jeder Selektionsautomatik, sei sie auch in tiefen Teilinstinkten verwurzelt. Ihre Entscheidung fällt nicht mit Notwendigkeit zugunsten des Stärksten, Tüchtigsten, Gesündesten, Lebensfähigsten aus. Sie hat sogar ihre hauptsächliche Vollzugsgewalt in der *rettenden* Liebe zu den Geringsten. Ist der große Gott nicht selbst einer, der klein werden will in Christus?

Auf die Frage, ob Tier und Pflanze mit Agape-Liebe geliebt werden sollen, heißt die Antwort: in direkter Weise nicht. Nirgends bezieht sich in der Bibel »ἀγαπᾶν« unmittelbar auf außermenschliche Lebewesen. Doch *begründet* die Agape Tugenden wie Erbarmen (רַחֲמִים) und Gerechtigkeit (צְדָקָה), die auch zugunsten dieser Mitgeschöpfe zu üben sind, weil auch sie irgendwie zum gottgeschenkten »Bund« (בְּרִית) gehören und ein Anrecht auf Frieden (שָׁלוֹם) haben. Franziskus von Assisi bestätigt diese Sicht. Er verlangt nicht etwa Nächstenliebe zu jeglichem Lebewesen, sondern einen eigenartigen »Gehorsam«. Scheinbar unter kühner Umstülpung von Gen 1,28 schreibt er, »der heilige Gehorsam« mache es, daß der Mensch »*untertan*« wird »allen Menschen« und »auch allen wilden und ungezähmten Tieren, damit sie mit ihm tun können, was immer sie wollen, soweit es ihnen von oben herab, vom Herrn gegeben ist«[98]. Ein solcher Satz, so meine ich, kann recht gut die Anrede der Naturdinge durch den Poverello mit »Bruder«, »Schwester« oder »Mutter«[99] erhellen.

Die Wirkungsgeschichte der Darwin'schen Selektionstheorie hat gezeigt, wie verschiedene *Ethosansätze* aus ihr wachsen: neben rassistischen und sozialdarwinistischen Theorien auch die Rede von Konrad Lorenz über das »sogenannte Böse«, der Ruf Monods nach einem dem Weltall trotzenden, objektiv-wissenden Menschen, die »Biosophie« St. Lackners, der eine neue Naturalisierung des Menschen fordert, die optimistische Theorie der Selbstorganisation der Materie bei E. Jantsch. Nicht zuletzt angesichts der enorm gestiegenen Möglichkeiten der Natur- und Genmanipulation stellt sich heute die ethische Frage.

Ein spezifisch christlicher Beitrag zu dieser ethischen Suche ist möglich und notwendig. Der biblisch begründete Schöpfungsglaube vermag einer zeitgerechten Schöpfungsethik Motivation und Grundlage zu geben. Vor allem als Glaube an den *Schöpfer*, dessen

---

[98] Gruß an die Tugenden, 14-18, in: Die Schriften, ed. L. Hardick und E. Grau, Werl in Westf., 8 1984, 132.
[99] Vgl. Sonnengesang, ebd. 214f.

Wesen Agape ist und dessen ewige Daseinsweise sich als Gemeinschaft der Unterschiedenen vollzieht, besitzt er diese Kraft. Aber auch seine Naturfreundlichkeit, seine soteriologische und eschatologische Zielrichtung, sein Realismus, sein Altruismus, seine Kooperationsbereitschaft, seine missionarische Integrationspotenz stellen gute Voraussetzungen dar für die Normierung unseres Naturverhältnisses im Sinn des Hauptgebotes. Der »homo faber« hat heute mehr als je zuvor die Macht, auf den weiteren Verlauf der Evolution, bis in die Gentechnologie hinein[100], Einfluß zu nehmen. Schon deshalb sollte die Intuition C.F. von Weizsäckers schöpfungstheologisch weiterverfolgt werden.

---

[100] Vgl. J. Illies, Für eine menschenwürdige Zukunft. Die gemeinsame Verantwortung von Biologie und Theologie, Freiburg-Basel-Wien ⁶1980, 91-121; zum Thema »Agape«: 115ff.

Ökologische Perspektiven
in der christlichen Schöpfungslehre

Die Umweltkrise, wie sie von unserem planetarischen Kollektiv heute erfahren wird, ist ein spezifisch modernes und postmodernes Phänomen. Die christliche Schöpfungstheologie ist erst seit einigen Jahren in der Lage, darauf wissenschaftlich zu reagieren[1] und ökologisch-theologische Aussagen[2] von ethischer Bedeutsamkeit zu versuchen.
Sie muß dabei nicht alles erfinden. Denn die Tradition, die sie auszulegen hat, beinhaltet nicht wenige Ansätze einer Umwelt-Theologie, die es nunmehr zu entdecken und zu aktualisieren gilt.
Einige von diesen Ansätzen sollen hier exemplarisch dargelegt und systematisch reflektiert werden.

I. Schöpfungssoteriologie

Es scheint notwendig, bei jener *Rettungslehre* (Soteriologie) anzusetzen, in welche die Rede von der Schöpfung in Zeiten ihrer Krisen münden muß. Besonders heute reicht es nicht mehr, Natur, Pflanze, Tier und Mensch zum Gegenstand ästhetischer, auch nicht rein »urgeschichtlicher« Betrachtung, zu machen. Dringend ist es geworden, ihre gemeinsame Rettung unter dem Zeichen des Glaubens ins Auge zu fassen und Möglichkeiten ihres Über- und Zusammenlebens theologisch zu bedenken.
Deshalb will ich den etwas ungewöhnlichen Weg des Zurückfragens von neutestamentlichen Texten her auf alttestamentliche hin gehen. Eine spezifisch christliche »Schöpfungssoteriologie« läßt sich zunächst aus *Röm 8* herleiten. Hier wird die Schöpfung *(ktísis)* mehrmals in kosmologischem Sinn angesprochen (8, 19.20 f. 22. 39; vgl. 1, 20. 25); das Wort besagt »primär« die *außermenschliche* Geschöpfegemeinschaft[3]. Diese leidet, sofern sie der »Nichtigkeit« bzw. Gehaltlosigkeit *(mataióteti)* »unterworfen ist« (V.20), anders gesagt, »der Sklaverei der Vergänglichkeit« (V. 21).
Wer hat sie versklavt? Wer hat sie, die ja zum Dienst des Menschen erschaffen wurde, als dessen »Garten«, derart »untertan gemacht«, daß

---
[1] Sie wird dabei angeregt im deutschen Sprachraum durch Denker wie C. F. von Weizsäcker, G. Picht, A. M. K. Müller, G. Altner, J. Moltmann u. a.
[2] Siehe A. Ganoczy, Art. Ökologie: Lexikon der katholischen Dogmatik (Freiburg u. a. 1987) 395 f.
[3] Vgl. U. Wilckens, Der Brief an die Römer (EKK VI/2) (Zürich u. a. 1980) 153.

sie nun befreiungsbedürftig ist? Wir Menschen haben es getan. So antworten unter anderem Luther und Calvin. Luther meint, der »Eitelkeit« und dem »perversen Genießen« des Menschen sei die Schöpfung ausgeliefert[4]. Und Calvin erklärt: »Alle unschuldigen Kreaturen« müssen »die Strafe für unsere Sünden mittragen«[5]. Wahrscheinlich meint Paulus selbst, daß menschliches Verhalten und Schicksal die Mitgeschöpfe in Mitleidenschaft ziehen, so daß zwischen Mensch und außermenschlicher Natur eine Schicksalsgemeinschaft entsteht, wobei die »Natur« recht wohl zum schwächeren Teil werden kann. Modern gewendet: Die Menschengattung wird ihrer Um- und Mitwelt zum Verhängnis.

Nun gilt aber diese Gemeinschaft der Ungleichen auch im positiven Sinn der *Hoffnung*. Wir selbst sind »auf Hoffnung hin errettet worden« (V. 24). Wir leiden zwar unter dem eschatologischen »Noch-Nicht« unseres Heiles, und wir »stöhnen in der Erwartung der Sohnschaft« (V. 23), die Gott uns zugedacht hat. Die »Offenbarung der Söhne Gottes« (V. 19) samt deren Vollendung steht noch aus. Nun warten darauf unsere Mitgeschöpfe ebenfalls in sehnsüchtigem »Harren« (ebd.). Denn es ist zu erwarten, daß der voll erlöste, geheilte, befreite Mensch auch für den Kosmos – analog, aber real – »Heil« bedeutet. Vielleicht könnten wir dies unter Zuhilfenahme des rabbinischen Gedankens an die »*Gottesnachfolge*« verdeutlichen. Der Mensch ist durch seinen Schöpfer in seine Nachfolge gerufen, zur »imitatio Dei«. Daraus ergibt sich: Wie Gott sich seiner Schöpfung, Pflanze und Tier eingeschlossen, *barmherzig* zuwendet, ähnlich sollen es auch seine Adoptivkinder tun.[6] Demnach hätte dann vollendete Gotteskindschaft gottkonformes Verhalten der Gläubigen gegenüber der Umwelt beziehungsweise Mitwelt zur Folge.

Bis dahin aber gilt es: »Die ganze Schöpfung liegt insgesamt in *Wehen*« (V. 22)[7], wohl in »Geburtswehen«[8], da jene gottgewollte Symbiose aller Mitgeschöpfe sich noch im embryonalen Zustand, wenn auch für Paulus in einem fortgeschrittenen, befindet. Wie dem auch sei, die »Wehen« betreffen alle Geschöpfe, den herrschenden Menschen wie die versklavte Kreatur.

Aus diesem Grunde inszeniert Paulus eine ganze Gemeinschaft der

---

[4] Vgl. Vorlesung über den Römerbrief von 1515/16. Lat.-Dt. Ausgabe, Bd. II (Darmstadt 1960) 98–102.
[5] Comm. in Ep. ad Rom 8,21; OC 48–49, 153; vgl. Institutio III 25,2.
[6] Vgl. A. Nissen, Gott und der Nächste im antiken Judentum. Untersuchungen zum Doppelgebot der Liebe (Tübingen 1974) 70–75; siehe auch 278–286.
[7] Siehe W. Bauer, Wörterbuch zum Neuen Testament (Berlin ⁵1963) 1571: *synodíno*.
[8] Ebd. und L. Schottroff, Schöpfung im Neuen Testament: G. Altner (Hg.), Ökologische Theologie. Perspektiven zur Orientierung (Stuttgart 1989) 130–148.

Mitstöhnenden. Es seufzen: die ganze Schöpfung (V. 22), die noch nicht vollendeten Erlösten (V. 23) und – das gibt vermutlich den Ausschlag – der Geist Gottes (VV. 26 f). Er tritt für die Menschen bei Gott, dem Vater, ein (V. 27) und sieht dabei sicherlich nicht von deren Umweltgebundenheit ab. So trägt die Stimme des Geistes auch einen kosmisch-kollektiven Ruf nach dem befreienden Schöpfer.
Freilich ist dieser Geist – mit dessen »ökologischen« Inspirationen heute besonders zu rechnen ist[9] – der Geist *Jesu Christi* (V. 9) ebenso wie »der Geist dessen, der Jesus von den Toten auferweckt hat« (V. 11). Die triadische Struktur des Textes ist unverkennbar. So stellt sie sich die göttliche Lebens- und Liebesgemeinschaft dem gesamtgeschöpflichen Kollektiv als Zielgröße vor. Verhindert nun die strenge Christozentrik der hier geschilderten Rettungsökonomie die Rückbindung der Aussage auf die *alttestamentliche* Schöpfungstheologie und deren ökologische Implikationen? Keineswegs!
Wenn wir nur das Thema »*Gottebenbildlichkeit*« als Brücke betreten, dann liefert uns etwa Kol 3, 9-10 einen Weg, der letztlich zu Gen 1, 26-28 zurückführt: »Zieht den alten Menschen mit seinem Handeln aus und den neuen an, der (immer wieder) erneuert wird zur Erkenntnis *nach dem Bild seines Schöpfers*«[10]. Der neue Mensch, der wahrhaft nach dem Bild seines Schöpfers lebt und handelt, ist Jesus der Christus. Er ist »das Bild Gottes« schlechthin (Kol 1, 15; vgl. 2 Kor 4, 4), das der Glaubende in der Taufe »anzieht«. Die damit gemeinte, auch ethisch entscheidende Christusförmigkeit verweist also auf die Gottförmigkeit der menschlichen Kreatur, die der Schöpfer dem Menschen – laut Gen 1, 26-28 – ebenfalls handlungs- und umweltbezogen zugedacht hat.

II. Der Doppelsinn von »Untertanmachen« und »Herrschen«

Das ergibt sich von der engen Verbindung zweier Genesis-Themen: *Gottebenbildlichkeit und Schöpfungsauftrag*[11]. Ersteres besagt: Das zweigeschlechtliche Gemeinschaftswesen Mensch ist zur tätigen Angleichung an sein Urbild Gott geschaffen. So soll auch sein Verhältnis zu den Kreaturen, die seine Mitkreaturen sind, dem göttlichen Verhalten entsprechen. Herrscht der Schöpfer segnend, sorgend, auf Eigengesetzlichkeit (vgl. Gen 1, 11 ff), Freiheit, Wohlergehen achtend, über seine Schöpfung, so darf sich sein Ebenbild, der Mensch, nicht anders verhalten.

---

[9] Vgl. Wilckens, aaO. 136. Verweis auf Gal 5, 18: der Geist »führt« (eher als: »treibt«).
[10] E. Schweizer, Der Brief an die Kolosser (EKK XII) (Zürich u. a. 1976) 137.
[11] Vgl. O. H. Steck, Der Schöpfungsbericht der Priesterschrift (Göttingen 1975) 152; A. Ganoczy, Schöpfungslehre (Düsseldorf ²1987) 28-31.

Von daher wird eine theologische Ökologie folgende Ergebnisse der alttestamentlichen Exegese festhalten. Das Wort »*Untertanmachen*« *(kābaš)* hat zwar, je nach Kontext, mehrere Bedeutungen, von denen einige Gewalttätiges, Brutales meinen[12]: zum Beispiel Feinde niederwerfen, vergewaltigen. Seine Grundbedeutung ist aber neutraler: den »Fuß auf einen Gegenstand oder auf ein Lebewesen« setzen[13]. Diese Geste symbolisiert aber oft einfach Inbesitznahme oder gar Schutz, Obhut und Fürsorge (vgl. Ps 8,7; Jos 18,1). Da der Mensch im Auftrag des friedfertigen Schöpfers der Priesterschrift den Fuß auf die Erde zu setzen hat, liegt letztere Bedeutungsnuance viel eher als jene gewaltsame, mit der willkürliche Ausbeutung assoziiert werden kann, nahe.[14]

Ähnliches gilt wohl auch vom Wort »*Herrschen (rādāh)*«. Angesichts der rein pflanzlichen Ernährungsweise (Gen 1,29f), die die Priesterschrift dem Menschen vor der Sintflut (vgl. Gen 9,1-3) zuteilt, mehr noch aber in Anbetracht des fürsorglichen Herrschens des göttlichen Urbildes über alle Lebewesen, müßte wohl eine tyrannische Herrschaftsweise außerhalb der Textintention liegen. Eher leuchtet das altorientalische Herrscherideal des guten und gerechten *Hirten* durch. Und dies um so wahrscheinlicher, als »*rādāh*« auch »das Umherziehen des Hirten mit seiner Herde«, der diese »auf gute Weide führt«, schützt, gegen Raubtiere verteidigt[15], bedeutet.

Ein solches »Untertanmachen« der Erde und ein solches »Herrschen« über die Tierwelt sind also dem zweigeschlechtlichen Ebenbild des Schöpfers aufgetragen. Daß dieses Ideal eigentlich nur in Jesus dem *Christus*, dem neuen und »letzten«, das heißt eschatologischen Adam, dem Bild Gottes schlechthin, verwirklicht werden konnte, hebt nur die Notwendigkeit, theologische Ökologie *christologisch* zu denken, nochmals hervor. (Hierbei könnte man auf das johanneische Jesuswort verweisen: »Ich bin der gute Hirt. Der gute Hirt gibt sein Leben für die Schafe« (Joh 10,11), wo ein Kontrast zum »Tagelöhner« aufgebaut wird. Zwar ist es kein explizit ökologisches, sondern »nur« ein soteriologisches Logion. Aber bei der oben aufgezeigten Umweltrelevanz christlicher Soteriologie dürfte meine ausgeweitete Interpretation nicht ganz fehl am Platze sein.)

Hinzuzufügen wären noch die in synoptischen Texten wie Mt

---

[12] G. Liedke, Von der Ausbeutung zur Kooperation. Theologisch-philosophische Überlegungen zum Problem des Umweltschutzes: E. v. Weizsäcker (Hg.), Humanökologie und Umweltschutz (Stuttgart/München 1972) 36–65, hier 44.

[13] E. Zenger, Der Gott der Bibel (Stuttgart ²1981) 148.

[14] Siehe zum Ganzen: N. Lohfink, »Macht euch die Erde untertan«?: Orientierung 38 (1974) 137–142.

[15] Zenger, aaO. 149.

5, 43–45, 6, 25–35 und Mt 10, 29–31 direkt oder indirekt bezeugte Natur-Liebe des fürsorgenden Vaters, die Pflanze, Tier und Mensch zusammenschließt, ferner die Gleichnisreden Jesu, die die Natur zur »Predigerin der Gottesherrschaft«[16] erheben, und schließlich der Geist Gottes, in dessen Kraft Jesus Dämonen austreibt (Mt 12, 28), um die ökologisch relevante Schöpfungstriade auch auf der »jesuanischen« Ebene anzudeuten.

III. Patristische Zeugnisse

Es ließe sich nun fragen, ob die nachbiblische Tradition, etwa die der Väter und mittelalterlichen Theologen, diesen Befund abgeändert oder gar verstellt hat.

Was die Väter anbelangt, so zeigt die Forschung, daß sie grosso modo zwei Thesen vertraten: (a) der Mensch habe das »*dominium terrae*« durch den Sündenfall verspielt, (b) er besitze es trotz des Falls weiterhin[17]. Infolge der ersten These wird die ökologische Tragweite von Gen 1, 28 stark reduziert und durch eine individual-ethische, asketische Perspektive ersetzt: »Der Mensch soll sich durch Selbstzucht, seinem Verstand folgend, über die Ebene der Tiere erheben«[18] bzw. wieder erheben. Die zweite These bleibt »ökologisch« offen: Auch der gefallene Mensch kann und soll im Sinne des Schöpfungsauftrags herrschen.

Als eine Konstante läßt sich bei Vätern verschiedenster philosophischer Prägung die Hervorhebung einer *Weisheit*, die mit *Wissen* verbunden ist, feststellen.

Der Mensch erweist sich dadurch als Herr über alle außermenschlichen Geschöpfe, daß er die Weisheit empfangen hat. Diese erlaubt ihm nicht nur, das rechte Gottesverhältnis zu haben, sondern zugleich den Lauf der Sterne zu beobachten, Städte zu bauen, Gesetze und Medizin erfinderisch zu gestalten[19], wodurch ein ganz bestimmtes, festes, aktives Weltverhältnis entsteht.

Gewiß ist, so Lactantius, die Welt von Gott zu dem Zweck gemacht worden, daß der Mensch entstehe, um seinen Schöpfer zu erkennen und dessen Güte zu kosten[20]. Dabei erforscht und nutzt er aber Feuer, Wasser, Erde, Berge, Meere – lauter Dinge, die er braucht, um wirt-

---

[16] G. Bornkamm, Jesus von Nazareth (Stuttgart u. a. ⁹1971) 108.
[17] U. Krolzik, Umweltkrise – Folge des Christentums? (Stuttgart/Berlin 1979) 73; Belege 109.
[18] Ebd. 73f.
[19] So zum Beispiel die pseudoklementinischen Homilien III, 36; GCS 42, 69f.
[20] Epitome div. institutionum 63–65; CSEL 19, 750–755.

schaftlich tätig sein zu können²¹. So erweist er sich, wie Eusebius schreibt, als »Sprößling der göttlichen Vernunft« und als das »allein vernünftige und der Gottesliebe fähige Geschlecht« unter allen Mitgeschöpfen²². Zumindest insofern läßt sich der Mensch als nach dem Bild des Schöpfers lebendes Wesen erkennen, als er Wissen mit Weisheit zu verbinden vermag²³.

Die göttliche Vorsehung sorgt gewiß für ihn an erster Stelle. Aber Origenes hebt gegen den Gnostiker Celsus hervor, daß dieselbe Vorsehung »folgerichtig auch dem vernunftlosen Wesen zugute« kommen soll²⁴. Damit holt er die jesuanische Rede, die Mensch, Tier und Pflanze unter der einen Fürsorge des Vaters zusammenfaßt, mit neuen Akzenten ein. Die »Umwelt« kann dem Ebenbild Gottes genausowenig wie Gott selbst gleichgültig sein.

Mit Augustinus bereichert sich diese theologisch-ökologische Sehweise um eine *soteriologische* Tragweite. Zunächst betont der Bischof von Hippo, daß die außermenschliche Schöpfung, sei sie leblos oder lebend, mehr als nur »Gebrauchswert« besitze. Sie ist nicht ausschließlich zur Befriedigung menschlicher Bedürfnisse da. Vielmehr erkennt ihr die Vernunft einen »objektiv gegebenen Rang« in der Hierarchie der Seienden zu²⁵. Ganz im Sinne von Röm 8, wo die außermenschlichen Geschöpfe mitseufzen, sieht Augustinus bei diesen auch »*Gebrechen*«. Nur sind sie dafür, anders als der Mensch, nicht »straffällig«. Sie behalten auch nach dem Sündenfall »die Güte ihrer Naturen«²⁶. Letztere Güte hat sich gerade der *Sünder* immer wieder zu beherzigen und das Gute zu sehen, das der Schöpfer in der Tiefe der menschlichen Kreatur selber »gewährt hat und bis jetzt gewährt«. Der Sünder soll den »Gottesfunken« Vernunft in sich derart entfachen, daß Erfindungen, Naturwissen, Erd- und Himmelskunde, Technik, Maschinenbau, Kunst und jederlei Arbeit, trotz der Ambivalenz und der Gefährlichkeit, die ihnen wegen der Sündhaftigkeit anhaften, nicht nur etwa in den Dienst der *Heilung*, sondern auch in den des *Heiles* gestellt werden²⁷. In diesem Zusammenhang führt Augustinus bezeichnenderweise Röm 8, 32 an: Gott hat »seinen eigenen Sohn nicht geschont, sondern ihn für uns alle preisgegeben, wie sollte er uns zusammen mit ihm nicht alles schenken?« Die so angesprochene Rettungstat des Schöpfers betrifft zwar vor allen Dingen das Menschenheil, sie holt

---

[21] De ira dei 13, 1–2 [hg. v. H. Kraft und A. Wlosok] (Darmstadt 1957) 42–43.
[22] Theophania I, 44–47; GCS 11, 1-2, 61–62.
[23] Ebd.
[24] Contra Celsum IV, 74; PG 11, 1143–1146.
[25] De civitate Dei XI, 16; PL 41, 336.
[26] Ebd. XII, 4; PL 41, 351.
[27] Ebd. XXII, 24; PL 41, 788–792.

aber bereits in unserem Leib, der einst ein »*geistiger*« sein wird, auch die materielle Natur ein. Heilung und Heil werden, christologisch und implizit trinitarisch, mit der »Umwelt« in Verbindung gebracht, wobei die *ratio* als wirksame Gottesgabe zur Tat gerufen wird. Meine kurze Übersicht über patristische Zeugnisse zeigt hinreichend, daß hierin die *Arbeit* zu einer theologischen Größe erhoben wurde. Arbeit macht irgendwie gottähnlich. Es besteht etwas wie eine »*analogia laboris*« zwischen dem Schöpfer und seinem kreativen Abbild.

Dahinter läßt sich mitunter stoischer Einfluß spüren nebst rabbinischem Gedankengut, nach dem die Arbeit ebenso wie der Sabbat ein Gebot Jahwes ist[28]. Freilich liegt auch das paulinische Arbeitsethos nicht fern: Der wahre Christ schätzt nicht bloß das Handwerk hoch (vgl. 2 Thess 3,10), sondern er weiß sich, sofern apostolisch tätig, auch als »*Mitarbeiter*« *Gottes* (1 Kor 3,9; 2 Kor 6,1).

Es wäre gewiß verfehlt und anachronistisch, aus der patristischen Tradition eine regelrechte ökologische Schöpfungs- und Heilslehre zu erheben. Ihre *Anthropozentrik*[29] ist unbestreitbar. Noch keine säkulare Naturwissenschaft gesellt sich zu ihr, um die evolutive und sonstige Eingebundenheit des *homo sapiens et faber* in die Materie neben die theologische Anthropologie zu stellen. Dennoch lassen sich in ihr gewisse Neuinterpretationen des biblischen Schöpfungsauftrags und des in Christus begründeten Kosmosverständnisses nachweisen.

IV. Ökologische Weisheit im Mittelalter

Diese Spuren gehen auch in der *mittelalterlichen* Schöpfungstheologie weder in Theorie noch in Praxis verloren.

Es sei zunächst auf das benediktinische und zisterziensische Arbeitsethos als gelebten Schöpfungsglauben hingewiesen. Die Regel des Benedikt von Nursia steht unter dem Zeichen der berühmten Losung »*ora et labora*«. Sie befindet (Kap. 48), daß »Müßiggang der Feind der Seele ist«, und macht aus Landwirtschaft und Handwerk eine zum liturgisch-kontemplativen Gottesdienst korrelative Größe. Nicht Ausbeutung der Natur, noch weniger Gewinnsucht, sondern Kulturschaffen macht die Arbeit sinnvoll. Dazu kommt noch jene *soziale* Gesinnung, die in der Gastfreundschaft der Klöster einen besonderen Ausdruck findet[30], und von daher etwas, was wir heute »gesellschaftliche Ökologie« nennen könnten. Dementsprechend gestaltet sich ein damals rela-

---

[28] Vgl. Krolzik, aaO. 63.
[29] Zu diesem Thema: A. Auer, Umweltethik. Ein theologischer Beitrag zur ökologischen Diskussion (Düsseldorf 1984) 54–64 und 203–222.
[30] Vgl. A. Blazovich, Soziologie des Mönchtums und der Benediktinerregel (Wien 1954).

tiv neues Heiligkeitsideal, das neben Gottes- und Nächstenliebe sowie der Askese auch etwa die »Kultivierung des Landes«[31] zu den ausschlaggebenden Tugenden rechnet. So konnten Landwirtschaft, Handwerk und Technik noch einmal auf das sie kontrollierende Glaubensleben zurückgebunden werden.
Vorreiter technischer Neuerungen wurden dann die Zisterzienser, die im 12. Jahrhundert die Regel Benedikts neu belebten. Exemplarisch sei nur eine zeitgenössische Beschreibung des Klosters von Clairvaux zitiert, worin der durch sein Gelände strömende Fluß gleichsam personifiziert wird. Er hält »überall Ausschau«, wie er seine »Dienste« zu irgendwelchen Zwecken anbieten könne, »sei es zum Kochen, Drehen, Zermahlen, Bewässern, Waschen oder Schleifen«. Er »verweigert« keine Aufgabe[32]. Durchaus liebevoll wird hier ein Bestandteil der Umwelt in den großen Kulturgottesdienst einbezogen. Und das geschieht in einem Geist, für den menschliches Schaffen den Wert der *verantwortlichen Fortführung* des göttlichen Schöpfungswerkes innehaben kann und soll[33]. Diese Auffassung besitzt mitunter eine eschatologische Note, etwa nach dem mittelalterlichen Motto »renovatio in melius«. Der umweltgerecht Kultur schaffende Christ leistet Dienst an der kommenden Gottesherrschaft[34].
Mit Hugo von St. Victor haben wir einen bedeutsamen Zeugen jenes mittelalterlichen Naturverständnisses, das sowohl das Tier wie die Maschine zum Gegenstand von Glaubensverantwortung zu machen vermochte. Gott will, daß der Mensch die Tierwelt nicht nur beherrsche und benutze, sondern auch versorge und dazu die nötigen Kenntnisse erwerbe: »Gott überläßt doch dem Menschen die Sorge für Ochsen und andere Tiere, damit sie seiner Herrschaft unterworfen sind und beherrscht werden durch seine Vernunft, so daß für die, von denen er Gehorsam empfängt, er auch wissen kann, wie das, was notwendig ist, zu beschaffen ist.«[35]
Derselbe Hugo plädiert andererseits dafür, daß die *Mechanik* als vierte »*ars*« in das Philosophiestudium aufgenommen werde. Diese Disziplin hat aber in der Naturwelt und in deren von Gott erschaffenen »*machina*« ihr *Vorbild*. Nach dieser soll sie sich richten. Die vom Men-

---

[31] Vgl. K. Weber, Kulturgeschichtliche Probleme der Merowingerzeit im Spiegel frühmittelalterlicher Heiligenleben: Studien und Mitteilungen zur Geschichte des Benediktinerordens, Bd. 48 (1930) 349–351.
[32] Descriptio positionis seu situationis monasterii Clarae-Vallensis, PL 185, 570 f; Übersetzung bei Krolzik, 68.
[33] Vgl. J. Leclercq, L'amour des lettres et le désir de Dieu. Initiation aux auteurs monastiques du Moyen Age (Paris 1957).
[34] Krolzik, 69.
[35] De sacramentis I 6, 13; PL 176, 271; zitiert bei Krolzik, 77.

schen erfundenen Geräte müssen der göttlichen Erfindung folgen, also als Instrumente zur Erfüllung des Schöpfungsauftrags eingesetzt werden[36]. Der Gedanke einer ökologisch normierten Technik liegt nahe.

V. Kein »Zurück zur Natur« in der Moderne

Der enge Rahmen dieses Artikels macht es unmöglich, auf die schwierige Frage einzugehen, ab wann Christen damit begonnen haben, Gen 1, 28 als Freibrief zur Um- und Mitweltausbeutung zu verstehen. Vieles deutet auf eine zunächst lyrisch besungene, dann schonungslos durchgesetzte Anthropozentrik im Bereich des Renaissance-Humanismus hin, wo die eigentlich theo-logische und christo-logische Verwurzelung des Schöpfungsglaubens, wie sie in Röm 8 und Kol 3 vorlag, stark verdrängt wurde. Aus *Descartes* den Sündenbock für eine eiskaltmathematische Objektivierung von Pflanze, Tier und Materie unter der Tyrannei der *»res cogitans«* zu machen scheint mir eine in den Texten des Philosophen kaum fundierte Unternehmung. Um ihm gerecht zu werden, dürfte man nicht nur und immer wieder jene Texte, aus ihrem Kontext herausgerissen, anführen, wo er die Menschen »*maîtres et possesseurs de la nature*« (Discours VI, 62) nennt und die Organismen mit Maschinen vergleicht (Meditationes VI, 33). Man müßte auch jene Belege mit zitieren, wo Descartes die innigste *Korrelation* zwischen Subjekt- und Objektwelt verdeutlicht, etwa am Beispiel des Körpers, dem »ich nicht nur in der Weise [...] gegenwärtig bin wie der Schiffer seinem Fahrzeug« (Med. VI, 26).

Auf jeden Fall kann keine moderne ökologische Ethik hinter das naturwissenschaftliche Denken zurück, wie es Descartes maßgeblich mitprägte. Es kann kein »Zurück zur Natur« in romantischem oder animistischem Sinn stattfinden. Vielmehr hat der Christ alle Errungenschaften der modernen Naturwissenschaft und Technik dem Schöpfungsauftrag und der damit verbundenen »Hirtenherrschaft« gemäß immer wieder zu benutzen, damit sein soteriologischer Dienst nicht an der Wirklichkeit vorbeigehe.

Das ist zwar eine persönliche Stellungnahme[37], aber sie erhebt darauf Anspruch, die schöpfungstheologischen Ansätze des II.Vatikanums, wo, zugegeben, das ökologische Bewußtsein noch fast gänzlich fehlt, in eine zeitgerechte Theorie und Praxis umzumünzen.

Es ist gar nicht einfach, in der konziliaren Schöpfungstheologie ökologische Ansätze zu entdecken. Die *Pastoralkonstitution*, in der solche von der Sache her zu erwarten wären, enttäuscht zunächst weitge-

---

[36] De arca Noe morali IV,6; PL 176, 672; zitiert bei Krolzik, 79.
[37] Vgl. A. Ganoczy, Theologie der Natur (Zürich u. a. 1982).

hend. Die Problematik der Umweltzerstörung, der Ausrottung ganzer Tierarten, der mehr und mehr unbewohnbar werdenden Erde findet nirgends eine Erwähnung. Es scheint nur zwei Sätze zu geben, die eine Verantwortung des Menschen für die außermenschliche Schöpfung nahelegen.

Der erste gilt der »Autonomie der irdischen Wirklichkeiten«, die mit der Glaubenserkenntnis verbunden ist, daß die »Einzelwirklichkeiten« durch den »Willen des Schöpfers« ihre *eigene Gutheit* sowie ihre Eigengesetzlichkeit und ihre eigenen Ordnungen besitzen (36/2).

Der zweite bringt eine soteriologische Note ein: »Als von Christus erlöst und im Heiligen Geist zu einem neuen Geschöpf gemacht, kann und muß der Mensch die von Gott geschaffenen *Dinge lieben*« (37/4).

Einige Zeilen vor dieser Stelle wird auch die *»ungeordnete Selbstliebe«* als Gefährdung des »menschlichen Schaffens« angesprochen. Wäre es nicht angemessen gewesen, diese Selbstliebe in ihren auch um- und mitweltzerstörenden Wirkungen zu brandmarken? Statt dessen redet die Konstitution einer in unseren Ohren mitunter schon naiv klingenden Anthropozentrik das Wort. So wird auch ohne jegliche Warnung in Gen 1, 26–28 nur die Unterwerfung der Erde »mit allem, was zu ihr gehört«, hervorgehoben (34/1; vgl. 63/2; 65/1). Hinzugefügt wird noch, daß »die Siege der Menschheit ein Zeichen der Größe Gottes« sind, ohne über den katastrophalen Preis, den die Natur für Menschensiege etwa im wirtschaftlichen Bereich zahlen muß, nur ein Wort zu verlieren.

Eine implizit ökologische Theologie ergibt sich eigentlich nur aus den *dogmatischen* Grundaussagen in »Gaudium et spes«. Bereits die Nummer 22 bringt die Botschaft von Röm 8 und Kol 1–3, wie ich sie eingangs ausgelegt habe, ein. Nur in Christus als dem einen wahren Ebenbild Gottes wird das »Mysterium des Menschen« offenbar. Nur er kann in uns das Abbild des Schöpfers dank seines Geistes so wiederherstellen, daß der Mensch sich »durch seine Gott dargebrachte Arbeit« mit »dem *Erlösungswerk* Jesu Christi selbst« verbindet (67/2).

Das paulinisch-mittelalterliche Arbeitsethos wird somit in einen angemessenen Zusammenhang gebracht. Jesus hat »mit Menschenhänden gearbeitet« (22/2; vgl. 43/1; 67/2) und damit bereits den Weg angedeutet, auf dem auch unser Schaffen das Werk des Schöpfers »weiterentwickeln *(evolvere)*« (34/2), ja zur »Vollendung« bringen kann (57/2; 67/2). Sonst entartet es leicht in »Werkzeug der Sünde« (37/3); ich füge hinzu: auch der täglichen Umweltsünde.

VI. Schlußbemerkung

Zum Schluß sei folgendes Urteil gewagt: Zwar holt das II. Vatikanum alle ökologischen Implikationen der christlichen Glaubenstradition bei weitem nicht ein. Dennoch bringt es Wesentliches davon, indem es seine Rede vom menschlichen Schaffen im Rahmen einer sowohl christozentrischen wie trinitarisch dimensionierten, handlungsbezogenen Soteriologie entfaltet.

Hierbei wird *eine* Konstante der Tradition auf jeden Fall greifbar. Die Überwindung der Krise kann nach christlichem Glaubensverständnis nicht unter dem Motto: »Zurück zur Natur« erfolgen; vielmehr durch eine rettende Indienstnahme *aller* Errungenschaften von Wissenschaft und Technik. Der Christ soll in der Nachfolge Gottes als des guten und erfinderischen Hirten der Natur wandeln. Möge man darüber das sogenannte Baseler Dokument der Europäischen Ökumenischen Versammlung »Frieden in Gerechtigkeit« lesen[38].

---

[38] Sekretariat der Deutschen Bischofskonferenz (Hg.), Europäische Ökumenische Versammlung Frieden in Gerechtigkeit. Basel, 15. – 21. Mai 1989. Das Dokument (Arbeitshilfen 70), Bonn 1989.

3. Die Kirche nach dem II. Vatikanischen Konzil

Kirche im Prozeß
der pneumatischen Erneuerung

1. Die Erneuerung der Kirche gehörte zum Grundanliegen des Konzils. Das läßt sich, neben dem inhaltlichen Ertrag seiner Dekrete und Konstitutionen, schon an seinem häufigen Gebrauch der Wortgruppe „renovatio – renovare"[1] ablesen. Freilich ließe sich fragen, ob der lateinische Begriff, der hierin zum Ausdruck kommt, mit dem deutschen Hauptwort „Erneuerung" und vorab mit dem Zeitwort „erneuern" auch adäquat wiedergegeben werden kann, insofern diese beiden in der Umgangssprache folgende Bedeutungen tragen: a) auffrischen, instand setzen, b) wiederholen, wieder aufleben lassen, c) auswechseln, ersetzen[2]. Bereits ein erster Überblick über die Konzilstexte zeigt, wieweit der lateinische Begriff mit seinem eindeutig theologischen Sinngehalt solche Vorstellungen sprengt.

Gewiß mögen sowohl der Wille zum „*aggiornamento*" wie auch eine bestimmte Bußfertigkeit und Umkehrbereitschaft analog zu den genannten Wortbedeutungen in Anschlag zu bringen sein. Ersteres Anliegen scheint den Willen zu bezeichnen, althergebrachte Formen zugunsten neuerer, zeitgemäßerer auszuwechseln; letzteres mag als ein Wunsch empfunden werden, die einmal gewesene Reinheit, Rechtschaffenheit, Glaubwürdigkeit wiederzubeleben und einzuholen. Der „aggiornamento"-Gedanke verbindet sich in der Tat bisweilen mit der Rede von den „Zeichen der Zeit"[3], d. h. „Ereignissen, Bedürfnissen und Wünschen", die das Volk Gottes „zusammen mit den übrigen Menschen unserer Zeit teilt" (GS 11/1), was nicht zuletzt vom Wunsch nach Einheit gilt (UR 4/1). Dazu gehören auch „die verschiedenen Sprachen unserer Zeit" (GS 44/2), die beim Bedenken des Evangeliums aufmerksam anzuhören sind, damit manches im kirchlichen Leben und Reden „zu gegebener Zeit" sachgerecht ausgerichtet werden kann (UR 6/1). So la-

---

[1] Das Register von LThK – Das Zweite Vatikanische Konzil III 744 gibt gut 50 Stellen an.
[2] Der Sprachbrockhaus (Wiesbaden 1966) 175.
[3] Siehe den Kommentar *J. Ratzingers* zu GS 11/1 in: LThK – Das Zweite Vatikanische Konzil III 313f.

den „Zeichen der Zeit" zu Akten der „renovatio" ein, die dann teilweise darin besteht, daß Unzeitgemäßes ausgewechselt und durch Zeitgerechtes ersetzt wird. Das eigentlich Theologische solch struktureller oder formaler Erneuerung zeigt sich allerdings auf der Ebene des Kriteriums. Es muß eine theologische Unterscheidung erfolgen, damit unter den vielen Zeichen diejenigen den Ausschlag geben, die „wahre Zeichen der Gegenwart oder der Absicht Gottes sind" (GS 11/1). Es muß ein theologisches Urteil fallen, damit unter den vielen Sprachgestalten „im Lichte des Gotteswortes" jene zum Vorschein kommen, die sich zu einer „passenden Verkündigung der geoffenbarten Wahrheit" eignen (GS 44/2).

Neben diesem „aggiornamento" deutete das Konzil auch eine gewisse Bereitschaft an, Akte der kirchlichen „renovatio" im *moralischen* Sinne des Wortes zu veranlassen. Insofern kann man analog von einer Erneuerung als einem wiederholten Wiederinstandsetzen verlorener oder angegriffener sittlicher Integrität reden. Wie K. Rahner nachgewiesen hat[4], vermied es zwar die Kirchenversammlung, anders als Augustinus, die Kirche selbst als sündig zu bezeichnen. Doch ergibt sich das indirekt aus Texten wie diesem: „Während aber Christus heilig, schuldlos, unbefleckt war (Hebr 7,26) . . ., umfaßt die Kirche Sünder in ihrem eigenen Schoße. Sie ist zugleich heilig und stets der Reinigung bedürftig, sie geht immerfort den Weg der Buße und Erneuerung" (LG 8/3). In diesem Zusammenhang verbinden sich auch an anderer Stelle die Ideen der Läuterung (purificatio) und der Erneuerung (renovatio) (LG 15; UR 4/6; GS 21/5). Sie beziehen sich näherhin auf die römisch-katholische Kirchengemeinschaft, die „von Tag zu Tag geläutert und erneuert" werden muß, „bis Christus sie sich dereinst glorreich darstellt ohne Makel und Runzeln" (UR 4/6), eine Gemeinschaft, die deshalb solidarisch zu erklären hat: „In Demut bitten wir . . . Gott und die getrennten Brüder um Verzeihung, wie auch wir unseren Schuldigern vergeben" (UR 7/2). So weit reicht der konziliare Wille zu der als Buße begriffenen Erneuerung. Das ist freilich keine Buße um der Buße willen, sondern moralische Notwendigkeit für eine Kirche, die sich mit Christus als ihrem lebendigen „Gesetz" und Richter vergleicht und im Lichte solcher Kriteriologie ihr Gewissen zu prüfen bereit ist.

2. Wille zur Zeitgerechtheit und zur ethischen Umkehr: beide sind bisher, in einem ersten Anlauf, als Aspekte der angezielten „renovatio" erschienen. Es handelt sich um zwei Ziele, die in der nachkonziliaren Zeit häufig diskutiert

---

[4] Sündige Kirche nach den Dekreten des Zweiten Vatikanischen Konzils, in: Schriften VI 321–345.

wurden. Dennoch würden sie Gefahr laufen, Einseitigkeiten Vorschub zu leisten und an theologischer Tiefe zu verlieren, unterschlüge man ihre Einbindung in jene umfassende *Theologie der Erneuerung*, die sich aus der Gesamtheit der einschlägigen Texte eindeutig ergibt, wie es im folgenden gezeigt werden soll. Diese Theologie bestimmt das Prinzip, das Subjekt – sowohl das bestimmende wie das bestimmte –, die Vollzugsgestalten sowie die Zielrichtung der ekklesialen „renovatio" und begründet damit zugleich das, was das Konzil mit dem Stichwort „reformatio" ausdrücken will.

2.1 Das *Prinzip* der Erneuerung ist in jeder Hinsicht Jesus der Christus[5]. Er wird „das Leben selbst, das alles erneuert", genannt (LG 56). Insofern die Kirche seine Kirche ist und durch ihn lebt, erneuert sie sich. Und sofern sie zur ständigen Selbsterneuerung bereit ist, erweist sie sich als lebendige Kirche, als die Kirche Jesu Christi in actu. Einige Texte legen es nahe, daß die renovatorische, folglich „reformatorische" Energie der Kirche besonders mit der Lebenskraft des Auferweckten zu tun hat. Ihm als dem eschatologisch neuen Menschen schlechthin (vgl. LG 7/5 40/2 48/4) soll das Volk Gottes gleichgestaltet werden. Seine Neuheit beseelt jede wahre ekklesiale Erneuerung, bis er wiederkommt. Letztlich ist es Christus, der absolut Neue, der sowohl als Ursprung wie als Ziel dieses Prozesses im geschichtlichen Unterwegssein des Gottesvolkes auf den Plan tritt. Freilich betätigt er diesen Prozeß nicht direkt und sichtbar, sondern durch die geheimnisvolle Wirkung seines Geistes. Doch ist sein Wille, der dem neuen Gottesvolk Ursprung und Grundgesetz schenkt, stets klar erkennbar. Diesem Willen gilt es treu zu sein (UR 4/2); von ihm gilt es sich zu „dauernder Reform (perennis reformatio)" aufgerufen zu wissen (UR 6/1). Deshalb besteht letztlich „jede Erneuerung der Kirche wesentlich im Wachstum der Treue gegenüber ihrer eigenen Berufung" (ebd.). Da aber diese Berufung ebensowenig wie der entsprechende Wille Christi einfach hinter der Kirche, etwa als vergangenes Vermächtnis Jesu, liegt, sondern hier und heute waltet, kann die gemeinte Treue keine statische, am Buchstaben orientierte, bloß konservative, nur bewahrende sein. Schöpferische Phantasie und Zeitgefühl gehören dazu, den Gaben, die vom hier und jetzt wirkenden Christusgeist herkommen, zu entsprechen.

2.2 Das meistangesprochene *Subjekt* ekklesialer „renovatio" ist in der Tat der Heilige Geist, so daß wir von einer wahrhaften Pneumatologie der Erneuerung reden können. Die erneuernde Wirkung des Gottesgeistes umfaßt alle Bereiche der ekklesialen Existenz, sowohl nach innen wie nach außen hin. Der Geist ist gesandt, „auf daß er die Kirche immerfort heilige und die Gläubigen so durch Christus in einem Geiste Zugang hätten zum Vater"

---

[5] Die Erlösung durch Christus wird als „renovatio" bezeichnet, z. B. in AG 1/2 3/2 5/1 8/1.

(vgl. Eph 2,18). Er belebt die Kirche und führt sie „in alle Wahrheit ein" (vgl. Joh 16,13). Er eint sie in ihren hierarchischen und charismatischen Selbstvollzügen. Er läßt sie „durch die Kraft des Evangeliums allezeit sich verjüngen" und „erneut sie immerfort" (LG 4/1). Das Pneuma macht es, daß wir als Gottesvolk wirklich in Christus und nicht außer Christus unsere Erneuerung suchen und finden können, daß wir als seine Glieder leben und bewegt werden (LG 7/7). Buchstäblich be-wegt wird die Kirche durch den Geist, was aber ihre Mitbeteiligung daran in keiner Weise ausschließt. Vielmehr geschieht es „unter der Wirksamkeit des Heiligen Geistes", wenn sie nicht aufhört, „sich selbst zu erneuern" (LG 9/3).

2.3 Geistgewirkt sind folglich alle *Vollzugsgestalten* der Kirche im Prozeß der Erneuerung. In ihrem Innenraum machen die Charismen des Geistes die Gläubigen „geeignet und bereit, für die Erneuerung und den vollen Aufbau der Kirche verschiedene Werke und Dienste zu übernehmen" (LG 12/2). Seit alters galt das Ordensleben als charismatischer Stand in der Kirche. Nun will das Konzil es „unter dem Antrieb des Heiligen Geistes" erneuert sehen (PC 2/1), näherhin zum Gegenstand einer „zeitgemäßen Erneuerung (accommodatae renovationis)" werden lassen (PC 7/1; vgl. 4/1 8/3). Dieser Hinweis möge als Paradigma für viele andere Vollzugsgestalten der pneumatischen Erneuerung genommen werden. Es geht dabei um ein Zusammenspiel des Gottesgeistes mit den zeitlichen Gegebenheiten der Geschichte, woraus das je Erneuerte entstehen soll. Wo der Geist seine „Kairoi" in die Geschichte einbringt und darin fruchtbar macht, erneuern sich Kirche und Menschheit.

In welchen Bereichen genau diese „renovatio" als dauernde „reformatio" konkret werden soll, sagt die Kirchenversammlung ebenfalls in aller Klarheit[6]. Nicht nur einzelne „Stände" kommen in Frage, sondern auch die Bereiche des „sittlichen Lebens", der „Kirchenzucht" und der „Akt der Verkündigung" (UR 6/1). Von diesen dreien ist der erste eingangs schon angesprochen worden: Buße, Umkehr und Bekehrung gehören wesentlich zur reforminspirierenden „renovatio", da die Kirche immer wieder unter die Macht der Sünde gerät und der Rechtfertigung bedarf.

Eigens zu behandeln blieben die beiden anderen Bereiche: kirchliche Disziplin und Verkündigung der Glaubenslehre. Die Disziplin bzw. die Ordnung der Kirche soll reformierender Erneuerung unterzogen werden, aber dies an erster Stelle gewiß nicht so, daß sie als ein für allemal gegebenes Gesetz von den Gläubigen nunmehr besser beobachtet werden sollte. Es

---

[6] Vgl. *E. Stakemeier,* Kirche und Kirchen nach der Lehre des Zweiten Vatikanischen Konzils, in: *R. Bäumer – H. Dolch* (Hrsg.), Volk Gottes. Festgabe für J. Höfer (Freiburg i. Br. 1967) 513.

herrscht vielmehr der Gedanke vor, diese Ordnung könne als ekklesiale Ordnung im Hinblick auf ihre Ursprungsgestalt in der alten Kirche „minus accurata", also unvollkommen, bewahrt worden sein, weshalb sie „zu gegebener Zeit sachgerecht und pflichtmäßig erneuert werden" müsse (ebd.). Wie mir scheint, meldet sich an dieser Stelle wiederum jene konziliare Hermeneutik zu Wort, die das Normative im Ursprünglichen, vorab freilich im biblisch Bezeugten, sucht, aber bei dessen gegenwärtiger Erneuerung die heutigen Zeitbedürfnisse unbedingt mitspielen läßt. Entscheidend ist in diesem Bemühen, das Alte und Begründende in das Neue und Aufgebaute hinein zu vermitteln, daß die kirchliche Institution selbst „Treue gegenüber ihrer eigenen Berufung" unter Beweis stellt. Denn diese allein erlaubt ihr, zwischen Wesentlichem und Zeitbedingtem die richtige Unterscheidung zu treffen, z. B. in der ekklesialen Disziplin nicht auf spezifisch römische Formen zu pochen unter Ausschluß ostkirchlicher oder evangelischer Formen, die zum normativen Ursprung nicht in Widerspruch stehen. Die ökumenische Motivation solcher Reformbereitschaft innerhalb der großen Erneuerungsunternehmung ist durch den Kontext des zitierten Textes ohnehin gegeben[7].

Ähnlich motiviert und nach demselben Denkmodell gedacht stellt sich auch die reformbereite Erneuerung „der Art der Lehrverkündigung", des „doctrinae enuntiandae modus", vor (ebd.). Hier ist die dogmatische Tradition betroffen. Von ihr wird angedeutet: sie könne und müsse in neuen Zeiten neuen Sprachregelungen unterzogen werden. Auf diesem Gebiet hat das Konzil selbst eine „vielseitige Erneuerung" eingeleitet: „durch seine stärker an der Heiligen Schrift orientierte pastorale Sprache, durch zahlreiche Akzentverschiebungen in der Lehre, durch Behebung von bestehenden Einseitigkeiten und Wiederentdeckung vernachlässigter Aspekte der Offenbarungswahrheit"[8]. Das Ökumenismusdekret selbst zählt teilweise bereits vor dem Konzil vollzogene Beispiele solcher Erneuerung auf: „die biblische und die liturgische Bewegung, die Predigt des Wortes Gottes und die Katechese, das Laienapostolat, neue Formen des gottgeweihten Lebens, die Spiritualität der Ehe, die Lehre und Wirksamkeit der Kirche im sozialen Bereich" (UR 6/2). Nun dürfte wohl angenommen werden, daß alle diese Änderungen in den verschiedensten Lebens-, Erfahrungs- und Dienstbereichen des Gottesvolkes nicht ohne Einfluß auf den Modus, dogmatische Aussagen zu machen, geblieben sind. Diesem Phänomen ist K. Rahner anläßlich der Unfehlbarkeitsdebatte der siebziger Jahre mit dem für ihn charakteristischen denkerischen Mut nachgegangen[9].

---

[7] Vgl. den Kommentar von *J. Feiner* zu UR 6 in: LThK – Das Zweite Vatikanische Konzil II 72. [8] Ebd.
[9] *K. Rahner*, Zum Begriff der Unfehlbarkeit in der katholischen Theologie, in: Zum Problem

Der „*modus* doctrinae enuntiandae" hat demnach auf dem Konzil eine entscheidende Wende vollzogen. In dieser Kirchenversammlung „wurde nichts definiert"[10]; vielmehr wurde der Eindruck erweckt, es werde „in der voraussehbaren Zeit keine wirklich neuen Definitionen mehr geben"[11]. Der neue Modus der Lehrverkündigung kommt also ohne neue Dogmen aus, sofern „Dogma" hier im neuzeitlichen Sinn eines lehramtlich definierten, festgelegten, unabänderlich formulierten Satzes verstanden wird. Das legt nahe, daß der ebenfalls neuzeitliche Begriff der Dogmenentwicklung zugunsten eines verstärkten Bewußtseins von der Geschichtlichkeit aller dogmatischen Aussagen stillschweigend zurückgestellt wird[12]. Solches Geschichtlichkeitsbewußtsein entspricht dem konziliaren Erneuerungsgedanken ganz und gar. Dabei erweitert sich das Blickfeld zunächst auf das Ganze der geschehenen Überlieferung, die dann ihrerseits im Lichte ihrer begründenden Ursprungsphase zum Vorschein kommt. Das dort „schon Gegebene", das im Kontakt des Christusgeschehens ein für allemal Entstandene, die apostolisch verbürgte „*alte*" Hinterlassenschaft der heilbringenden Offenbarung[13] meldet sich als dasjenige, an dem in lebendiger Treue unbedingt festzuhalten ist.

So erneuert das Konzil implizit das vorneuzeitliche Dogmaverständnis, befreit dieses von einem gelegentlich übertriebenen Drang nach „neuen" und definitorischen Sätzen und erweitert den Freiraum für pastoral bestimmte Aussagealternativen, was unserem pluralistischen Zeitalter nur entgegenkommen kann. Dabei bricht ein neues Vertrauen auf den Heiligen Geist als den Geist der Wahrheit durch: er sorgt schon dafür, daß eine freiere, pluralere Sprachregelung in der zeitgerechten Artikulierung des einen Dogmas, d. h. der einen und selben Urüberlieferung, doch nicht notwendig in die Irre gehen muß, wenn sie sich nicht bei jedem Schritt auf einen lehramtlich formulierten Satz stützen kann[14]. Weil letztlich die besagte Freiheit vom Geist der Wahrheit kommt, weil sie sich oftmals auf seine Charismen stützt, kann sich der Aussprecher von Dogma und von Einzelsätzen der dogmatischen

---

Unfehlbarkeit. Antworten auf die Anfrage von Hans Küng, hrsg. von K. Rahner (Quaestiones disputate 54) (Freiburg i. Br. – Basel – Wien ²1972) 9–26.
[10] Ebd. 15.
[11] Ebd. 14.
[12] Vgl. auch *J. Ratzinger*, Das Problem der Dogmengeschichte in der Sicht der katholischen Theologie (Köln – Opladen 1966).
[13] *K. Rahner*, a.a.O. 12.
[14] Ebd. 21. Rahner sieht in der Arbeit des Lehramtes selbst „ein Moment der Sprachregelung". Interessant ist seine Begründung. Neben der soziologischen Notwendigkeit, die Sprache des Glaubens in der Kirchengemeinschaft zu regeln, ist Sprachregelung in der Kirche gegeben, „weil vom Wesen der zu lehrenden Wirklichkeit her diese nur in inadäquaten, analogen Begriffen ausgesagt werden *kann*, analoge Begriffe aber hinsichtlich der Wahrheit eines Satzes ...

Tradition – sei er Prediger, Katechet, Missionar, Theologe, Bischof – der zeitgeschichtlichen Phase jener Geschichte, die jeder solcher Satz hat, gelassen zuwenden[15]. Er vertraut auf die Gnadengabe des Verkündigers, um den Sinn des Dogmas und der Dogmen nicht zu verfremden, wenn er ihn, wie es gottgewollt sein muß, in immer neue Verstehenshorizonte und -situationen hinein vermittelt. Wo diese Art der vermittelnden Lehrverkündigung verwirklicht wird, können Zustimmung und Kritik ohne Lebensgefahr für das Dogma aufeinandertreffen: „Die absolute Zustimmung zu einem dogmatischen, aufgrund der Infallibilität gegebenen Satz und seine bleibend kritische Befragung schließen sich darum nicht von vornherein aus, zumal jedes definierte Dogma objektiv nach vorne offen ist."[16] Offen auf die je größere Wirklichkeit des lebendigen Gottes, der nur eine wahrhaft eschatologische Suche gerecht wird, offen auch auf die je neuen Sprachgestalten hin, um die die Geschichte jeder Kultur- und Kirchengemeinschaft nicht herumkommt.

Es ist anzunehmen, daß das Konzil ähnliches meinte, als es von einer reformierenden Erneuerung des „modus doctrinae enuntiandae" (wohl auch: annuntiandae!) geredet hat. Die „doctrina" als „depositum fidei" wird dabei vom „modus" ihrer Aus- und Ansage sorgfältig unterschieden (UR 6/1). Jene muß die „alte" bleiben, dieser darf „je nach den Umständen und Zeitverhältnissen" (ebd.) neu sein[17]. Stellt man diesen Hinweis des Ökumenismusdekrets in den Gesamtkontext der Konzilsdokumente[18], so ergeben sich erfreuliche Möglichkeiten einer neuen Methodik für die Dogmatik selbst, die man dann „hermeneutisch" oder „responsorisch" nennen dürfte[19].

2.4 Die *Zielsetzung* der „renovatio" zeigt sich nach dem Gesagten folgerichtig als eine weitgehend nach außen gewendete, „extrovertierte", missionarische, ökumenische. Es geht ja nicht nur um den fortschreitenden Aufbau der Kirche, näherhin der katholischen Glaubensgemeinschaft, durch moralische, strukturelle und dogmatische Erneuerung der Kräfte. Es kommt auch sehr darauf an, daß diese Gemeinschaft zusammen mit den anderen christlichen Kirchen den Weg der *Einheit* findet. „Um dies zu erlangen, betet, hofft und wirkt die Mutter Kirche unaufhörlich, ermahnt sie ihre Söhne

---

Begriffsalternativen neben sich haben, die die Wahrheit eines fraglichen Satzes nicht aufheben müssen, aber unausgesagt bleiben, jedenfalls nicht in *der* Weise ausgesagt werden wie der definierte Satz, ja *so* vielleicht nicht einmal ausgesagt werden *sollen*".
[15] Ebd. 13: „Der Sinn eines solchen Dogmas hat selbst eine Geschichte, und sie ist natürlich nie abgeschlossen." [16] Ebd. 10.
[17] Zum Verhältnis „Altes – Neues" siehe *J. Doré* (Hrsg.), L'Ancien et le Nouveau (Paris 1982), darin 137–158: *A. Ganoczy*, La réforme dans l'Église. Histoire et herméneutique 223–255: *A. Ganoczy – J. Doré*, Vatican II et le „Renouveau" de l'Église.
[18] Vgl. OT 16/2ff; PC 1/4 4/1 7/1 8/3 18/1 25/1; AG 20/5 21/3 35/1; PO 12/4; passim.
[19] *A. Ganoczy*, Einführung in die Dogmatik (Darmstadt 1983) 128–206.

zur Läuterung und Erneuerung, damit das Zeichen Christi auf dem Antlitz der Kirche klarer erstrahle" (LG 15). So erneuert durch den Geist Christi, kann die katholische Mutterkirche wieder wirksames Instrument der Einigung mit dem Vater werden und den Dienst jener Ökumene verrichten, die nach dem Bild des Dreieinigen geschaffen ist[20]. Solange aber das wahre, weil christuskonforme Antlitz der katholischen Kirche „den von uns getrennten Brüdern und der ganzen Welt nicht recht aufleuchtet", muß sie „von Tag zu Tag geläutert und erneuert" werden (UR 4/6). „Es gibt keinen echten Ökumenismus ohne innere Bekehrung. Denn aus dem Neuwerden des Geistes (ex novitate mentis), aus der Selbstverleugnung und aus dem freien Strömen der Liebe erwächst und reift das Verlangen nach der Einheit" (UR 7/1).

So erfolgt die Verbindung zwischen der „renovatio" und jener Quasisakramentalität der Kirche, die dem Konzil besonders am Herzen liegt. Die Kirche ist insofern „gleichsam Sakrament, das heißt Zeichen und Werkzeug für die innigste Vereinigung mit Gott wie für die Einheit der ganzen Menschheit" (LG 1, vgl. 9/3 48/2; SC 5/2), als sie sich in der hier beschriebenen Weise erneuert. Tut sie das nicht, so sinkt ihr quasisakramentaler Wert, verhüllt sie die sein sollende „heilbringende Einheit" (LG 9/3) mehr, als sie sie greifbar macht. Der Gedanke an eine immer mögliche „antisakramentale" Wirkung ist implizit gegeben: Wo das sein sollende Lebenszeugnis ausbleibt, streben die Außenstehenden von der katholischen Glaubensgemeinschaft oder von der Kirche überhaupt noch weiter weg. Das scheint mir nicht nur ethisch zuzutreffen, sondern auch im Hinblick auf die notwendigen Neugestaltungen, Neuschöpfungen, die neuen „apostolischen" Fähigkeiten und Fertigkeiten, um die heutige Welt dort einholen zu können, wo sie steht. Von daher legt die analoge Sakramentalität der Kirche die Notwendigkeit ihrer Selbsterneuerung in besonders klarer Weise nahe. Da es ihre Bestimmung ist, als „Zeichen Christi" (vgl. LG 15) und somit als „Licht der Welt", als „Salz der Erde" in die Welt gesandt zu sein (LG 9/2), stellt für sie die „renovatio" einen buchstäblich wesentlichen Imperativ dar.

In einer bezeichnend trinitarischen Formel spricht die Pastoralkonstitution diese Sendung der Kirche an, wo sie vom Dialog mit den Atheisten handelt: „Das Heilmittel gegen den Atheismus kann nur von einer situationsgerechten Darlegung der Lehre und vom integren Leben der Kirche und ihrer Glieder erwartet werden. Denn es ist Aufgabe der Kirche, Gott den Vater und seinen menschgewordenen Sohn präsent und sozusagen sichtbar zu machen, indem sie sich selbst unter der Führung des Heiligen Geistes unauf-

---

[20] LG 4/2: „So erscheint die ganze Kirche als das von der Einheit des Vaters und des Sohnes und des Heiligen Geistes her geeinte Volk."

hörlich erneuert und läutert" (GS 21/5; vgl. LG 8/3). Das letztliche Ziel eines solchen quasisakramentalen Lebens- und Wahrheitszeugnisses kann aber nicht in der einfachen Überwindung des Atheismus liegen. Es liegt tatsächlich im Einbringen des christlichen Erneuerungsgeistes in Gesellschaft, Wirtschaft, Politik, internationale Völkergemeinschaft. In diesem echt säkularen Bereich soll die sich erneuernde Kirche Anwältin der Menschenwürde, der Menschenrechte und der Menschenpflichten im Sinne des Gemeinwohls sein (GS 26/2). Dort hat sie kritisch aufzutreten, um eine „Erneuerung der Gesinnung (mentis renovatio)" zu erzielen (GS 26/3). Denn „die Welt" hat es, ähnlich wie die Kirche, nötig, erneuert zu werden, wenn sie sich nicht ihr eigenes Grab graben will. Freilich ist es der Heilige Geist, der in den voranhelfenden weltlichen Entwicklungen als bestimmendes Subjekt am Werke ist (GS 26/4), woran zu glauben die Christen nicht aufhören dürfen. Doch wird zugleich als Wille desselben Geistes begriffen, zu seinen säkularen Zwecken den Sauerteigdienst der Kirche in Anspruch zu nehmen. Auf diese Weise „asymmetrischer" Zusammenwirkung soll die „in Christus zu erneuernde Gesellschaft" auf die Erneuerungsstrategie der vom Christusgeist beseelten Kirche treffen und „in die Familie Gottes" umgestaltet werden (GS 40/2). Christus ist ja gekommen, den Menschen „innerlich" zu „erneuern" (GS 13/2). Doch will diese „renovatio" nicht bloß individuelle Innerlichkeiten betreffen: ihr Endziel ist eine veränderte, bessere, menschlichere Welt.

2.5 Damit haben wir den Punkt erreicht, wo die konziliare Theologie der Erneuerung in eine Rede von *Reform* mündet. Der Gebrauch der Wortgruppe „reformatio – reformare" erfolgt gewiß nicht so häufig und betont wie der von „renovatio – renovare"[21]. Das liegt m. E. am eher juridisch-institutionellen Charakter der erstgenannten Wortgruppe, während die zweitgenannte eher einen glaubensmäßigen, ethischen, relationalen und lebensbezogenen Sinn besitzt. Nun macht freilich nach dem Konzil die so verstandene „renovatio" die „reformatio" nicht überflüssig, vielmehr schafft sie für diese das sachlich geeignete Fundament. Glaubensmäßige Erneuerung der Kirche soll rechtlich-institutionelle Reformen mit zeitigen. Und diese sind unerläßlich sowohl für die kirchliche wie die weltliche Institution und Rechtsordnung. Für die weltliche vielleicht noch notwendiger als für die kirchliche, wie sich das am vorwiegenden Gebrauch des Reformvokabulars in den gesellschaftstheoretischen Teilen der Pastoralkonstitution erkennen läßt.

Gewiß redet das Ökumenismusdekret von einer „perennis reformatio" der Kirche (UR 6/1). Doch macht es sofort deutlich, dieser „dauernden Reform"

---

[21] Neun Stellen thematisieren den Reformgedanken, über fünfzig den Erneuerungsgedanken (siehe LThK – Das Zweite Vatikanische Konzil III 744).

bedürfe die Kirche, „soweit sie menschliche und irdische Einrichtung (institutum)" und auf ein entsprechendes Instrumentar der Verkündigung, des Zusammenlebens, des öffentlichen Bekenntnisses und Kultes angewiesen ist. Hier soll die reformierende Erneuerung zum Zug kommen (vgl. UR 4/2). Was nun die übrigen einschlägigen Stellen anbelangt: sie finden sich alle in „Gaudium et spes". Es heißt dort im Hinblick auf die gestörten Gleichgewichte in der Weltwirtschaft, es seien „viele institutionelle Reformen ... gefordert", die aber mit einer „allgemeinen Umkehr der Gesinnung und Verhaltensweise" verkoppelt werden müßten, um Aussicht auf Erfolg zu haben (GS 63/5). Daraus folgt, daß jenes liberalistische Wachstumsideal, das sich „auf eine mißverstandene Freiheit" beruft und „notwendigen Reformen" den Weg verlegt, als irrig abzulehnen ist (GS 65/2). Aus demselben Impuls wohlverstandener Freiheit redet das Konzil, ganz konkret, Agrarreformen in von besitzgierigen Großgrundbesitzern geplagten Ländern das Wort, damit der Kleinbauer Zugang zu Eigentum und zu besseren Arbeitsbedingungen gewinne (GS 71/6). Als eine der buchstäblich not-wendigsten Reformen wird dann noch die Einstellung des Rüstungswettlaufs verlangt, wobei aber die entsprechende Motivation nur „ex reformato animo" erwartet werden kann (GS 81/2).

Damit wird die „renovatio"-Perspektive in ihrer theologischen Begründetheit wieder eingeholt, bis hin zu ihrem christologischen Kern. Die Gesamtkonzeption ist klar: Christus ist der Erneuerer jenes Lebens, das zur Reform überhaupt fähig und bereit ist. Deswegen klingt es nur dem Schein nach als Wortspiel, wenn „Lumen gentium" das Zeitwort „reformari" nach der Vulgataversion von Phil 3,21 zur Bezeichnung des Heilsvorganges selbst verwendet (LG 48/4), der letztlich in einem „configurari" (ebd.) oder „conformari cum Christo" (LG 7/5, vgl. 40/2) dank der Wirkung seines Geistes besteht.

3. Damit sind wichtige Aspekte des Grundanliegens dargestellt worden, das das Zweite Vatikanische Konzil innehatte: die Kirche soll sich als das im Prozeß pneumatischer Erneuerung befindliche Volk Gottes verstehen und sich entsprechend reformbereit verhalten. Die angestrebte Erneuerung läßt sich weder auf ein „aggiornamento" im Sinne einer taktischen oder strategischen Anpassung an die Bedingungen gegenwärtiger Gesellschaft noch auf eine bußfertige Haltung der Kirche gegenüber den eigenen Fehlern reduzieren. Diese beiden Haltungen sind zwar angezielt, erhalten aber ihren Sinn erst im Rahmen einer umfassenden und dauerhaften Erneuerungsbewegung, die sich ganz als ein vom Heiligen Geist betätigter Prozeß versteht. Es handelt sich um einen pneumatischen Prozeß, folglich um einen eschatologi-

schen, der alle Zeitdimensionen der Kirche durchwaltet und auf eine gottgewollte Zukunft hin vorantreibt. Die Vergangenheit erscheint im Visier des sich erneuernden Gottesvolkes, indem es sich seiner wahren Ursprünge bewußt wird, um dann auf neue, zeitgerechte Weise in die Nachfolge Jesu von Nazaret zu treten. Das bedeutet u. a. Wille zum Dienen, Armsein, Selbsthingeben für andere, aber auch unnachgiebiges Festhalten am Evangelium von der kommenden Gottesherrschaft (vgl. LG 8/3). Ferner schaut das Gottesvolk auf das ein für allemal vollzogene Kreuzes- und Osterereignis zurück, um in glaubender Erinnerung an der von Christus erwirkten Befreiung und Erlösung teilzuhaben. Die Kraft des neuen Lebens, die den Gekreuzigten als den von den Toten Auferweckten erweist, zeigt sich als die Quelle schlechthin für jede renovatorische Energie, die das geschichtlich wandernde Gottesvolk braucht. Von dieser immer präsenten Vergangenheit her läßt es dann auch seine gegenwärtige Sendung normieren, zu deren Erfüllung es sich immer wieder vom Heiligen Geist veranlaßt sieht. Insofern handelt es sich um einen pneumatischen, charismatischen und eschatologischen Prozeß, der sich in der Sendung des gesandten Gottesvolkes vollzieht. Das verlangt Aufmerksamkeit für das epochal Neue, das die Adressaten der Sendung in ihrem Leben bestimmt. Handlungsweisen, dogmatische Aussagen, Formen der Frömmigkeit müssen gewählt werden, die den Vollzug der vom Erneuerungsprozeß unabtrennbaren Sendung hier und jetzt ermöglichen. Von dieser Haltung her ist schließlich auch das Interesse des sich erneuernden Gottesvolkes für die Zukunft verständlich, sowohl für die Zukunft unserer planetaren Menschengemeinschaft wie für die „absolute Zukunft", die Gott der Vater ist. Die christliche Kirche geht also ihren Weg durch ihre Vergangenheit, Gegenwart und Zukunft in glaubender Offenheit auf die Dreieinigkeit des Vaters, des Sohnes und des Heiligen Geistes. In ihr liegen der absolute Ursprung und das absolute Ziel des ganzen Erneuerungsprozesses.

Das Konzil hat all dies nicht nur theoretisch formuliert oder angedeutet. Es hat redlich versucht, selber die entsprechende Praxis durchzuführen, d. h. prozeßbewußt und mit Vertrauen auf das Pneuma Gottes Taten der Erneuerung und der Reform zu vollbringen. Es wäre eine eigene Abhandlung wert, die hier skizzierte theologische Theorie der „renovatio – reformatio" an der Arbeitsweise des II. Vatikanum selbst zu verifizieren. Doch möge es an dieser Stelle genügen, mit dem diesbezüglichen Votum ein anderes zu verknüpfen: die Kirche ist epochal aufgerufen, den durch das Zweite Vatikanische Konzil eingeschlagenen Weg nicht mehr zu verlassen; würde sie dies tun, hörte sie auf, sich zu erneuern und zu reformieren, dann verlöre sie ihre jugendliche Kraft und – rein menschlich gesehen – ihre Zukunft.

Wesen und Wandelbarkeit der Ortskirche

Es ist keine leichte Aufgabe, eine Wesensbestimmung jener ekklesialen Größe zu geben, die man heute »Ortskirche« nennt. Der Begriff bleibt sogar nach dem II. Vaticanum schillernd. Das zeigt sich schon an den vielen Synonymen, die ein oft identisches Bedeutungsfeld abdecken: Lokalkirche, Teilkirche, Partikularkirche, Einzelkirche, Diözese, Landes- bzw. Regionalkirche. Das sprachliche Problem der vielen Synonyme ist aber nur ein Ausdruck der umfassenden sachlich-ekklesiologischen Problematik, zu deren ersten Fragen auch eben diese gehören: Wie ist das Örtlich-, Teil-, Partikular-, Regional-*Sein* der gemeinten ekklesialen Einheit zu verstehen? Welche Kriterien bestimmen das Kirche-Sein solcher konkreten Gruppierungen? Und wie verhalten sich Orts- und Gesamtkirche zueinander?
Eine Fortführung des Klärungsprozesses tut heute in besonderer Weise not. Denn – um nur einige Beispiele zu nennen – die Gleichsetzung der Ortskirche mit der Bischofskirche bzw. Diözese wirft neue Fragen auf; Spontan- und Basisgemeinden beanspruchen für sich einen hohen Grad an »Christsein« und an geistgeschaffener Ekklesialität; es mehren sich interkonfessionelle Querverbindungen, die »unten« im Gottesvolk von einzelnen, Spontangruppen oder Personalgemeinden initiiert werden. Alle diese Phänomene machen eine vertieftere Beschäftigung mit dem Wesen der Ortskirche wie auch mit ihrer Gestaltenvielfalt und ihrem Wandel erforderlich.

Der Begriff von »Ortskirche«: seine Grundlagen in der Tradition

Daß unser Begriff eine hermeneutische Behandlung braucht, liegt auf der Hand. Dazu kann hier die Ausgangsbasis keine detaillierte Phänomenologie der Erscheinungsgestalten von »Ortskirche« im Neuen Testament und in der Geschichte des Christentums sein. Nur einige Verständnismodelle der *ekklesia*, die das Bewußtsein ihres Örtlichseins besonders klar zum Ausdruck bringen, wollen wir in Grundzügen vergegenwärtigen. Dieser geschichtliche Überblick soll dann die Prüfung dessen ermöglichen, mit welchen Akzentsetzungen das II. Vaticanum die traditionelle Vorstellung »Ortskirche« auf die Situation der gegenwärtigen Kirchen hin zu interpretieren versucht hat und welche Konsequenzen aus dieser konziliaren Hermeneutik sich für die weitere Forschung, im sprachlichen wie im sachlichen Bereich, ergeben mögen.

Das *Neue Testament* läßt uns als Urgestein christlichen Kirchenbewußtseins das Selbstverständnis der Urgemeinde erkennen, das eschatologische Gottesvolk, »die Heiligen«, die endzeitliche »*qehal Jahwe*« zu sein[1]. Als Zugehörigkeitskriterium galt ihr wesentlich der *zeugnisbereite* Glaube an den Auferweckten, dessen unerhörte Neuheit (vorab im Kontext des durch Jesus radikal »reformierten« Gesetzes) ebenso scheidend wie versammelnd und erobernd wirkte. Ausgangsort dieser Wirkungen war wie selbstverständlich Jerusalem[2]. Sicherlich erfolgte dies nicht aus rein geographischen oder politisch-praktischen Gründen. Auch die Gegenwart irgendeiner Führerpersönlichkeit gab nicht den Ausschlag. Simon Kephas, der Galiläer, kam selbst erst nach Jerusalem, nicht die Jerusalemer pilgerten zu ihm. Der entscheidende Grund zur ursprünglichen Verwurzelung der *ekklesia tou theou* in der Heiligen Stadt ist schon eher im Willen der Jesusjünger zu sehen, auch nach Ostern, auch mit ihrem Glauben an den Auferweckten »belastet«, sich als das wahre Israel mitsamt der Tempelstadt in seiner Mitte zu verstehen[3]. Insofern bedeutet ihnen die Örtlichkeit ihrer Ortskirche viel mehr als einfache lokale Gebundenheit und Begrenztheit, obwohl die letztere Komponente durchaus zum Ganzen ihres Gemeindebewußtseins dazugehört.

Drückt sich dies nun etwa in einer Neigung zum *Zentralismus* aus? Die frühe missionarische Öffnung der in Jerusalem versammelten Christen, die zur Gründung von »Tochtergemeinden« in Judäa und anderswo führte, könnte so etwas nahelegen[4]. Doch sprechen mehr Indizien gegen als für eine solche Annahme. Die durch die jüdische Behörde verschärfte Verfolgung, die durch die »Hellenen« der Urgemeinde gesteigerte Gesetz- und Tempel-Kritik, die Verstreuung ihrer Missionare in entfernte Gebiete (vgl. Apg 8 und 11), das durch Paulus gewaltig geförderte Selbstverständnis der vielen Heidenchristengemeinden, selber *ekklesiai tou theou* bzw. *Christou* zu sein: all das ließ der Entwicklung zentralistischer Tendenzen wenig Raum. Der von Lukas geprägte Ausdruck »die Apostel in Jerusalem« und die beinahe amtliche Missionskontrolle, die er etwa Petrus und Johannes zu-

---

[1] *O. Michel*, Das Zeugnis des NT von der Gemeinde. Göttingen 1941, 5–7; *E. Schweizer*, Gemeinde und Gemeindeordnung im NT. Zürich ²1962, 28–34.

[2] *E. Lohmeyers* Hypothese (Galiläa und Jerusalem. Göttingen 1936, 100 f.), es habe von Anfang an zwei Urgemeinden gegeben, die Jerusalemer und die Galiläer, wird von der Mehrheit der Exegeten als unwahrscheinlich beurteilt.

[3] Vgl. *R. Schnackenburg*, Die Kirche im NT (QD 14). Freiburg-Basel-Wien 1961, 12 ff; *Schweizer*, a.a.O. 31.

[4] Zu diesem Schluß kommen z. B. *K. Holl*, Kirchenbegriff des Paulus in seinem Verhältnis zu dem der Urgemeinde. Berlin 1921, 56; *J. Hainz*, Ekklesia. Strukturen paulinischer Gemeinde-Theologie und Gemeinde-Ordnung. Regensburg 1972, 242, 244 f, 250.

schreibt (vgl. Apg 8,14-25), reichen historisch kaum aus, um die These einer rechtlichen Verbindung der Führungsspitze mit der Ortskirche Jerusalem (wie es z. B. später in der Doktrin »*de cathedra Petri*« der Fall sein wird) zu vertreten. Die wahren Verhältnisse dürften schon eher am sogenannten »Konzil von Jerusalem« (Apg 15) abgelesen werden. *Was* dort beschlossen wurde, entzieht jeder judaistischen Zentrierung des Urchristentums geradezu den bekenntnismäßigen Boden. *Wie* dort gehandelt wurde, das weist vielmehr auf ekklesiales Gemeinschaftsbewußtsein und Kollegialität hin als auf hierosolomitische Hegemonie. Initiative bei den heidenchristlichen Gemeinden außerhalb Judäas, entscheidende Berichterstattung durch deren Abgesandte Paulus und Barnabas, Beteiligung der Presbyter neben den Aposteln am Entscheidungsprozeß: das sind sicherlich Elemente dezentralisierten Kirchenverständnisses, wenn dessen Ausdruck auch an einem zentralen Ort und durch ein koordinatives Gremium zustande kommt. Die keimhafte Universalität der ersten christlichen Gemeinden kommt noch ohne dogmatisiertes Konzentrationsrecht aus.
In diesem Zusammenhang lassen sich am besten auch jene Gedanken des Paulus verstehen, in denen man mit Recht die ersten und bleibenden Grundlagen einer Theologie der Ortskirche erblickt. Beim Heidenapostel vollzieht sich nicht nur eine Klärung des ekklesia-Begriffs im Sinne von »Volksversammlung« sowohl nach profangriechisch-politischem wie nach alttestamentlich-bundestheologischem Muster[5]. Der Begriff erfährt auch in einer doppelten Richtung höchste Konkretisierung. Es handelt sich einerseits um *ekklesiai* in der Mehrzahl an einem *bestimmten Ort*[6]: Stadt, Region, Provinz oder gar Haus einer Großfamilie[7]. Daß Paulus auch in »Hausgemeinden«, d. h. in Wohn- und Lebensgemeinschaften bestimmter ihm wohlbekannter Personen *ekklesiai tou theou* sieht, zeigt, wieweit sein Kirchendenken nicht rein topographischen, sondern sozusagen humangeographischen Charakter besitzt. Man könnte den Ausdruck wagen: nach ihm ist es eine umfassende »Humanörtlichkeit«, die die Ortskirchen auf allen Ebenen auszeichnet. Andererseits konkretisiert Paulus seine ekklesia-Vorstellung im Sinne von *erfahrbarem Ereignis*. Die Gemeinde ist nur im Vollzug da. Sie ist kein Christusleib, der in einer mystischen Sphäre unabhängig von der Glaubens- und Liebeshandlung der Christen seinen Grundbestand besäße. Sogar als Leib Christi geschieht ekklesia nur im Bereich des erfahrbaren Handelns. Typisch ist dafür 1 Kor 11,18, wo

---

[5] K. L. *Schmidt*, Art. Ekklesia, in: ThWNT III 516f.
[6] Knapp 85 % der paulinischen ekklesia-Stellen beziehen sich eindeutig auf die Gemeinde am Ort und nicht auf die Gesamtgemeinde.
[7] Siehe 1 Kor 16,19 und Röm 16,5, wo die »*kat'oikon autôn ekklesia*« (Vulgata: *domestica sua* [bzw. *eorum*] *ecclesia*) angesprochen wird.

die *Herrenmahlhandlung* mit folgendem einleitenden Satz angesprochen wird: »Wenn ihr zusammenkommt in ekklesia ...« Im Vers 20 wird wiederholt: »Wenn ihr also zusammenkommt zu diesem Zweck *(epi to auto)*«[8] – was den Gedanken, die ekklesia komme durch das zielbewußt-aktive Sich-Versammeln der Glaubenden zustande, noch erhärtet. Freilich sind die Zusammengekommenen nicht nur sozusagen »*in actu congregationis ad coenam dominicam*« Gemeinde Gottes. Sie sind es grundsätzlich schon kraft ihres Getauftseins »auf Christus« (Röm 6,3; vgl. 1 Kor 1,13; 10,3), in seinem einen Geist, um mit ihm gleichsam einen einzigen Leib zu bilden (1 Kor 12,13). Doch erhält diese baptismale Grundversammeltheit für Paulus nur dort volle Bedeutung, wo die Gemeindemitglieder mit dem gekreuzigten und auferweckten Herrn de facto in voller lebensgeschichtlicher Gemeinschaft leben (Röm 6,3.14). Diese Christusgemeinschaft geschieht sowohl in der alltäglichen Konvergenz der charismatischen Dienste (1 Kor 12–14) wie in der feierlichen Teilnahme am Herrenmahl (1 Kor 10,16 f). Beides wirkt gemeindekonstituierend, beides setzt den vollen aktiven Selbsteinsatz der einzelnen Gemeindemitglieder voraus, beides konkretisiert die ekklesiale Existenz »in Christus«. Außerdem müssen sich Charismenökonomie und Herrenmahl in gleicher Weise an den konkreten »humanörtlichen« Bedürfnissen der Mitchristen orientieren; nur so schaffen sie tatsächlich ekklesia Gottes bzw. Christi[9] an einem bestimmten Ort, sei dies eine ganze Region oder nur eine zum Herrenmahl versammelte Hausgemeinschaft.

Die gemeindeschaffende Wirkung des *kyriakon deipnon* (dies schwingt in der ekklesia-Bezeichnung »Kyriake« und dann im deutschen Wort »Kirche« weiter mit) wird lange Zeit eine Konstante der Ekklesiologie und vorab – wo es eine solche gab – der Theologie der Ortskirche bleiben. Erst im späten Mittelalter wird sie fast vollständig verdrängt werden. Es stellt sich aber noch die Frage, ob der paulinische Begriff von Kirche als charismatisch-eucharistische Versammlung von Christusgläubigen im Vollzug und bei Ort der Vorstellung von ekklesia als Gesamt- bzw. Universalkirche gar keinen oder nur einen theologisch belanglosen Raum zuweist. Eine solche extreme These läßt sich m. E. nicht zwingend beweisen[10]. Doch soll hier auf die Unwahrscheinlich-

---

[8] Diese Interpretation entnehme ich einem unveröffentlichten Vortrag von *H. Merklein* über »Die Ekklesia Gottes. Der Kirchenbegriff bei Paulus und in Jerusalem«, dem ich auch weitere exegetische Hinweise verdanke. Vgl. *H. Conzelmann*, Der erste Brief an die Korinther. Göttingen 1969, 226, Anm. 2.

[9] Zur gleichen Bedeutung von »*ekklesia tou theou*« und »*Christou*« siehe 1 Thess 1,1; 2,14 (vgl. Gal 1,22) und Röm 16,16.

[10] Hier schließe ich mich der Meinung *R. Schnackenburgs* an. »Universalkirchlich« müßten 1 Kor 15,9; Gal 1,13; Phil 3,6 oder zumindest 1 Kor 12,28 verstanden wer-

keit einer partikularistischen Ortskirchenlehre beim Völkerapostel nicht weiter eingegangen werden. Es genüge nur, jene *interekklesiale Koinonia* hervorzuheben, die in der Kollekte (2 Kor 8,4 nennt sie »*Koinonia tes diakonias*«) für die Hilfsbedürftigen einer anderen Gemeinde konkret wird (vgl. Röm 15,26). Das legt die Schlußfolgerung nahe, daß für Paulus kirchliche Universalität ebenso wie selbständige Gemeindeexistenz keinen Sinn haben, wenn sie nur abstrakt postuliert und in keiner Weise »verleiblicht« werden. Nicht nur die Örtlichkeit, sondern auch die Zwischen- und Überörtlichkeit müssen Ereignis werden. Erst so legitimiert sich eine mystisch-theoretisch oder rechtlich ausgeprägte Gesamtschau *der* Kirche, welche in den Deuteropaulinen ihre Ausformulierung erhalten wird.

In den nachpaulinischen Ansätzen neutestamentlicher Ekklesiologie kommen recht verschiedene, wohl durch die kulturelle Vielfalt der Adressaten bestimmte Verständnisweisen von Gesamt- und Ortskirche vor. Matthäus schwebt offensichtlich als Universalgestalt jene ekklesia vor, die Christus nach dem Niedergang der jüdischen Tempelgemeinschaft auf den Felsenjünger bauen soll (Mt 16,18). Doch läßt er Jesus die Binde-Löse-Gewalt als Auslegungsvollmacht des neuen Gesetzes grundsätzlich auch der Einzelgemeinde gewähren (Mt 18,17f). Für Lukas steht das Gottesvolk der Christen als »*tertium genus*« aus Juden und Heiden im Strom der Geschichte, bestimmt zum Jesuszeugnis »bis an die Grenzen der Erde« (Apg 1,8). Gleichzeitig aber mißt er dem inneren Leben der Ortskirche Jerusalem, insbesondere ihrem Geleitetsein durch die Apostel, die Ältesten, die Propheten und z. T. die geheimnisvollen Sieben, deren Siebenzahl möglicherweise auf die Struktur des jüdischen Ortsvorstandes zurückgeht[11], ebenso Bedeutung zu. Zwar ist auch für Lukas die Kirche Gottes im Ereignis da, und zwar vorab im pneumatisch-missionarischen Ereignis, das keine Grenzen kennt; doch bewirkt der Geist Gottes auch den Aufbau der Einzelgemeinde, indem er z. B. bei der Wahl von Gemeindemitgliedern mit besonderem Auftrag aktiv ist[12]. Wo sich eine Gemeinschaft von zeugnisbereiten Gläubigen am Ort »von unten« her, d. h. durch geistgetriebenes Wahlverfahren strukturiert und aufbaut, da geschieht ekklesia. Die Briefe an die Kolosser und an die Epheser wie auch – aus anderen Gründen – die Apokalypse sind eindeutig von einer zugleich weltumfassenden und mystischen Sicht der Kirche beherrscht, doch lassen auch sie die Ortsgemeinde nicht völlig außer acht. Das kann nicht ein-

---

den. Bezüglich der letztgenannten Stelle schließt auch *J. Hainz* (a.a.O. 254) »eine gesamtkirchliche Implikation« nicht aus.
[11] *Schweizer,* a.a.O. 62.
[12] Ebd. 65ff.

mal von der johanneischen Theologie, die doch in gewisser Hinsicht zur Esoterik, zur Weltablehnung und zum Heilspersonalismus neigt, gesagt werden[13]. Freilich bietet sie ein viel »verinnerlichteres« Gemeindebewußtsein als die auf strenge Rechtgläubigkeit, Tradition, Amt, Ordination und Kirchenzucht bedachten Pastoralbriefe, wo die Ortskirche als rechtlich geregelte Größe mit ihren Presbyter-Episkopen die ganze Bildfläche beherrscht[14].

Die *spätere Tradition* der »Ortskirche« kann nur in einem beschränkten Maß als organische Weiterführung der neutestamentlichen Vielfalt betrachtet werden. Aus verständlichen Gründen gewinnt das Kirchenmodell der Pastoralbriefe sehr bald die Oberhand. Sogar die Ignatius-Briefe, die ansonsten gerade die in den Pastoralbriefen weitgehend verschwiegene liturgische und eucharistische Dimension in den Vordergrund rücken, beschreiben die Kirche am Ort von ihrer episkopalpresbyterial-diakonalen Amtsmitte her. Bei Ignatius entsteht bereits eine Art der Gleichung: *Ortskirche-Bischofskirche*. Der Episkop tritt nunmehr auf den Plan als »die anschaulich gewordene Vereinigung der Gläubigen an einem bestimmten Ort« und als »die persongewordene *Liebe* derselben zueinander«[15].

Bevor man aus dieser Entwicklung auf den Sieg des sogenannten »Frühkatholizismus« über den Geist des jesuanisch initiierten und paulinisch formulierten wahren Evangeliums schließt, täte man gut daran, zu prüfen, mit welchen praktischen Erwartungen die Situation der nicht eingetroffenen Parusie und der damals vorliegenden Gesellschaftsstrukturen im evangelisierten Römischen Reich an das Selbstverständnis der jungen Kirche herantrat. Bereits damals war eine sehr praxisbezogene Kirchenhermeneutik vonnöten, aus der dann jene episkopale Verfassung entspringen sollte, die sich bis heute erhalten hat und der nicht einmal ein Reformator wie Calvin ihre strukturelle Unvereinbarkeit mit dem Geist des Evangeliums vorgeworfen hat[16]. Die evangelische Nichtwidersprüchlichkeit der von einer episkopalen Mitte her strukturierten und »koordinierten« Ortskirche ist freilich am leichtesten dort nachzuweisen, wo der Bischof - wie J. A. Möhler

---

[13] Ebd. 107–110; *Schnackenburg*, a.a.O. 93–106.
[14] *Schweizer*, a.a.O. 67–79.
[15] *J. A. Möhler*, Einheit in der Kirche. Darmstadt 1957, 178, unter Verweis auf Magn 1 und 7; Eph 2; 1 Clem 42–49.
[16] Calvin erachtete den Episkopat als legitimen Dienst am Wort Gottes und der Einheit der Kirche, begründete ihn mit einer Theorie der apostolischen Sukzession, die der katholischen ähnlich ist (also: nicht nur »*successio ministrorum*«!) und erwog seine Wiedereinführung in die Reformierte Kirche Polens. Dazu *A. Ganoczy*, Ecclesia ministrans. Dienende Kirche und kirchlicher Dienst bei Calvin. Freiburg-Basel-Wien 1968, 218–222; 329–342; ders., Amt und Apostolizität. Wiesbaden 1975.

sagte – wahrhaft »*Erzeugnis der Gemeinde*«[17] ist und wo sich sein Amt vom eucharistischen Selbstvollzug des Gottesvolks am Ort her verstehen läßt. Für die Möhlersche Theologie der Ortskirche (damals ein kaum gehörter Ruf in der universalistisch-zentralistischen Wüste!) ist die Wahl des Bischofs durch alle[18] eine Selbstverständlichkeit. So wächst der Bischof aufgrund seiner öffentlich anerkannten Heiligkeit[19] aus dem Schoß der Gemeinde heraus, in der gerade die Örtlichkeit für die sachgerechte Auswahl bürgt. Allein auf diese Weise wird der Episkop zu einem »Organ des Körpers Christi«[20], dessen Autorität letztlich auf »*göttlichem Gesetz*« und nicht etwa auf einem »Auftrag des Volkes« beruht[21]. Aus dem Volk stammend, durch das Volk gewählt, vielfach als Sprecher des Volkes[22] fungierend, wird er jedoch nicht vom Volk *bevollmächtigt*. Voll eingegliedert in den charismatisch und priesterlich gegliederten Leib Christi am Ort[23] trägt der Bischof, oder gar der Pfarrer[24], die Bürde und Würde einer göttlichen Bevollmächtigung, die seinem Dienst an Wort und Sakrament die Besonderheit verleiht und über die die Gemeinde selbst nicht verfügen kann. Das bedeutet jedoch keineswegs, daß der Bischof seine Vollmacht in isolierter Einsamkeit ausüben dürfte. Hier gilt das Prinzip der *kollegialen Leitung*, wofür Apg 15 das älteste Modell liefert[25]. Und daß das Geltungsfeld dieses Prinzips sich auch auf die Laien erstreckt, zeigt beispielsweise das von Cyprian beschriebene Versöhnungsverfahren der »*lapsi*«[26]. Das Gemeindebild erweist sich also als eine konzentrische (nicht pyramidale) Struktur, deren stabile Mitte das vom Bischof geleitete Presbyterium ist. Ohne dieses – schreibt Möhler – »tat der Bischof nichts, ja er durfte nicht einmal etwas Erhebliches tun«[27].

Den kollegial-konzentrischen Organen, die die Ortsgemeinde »innenpolitisch« regulieren, entsprechen im »außenpolitischen« Bereich die synodal-metropolitanen Organe. Das praktische Grundraster für die Entstehung der Diözesan- und Metropolitanverbindung unter den

---

[17] A.a.O. 182, 190.
[18] Ebd. 181; Verweis auf *Origenes*, homil. in Num VI und *Cyprian*, ep. 67, 4.
[19] Ebd. 182; Zitat des Satzes des *Clemens von Alexandrien:* »Er ist nicht heiliger als andere, weil er Priester ist, sondern er wurde Priester, weil er heiliger war«.
[20] Ebd. 184.
[21] Ebd. 182.
[22] Ebd. 180.
[23] Ebd. 185–189.
[24] Nach einem Vorläufer Möhlers, *J. M. Sailer* (Pastoraltheologie. München ²1974, III, 94), ist bereits die Pfarrgemeinde Christusleib und der Pfarrer »der nächste sichtbare Stellvertreter unseres Herrn«.
[25] *Möhler*, a.a.O. 189.
[26] Ep. 69; vgl. ep. 19.
[27] A.a.O. 190; Hinweis auf *Cyprian*, ep. 5. 13.

Ortskirchen mögen die Verwaltungsbezirke des Römischen Reiches geliefert haben[28]. Die mit dieser Hilfe institutionalisierte »communio ecclesiarum« selbst nährte sich jedoch aus den geistigen Kräften christlicher Nächsten- und Nachbarnliebe. Dieser war es lange Zeit zu verdanken, daß der einzelne Bischof in der Masse der übrigen »ein Gegengewicht« fand[29] und daß einem immer möglichen Machtkampf zwischen Ortskirche und Ortskirche heilsamer Einhalt geboten werden konnte. Die *Synode* als höchste interekklesiale Instanz zielte ursprünglich auch auf bestmögliche Vertretung der örtlichen Interessen ab, weshalb sich z. B. im Konzil von Karthago 256 verschiedene Bischöfe von ihren Presbytern und Volksvertretern begleiten ließen[30]. Diese wenigen Beobachtungen über die Blütezeit der als Bischofskirchen zusammenlebenden Ortskirchen, wie sie im Werk des großen Tübingers erscheinen, mögen Züge eines Idealbildes tragen. Doch wenn man die Abfassungszeit dieses Werkes berücksichtigt – knapp 45 Jahre vor dem I. Vaticanum –, muß seinen besonnen vorgetragenen Forschungsergebnissen aus der Patristik der Wert einer impliziten, aber dafür nicht weniger radikalen Kritik an dem damals geltenden Kirchenverständnis zuerkannt werden. Gegenüber einer bürokratischen Verrechtlichung der Diözesen und einem papalistischen Zentralismus galt schon jedes Wort als Anklage, das im Bischof etwa »die personegewordene Liebe« aller und im Papst die »*persona unitatis*« im Dienst einer weltweiten, konziliar koordinierten »*communio ecclesiarum*« betonte. Man geht wohl nicht fehl in der Annahme, daß J. A. Möhler zu den bedeutendsten Vorläufern der Ortskirchentheologie des II. Vaticanum gehört.
Wir brauchen hier auf die Genese der zentralistisch-universalistisch-papalistischen Ekklesiologie, die als Abwehr realer oder vermeintlicher konziliaristischer[31] und gallikanistischer Tendenzen bis zum Tridentinum und bis zum I. Vaticanum hin zur Vorherrschaft gelangte, nicht eigens eingehen. Eine gut begründete Fehlanzeige für diese Jahrhunderte in puncto Ortskirche und »Humanörtlichkeit« findet man in den Beiträgen von *E. Lanne* zu den interkonfessionellen Beratungen 1967/68 über die Themen »Katholizität und Apostolizität«[32]. Hier sind auch die Neuansätze des II. Vaticanum angesprochen.

---

[28] Ebd. 195.
[29] Ebd. 199.
[30] Ebd. 202 f.
[31] Siehe dazu die höchst anregende Forschung *H. Küngs*, Strukturen der Kirche (QD 17). Freiburg-Basel-Wien 1962.
[32] »Die Ortskirche: ihre Katholizität und Apostolizität« und »Vielfalt und Einheit ... «, in: Beiheft 2 zu Kerygma und Dogma. Göttingen 1917, im Folgenden zitiert unter dem Sigel KD.

Der Ekklesia-Begriff von Vaticanum II

Dem *II. Vaticanum* kommt zweifellos das Verdienst zu, endlich ein dogmatisches Wort über die Ortskirche und ihre Beziehungen zur Gesamtkirche gesagt zu haben[33]. Zwar bleibt der Begriff in den Konzilsdokumenten weiterhin schillernd. Die meisten Stellen arbeiten mit dem Ausdruck »*ecclesia particularis*« – übersetzt mit »Teilkirche«[34]. Nur in wenigen, dafür aber dogmatisch entscheidenden Texten steht »*congregatio*« oder »*communitas localis*«, in der Übersetzung: Ortsgemeinschaft, -gemeinde oder -kirche[35]. Doch erscheint die Sache selbst in und – man könnte hinzufügen – dank der definitorisch wenig ausgearbeiteten Ausdrucksweise in ihrer realen und lebensnahen Komplexität. Grundlegend ist dabei die Einsicht, daß die eine Kirche Gottes vieldimensional und in *verschiedenen Daseinsweisen* existiert. Unter diesen hebt das Konzil namentlich die bischofskirchliche hervor, hatte es sich doch als ein Hauptziel die Erarbeitung einer Theologie des Episkopates und der episkopalen Kollegialität gesetzt. LG 26/1 geht bezeichnenderweise dann von der vom Diözesanbischof gefeierten Eucharistie aus, um zunächst diese als Quelle von Leben und Wachstum für die Kirche zu bezeichnen und dann zu erklären: »Diese Kirche Christi ist wahrhaft in allen rechtmäßigen Ortsgemeinschaften der Gläubigen *(fidelium congregationibus localibus)* da[36], die in der Verbundenheit mit ihren Hirten im Neuen Testament auch selbst Kirchen heißen.« Im Folgenden werden dann als Kriterien dieser Daseinsweise der Kirche Christi, gleichsam *ex parte Dei*, die Gegenwart Christi und das Wirken des Heiligen Geistes, sowie *ex parte hominum* die Verkündigung des Evangeliums, das Mysterium des Herrenmahls und die brüderliche Liebe genannt[37].

Der Hinweis auf die Verbundenheit der Gläubigen mit ihren Hirten als *neutestamentlich* bezeugter Grund zur Kirche-Nennung der Ortsgemeinden mag rein von der Exegese her problematisch sein. Doch die genannten fünf Kriterien für das ekklesia-Sein der Ortsgemeinschaften entsprechen völlig dem ältesten neutestamentlichen Befund. Nur eines fehlt hier: die Erwähnung des aktiven *Zeugnisses* vom Auferweckten. Diese wird erst in anderen Texten des Konzils nachgeholt[38].

---

[33] Dazu *K. Rahner*, Das neue Bild der Kirche, in: Schriften zur Theol. VIII. Einsiedeln 1961, 329–354.
[34] Vor allem LG 13/3; 23/1; OE 2; AG 19.
[35] LG 26/1; 28/4; vgl. AG 19/2.
[36] Wir ziehen für «*adest*» die Übersetzung «da ist» der Übersetzung «anwesend ist» vor, zumal der Text eher eine Daseinsweise als eine bloße Gegenwart der Kirche Gottes zu meinen scheint.
[37] Vgl. *K. Rahner*, a.a.O. 399 f; 414.
[38] Z. B. LG 11–12; AA 1 und 18.

Was LG 26 anbelangt, so erscheint als Ort der örtlichen Daseinsweise der Kirche Christi ganz und gar der Bischof im Vollzugsereignis seiner Funktion und im Gemeinschaftsereignis der mit ihrem Bischof vereinten *congregatio fidelium*. Daß die Örtlichkeit in diesem Zusammenhang nicht notwendig als territoriale, nur geographische Ortsgebundenheit zu begreifen ist, liegt auf der Hand[39]. Der »Wanderbischof« beispielsweise, der mit einer Personaldiözese von Gastarbeitern oder Emigranten betraut ist, fungiert auch als legitimer Versammlungsort der Kirche Gottes, wenn er etwa bei einem überregionalen Treffen mit den ihm anvertrauten Gläubigen das Herrenmahl feiert[40]. Denn die Eucharistie wird laut Liturgiekonstitution so sehr als »die vorzügliche Manifestation« der Kirche[41] verstanden, daß sie auch dort ekklesia schafft, aktualisiert und wachsen läßt, wo sonst keine territoriale Wohnstabilität der Kirchenmitglieder möglich ist.

Wieweit sich das Konzil von der Perspektive einer juristischen Lokalörtlichkeit distanzieren und für *humanörtliche* Wirklichkeiten Sinn aufbringen wollte, läßt sich noch an anderen Beispielen ablesen. Im Dekret über die Ostkirchen taucht die vielsagende Überschrift »*De ecclesiis particularibus seu ritibus*«[42] auf, wobei die Riten, d. h. die kulturbedingten Kulttraditionen in ihrer Vielfalt als Orte wahren Kircheseins erachtet werden. Ein ähnliches Bild bietet auch das Ökumenismusdekret, wo die verschiedenen Übernahmegestalten des apostolischen Erbes, dessen Auslegung nach je anderen Mentalitäten und Lebensverhältnissen (UR 14/3) bei weitem nicht nur als Trennungsfaktor angesehen werden, und wo die »Verschiedenheit der Sitten und Gebräuche« (UR 16/1) geradezu als Beitrag zur Schönheit der einen Kirche bezeichnet wird. Das Missionsdekret schließlich zeigt eine noch größere Offenheit. Das ganze 3. Kapitel ist den »*ecclesiae particulares*« gewidmet, worin sogar Person und Funktion des Bischofs als Katalysator örtlichen Kircheseins in den Hintergrund rücken. Im Vordergrund stehen eher die »Einpflanzung der Kirche in eine bestimmte Gesellschaft« unter Anpassung an die »örtliche Kultur« (AG 19/1), ferner die apostolische Zeugnistätigkeit der Laien (AG 21), deren Sendung dazu beiträgt, daß die sich in ihnen ereignende Kirche lebendiges »Abbild der Gesamtkirche« als die *apostolica* wird (AG 20/1), und endlich die von jedem voreiligen Synkretismus befreiten humanen Werte des evangelisierten Kulturbereiches: Brauchtum, Weisheit und Kunst (AG 22/1). Das läßt auf ein erfreulich neues Verständnis von Mission

---

[39] So nach *Lanne*, KD 137; vgl. 124 Anm. 17; K. *Mörsdorf,* LThK-K II, 172.
[40] Vgl. K. *Mörsdorf,* Einleitung zu CD, LThK-K II, 155–158.
[41] SC 41; vgl. *Lanne* KD 124; *Rahner,* a.a.O. 335.
[42] OE 2; vgl. *Lanne* KD 137.

schließen: die Kulturen erhalten den Wert des Verbindungsortes zwischen Göttlichem und Menschlichem[43].

Die partikularen Daseinsweisen der Kirche Gottes werden also sowohl von »unten«, d. h. von der gesellschaftlichen Verwurzelung, wie von »oben«, d. h. von der episkopal-eucharistischen Gemeinschaft, durchaus positiv gewertet. Bleibt die Frage, wie der Begriff des *Partikularen* überhaupt verstanden und mit dem des *Universalen* verbunden wird. Zwei Antworten können aus den Dokumenten herausgelesen werden. Nach der ersten ist das Partikulare als Teil eines umfassenden Ganzen zu begreifen. Teil und Ganzes bilden einen *Gegensatz*, der nur durch die additive Einbringung aller Teile in die entsprechende Ganzheit überwunden werden kann. Davon profitieren sowohl die Einzelheiten wie auch das umfassende Ganze als ihre Summe. Das wird z. B. in LG 13/3 bezüglich der Katholizität der Kirche klar gesagt: »Kraft dieser Katholizität bringen die einzelnen Teile ihre eigenen Gaben den übrigen Teilen und der ganzen Kirche hinzu, so daß das Ganze und die einzelnen Teile zunehmen aus allen.« Trotz dieser gegenseitigen Bereicherung liegt das Ganze jedoch grundsätzlich von seinem Begriff her schon über dem Einzelteil: *es allein ist universal*. Bei einem vorwiegend additiven Verständnis der Teilkirchlichkeit liegt zumindest die Möglichkeit nahe, daß allein die Summe der Teilkirchen, die Gesamtkirche, als universal und folglich »katholisch« vorgestellt wird. Das kann dann nicht nur im Bereich der Ökumene Folgen haben – dort wird ja die »Fülle« der Katholizität wohl in der römisch-katholischen Kirche gesehen[44] –, sondern auch im Bereich des Kirchenrechtes, wo die Diözese als eine »*portio*« des Gottesvolkes angesehen wird[45]. Das kann im Extremfall zur zumindest praktischen Wiedergeburt einer bereits überwundenen Konzeption führen, nach der die Einzelkirche ein einfacher »Verwaltungssprengel einer religiösen Großorganisation«[46] ist, ein »Teilstück der Gesamtkirche« in der Art eines »politischen Verwaltungsbezirkes«[47].

Das Konzil bietet aber auch eine andere Bestimmung des Verhältnisses von Teil- und Gesamtkirche an. LG 23/2 sagt in einem Nebensatz, daß die Teilkirchen »*nach dem Bild der Gesamtkirche* gestaltet sind«, weswegen der Satz gilt: »*In ihnen* und aus ihnen besteht *(existit)* die eine und einzige katholische Kirche«[48]. Diese These gründet nicht in

---

[43] *Lanne* KD 128.
[44] Vgl. LG 8/2; 14/2.
[45] So z. B. CD 11.
[46] *Rahner*, a.a.O. 335.
[47] Ebd. 399.
[48] Man wundert sich über den hier gemachten Hinweis auf Cyprian, ep. 55,24, wo es doch um eine »Verteiltheit« der Kirche »in vielen Gliedern« geht!

einer additiven Sicht der Teile und des Ganzen. Vielmehr setzt sie eine echte *re-praesentatio* des Universalen im Partikularen und durch es voraus. So besitzt z. B. die Teilkirche *qualitativ* dieselbe Katholizität wie die Gesamtkirche, dieselbe innere Struktur und äußere Sendung. Der Kontext der zitierten Sätze ist mit der Aussage gegeben, der Diözesanbischof sei ebenso »sichtbares Prinzip und Fundament der Einheit« in seiner Teilkirche wie der Bischof von Rom es ist für die »Vielheit von Bischöfen und Gläubigen«, d. h. für die Universalkirche. Zu dieser Aussage liefert der Nebensatz über die ontologische Vergegenwärtigung der Gesamtkirche durch ihr wohl reales Abbild die Grundlage. Diese ist also ebenso universal wie jene. Dieselbe Universalitäts-, Versammlungs- und Sendungsdynamik belebt alle Daseinsweisen der Kirche Christi.

Ist nun diese »Realpräsenz« der Kirche Gottes nur der Ortskirche in ihren *bischofskirchlichen* Vollzugsgestalten und -momenten eigen? Ist die Kirche Gottes ausschließlich in Orten da, wo in einer Gemeinschaft der Gläubigen eine episkopal-presbyteriale Führung in irgendeiner Weise zum Tragen kommt? Gehört die Amtsstruktur zum Wesen und »Unterbau« der Kirche am Ort, oder ist sie ihr nur eine im Normalfall zur Seite gegebene »Hilfsstruktur«[49]?

Weder die altkirchliche Hermeneutik des neutestamentlichen Ekklesia-Begriffs noch die des II. Vaticanum können sich völlig amtlose Ortskirchen vorstellen. Alles deutet darauf, daß die katholische Tradition das besondere, ordinierte *ministerium verbi et sacramenti* für jede Daseinsgestalt der Kirche ebensowenig für nicht-wesentlich hält wie die Eucharistie als Aufbau- und Vollzugsereignis derselben Kirche. Mit Paulus heißt die Tradition: ohne Herrenmahl keine ekklesia in ihrer Vollgestalt! Mit Ignatius heißt sie: ohne den Einheitsdienst des Bischofs und des Presbyteriums kein Herrenmahl! Doch scheint sie die Wesensstruktur der Kirche sehr differenziert als eine mehrschichtige Struktur zu begreifen, in der der amtlich-sakramentalen Komponente sicherlich nicht die Stelle der immer und überall *in actu* zu vollziehenden *Basis* zukommt. Diese Komponente gehört sicherlich zur Wesensstruktur und nicht nur zur »Hilfsstruktur« der ekklesia. Doch ist sie weder Kern noch Basis allen ekklesia-Seins. Sie kann sogar in bestimmten Fällen gar nicht aktualisiert werden, ohne daß damit einer humanörtlich sich ereignenden Gemeinschaft von Glaubenden das ekklesia-Sein völlig abginge. So kann das Konzil (unter faktischem Rückgriff auf 1 Kor 16, 19 und Röm 16, 5) der gläubigen Familie die

---

[49] Diese These klingt bei G. *Hasenhüttl,* Charisma – Ordnungsprinzip der Kirche. Freiburg–Basel–Wien 1969, an.

Bezeichnung »*veluti ecclesia domestica*«[50] geben (LG 11/2), wobei das älteste Konstitutivum des Gemeindeseins, nämlich der botschaft- und *zeugnisbereite Glaube* an Christus, ausdrücklich erwähnt wird. Anderswo (GS 48/4) wird die christliche Familie als eine Gemeinschaft angesprochen, die »die lebendige Gegenwart des Erlösers in der Welt und die *wahre Natur der Kirche* allen« kundzumachen hat. Sie tut dies nicht zuletzt »in der bereitwilligen Zusammenarbeit aller ihrer Glieder«, was als ein impliziter Hinweis auf die kirchenschaffende Charismenökonomie verstanden werden darf. Kurzum: die humanörtlichen Eigenschaften und die neutestamentlichen Grundhaltungen, welche eine Haus- und Familiengemeinschaft auszeichnen mögen, reichen aus, um eine *basishafte* Daseinsgestalt der Kirche Gottes zu konstituieren. In ihr kommt die »wahre Natur«, also das Wesen der ekklesia, zu einer ihrer zahlreichen Vollzugsformen, ohne daß dabei die amtliche Wesenskomponente aktualisiert würde.

Wird nun vom Konzil nur die Familie derart ekklesiologisch privilegiert und als »Basisgemeinde« anerkannt? Nein. Es gibt noch drei Stellen, wo die gläubigen Kleinstgruppen unter Berufung auf Mt 18, 20: »Wo zwei oder drei in meinem Namen versammelt sind, da bin ich mitten unter ihnen« faktisch als basishafte Ortskirchen verstanden werden. Im Hintergrund scheint hier der Gedanke Tertullians zu stehen, nach dem dort, wo Menschen in Christi Namen zusammenkommen, wahrhaft Kirche ist[51]. In diesem Sinne spricht AA 18/1 vom »in Gemeinschaft geübten Apostolat der Gläubigen«, das »ein Zeichen der Gemeinschaft *(communio)* und der Einheit der Kirche in Christus« darstellt. Es geht offensichtlich um ein wirksames Zeichen, durch das Christus sich in der zeugnisbereiten Kleinstgruppe kirchenschaffend präsentiert, sich real-präsent setzt. Ähnlich dürften wohl auch die beiden anderen Stellen, SC 7/1 über die liturgisch betende und singende Kirche und vor allem UR 8/2 über das gemeinsame Einheitsgebet der Katholiken »mit den getrennten Brüdern«, ausgelegt werden[52].

Ergebnis

Als Fazit dieser kurzen Untersuchung über die Örtlichkeit der Ortskirche dürfte zunächst festgehalten werden: Das Konzil hat wichtige Ele-

---

[50] *Lanne* KD 146: »Es scheint hier, über eine bloße Analogie hinaus, eine echte Teilnahme am Wesen der Kirche vorzuliegen.«
[51] So nach *Lanne* KD 147.
[52] *Rahner*, a.a.O. 410 meint, die Rede von LG 26 über die Diasporagemeinden als örtliche »Altargemeinden« beziehe sich nicht »auf die Bischofskirche als solche«, und schreibe ihnen die Kirchlichkeit allein aufgrund Christi Gegenwart zu. Mir scheint diese Interpretation beim gegebenen Kontext doch fraglich zu sein.

mente der neutestamentlichen Ekklesiologien, insbesondere der paulinischen, sowie des altkirchlichen Amts- und Sakramentsverständnisses wieder zur Geltung gebracht. Darin erscheint das Wesen der Ortskirche *als ein sich in sprachlichem und strukturellem Wandel bestätigendes Wesen.* Der Örtlichkeitsbegriff selbst läßt sich am besten nicht territorial oder hoheitsrechtlich, sondern im Sinne komplexer humanörtlicher Faktoren verstehen. Solche sind z. B. der Wille der Urgemeinde, Israel Gottes zu sein und deshalb in Jerusalem Fuß zu fassen, die charismatische Ergänzungs- und Aufbauökonomie, die Abendmahlgemeinschaft im Vollzug, ein gemeinsam bejahtes Apostolatsziel, die natürliche oder kulturelle Gewachsenheit der Gläubigengruppe usw. Auf die Frage, worin die basishaften Konstitutiva des ekklesia-Seins bestehen, kann geantwortet werden: Von »unten« her betrachtet konstituieren es (a) auf Zeugnisglaube gründende Wortverkündigung, (b) deren sakramentale Höchstverdichtung in der Eucharistiefeier, (c) die aktive Liebe, welche innen und außen charismatische Koinonia-, Communio-Bereitschaft stiftet. Von »oben« her gesehen schafft allein der im Wirken seines heiligenden Geistes gegenwärtige Christus ekklesia. Der episkopal-presbyteriale Einheitsdienst gehört zwar zur voll entfalteten Wesensstruktur der Ortsgemeinde, nicht aber zur fundamentalen Schicht dieser Wesensstruktur[53]. Er kann deshalb bei verschiedenen Vollzugsgestalten der Ortskirche nicht *in actu* sein und mitwirken, ohne daß die nämliche Ortskirche ihres ekklesia-Seins verlustig ginge. Es gibt »amtlose« Vollzugsgestalten der Ortskirche und folglich der Kirche Gottes auf einer Basisebene, worin übrigens ein ausgezeichnetes Beispiel für das wandelhafte Wesen und den wesenhaften Wandel der Ortskirche erkennbar wird. Weil Kirche Gottes am Ort sowohl »amthaft« wie »amtlos« Wirklichkeit werden kann, erscheint ihr Wesen als ein sich im Wandel entfaltendes Wesen. Auf jeden Fall zeigt sich eine sehr breite Palette der Möglichkeiten für ekklesia-Ereignis, angefangen von der Basisgemeinde bis zur weltweiten Kirchengemeinschaft, die etwa im ökumenischen Konzil unter dem Vorsitz des Papstes konkret wird.

Über das genaue Verhältnis zwischen Ortskirche und Gesamtkirche schien mir die re-präsentative Konzeption hermeneutisch Wertvolleres auszusagen als ein rein additives Katholizitätsverständnis. Denn nur die erste wird der konziliaren Lehre, in der Ortskirche sei die *una, sancta, catholica, apostolica* wahrhaft da, völlig gerecht. Sowohl die

---

[53] Es kommt übrigens nach J. A. Möhler als Erzeugnis der »Basis« zustande, zumal das Wahlverfahren zur Bestellung der Bischöfe als ein Mittel verstanden wird, durch das das Volk Gottes aus seiner Mitte Kandidaten zur göttlichen Bevollmächtigung aussondert. So dürfte in der Amtsstruktur der Gemeinde eine gleichsam ›abgeleitete Wesensstruktur‹ gesehen werden.

Universalität der Ortskirche wie die der Gesamtkirche müssen unbedingt praktisch werden. Für solche praktizierte Universalität steht als Beispiel die paulinische Kollekte als »*koinonia tes diakonias*«, aber auch etwa die Nachbarschaftshilfe bei der Bischofswahl oder die verschiedenen Arten der Synode bzw. des Konzils, die auch echte koinonia-Ereignisse sein sollen.

Als allerletzter Satz sei nur dieses Votum formuliert: unsere Ekklesiologie möge die große lebendige Komplexität der Faktoren, die das ekklesiale Wesen der Ortskirche bestimmen – sei es der humanörtliche, lokale, der amtliche, der rechtliche oder der sakramentale, der charismatische, der pneumatologisch-christologische –, nie aus den Augen verlieren; sie möge *keinen davon absolut setzen.* Nur so holt sie hermeneutisch sowohl die normativen Ursprünge wie die heutigen Selbsterfahrungen der Kirche Gottes ein.

Zur Sakramentalität des Dienstamtes

Ein wichtiger Differenzpunkt zwischen evangelischem und katholischem Amtsverständnis liegt in der Beantwortung der Frage, ob das kirchliche Dienstamt ein Sakrament sei oder nicht. Näherhin lauten die Fragen dieser immer noch offenen Kontroverse: Besitzen Ordination und Amt sakramentale Eigenschaften? Ist die Ordination ein sakramentaler Akt, d. h. eine kirchliche Handlung, die sich mit Taufe und Herrenmahl, diesen sichtbaren Zeichen göttlicher Gnadenverheißung und -zuteilung, vergleichen läßt? Wenn ja, aufgrund welcher Tradition läßt sich dies begründen? Aufgrund einer schon vorösterlich erkennbaren Willensrichtung Jesu, wie die heutige Theologie es für Taufe und Herrenmahl annimmt? Oder nur aufgrund einer nachösterlichen Erfahrung der werdenden Kirche, wofür wir aber klare Zeugnisse im Neuen Testament selbst besitzen? Oder lassen erst nachbiblische, altkirchliche Traditionen zu, Ordination und Amt mit demselben Oberbegriff „sacramentum" zu bezeichnen, den Tertullian zur Bezeichnung der Taufe und des Herrenmahls in unsere westliche Theologie eingeführt hat? Ab wann genau hat diese Theologie dann von „sacramentum ordinis" gesprochen? Und mit welchem Recht tat sie das? Einem Recht etwa, das durch die Reformatoren, Luther und Calvin, als Unrecht entlarvt wurde?

Neben diesen historischen und dogmatischen Fragen drängt sich heute in unseren Kirchen auch eine radikale Infragestellung der Ordination bzw. der Weihe überhaupt auf. Ich denke an Diskussionen über den Sinn des besonderen Priestertums im katholischen Raum, vor allem aber an evangelische Theologiestudenten, die sich weigern, sich am Ende ihres Studiums ordinieren zu lassen. Denn sie befürchten eine einseitige Aufwertung des Amtes gegenüber dem Charisma oder die fraglose Befolgung des ihres Erachtens überholten Schemas „Hirt und Herde".[1] Wäre es angemessen, einen theologischen Konsens über die Köpfe dieser hyperkritischen Gene-

---

[1] Vgl. Amt, Ämter, Dienste, Ordination. Ergebnis eines theologischen Gesprächs, hg. v. J. Rogge und H. Zeddies, Berlin 1982 (= AÄDO), 18, 24, 29.

ration hinweg, die es nun einmal gibt, anzuzielen? Einen Konsens der Sakramentenfreundlichen gegen die Sakramentenfeindlichen quer durch die Konfessionen? ...

Selbstverständlich kann dieser Beitrag nicht auf alle genannten Fragen antworten. Er will den breitmöglichsten Fragehorizont nur kurz vergegenwärtigen, um dann ganz gezielt in eine bestimmte Richtung kräftig vorzustoßen. Die Richtung, die ich wähle, läßt sich durch die Frage bestimmen: Stellt das katholische Festhalten an der Sakramentalität von Amt und Ordination ein unüberwindbares Hindernis dar auf dem Weg zur gegenseitigen Anerkennung der Ämter zwischen der katholischen Kirche und den Kirchen der Reformation lutherischer und calvinischer Prägung? Die Antwort soll nach folgender Methode gesucht werden. In einem ersten Anlauf wird nach der Sakramentalität der Ordination bzw. der Weihe Ausschau gehalten, in einem zweiten nach der Sakramentalität jenes Amtes, Ordo, Standes, Dienstes, Berufs, in den die Ordination bzw. die Weihe einen Christen einsetzt und die ihn, im Prinzip, „lebensgeschichtlich" bestimmt. Zu beiden Themen, die freilich nicht getrennt, sondern in ihrer konstitutiven Wechselbeziehung begriffen werden, soll eine Prüfung der Geschichte der westlichen Christenheit vor und nach der Reformation den Weg ebnen. Anschließend kommen dann „Lösungsversuche" zur Sprache, die man aufgrund des II. Vatikanums und einiger seither erstellter interkonfessioneller Einigungsdokumente vorzuschlagen in der Lage ist. Diese Lösungsversuche will ich an erster Stelle als katholischer Dogmatiker, an zweiter als Kenner der calvinischen Tradition formulieren.

1. Zur Sakramentalität der „Ordination" bzw. der „Weihe"

Die scholastische Theologie hat m. E. eine wertvolle Verständnishilfe erarbeitet, indem sie bei bestimmten Sakramenten zwischen Werden und Sein, „fieri" und „esse", unterschied. So auch beim Sakrament des kirchlichen Dienstamtes. Hier wird zunächst das Amt in seinem konkreten Entstehen betrachtet, in jenem kirchlichen Akt, durch den aus einem Getauften ein Amtsträger wird; anders gewendet: durch den diesem das Amt samt dem Auftrag und der Vollmacht, die dazu gehören, übertragen wird. Da aber dieser Akt eine ganz bestimmte, auf Dauer angelegte Zeit in der Lebensgeschichte des Amtsträgers einleitet, muß auch geprüft werden, in welchem Sinn dieses lebensgeschichtlich im Dienst von Gemeinde und Kirche ausgeübte Amt als Sakrament, näherhin als „Dauersakrament" bezeichnet werden darf.

1.1 Die Entwicklung bis zur Reformation

Halten wir also zunächst Ausschau nach der Ordinationshandlung als solcher, wie sie sich in den ersten fünfzehn Jahrhunderten ausgezeugt und -gestaltet hat.

1.1.1 *Die alte Kirche*

Beim Umriß dieser an sich sehr komplexen Entwicklungsgeschichte dürfen wir mit den Pastoralbriefen ansetzen. Diese bezeugen eine bereits klar „amtlich" strukturierte Gestalt der Kirche. „Amtlich" soll hier etwa „institutionell geleitet" besagen. Es handelt sich in der Tat um eine Gemeinde bzw. Gemeindengruppe, die den Anspruch erhebt, im Sinne der apostolischen Lehre (διδασκαλία) durch einen Schüler des Paulus wie Timotheus und Titus sowie durch Älteste, Presbyter, regiert zu werden. Der Schreiber gibt diesen beiden den Titel „ein echtes Kind [Pauli] im Glauben" (1 Tim 1,2; Tit 1,4; vgl. 2 Tim 1,2) und setzt voraus, daß sie selbst schon Presbyter eingesetzt haben (vgl. 1 Tim 5,22), um das Amt des „Vorstehers" durch das lehrhaft vorgetragene Wort auszuüben (1 Tim 5,17). Diese Einsetzung erfolgt durch den Ritus der „Handauflegung" (ἐπίθεσις τῶν χειρῶν) sowohl für die unmittelbaren wie für die mittelbaren Apostelschüler, einen Ritus, der zur Verleihung eines Charismas Gottes an den Empfänger dient (2 Tim 1,6; 1 Tim 4,14). Und das so verliehene Charisma, die so empfangene Gnadengabe besitzt bleibenden Charakter: Sie verbleibt im Empfänger, so daß dieser sie nur zu pflegen und immer wieder zu „entfachen" hat (2 Tim 1,6). Der Ritus ist erwiesenermaßen rabbinischer Herkunft[2] und zielt auf die Verleihung von göttlicher Kraft ab. Die spätere Sakramentenlehre wird in einem ähnlichen Sinn von Vermittlung göttlicher „Gnade" mittels des sichtbaren „Zeichens" reden.

Bald nach der Abfassungszeit der Pastoralbriefe, um die Wende zum 3. Jahrhundert, erscheint bei Tertullian zum ersten Mal der lateinische Name „ordinatio". Das Wort besagt die Hereinnahme eines Christen in den „ordo", d. h. in die Reihe von einander geschichtlich nachfolgenden Amtsträgern, näherhin Bischöfen.[3] Ein anderer Nordwestafrikaner, Cyprian, streicht mehr die gemeinschaftliche Dynamik von „ordinatio" heraus: die Eingliederung eines Christen in das Kollegium der Amtsträger in einer

---

[2] Siehe F. Hahn, Neutestamentliche Grundlagen für eine Lehre vom kirchlichen Amt, in: Dienst und Amt, hg. v. F. Hahn u. a., Regensburg 1973, 7–40; E. Lohse, Die Ordination im Spätjudentum und im NT, Göttingen 1951.
[3] E. Schillebeeckx, Das kirchliche Amt, Düsseldorf 1981, 69; M. Bevenot, Tertullian's thoughts about the christian priesthood, in: Corona Gratiarum (FS E. Dekkers), Bd. 1, Brügge 1975, 125–137.

Ortskirche. Doch verrechtlicht Cyprian damit die Handlung keineswegs einseitig; er schreibt ihr weiterhin gnadenvermittelnde Funktion zu.

Die älteste liturgische Beschreibung der Handauflegung, die wir kennen, stammt aus dem frühen 3. Jahrhundert, d. h. aus der Zeit zwischen Tertullian und Cyprian. Sie trägt den Titel „Traditio Apostolica", ihr Autor war wahrscheinlich Hippolyt. Dieses Zeugnis altkirchlichen Amtsverständnisses zeigt in synthetischer Form jene theologische *Zweidimensionalität* der Ordination, die die bereits zitierten Autoren im Kern schon vertraten, ein eigenartiges Ineinander der ekklesialen und der pneumatischen Dimension. Die *ekklesiale* Dimension verdeutlicht sich durch das Prinzip der *Wahl.* Die bereits im Dienst stehenden Amtsträger wählen zusammen mit dem Volk die neuen Amtsträger, manchmal gegen deren eigenen Wunsch. Und die konkrete Gemeinde sorgt ebenfalls dafür, daß die Rechtgläubigkeit der Gewählten unter Beweis gestellt wird.[4] Die *pneumatische* Dimension drückt sich dann vorab im Ordinationsritus, der Handauflegung, aus. Diese verbindet sich engstens mit einem Herabrufen, ja Herabflehen des Heiligen Geistes, weshalb sie auch „*Epiklese*" heißt. Hier richtet sich der Blick gleichsam nach oben, geleitet durch das Bewußtsein, daß Gemeinde und Ordinand nicht in voller Autonomie handeln und daß die „Geisteskraft der Leitung" nur Geschenk des Gottesgeistes sein kann. Der Gebrauch der Epiklese und der Handauflegung macht es geradezu unmöglich, daß dem kirchlichen Akt der Wahl und der Ordination ein Verfügen über Gottes Gnade zugeschrieben wird. Nein, die Gemeinde führt den Ordinationsprozeß (es geht wohl um einen Prozeß) in einer zugleich selbstbewußten und demütigen Grundhaltung durch. Einerseits holt sie sich aus ihrem eigenen Schoße mit den fast imperativen Mitteln der Wahl die Bischöfe, die Presbyter und die Diakone, die sie als Kirche unbedingt braucht. Andererseits läßt sie den so begonnenen Prozeß in einen betenden, bittenden Glaubensakt münden. Denn der Geist Gottes und Christi allein hat die Macht, die Gewählten in ihren innersten Fähigkeiten zu „ordinieren", zu begnaden und zu befähigen. So beten deshalb die Mitglieder des Presbyteriums im Moment, wo sie ihre Hände einem Kandidaten zum presbyteralen Amt auflegen, mit folgenden Worten: „Gib ihm den Geist der Gnade und des Rates des Presbyterkollegiums, damit er deinem Volk helfen und es mit einem lauteren Herzen leiten kann"[5].

Hier, wie übrigens bei der Ordination eines Bischofs, vollzieht sich also die Eingliederung (Schillebeeckx spricht von einer In-Ordinatio) eines Trä-

---

[4] Schillebeeckx (s. Anm. 3), 74f.
[5] Traditio Apostolica 7, ed. B. Botte, Paris 1963, 56.

gers des Dienstamtes zugleich realistisch und doch als echter „fiducialer" Glaubensvollzug. Einerseits will die Ortsgemeinde wissen, wen sie sich wählt und wo genau der Gewählte wirken wird, weshalb das Konzil von Chalzedon 451 auch befindet: „Niemand darf auf absolute Weise ἀπολελυμένως) ordiniert werden /.../. Wenn ihm nicht auf deutliche Weise eine örtliche Gemeinde zugewiesen ist /.../, ist seine Ordination null und nichtig."[6] Andererseits aber entbehrt diese rechtlich geregelte Ordinationspolitik keineswegs des Willens, ganz auf Gott zu setzen und den Erfolg von ihm zu erhoffen. – Wir könnten das mit späterer Begrifflichkeit als eine „sakramentale" Haltung bezeichnen, da hier mitten im menschlichen Tun Gottes souveräne Wirkung und Wirksamkeit als gegenwärtig geglaubt wird.

Man könnte vielleicht hier auch den Begriff „Korrelation" verwenden, freilich mit dem wichtigen Vorbehalt, daß der göttliche Pol letztlich die Priorität der Initiative gegenüber dem menschlichen innehat, was aber dann wiederum der real-rechtlichen Verfaßtheit der Kirche keine Gewalt antut. Wie sehr das Göttliche beim Amtsaufbau den Ausschlag gibt, zeigt die „Traditio Apostolica" mit einer Ausnahmeregelung. Sie läßt Männer, die für die Sache Christi gelitten hatten und als überlebende Märtyrer galten, ohne Handauflegung zum Presbyterat oder Diakonat zu.[7] Hier kommt das Charisma, die Gnadengabe des Bis-zum-Letzten-bekennen-Könnens als gleichsam rituslos geltende, direkt göttliche „Ordination" zum Zuge. Mehr menschliche Absicherung ist jedoch wiederum bei der Zulassung eines solchen Bekenners zum Bischofsamt festzustellen: für ihn wird die Handauflegung erforderlich.[8]

1.1.2 Das Mittelalter
Das Mittelalter bringt in die bisher skizzierte altkirchliche Theologie der Ordination neue Akzente, die nicht immer im Sinne der neutestamentlichen Offenbarung ausfallen.

Als eine logische Konsequenz dessen, was die Pastoralbriefe, Tertullian, Cyprian und Hippolyt überliefert haben, erscheint im 12. Jahrhundert, näherhin bei Hugo von St. Victor[9], der Name *„sacramentum ordinis"*. Der Be-

---

[6] COD 66, 10–22: Μηδένα ἀπολελυμένως χειροτονεῖσθαι ... εἰ μὴ ἰδικῶς ἐν ἐκκλησίᾳ πόλεως ἢ κώμης ἢ μαρτυρίῳ ἢ μοναστηρίῳ ὁ χειροτονούμενος ἐπικηρύττοιτο ... ἄκυρον ἔχειν τὴν τοιαύτην χειροθεσίαν καὶ μηδαμοῦ δύνασθαι ἐνεργεῖν, ἐφ' ὕβρει τοῦ χειροτονήσαντος.
[7] Traditio Apostolica 10, ed. B. Botte, 64.
[8] Ebd.
[9] De sacramentis II, 2, 5: PL 176, 419.

griff „sacramentum" mit einer kultischen Bedeutung stammt bekanntlich von Tertullian, wie auch das Wort „ordinatio". Doch bedurfte es der augustinischen Systematik mit ihrer Definition des Sakraments als eines gottgewollt-kirchlichen, wirksamen Gnadenzeichens, damit die Entwicklung vollendet und die Ordination ein eigentliches Sakrament des christlichen Kultes genannt werden konnte. Diese Entwicklung hält die katholische Dogmatik heute noch für legitim, da sie einen biblisch klar bezeugten, gar nicht unwesentlichen Bestandteil des Kircheseins der Kirche nur auf den Begriff gebracht hat. In der Tat war die Sache längst vor dem Begriff da. Die Ordination wurde – könnten wir sagen – jahrhundertelang sakramental geübt und praktiziert, bevor der Name „sacramentum ordinis" eingeführt worden ist.

Fragwürdig finden wir allerdings jenen Trend der mittelalterlichen Entwicklung, der zu einer Verdrängung des ursprünglichen pneumatisch-ekklesialen Amtsverständnisses führte. Dabei tritt der Ordinand als *Individuum* in den Vordergrund, und die Theologen fragen spekulativ danach, was wohl das Ordinationssakrament in seinem Sein, in seiner ontologischen Beschaffenheit verändert. Jetzt kommt der Gedanke an eine *Weihe* auf, die nicht immer dasselbe meint wie Charismenverleihung im Sinne der Pastoralbriefe. Während dort Charisma sogar als „Amtscharisma" nur im Kontext des Aufbauens und Erbauens der konkreten Gemeinde Sinn hatte, läßt sich nunmehr der Amtsträger als geweihtes Individualwesen verstehen, das die Gewalt, die potestas, besitzt, das *Meßopfer* darzubringen, Brot und Wein in Leib und Blut Christi zu verwandeln. Das IV. Laterankonzil zementiert diese Weihetheologie zusätzlich noch dadurch, daß es den geweihten Presbyter betont „sacerdos" nennt[10], womit es ihm als erstrangige Aufgabe die Bereitung des Opfers, die „confectio" des Altar-Sakraments, zuteilt[11]. Schon die Wortgruppe „conficere", „confectio", die den Gedanken an ein zubereitendes Handeln einschließt, mag uns heute zu Recht reizen. Denn wir haben das Herrenmahl wieder in seinem eigentlichen Wesen als ekklesiale Gemeinschaftsfeier mit dem sich vergegenwärtigenden Christus entdeckt. Da geht es wirklich um mehr als nur um die Herbeiführung der Transsubstantiation! Das Sakrament der Ordination macht aus dem Ordinierten mehr als nur einen Kultdiener, der Weihegewalt besitzt, ganz

---

[10] K. J. Becker, Der Priesterliche Dienst, II: Wesen und Vollmachten des Priestertums nach dem Lehramt (QD 47), Freiburg/Basel/Wien 1970, 39.
[11] DS 802: „Et hoc sacramentum nemo potest conficere, nisi sacerdos, qui rite fuerit ordinatus"; vgl. DS 794 (Professio fidei Waldensibus praescripta): „Non potest nec debet Eucharistiam consecrare nec altaris Sacrificium conficere, nisi sit presbyter /.../ ordinatus."

unabhängig davon, ob er sich auch als aus der Gemeinde hervortretender und für die Gemeinde wirkender Diener am Gotteswort betätigt.

Sicherlich wäre es schon rein historisch falsch, dem IV. Laterankonzil und dann auch dem Konzil von Florenz all das in die Schuhe zu schieben, was später die Reformatoren der mittelalterlichen Kirche massiv und undifferenziert vorwarfen: fehlenden Christusbezug, Ergänzung des Kreuzesopfers durch die vielen Meßopfer, magische Handhabung des Weihesakraments, totale Herrschaft der geweihten Kleriker über das einfache Kirchenvolk. Das Glaubensbekenntnis des IV. Laterankonzils vertritt schon genügend altkirchliche Christozentrik, um erklären zu können, in der Kirche sei „Jesus Christus Priester und Opfer zugleich"[12].

Und das Konzil von Florenz, gut zwei Jahrhunderte später, unterläßt es nicht, den Christusbezug des amtspriesterlichen Tuns hervorzuheben: er bereite das Altarsakrament, „indem er in der Person Christi spricht"[13]. Doch was nützt solche punktuelle Christozentrik dort, wo die konkrete Ortsgemeinde mit ihrer pneumatisch-charismatischen Dienstordnung wegfällt als konkret tragender und bestimmender Ort der Amtsausübung? Weil diese ur- und altkirchliche Dimension fehlt, erliegt auch die Ordinationsauffassung leicht einer Verfremdung, die bei weitem nicht nur theologische Ursachen hat: Da tritt z. B. die Weihe und schon die Tonsur als Mittel auf, um in den privilegierten ordo der Kleriker gehievt zu werden, in einen „geistlichen Stand" – um mit Luther zu reden –, der von allen Seiten, theologisch, rechtlich, ja sogar finanziell, „abgesichert" werden kann. Die Weihe ermächtigt auch den sonst moralisch und intellektuell zweifelhaftesten Priester, im Namen Christi aufzutreten, Gewalt über Leib und Leben des Nächsten auszuüben, über der Masse der Laien zu stehen, der weltlichen Gerichtsbarkeit entzogen zu sein und nicht zuletzt auf Benefizien Anspruch zu erheben.[14] Das führt zu landläufigen Mißständen. Es kommt vor, daß eine Ortsgemeinde eher als Pfründenquelle für ihren oft abwesenden, anderswo wohnenden Pfarrer denn als Gegenstand von dessen pastoraler Sorge begriffen wird. Nicht mehr der Priester ist dann um der Gemeinde willen da, sondern die Gemeinde um des Priesters, des Klerikers willen.

---

[12] DS 802: „in qua idem ipse sacerdos est sacrificium Iesus Christus."
[13] DS 1321: „Sacerdos enim in persona Christi loquens hoc conficit sacramentum."
[14] Das III. Laterankonzil (can. 5: Mansi XXII, 220) bezieht den altkirchlichen „titulus ecclesiae" ganz auf den bloßen Lebensunterhalt des Ordinanden im Rahmen einer feudalen Gesellschaft. Während das Konzil von Chalzedon mit diesem Ausdruck seine Forderung verband, der Ordinand müsse zum Dienst einer bestimmten Ortskirche bestellt werden, untersagt nun das III. Laterankonzil die Weihe jenes Kandidaten, der „sine certo titulo de quo necessaria vitae percipiat" ist. Vgl. Schillebeeckx (s. Anm. 3), 90.

1.2 Die Reformatoren und das Tridentinum

Martin Luther hat die Priesterweihe weitgehend von dieser Seite der praktischen Mißstände angegriffen, als er in seinem „De captivitate Babylonica" deren Sakramentalität verwarf. Die Ordinatio sei kein von Christus eingesetztes Sakrament, nur ein Ritus menschlichen Ursprungs. Sie verleihe dem Ordinierten keine Gewalt, das Herrenmahl als ein Opfer zur Vergebung der Sünden darzubringen und Brot und Wein in Leib und Blut Christi zu verwandeln. Der wahre „Pfarrer" der wahren Kirche habe den Dienst am Wort als seinen umfassenden Dienst zu verrichten. Dieser Dienst schließe auch die Spendung der Sakramente Taufe und Herrenmahl ein. Der Priester-, d. h. der „sacerdos"-Titel gebühre nicht allein den Klerikern, sondern allen Getauften in gleicher Weise. Auch zur Weiterreichung von Wort und Sakrament besitze jeder Christ grundsätzlich die gleiche Vollmacht, nur sei es keinem erlaubt, „sie ohne die Zustimmung der Gemeinschaft oder die Berufung durch einen Vorgesetzten auszuüben"[15]. Luther hält auch die Rede von einem Weihesakrament, dessen Ziel in der Schaffung von christlichen Opferpriestern bestünde, für eine satanische Angelegenheit. Denn – so schreibt er in seinem „De abroganda missa privata": „Es gibt für uns einzig und allein das Priestertum Christi, kraft dessen er selbst sich für uns und uns alle zusammen mit sich dargebracht hat."[16]

Dieser Satz des deutschen Reformators gibt die Hohepriester-Christologie des Hebräerbriefes wieder, die dann auch das Konzil von Trient aufgreifen wird, um die absolute Einmaligkeit des Kreuzesopfers Christi gegenüber der Eucharistie als dessen sakramentaler Vergegenwärtigung zu behaupten.[17] Darin stimmt das Tridentinum mit Luther überein. Doch weicht es von ihm deutlich ab, wenn es mit dieser Sakramentalität der Eucharistie die Sakramentalität der Ordination und des Dienstamtes engstens verknüpft. Für das Tridentinum sind es dieselben Abendmahlsworte Jesu: „Tut dies zu meinem Gedächtnis", die als Einsetzungsworte beider Sakramente anzusehen sind.[18] So bleibt die *Christozentrik* gewahrt, und die Empfänger des Weihesakramentes erscheinen deutlich als Diener des einen Erlösers Christus. Leider bleiben aber diese Diener Christi in der Sicht des Reformkonzils zugleich derart an die Eucharistie als eine Opferhandlung gefesselt[19], daß der katholische Priester viel mehr das Erscheinungsbild

---

[15] Für das Zitat siehe WA 6, 566, 26–30; vgl. Becker (s. Anm. 10), 56–60.
[16] WA 8, 415, 17 ff.
[17] DS 1740, 1743.
[18] DS 1752.
[19] Vgl. DS 1763.

eines Sakramentenspenders als das eines Verkündigers des Evangeliums erhält. Das entspricht nicht dem Amtsverständnis der Pastoralbriefe, auch recht wenig der pneumatisch-ekklesialen Sicht der alten Kirche und schon gar nicht dem Grundanliegen der Reformatoren. Hätte Trient in seiner Lehre vom „sacramentum ordinis" 1563 das Gleichgewicht zwischen Dienst am Wort und Dienst am Sakrament als Handlungsziele, zu denen ein Gemeindeleiter ordiniert wird, besser in den Griff bekommen – so etwa wie dies im II. Vatikanum geschehen sollte –, hätte es Luther eine fundiertere Antwort geben können. Dann hätte auch folgende Erklärung des Konzils glaubwürdiger geklungen: „Es ist nach dem Zeugnis der Schrift /.../ und allgemeiner Auffassung der Väter ganz klar, daß durch die heilige Ordination (der Begriff „Weihe" wird hier nicht gebraucht!), die in Worten und äußeren Zeichen vollzogen wird, Gnade mitgeteilt wird. So darf niemand daran zweifeln, daß der Ordo im wahren und eigentlichen Sinn eines von den sieben Sakramenten der heiligen Kirche ist." Als Beleg wird völlig sachgerecht 2 Tim 1,6–7 angeführt.[20]

Nun scheint es mir ökumenisch äußerst wichtig, gerade im Anschluß an diesen dogmatischen Satz des Konzils unseren Blick auf die Amtslehre des Genfer Reformators *Calvin* zu richten. Wird Calvin dem energisch widersprechen? Wird auch er die Sakramentalität der Ordination ähnlich wie Luther verwerfen? ... Das ist gerade nicht der Fall. Der französische Reformator scheint an diesem Punkt dem Tridentinum näher zu stehen als dem deutschen Reformator. An mehreren Stellen seiner „Institutio" erklärt er, er habe nichts dagegen[21], ja er sei gerne bereit[22], die Handauflegung ein Sakrament zu nennen. Denn dieser Ritus habe in 2 Tim 1,6 und 1 Tim 4,14 das eindeutige Zeugnis der Heiligen Schrift für sich[23], wonach er „Zeichen einer geistlichen *Gnade* Gottes" sei. Ein Zeichen, *durch* das die von ihm bezeichnete Gnade dem Empfänger wirklich zugeteilt wird.[24] Freilich dürfe die Handauflegung nur dann als Sakrament anerkannt werden, wenn ihre Zielrichtung „stimmt", d. h., wenn sie wahre Verkündiger des Wortes in ihr Dienstamt einführt und nicht zur Schaffung von Sühnopferpriestern mißbraucht wird.[25] Doch sind nach Calvin die wahren Verkündiger des Evangeliums nicht bloß Prediger, sondern Hirten der Gemeinde, die ihre

---

[20] DS 1766.
[21] Institutio Christianae Religionis (1559) (= ICR) IV, 19.28.
[22] ICR IV, 14.20.
[23] ICR IV, 3.16; 19.28.
[24] Vgl. L. Schummer, Le ministère pastoral dans l'Institution Chrétienne de Calvin à la lumière du troisième Sacrement, Wiesbaden 1965, 24.
[25] ICR IV, 19.28.

sakramental begründete Aufgabe im dreifachen, man könnte sogar sagen: *„dreieinigen"*, Dienst der Verkündigung, der Sakramentenspendung und der Gemeindeleitung wahrnehmen.[26] Leider könne man in der römischen Kirche diese reine Form der Ordination nicht mehr finden und bei den Reformierten werde sie noch als Konzession gegenüber dem Papsttum mißverstanden. Deswegen und nur deswegen wolle Calvin sie lieber doch nicht als eigentliches Sakrament der Kirche gelten lassen.[27]

1.3 Lösungsversuche

Die Position Calvins dürfte wohl als eine dogmatische Bejahung der Sakramentalität der Ordination angesehen werden, wenn sie auch in ein reformatorisch-kirchenpolitisches Nein mündet. Heute, nach dem II. Vatikanum, können aber etliche Vorbehalte, die ein solches Nein halbwegs legitimieren mochten, als überholt angesehen werden. So ergeben sich aufgrund der Amtslehre des neuesten Konzils nicht zu unterschätzende Lösungsansätze.

1.3.1 Das II. Vatikanum

Ein erster Vorbehalt entfällt dadurch, daß die einschlägigen Konzilstexte, vorab „Lumen gentium" (LG) und „Presbyterorum ordinis" (PO), das ohnehin unbiblisch klingende tridentinische Junktim „sichtbares Opfer" (sacrificium visibile) – „äußeres Priestertum" (externum sacerdotium)[28] nicht mehr betonen. Überhaupt versuchen sie, die sazerdotale Analogie nicht über Gebühr zu verwenden und deshalb, wo es um das Amt geht, den Begriff „ministerium" in der Ein- und Mehrzahl dem Begriff „sacerdotium" vorzuziehen. Befreiend wirkt auch die betonte Verwendung des Wortes *„presbyter"*, von dem das sonst theologisch zweideutige deutsche Wort „Priester" eigentlich herkommt. Aus diesem ganzen Befund ergibt sich, daß es unangemessen wäre, die konziliare Amtslehre als eine bloße Wiederholung der mißverständlichen Lehre vom christlichen Opferpriestertum zu betrachten. Folgerichtig wird auch die Ordination nicht einfach als Schaffung von Sühnopferpriestern verstanden, vor allem nicht zur „Ergänzung" des Priestertums Christi.

Zweitens bestimmt das II. Vatikanische Konzil die Wortverkündigung, anders als noch das Tridentinum[29], als erste, vorzügliche Aufgabe sowohl

---

[26] Ebd.
[27] Ebd. Vgl. Schummer (s. Anm. 24), 15 ff.
[28] DS 1763.
[29] Auch in seinem Reformdekret nennt das Tridentinum die Aufgabe des Priesters, für die Gläubigen „das Opfer darzubringen", vor der „Predigt des Wortes Gottes" (COD, ²1957,

des Bischofs³⁰ wie des Presbyters.³¹ Dieser Hauptdienst erscheint dann auch als die fundamentale und umfassende Dynamik, in der jener „dreieinige" Dienst der Predigt, der Sakramentenspendung und der pastoralen Leitung konkret werden soll. Das hat Calvin ähnlich gesehen.

Drittens holt das Konzil jene Synthese der christologischen, pneumatologischen und ekklesiologischen Dimension des Amtes in beeindruckender Weise ein, welche die alte Kirche auszeichnete und deren Wiederherstellung die Reformatoren zumindest teilweise anstrebten. So wird z. B. der Presbyter „zum Dienst für Christus /.../ bestellt", partizipiert an seinem „ministerium"³², soll mit ihm „gleichförmig" dasein, leben und handeln.³³ Das „Opfer des einzigen Mittlers Christus" bleibt einmalig, nur wird es durch die Presbyter „im Namen der ganzen Kirche bei der Feier der Eucharistie auf /.../ sakramentale Weise dargebracht"³⁴. Die Presbyter handeln also, Christus dem Propheten und Priester dienend, zugleich „in der Person des Hauptes" und der Gemeinde seiner Glieder.³⁵ Das Ordinationscharisma als Amtscharisma hat diese Zielbestimmung. Zu diesem Zweck werden sie vom Heiligen Geist geheiligt³⁶, befähigt und beseelt.

1.3.2 Interkonfessionelle Einigungsdokumente
Was ist zu diesen neuen Akzenten der katholischen Amtslehre zu sagen? Stünden sie isoliert da, könnte man schwerlich darin echte Lösungsansätze erblicken. Schaut man sie aber mit bestimmten Aussagen interkonfessioneller Einigungsdokumente zusammen, so zeigen sie interessante Berührungspunkte mit Anliegen, die heute auch Kirchen der Reformation eigen sind. So kommt dem katholischen Festhalten an der Sakramentalität des Ordo nicht nur Calvin entgegen, sondern auch die Erklärung heutiger lutherischer und reformierter Kirchen, die Ordination bzw. die „ordentliche Beauftragung" der Amtsträger unter „Handauflegung"³⁷ sei „erforderlich"³⁸.

720, 24 ff.; vgl. 725, 19–23). Diese Akzentverschiebung zwischen dem Tridentinum und dem II. Vatikanum dokumentiert vorzüglich H. Jedin, Das Leitbild des Priesters nach dem Tridentinum und dem Vaticanum II, in: Theologie und Glaube 60 (1970) 102–124.
³⁰ LG 25/1; vgl. 21/1.
³¹ LG 28/1; PO 4/1.
³² PO 1.
³³ PO 12/1; 2/3; vgl. LG 10.
³⁴ PO 2, 4.
³⁵ PO 2/2.
³⁶ Siehe K. Rahner, Kirche und Sakramente (QD 10), Freiburg/Basel/Wien 1960, 92 ff.
³⁷ So AÄDO 13.
³⁸ So der Theologische Ausschuß der VELKD am 13. 10. 1970; Satz in: Das Geistliche Amt in der Kirche (= GAK), hg. v. „Gemeinsame römisch-katholische/evangelisch-lutherische Kommission", Paderborn/Frankfurt a. M. 1981, 28.

Vielleicht entstammt dieses Votum einer ähnlichen Sorge wie bei Calvin: gegen eine spiritualistische und institutionsscheue Aushöhlung des Amtes Widerstand zu leisten.

Eine weitere Konvergenz läßt sich in der heutigen reformatorischen Sorge erblicken, Amt und Ordination im Spannungsfeld zwischen *Gott und der Gemeinde* richtig zu orten. So wird Gottes Gottheit bezüglich der Handauflegung klar bekannt, sofern sie, ähnlich wie das Amt selbst, „Zeichen der Priorität der göttlichen Initiative" im Leben der Kirche sein soll.[39] In diesem Kontext erscheint auch die „apostolische" Übergabe und Weitervermittlung des Amtes als Zeichen göttlicher Initiative. Das hat mit der Frage nach dem Spender der Ordination zu tun. Dazu sagt ein von Lutheranern und Katholiken gemeinsam verantworteter Text: „Die Ordination geschieht primär durch den erhöhten Herrn, der den Ordinierten durch den Heiligen Geist bewegt, stärkt und segnet. Da das Amt die Priorität der göttlichen Initiative bezeichnet und im Dienst der Einheit in und zwischen den Ortskirchen steht, geschieht die Übertragung durch *bereits ordinierte Amtsträger.*"[40] Kurz davor heißt es: „Dadurch wird der Ordinierte in das *apostolische* Amt der Kirche und in die Gemeinschaft der Amtsträger aufgenommen."[41]

An diesem Punkt erscheint dann der andere Pol, die ekklesia, und zwar als konkrete Ortsgemeinde gedacht. Sie soll bei der Ordination „beteiligt"[42] sein und mit den Amtsträgern „zusammenwirken"[43], was an das bekannte Wort des altkirchlichen Papstes Leo I. erinnert: „Wer allen vorstehen muß, muß von allen gewählt werden."[44] Das drückt auch den Willen aus, die Vorstellung vom gemeinsamen Priestertum aller Gläubigen wieder ernst zu nehmen (wenigstens ebenso ernst wie das II. Vatikanum!) und die Stimme nicht-amtlicher Charismen bei dieser entscheidenden Sache der Gemeinde mit anzuhören.

Ich habe soeben vom Spannungsfeld zwischen Gott und der Gemeinde gesprochen. Nun hüten sich die besagten interkonfessionellen Dokumente, auch in ihrer echt reformatorischen Komponente, davor, eine Kluft zwischen Himmel und Erde aufzureißen und das Menschlich-Kirchliche ge-

---

[39] GAK 21, 30; vgl. Das Amt (das sog. Accra-Papier) Nr. 14, in: Eine Taufe – Eine Eucharistie – Ein Amt, hg. v. G. Müller-Fahrenholz, Frankfurt a. M. ²1976, 21–48.
[40] GAK 30; ähnlich AÄDO 13: „die bereits ordinierten Amtsträger und die Gemeinde" „wirken" dabei „zusammen".
[41] GAK 29.
[42] GAK 30.
[43] AÄDO 13.
[44] Ad Anast: PL 54, 634.

genüber der göttlichen Allwirksamkeit abzuwerten. Nein: Gott will Menschen und menschliche Mittel gebrauchen[45], um seine Ordinationsgnade den Ordinierten mitzuteilen. Und was Gott bei der Handauflegung an Menschlichem benutzt, bleibt nicht unwirksam, nicht etwa bloßes verbum volans. Vielmehr wird dadurch „die Gabe des Heiligen Geistes /.../ *zugesprochen und zuteil*"[46]. Ein nur von reformierten und lutherischen Theologen erarbeiteter Text sagt es noch „katholischer": „Das, was die Übernahme und die Erfüllung der Aufgabe ermöglicht, ist die schenkende und helfende Zuwendung des Herrn /.../, sein *Dabeisein,* das er verheißt, und die Vollmacht, die er verleiht. Solche Gewißheit und solche Vollmacht werden *durch* die Beauftragungshandlung *zugesprochen und vermittelt* in der Form einer auf Gottes Wort gegründeten Verheißung an den Beauftragten, in der Form eines Gebetes für ihn, in der Weise einer Segenshandlung. Dieser Zuspruch hat im Vollzug der Handauflegung ein angemessenes und biblisch legitimiertes Zeichen."[47] Ich meine: diese Lehre kann als eine implizite Anerkennung der Sakramentalität angesehen werden. Das Wort Sakrament – anders als bei Calvin – wird nicht ausgesprochen (man könnte fragen, warum nicht), die Sache ist aber vorhanden.

Wenn man nun dies mit dem recht vorsichtigen Gebrauch, den das II. Vatikanum von der sazerdotalen Analogie zur Bezeichnung des christlichen Dienstamtes macht, zusammendenkt, ergibt sich m. E. eine Möglichkeit der Einigung. Auf jeden Fall ist die Konvergenz unübersehbar.

2. Zur Sakramentalität der „ordinierten" Existenz

Es bleibt die andere Hauptfrage zu erörtern: Inwiefern können wir in einer ökumenisch-dogmatischen Perspektive auch von der Sakramentalität des Dienstamtes in seinem je personalen Vollzug sprechen? Wir sind ja von der Voraussetzung ausgegangen, daß das ordinierte Dienstamt, analog zur Taufe, ein „Dauersakrament" ist. Anders gesagt: die Ordination ist im Normalfall kein punktuelles Geschehen, sondern sie setzt den Anfang einer fortdauernden Bestimmung der tätigen Lebensgeschichte, die ordiniert wurde. Ja ich zögere nicht, den Ausdruck zu wagen: Lebensgeschichten werden ordiniert.

---

[45] Vgl. AÄDO 11: „Beide, die lutherische und die reformierte Tradition, stimmen darin überein, daß Gott bestimmte Menschen (ge-)braucht, um sein Wort als äußeres Wort und seine Zuwendung als äußere Handlung ausrichten zu lassen."
[46] GAK 29.
[47] AÄDO 32.

2.1 Die Tradition bis zur Reformation

Bereits die Pastoralbriefe reden von einem Charisma, das in Timotheus ist und *bleibt*. Es bildet eine bleibende Dynamik im Leben dieses Amtsträgers seit dem Zeitpunkt, wo er die Handauflegung erhalten hat. Es mag sein, daß sein Charisma-Bewußtsein mit der Zeit abstumpft, was aber keineswegs den Schwund des Charismas selbst bedeuten dürfte. Timotheus braucht es nur wieder zu „entfachen" (2 Tim 1,6) und es nicht mehr zu „vernachlässigen" (1 Tim 4,14). Es geht also um einen – wie die philosophische Theologie sagt – ontologischen Zustand, hier einen dynamisch gefaßten Seinszustand, d. h. um eine ganz bestimmte Weise des Daseins und des Lebens. Und es kommt darauf an, daß die dies ermöglichende pneumatische Kraft praktische Folgen zeitige, daß sie aus der Verborgenheit heraustrete und daß somit der „*Fortschritt*" des Timotheus „allen *offenbar* werde" (1 Tim 4,15). Man könnte auch sagen: das Leben dieses Menschen soll sich als *Zeichen* jener Gnade entfalten, die der Heilige Geist ihm zum bestmöglichen Erfüllen seines Dienstamtes dauerhaft geschenkt und nie mehr zurückgenommen hat. Die Logik des Textes leuchtet ein: Da Timotheus Dienst am Gotteswort zu leisten hat, indem er die apostolische „Überlieferung" (παραϑήκη) „bewahrt" (2 Tim 1,12) und die apostolische „Lehre" (διδασκαλία) weitergibt und vorlebt, soll er *zugleich* auf sich selbst und auf die Lehre „achten" (1 Tim 4,16). Die konsequente Befolgung seines Charismas und die entsprechende Lebensführung sind von seinem Amt des lehrenden Bewahrens und des bewahrenden Lehrens untrennbar. Ordinierter Lebensstand und ekklesiale Aufgabe bedingen sich gegenseitig. Timotheus soll ein ekklesial wirksames und nützliches, lebendiges Zeichen der Gnade sein. Die späteren Theologen werden darin einen „sakramentalen" Zug entdecken können.

Tertullian, Cyprian, Hippolyt und andere Väter unterschlagen diese lebensgeschichtliche Dimension des Amtes gewiß nicht. In ihren Augen ergibt es sich aus der Natur der Sache, daß zum Bewahren des gefährdeten Glaubens und der bedrohten Einheit bewährte Männer, „viri probati", abgesondert und in den ordo aufgenommen werden. So läßt sich mit gutem Grund hoffen, daß sie keine rein verbale, pharisäische Rechtgläubigkeit, sondern einen vorgelebten und nachfolgefähigen Glauben vertreten werden. Dabei zählt die *Heiligkeit* eines Amtsträgers viel, wenn sie auch nicht, wie etwa bei den Montanisten und den Donatisten, absolut zu setzen ist. Es gehört ja zur Logik des Glaubens, daß die Verantwortlichen der Gemeindeheiligung selbst vom Heiligen Geist fortdauernd und greifbar geheiligt werden.

Hier kommt seit der Zeit des Ignatios von Antiochien dem *Bischof* eine besondere Zeichenhaftigkeit zu. Er, als Vorsitzender des Presbyterkollegiums, hat als lebendiges und wirksames Zeichen der *Einheit* zu dienen und zu leben. Deshalb auch die enge Wechselbeziehung zwischen dem Bischof und der Eucharistie als Sakrament der Einheit. Nach Ignatios darf keine Eucharistie ohne die Zustimmung des episkopos gefeiert werden.[48] Tertullian erklärt: „Wir empfangen das Sakrament der Eucharistie /.../ von niemand anderem als von dem Gemeindevorsitzenden."[49] Cyprian seinerseits geht so weit, daß er die Dreierbeziehung „Bischof – Eucharistie – Einheit"[50] auf Christus selbst zurückbindet, an dessen Stelle der Bischof (hier zum ersten Mal „sacerdos"[51] genannt) handelt.

Freilich wird damit noch kein absolutes Monopol gesetzt und der Bischof nicht zu einem bloßen Kultdiener oder Einheitssymbol stilisiert. Wortverkündigung und Lehre bleiben nach wie vor der umfassende und fundamentale Dienst des Bischofs, den die Väter analog-allegorisch als „sazerdotal" qualifizieren. Kein Monopol: die Presbyter und die Diakone nehmen ebenfalls, jeder im Sinne der erhaltenen Ordinationsbestimmung, ihren Anteil am Einheitsdienst wahr. Zudem gibt es Ausnahmefälle, wo die Not das Gesetz bricht: Wort und Sakrament sind so sehr lebensnotwendig für die Gemeinde, daß sie u. U. auch von Nichtordinierten gespendet werden dürfen. So redet schon der 1. Clemensbrief von „*anderen* hervorragenden Leuten", die „mit Billigung der ganzen Gemeinde" der Eucharistiefeier vorstehen sollen, wenn kein Episkopos-Presbyteros zur Verfügung steht.[52] Und Tertullian – noch in seiner rechtgläubigen Zeit – erklärt: „Wo aber kein Kollegium eingegliederter Diener vorhanden ist, mußt du, Laie, die Eucharistie feiern und taufen; dann bist du dein eigener Priester, denn wo zwei oder drei versammelt sind, dort ist die Kirche, selbst wenn diese drei Laien sind."[53]

Dennoch zwingt uns die Gesamtheit der altkirchlichen Zeugnisse zu sagen, gerade hier werde die Regel durch die Ausnahme bestätigt. In der Regel steht es den durch Handauflegung ordinierten Amtsträgern zu, in lebensgeschichtlicher Begnadetheit und unter kollegialer Zusammenarbeit den dreieinigen Intensivdienst an Wort, Sakrament und Einheit wahrzunehmen.

---

[48] Smyrn 8,1–2: PG 5, 714.
[49] De corona 3: PL 2, 79 f.
[50] Ep. 45: PL 3, 732–735.
[51] Ep. 63: PL 4, 384 ff., hier 397.
[52] 1 Clem 44, 4–6.
[53] De exhort. cast. 7,3: PL 2,922. Vgl. De praescriptione 41,5–8: PL 2, 56 f.; G. Otranto, Nonne et laici sacerdotes sumus?, in: Vetera Christianorum 8 (1971) 27–47.

Im Laufe des Mittelalters fällt z. T. diese Ordnung auch jener Zersplitterungs- und Verrechtlichungstendenz zum Opfer, die das Ordinationsverständnis selbst angriff. Jetzt wird mehr von *„Gewalt",* „potestas", als vom Charisma und Dienst gesprochen. Und es wird zwischen zwei „Gewalten" beim Priester und Bischof *unterschieden:* der sog. „Weihegewalt" (potestas ordinis) und der „Rechtsbefugnis" (potestas iurisdictionis). Im Sinne der ersten gilt der Ordinierte als ein geweihter Mann, in dessen Seele ein unauslöschliches priesterliches *Merkmal* (character sacerdotalis indelebilis) eingeprägt ist. Im Sinne der zweiten Gewalt ist er auf die ausdrückliche Ermächtigung durch seinen hierarchischen Vorgesetzten angewiesen, um das, wozu er ordiniert wurde, auch rechtmäßig tun zu dürfen.

Es steht mir hier nicht zu, über historisch erkennbare Vorteile und Nachteile dieser Gewaltentrennung zu befinden.[54] Ich möchte nur das Thema „Merkmal" oder „Prägemal" aufgreifen und vertiefen. Denn es hat mit der Sakramentalität der ordinierten Existenz unmittelbar zu tun.

Bezeichnend ist die Tatsache, daß das Lehramt zunächst vom Sakrament der Taufe ausgesagt hat, es „präge das Merkmal des Christentums" dem Getauften ein[55], woraus für ihn die entsprechende Forderung, sein Leben christlich zu führen, entsteht. Erst ein Dritteljahrhundert später verwendet Papst Gregor IX. den Begriff „character", um die Bestimmtheit der Ordinierten zum Dienstamt zu verdeutlichen.[56] Nach Schillebeeckx haben die großen Scholastiker, Bonaventura, Albert der Große und Thomas von Aquin, zur inhaltlichen Füllung des Begriffes Wesentliches beigetragen und ihn vor allem „auf die sichtbare Verbindung zwischen ‚Dienst' und ‚Kirche'" in der Existenz eines Priesters bezogen.[57] (Was „sichtbare Verbindung" hier genau besagt, wäre noch zu prüfen.) Das Tridentinum scheint eine thomistische Auslegung des „Prägemals", es mache aus dem Ordo ein „bleibendes Sakrament"[58], zu befolgen. Denn das Konzil will im „Prägemal" eine Wirkung der Ordinationsepiklese, näherhin des Empfangs des *Heiligen Geistes*[59] sehen, weshalb das Ordiniertsein des Ordinierten *unwiederholbar* sei. Er könne ebensowenig zu einem Nichtordinierten, d. h. Laien, gemacht werden wie der Getaufte zu einem Nichtgetauften.[60] Die

---

[54] Schillebeeckx (s. Anm. 3), 72, 89, 95 ff., hält sie für verhängnisvoll. Man kann aber m. E. mit K. Mörsdorf, Art. „Kirchengewalt", in: LThK 6, 219 f., anderer Meinung sein und in solcher Unterscheidung einen Schutz gegen den Mißbrauch der Weihegewalt durch den Geweihten sehen!
[55] Ein Brief von Papst Innozenz III. 1201: DS 781.
[56] DS 825.
[57] Schillebeeckx (s. Anm. 3), 92.
[58] Ebd. 105; vgl. CT 9, 30 und 81.
[59] DS 1774.   [60] Vgl. ebd. und 1767.

Analogie (sicut) zwischen der Taufe und dem Ordo als Dauersakramenten wird explizit genannt, wobei die Argumentation implizit pneumatologisch ausfällt. Als Beleg kommt 2 Tim 1,6–7 zum Tragen, was eine eigenartige Annäherung schafft zwischen dem dort gebrauchten Charisma-Begriff und dem scholastischen Begriff von „character".[61]

2.2 Die Reformation und das Tridentinum

Diese Lehre will freilich auf die Meinung Luthers antworten, alle Getauften seien bereits aufgrund der Taufe „Priester" (sacerdotes), weshalb dann auch die Ordination kein besonderes priesterliches, sazerdotales Merkmal zu vermitteln brauche. Auch ein ordinierter Diener am Wort und am Sakrament unterscheide sich in seinem Wesen in nichts vom sog. „Laien". Hört der Ordinierte mit diesem seinem Dienst auf, wird er wieder „Laie".[62]

Ich habe den Eindruck, daß hier Luther und das Tridentinum nicht dieselbe Sprache sprechen. Luther scheint mir die Lehre von 1 Petr 2,9 in Erinnerung zu rufen und dabei gegen die Trennung zwischen Klerus und Laikat zu kämpfen. Das Tridentinum versucht dagegen, einen scholastischen Hilfsbegriff auf sein ursprüngliches Anliegen zurückzuführen: er zielte ja auf die bleibende pneumatische, d.h. von Gott her kommende, durch Gott gnadenhaft angebotene, lebenslange Bestimmtheit eines Ordinierten zur Ausübung seines Dienstcharismas. Das muß an sich noch keine Abwertung des Laienstandes in sich schließen!

Hören wir aber wieder *Calvin* an. Hat er etwas zum „character" zu sagen? Was lehrt er? Es findet sich bei Calvin eine sehr polemische Stelle gegen die römische Sitte, die Ordinanden mit *Öl* zu salben, damit sie jenes „unauslöschliche Merkmal" erhalten. Doch verbergen sich in dieser sehr ironisch gewendeten Stelle zwei dogmatisch konstruktive Aussagen. Die eine lautet: „Nun ist noch die Handauflegung übrig; da gebe ich zu, daß sie bei wahren und rechtmäßigen Ordinationen ein Sakrament ist."[63] Die andere steht in einem Kontext, der die augustinische Theorie verdeutlicht, ein Sakrament besitze seine Wirkkraft im *Worte*. Weil aber das Wort geistlich ist, muß auch seine Wirkung geistlich sein. Deshalb müsse man – so Calvin – auch im Fall der Ordination sagen: „Dieses Prägemal (character ille) ist doch *geistlich* (spiritualis)."[64]

---

[61] Man möge DS 1766 (Ende) mit DS 1767 (Anfang) und DS 1774 zusammenlesen. Zum Thema „Merkmal" ausführliche Literatur bei Schillebeeckx (s. Anm. 3), 115.
[62] De captivitate: WA 6, 566f.
[63] ICR IV, 19.31.
[64] Ebd.

Isoliert genommen, würde dieser Satz noch nicht viel aussagen. Doch gehört er in jene imposante Theologie der Handauflegung, die Calvin an zahlreichen Stellen seiner „Institutio" entwickelt. Dort wird z. B. das Ziel der Handauflegung eine „*consecratio*" der Ordinanden genannt und als ihre Darbringung (offerre), Übereignung, Widmung (addicere) an Gott und Kirche verstanden.[65] Der Ordinand selbst sollte dadurch schon in apostolischen Zeiten daran erinnert werden (Zitat), „daß er jetzt nicht mehr sein eigener Herr ist, *sondern Gott und der Kirche zu Dienste gegeben*"[66]. Anschließend heißt es noch, die Handauflegung sei kein „leeres Zeichen", sondern Vermittlung von Gnade, die nicht ohne Wirkung sein kann. Die Belege sind dann wieder 2 Tim 1,6 und 1 Tim 4,14.[67]

Nun fragt der ökumenische Dogmatiker wieder, was diese Rede und dieses Verständnis von der „ordinatio" als „consecratio"[68] von der katholischen Rede von „*Weihe*" noch trennt. Ist denn nicht der ordinierte Amtsträger auch in den Augen des französischen Reformators ein Gott und seiner Kirche geweihter Mann? Gilt er nicht als Gegenstand einer lebensgeschichtlichen Bestimmung von Gott her? Steht er nicht unter einem besonderen Anspruch und der entsprechenden Verheißung Gottes, um seinen Dienst zum Aufbau der Gemeinde in der Kraft des Wortes und des Geistes verrichten zu können? Ich möchte diese Fragen zur Diskussion stellen.

2.3 Lösungsversuche

Wenn man nun nach gegenwärtigen Lösungsversuchen Ausschau hält, stößt man unvermeidlich auf den fest etablierten reformatorischen Einwand, es sei der souveränen Freiheit Gottes und der Unfestlegbarkeit seiner Gnade abträglich, wenn man versuche, das Amtscharisma im Sinne einer unwiderruflichen ontologischen Verwandlung des Ordinierten zu zementieren. Es stelle ferner für das säkulare Selbstverständnis des heutigen Menschen eine zusätzliche Schwierigkeit dar, den Amtsträger nicht rein funktional, sondern darüber hinaus oder gar grundsätzlich sakral zu betrachten. Als etwa ein ambulantes Sakrament mit permanenter Realpräsenz Christi in sich. Diese Bedenken bedürften gewiß einer ausführlichen Erörterung. Hier sei aber nur auf die Art und Weise hingewiesen, wie das

---

[65] ICR IV, 3.16; vgl. IV, 4.14.
[66] Ebd.
[67] Andere Calvin-Belege: OC (= Opera Calvini) 53, 421; 54, 34. Vgl. Schummer (s. Anm. 24), 24–30.
[68] ICR IV, 4.14: „Hanc Latini ordinationem vel consecrationem /.../ vocarunt." Möglicherweise bezieht sich dabei Calvin auf Cyprian und Gregor den Großen.

II. Vatikanum und die bereits zitierten interkonfessionellen „Einigungsdokumente" sich unseres Themas angenommen haben.

2.3.1 Das II. Vatikanum

Summarisch dürfte wohl gesagt werden: das jüngste Konzil streicht zwar sehr stark den ministerialen, dienenden und in diesem Sinne funktionalen Charakter des Amtes heraus, hütet sich jedoch kräftig davor, in einen bloßen Funktionalismus auf der Ebene der ordinierten Personen zu fallen. Sofern es eben *Personen* sind, die zum *Intensivdienst* von Wort, Sakrament und Gemeinschaftseinheit bestimmt sind, hält das Konzil grundsätzlich an ihrer *lebensgeschichtlichen* Zuordnung zu ihren ekklesialen Aufgaben fest. Diese wirklich daseinsbestimmende Ordiniertheit der Amtsträger gründet sich auf eine christus- und eine kirchenbezogene Überlegung. Auf der einen Seite haben die Amtsträger, vorab die Bischöfe, die „Aufgabe Christi selbst, des Lehrers, Hirten und Priesters, inne", was die Rede vom „heiligen *Prägemal*" nahelege.[69] Nun aber sei diese Aufgabe eine permanente, kontinuierliche und alle Kräfte der Person verlangende. Denn Christus, der nach LG 21/1 durch den Dienst seiner Diener das Wort selber verkündige und die Sakramente selber spende, tue dies nicht punktuell, episodisch, sporadisch. Er tue es *geschichtlich,* so unter anderem durch das erfahrungsbereicherte Lebenswerk eines bestimmten Amtsträgers. Deshalb sei dieser in seiner beruflich-existentiellen Beschaffenheit nicht einfach austauschbar, etwa wie ein Ersatzteil einer Maschine. Auf der anderen Seite sei der Amtsträger durch sein Amtscharisma und seine sonstigen Charismen, kurzum: seine pneumatisch begründete „Vollmacht", zur ständigen „*Auferbauung der Kirche*", oder wie PO 6/1 sagt: der „Familie Gottes", bestimmt, wobei er als „Erzieher des Glaubens" fungiere. Dazu habe er die „Salbung des Heiligen Geistes" erhalten und sei Christus „gleichförmig" gemacht, was wiederum mit dem Begriff „Prägemal" ausgedrückt wird.[70] Das heißt, sowohl die Permanenz des geschichtlichen Handelns Christi an seiner Gemeinde wie auch die Angewiesenheit dieser selben auf kontinuierliche Auferbauung läßt die sakramentale Bestimmtheit einer dem Dienstamt gewidmeten Lebensgeschichte als *angemessen* erscheinen. Das mag so nicht in der Bibel stehen, scheint mir aber mit dem Geist des Neuen Testamentes, besonders in seiner bereits ekklesialen Ausprägung, nicht in Widerspruch zu stehen.

Hinzuzufügen wäre noch eine Überlegung *spiritueller* Art. Der Träger des Dienstamtes ist schon nach den Pastoralbriefen in besonderer Weise

---

[69] LG 21/2.
[70] PO 2/3.

zum ständigen *Zeugnisgeben* bestimmt. Dieses Dauerzeugnis legitimiert zusätzlich den Ordo als ein Dauersakrament in Analogie zur Taufe. Das freie charismatische Lebenszeugnis des Getauften erhält in angemessener Weise eine mehr institutionsbezogene zusätzliche Qualifikation und Befähigung. Denn wie Karl Rahner einschärft, gibt es auch für die Priester eine berufsspezifische „Heiligkeit". Ich zitiere: „Die Heiligkeit des Priesters ist die existentielle, durch die Gnade ermöglichte Aneignung seines Amtes."[71] Ja, derjenige, der an Wort, Sakrament und Einheit beruflich Intensivdienst leistet, muß zum lebensgeschichtlichen Zeugnis von der Wahrheit der Sache Christi besonders befähigt sein. Sonst gibt er leicht einer unguten Beamtenmentalität nach, die auch ohne persönliche Betroffenheit sein kann. Könnte nicht das Anliegen der Prägemal-Lehre auch verstanden werden?

2.3.2 Die „Einigungsdokumente"

Interessanterweise hebt ein lutherisch-reformiertes Einigungspapier eher die ekklesiale Komponente der Amtspermanenz in der Person der Ordinierten hervor. Es wird gesagt: „Die *Externität* des Wortes Gottes und der media salutis überhaupt erfordert das Amt, d. h. den Auftrag und die Vollmacht, die *bestimmten* Menschen übertragen wird."[72] Ferner erhalten diese „bestimmten Menschen" in betonter Weise den Namen „Mitarbeiter" Jesu Christi, und es fällt die Aussage, die an LG 21 erinnert: „In seinen Mitarbeitern arbeitet Jesus Christus selber."[73] Schließlich befindet das Dokument recht ekklesial: Durch die Ordination dieser bestimmten Menschen, dieser Mitarbeiter Christi, „sollen die als wesentlich erkannten Funktionen *institutionell und auf Dauer gestellt werden*"[74].

Ein katholisch-lutherisches Papier setzt zusätzlich einen personalistischen Akzent. Nach der Feststellung, in der lutherischen Tradition werde „die Anwendung des Sakramentsbegriffs auf das Amt nicht grundsätzlich abgelehnt"[75], erfolgt folgende Erklärung: „Wo gelehrt wird, daß durch den Akt der Ordination der Heilige Geist den Ordinierten mit seiner Gnadengabe *für immer* zum Dienst an Wort und Sakrament befähigt, muß gefragt werden, ob nicht in dieser Frage bisherige kirchentrennende Unterschiede aufgehoben sind."[76] In diesem Zusammenhang wird dann die Lehre vom „character indelebilis" in ontologischen Kategorien als typisch katholisch

---

[71] Kirche und Sakramente (QD 10), Freiburg/Basel/Wien ²1963, 94.
[72] AÄDO 11.
[73] Ebd. 15.
[74] Ebd. 18.
[75] GAK 30, unter Verweis auf die Apologie der CA 13, 11.
[76] GAK 30.

angesprochen. Das „Prägemal" könne aber interpretiert werden als Ausdruck der Überzeugung, die „Sendung" sei dem Amtsträger „ein für allemal" übertragen und stehe mit der Taufe und der Firmung in Zusammenhang, die „ebenfalls ein geistliches Zeichen einprägen" (siehe Calvin!). Schließlich fällt eine m. E. ausgezeichnete, das wirklich Gemeinte voll treffende Definition des Prägemals: „Gemeint ist, daß die Berufung und Beauftragung *durch Gott* den Ordinierten *für immer* unter die *Verheißung* und den *Anspruch* Gottes stellt."[77] Eine Fußnote erinnert hier an eine oft vergessene Tatsache, daß nämlich schon das Tridentinum einen engen Bezug zwischen „character" und „charisma" zu setzen versucht hatte.

Mehr kann im Augenblick kaum gesagt werden. Was m. E. noch aussteht, ist die ökumenisch immer mühsame Aufgabe der Sprachregelung, damit die Verschiedenheit der Ausdrücke nicht notwendig eine unüberwindbare Differenz in der Sache vortäuscht. In diesem Sinne richtet der katholische Dogmatiker an seine evangelischen Gesprächspartner nochmals die Frage, ob und unter welchen Bedingungen die Ordination und die ordinierte Existenz als Sakrament verstanden werden können.

---

[77] GAK 32.

Der Apostolat der Laien nach dem II. Vaticanum

»Der Apostolat der Laien ist Teilnahme an der Heilssendung der Kirche selbst. Zu diesem Apostolat werden alle vom Herrn selbst durch Taufe und Firmung bestellt« (LG 33/2). »Pflicht und Recht zum Apostolat haben die Laien kraft ihrer Vereinigung mit Christus, dem Haupt« (AA 3/1).
Diese dogmatischen Grundbestimmungen des Konzils stellen die reife Frucht einer Laienbewegung dar, in der das Bewußtsein, den Sauerteig des Evangeliums in eine säkulare Mitwelt eingeben zu müssen, bereits lange vor dem Konzil wachgeworden war: etwa in der »Katholischen Aktion«, in christlichen Gewerkschaften und in spontanen Gruppierungen mit missionarischer oder karitativer Zielrichtung. Trotzdem entschlossen sich die vorbereitenden Kommissionen nur zögernd und erst nach mehrfacher Absichtsbekundung dazu, zu ihren Diskussionen auch Laien selbst hinzuzuziehen[1]. Ihre symbolische Krönung erhielt diese neue Grundhaltung, als am 13.10.1964 Patrick Keegan, der Präsident des Weltbundes christlicher Arbeiter, als erster Laie in der Konzilsaula das Wort ergriff[2]. Der tiefere Grund dieser Wende lag aber in jener *Volk-Gottes*-Ekklesiologie, die, dogmatisch schon in »Lumen gentium« erarbeitet, auch für die Pastoralkonstitution »Gaudium et spes« über »Die Kirche in der Welt von heute« den Ausschlag geben sollte. In der Tat steht das Dekret über den Apostolat der Laien wie ein Bindeglied zwischen den beiden großen, für die Botschaft des II. Vaticanum wesentlichen Konstitutionen[3]. Die Kirche als Volk zu verstehen bedeutet nämlich nicht nur eine Wiederbelebung biblischer Redeweise, auch nicht nur Gefallen an einem schönen Bild, sondern den klärenden Willen, in der Kirche die *Gemeinschaft* aller Gläubigen zu sehen, nicht nur die Institutionen der Hierarchie und des Amtes. Ähnlich wie im politischen Bereich die tragenden Gremien die Wirklichkeit einer Volksgemeinschaft repräsentieren, ohne sie auszumachen, sagt die kirchliche Institution des Amtes nicht auch schon das Wesen des »Kirchenvolkes« mit aus. »Volk Gottes« meint vielmehr im strikten Sinne, daß alle Gläubigen erst zusammen die Kirche *sind*.
In letzterem Satz schwingt keine überholte Anschauung von »Volk« mit, sondern eine durchaus auf die heutige Welt bezogene, durch sie mitbestimmte. Zwar sprengt die Kirche, als eine aus allen Völkern,

---
[1] Vgl. LThK – Das zweite Vatikanische Konzil II 590, 593.
[2] Vgl. ebd. 595.
[3] Vgl. ebd. 530.

Sprachen, Kulturen und Nationen durch *Gott* zusammengerufene Gemeinschaft der Glaubenden, den rein profanen Volksbegriff, wie er in unseren Demokratien üblich ist; doch kommt sie selbst diesen gottgerechten Entwicklungen unserer Zeit auch entgegen, wenn sie ein Gottesvolk von *heute* sein will: Sie nimmt, bei aller legitimen Wahrung ihrer ureigenen, nicht allein soziologisch bestimmbaren ekklesialen Identität, auch bestimmte demokratische Strukturen in sich auf.
In diesem Kontext besitzt der *Name* »Laie« einen vom landläufigen Wortgebrauch wesensverschiedenen Sinn. Als *theologischer* Begriff scheidet er jeden Beisinn von Nicht-Fachmann, Inkompetenz, Belehrungsbedürftigkeit über unzureichend gekannte Sachverhalte aus. Bezeichnend ist in dieser Hinsicht die Bemühung der Vorbereitungskommissionen um seine positive Bestimmung. Die negative Definition, nach der die Laien einfach die Masse der Nicht-Kleriker oder Nicht-Ordensleute wären und somit eine bestimmte Klasse oder, im Sinne des mittelalterlichen Decretum Gratiani, eine »Gattung« von Christen innerhalb der Kirchengemeinschaft[4], klingt in der endgültigen Textfassung allenfalls am Rande an (LG 30 f). Ausschlaggebend ist vielmehr die Gleichsetzung von »Laie« und »Gläubigem«, »laicus« und »fidelis«, so daß man in den vorbereitenden Diskussionen bisweilen die Ersetzung von »laicus« durch »fidelis« in Erwägung zog[5]. Die Endredaktion hielt dann an »laicus« fest, verstand darunter aber den *Getauften* (LG 31/1; 33/2) und *Gefirmten* (AA 3/1), insofern er am Dienstamt (munus) *Christi* als Priester, Prophet und Herr teilhat (AA 2; LG 34 ff). Er wird von Christus in die Welt gesandt, um im Sinne des ihm eigenen »Weltcharakters« am Heil und an der Heilung der Menschheit verantwortlich zu dienen (LG 31/2). Diese Begriffsbestimmung entspricht freilich nicht nur dem alttestamentlichen und urkirchlichen Verständnis des Gottesvolks als eines von Gott auserwählten, zum Eigentum gemachten, geheiligten und zur Freiheit bestimmten Kollektivs (vgl. Ex 19,6; 23,26; Jes 28,16; 43,20f; Hos 1f; 2 Petr 2,4–10). Das begründet hinlänglich die Bildrede von einem »gemeinsamen Priestertum aller Gläubigen« (inbegriffen die Ordinierten, vgl. LG 11/1). Die positive Definition der Laien trägt auch der schon vorkonziliaren Erkenntnis Rechnung, daß etwa christliche Arbeiter, Landwirte, Lehrer, Ärzte, Schriftsteller ihre Würde als Getaufte mit ihrer berufsspezifischen Kompetenz zu verknüpfen haben, damit die Kirche an der Weltwirklichkeit nicht vorbeigeht. So verstanden verliert der Name »Laie« jeden abwertenden Beigeschmack und kann keinen Anlaß zu Diskriminierung geben. Er kann sogar als ekklesial bedeutungsvoller

---

[4] Can. 7 und 12; PL 187, 884 f.
[5] Vgl. LThK – Das zweite Vatikanische Konzil II 589.

Ehrenname gelten, ähnlich wie »Getaufter«, »Gläubiger« und »Christ«. Das mag hochgegriffen sein, aber in der Tat unterliegt das Wort »Laie« im kirchlichen Sinn heute einem Geltungswandel auch in der Bevölkerung.

Außerdem zeigt sich dieser Begriff, im Kontext der göttlichen *Erwählung*, die wohl zu seinem Bedeutungszusammenhang hinzugehört, auf eine *personale* Interpretation hin deutlich offen. Der Mann, die Frau, der Jugendliche, der alte Mensch sieht sich, als »laicus«, nicht länger als anonyme Nummer einer Serie, sondern als einen namentlich von Gott berufenen und gesandten Menschen. Sein Taufname, dem Familiennamen vorangesetzt, zeugt davon. Ähnlich personal bestimmen seine tätige Lebensgeschichte die Charismen, die der Geist Gottes ihm schenkt. Wenn man diese Implikation des neutestamentlichen Erwählungsglaubens bedenkt, dann kann der Laikat nicht als Kollektiv der Nicht-Kleriker, als die Hilfstruppe der Hierarchie angesehen werden. Weshalb heißt es dann aber in LG 33/2, »der Apostolat der Laien« sei lediglich »*Teilnahme* an der Heilssendung der Kirche selbst«? Wird hier nicht wiederum eine Gegenübersetzung der »Laien« und der »Kirche« eingeführt? Die Frage ist gewiß nicht unberechtigt; denn der Laienapostolat galt – zumindest nach einem vorkonziliar-römischen Verständnis der »Katholischen Aktion« – als »Mitarbeit mit dem Apostolat der Hierarchie«. Pius XII. zog den Ausdruck »cooperatio« eindeutig vor, wo sein Vorgänger, Pius XI., noch von »participatio« hatte reden können, ohne die Befürchtung, die Führungsrechte der Hierarchie dadurch zu beeinträchtigen. Ein vorsichtiges Verharren im Unverbindlichen? Während des Ringens um die optimale Textfassung ist dann die zuständige Konzilskommission mit dem Vorschlag konfrontiert worden, man möge den Laien eine »gewisse Mitarbeit an der Heilssendung der Kirche«, vorab freilich an jener der geweihten Amtsträger zubilligen. Dieses Desiderat hat Ablehnung erfahren, und man hat sich auf die Formel »Teilnahme an der Heilssendung der Kirche selbst« geeinigt. Ob damit jeder Schatten einer konstitutiven Zweiteilung der Kirchengemeinschaft verschwunden ist, läßt sich fragen[6]. Die Logik des endgültig verabschiedeten Textes ist nicht bruchlos. Klärend wirkt allerdings die Unterscheidung zwischen einer grundsätzlich-allgemeinen »Berufung«, »vocatio« aller Laien zum missionarischen Dienst am Heil einerseits und einer »unmittelbaren Mitarbeit« bestimmter Laien »mit dem Apostolat der Hierarchie« andererseits (LG 33/2 und 3). Zu ersterer »werden alle vom Herrn selbst durch Taufe und Firmung bestellt«, und die Laien »sind besonders dazu berufen, die Kirche an jenen Stellen und in Verhältnissen anwesend und wirksam zu machen,

---

[6] Vgl. ebd. I 268.

wo die Kirche nur durch sie das Salz der Erde werden kann. So ist jeder Laie kraft der ihm geschenkten Gaben zugleich Zeuge und lebendiges Werkzeug der Sendung der Kirche selbst ›nach dem Maß der Gabe Christi‹ (Eph 4,7)« (LG 33/2).

Wer verleiht demnach die »missio« und dazu die »vocatio«? Christus selber ist es durch seine direkte Gabe, die nur sein Geist in Taufe, Firmung und Eucharistie (dieser »Seele des ganzen Apostolates«, LG 33/2) geben kann. Solche sakramentale Christusunmittelbarkeit konkretisiert sich auch in den Charismen, die allen persönlich zum Heils- und Weltdienst geschenkt werden. Die »missio canonica«, dieser zur gottgewollten Ordnung in der Ortskirche notwendige rechtliche Akt, liegt auf einer anderen Ebene, die sicher nicht die fundamentalste ist. Die »missio Christi« ist die in jedem Laien wirksame Bedingung der Möglichkeit dazu, daß einige eine »missio canonica« bekommen. Aber keiner darf nur letzterer seine Aufmerksamkeit widmen.

»Teilnahme an der Heilssendung der Kirche selbst?« Sie erweist sich letztlich als Teilhabe »am priesterlichen, prophetischen und königlichen Amt Christi« selbst (AA 2). Sie bedeutet einen Höchstgrad an Mitverantwortung für den praktischen Vollzug des *Heiles* in der Welt. Deswegen gilt auch hier die apostolische Analogie. Trotz mehrfach geäußerter Bedenken, der *Apostelbegriff* gebühre nur den Aposteln und deren Nachfolgern in ausschließlicher Weise, hat sich die Kirchenversammlung zum systematischen Gebrauch des Begriffs »Laienapostolat« durchgerungen[7]. Darin kann man dogmatisch eine Schlußfolgerung aus dem vierten Wesensmerkmal der Kirche, ihrer »Apostolizität«, erblicken. Wenn das gesamte Gottesvolk apostolisch ist, dann kann, auf der Ebene der Handlung, auch vom Apostolat aller gesprochen werden. Interessant ist allerdings, daß das Konzil sich an diesem Punkt mit Nachdruck auf historische, näherhin neutestamentliche Präzedenzfälle beruft: auf die versprengten Jerusalemer Gläubigen, die in verschiedenen Ländern das Evangelium verkündeten (Apg 11,19–21), auf Priszilla und Aquila, die Apollos zu sich nahmen, um ihm »den Weg Gottes noch genauer« darzulegen (Apg 18,26), und auf die Männer und Frauen, die in der paulinischen Hauskirche unmittelbare Mitarbeiter, auch im Verkündigungs- und Leitungsdienst, waren (Röm 16,1–16; AA 1/1; vgl. 10/1; LG 33/3). Der Verweis auf Röm 16 erlaubt eine indirekte Berücksichtigung des Verses 7, wo Paulus von Andronikus und Junia, einem Mann und einer Frau, sagt, sie seien »angesehene *Apostel* und haben sich schon vor mir zu Christus bekannt«. Vielleicht erklärt sich von daher, daß AA 6/3 nicht zögert, im Hinblick auf den Laien vom »wahren Apostel« zu reden.

---

[7] Vgl. ebd. II 602f.

Der so umschriebene Apostolat wird nun in den ihm eigenen Rechten und Pflichten ursächlich auf die »Vereinigung« der Laien »mit Christus, dem *Haupt*« zurückgeführt (AA 3/1; vgl. 4/1). Warum diese Hervorhebung des Haupt-Seins Christi? Und in welchem Sinne wird es verstanden? Da der Kontext den Gedanken an eine »königliche Priesterschaft« (vgl. 1 Petr 2, 4–10) anspricht, deutet sich eine Teilhabe aller Getauften am Heilswerk Christi an, das ein bestimmtes Maß an »Herrschaft«, d. h. an verantwortlicher Orientierung und Führung nicht ausschließen kann. Das Konzil argumentiert hier, gerade wo es eine maßgebliche Weise der Christusteilnahme zur Sprache bringen will, etwas uneinheitlich. Die Verkoppelung des laikalen Heilsdienstes mit Christus als dem Haupt des ekklesialen Leibes ist zwar sinngemäß möglich, läßt sich allerdings nur schwer mit anderen Aussagen harmonisieren, wo der *Presbyter* es ist, der zum Handeln »in der Person des Hauptes Christi« (PO 2/2) und zu einer Christusgleichförmigkeit bestimmt wird, kraft deren er dann in besonderer Weise »Diener des Hauptes« ist (PO 12/1) und dazu die entsprechende »potestas« besitzt (vgl. LG 21/1). Diese *Repräsentation* des Hauptes Christus behauptet das Konzil nun ungeschützt neben der direkten Vereinigung, »unio« aller Getauften mit Christus dem Haupt, aber das geschieht an zwei verschiedenen, nicht aufeinander abgestimmten Stellen.

Damit ist einseitigen Interpretationen bzw. Akzentsetzungen leider Tür und Tor geöffnet. G. Greshakes Buch »Priestersein«[8] hat das Amt als Christus-»Repräsentation« im Sinne seiner »christologischen Begründung des Amtes« mit einem derartigen Nachdruck definiert (31–80), daß dabei keine Theologie des Laikates mehr zum Zuge kommt. Es wird auch verschwiegen, daß es andere Weisen gibt, den erhöhten Kyrios zu vergegenwärtigen, z. B. die »geringsten Brüder« nach Mt 25, 31–46. Der Priester, wieder mehr als »sacerdos« denn als »presbyter« aufgefaßt, ist demnach ein Gegenüber der Gemeinde, die er kraft seiner privilegierten Repräsentation Christi als des Hauptes zu leiten hat. Meiner Meinung nach läßt sich eine solche These nicht ohne weiteres aus der Gesamtheit der Konzilstexte ableiten und hat zudem keinen Anhalt in den neutestamentlichen Überlieferungen, die sich mit dem Thema Presbyterat befassen. Weder in der Apostelgeschichte noch in den Pastoralbriefen setzt sich der durch Handauflegung eingesetzte Presbyter von den Laien durch eine solche »kapitale« Repräsentation ab, wohl aber durch seinen für die Gemeinde lebenswichtigen Dienst an Verkündigung und Lehre in der Weise des vom Heiligen Geist befähigten Gemeindeleiters.

---

[8] G. Greshake, Priestersein. Zur Theologie und Spiritualität des priesterlichen Amtes, Freiburg/Basel/Wien 1982.

Ein so verstandenes Amt zeigt keine Diskrepanz zum Apostolat der Laien. Diese werden nicht auf die niedrigere Stufe einer abgeleiteten Beziehung zum alleinigen Haupt heruntergesetzt. Vielmehr erhalten ihre apostolischen Tätigkeiten und Initiativen Kraft und Legitimation von dem ihnen *eigenen* Direktbezug zu Christus, dem Herrn, der sie dazu beruft. Dieser Bezug ist *anders* als jener der geweihten Dienstamtsträger, deshalb aber nicht minderwertig oder unvollkommener. Wäre er minderwertig, so könnte er schlecht eine wahrhafte »Heilssendung« begründen. Laienspezifisch ist diese Sendung vor allem durch ihren »Weltcharakter«, von dem noch ausführlicher zu sprechen sein wird. Heil vermittelt diese Sendung, insofern sie in einem Vorleben und Verkündigen des Evangeliums und in der Weitergabe des rechtfertigenden Glaubens besteht. Das Bild des Sauerteigs, das nach Jesus der Ist-und Sollwert aller seiner Jünger und Jüngerinnen anzeigt, ist am Platze. Die Welt soll durch die Laien durchheiligt werden, gerade dort, wo diese ihre ihnen eigene Lebensverantwortung wahrnehmen. Diese Erfahrungstatsache verbindet sich noch mit einer theologischen Erkenntnis: »Die geweihten Hirten ... wissen ja, daß sie von Christus *nicht* bestellt sind, um die ganze Heilsmission der Kirche an der Welt allein auf sich zu nehmen, sondern daß es ihre vornehmliche Aufgabe ist, die Gläubigen so als Hirten zu führen und ihre Dienstleistungen (ministrationes) und Charismen so anzuerkennen (recognoscere), daß alle in ihrer Weise zum gemeinsamen Werk einmütig zusammenarbeiten« (LG 30). So liegt ein guter Teil des Heilsdienstes bei den Laien. Aber was besagt näherhin *Heil?* Nur Befreiung der Seele von den Mächten der Sünde und des Todes? Nur Heiligung und Rechtfertigung im Hinblick auf das jenseitige Leben? Wenn man den Grundtenor der Pastoralkonstitution, die eine wahrhafte Schöpfungslehre und diesseitige Anthropologie bietet, beachtet, müssen zumindest Leib-Seele-Geist-Einheit und diesseitiges Wohl und Glück mit zum Heilsbegriff gerechnet werden. Ist es aber so, dann dürfen wir auch für die konziliare Theologie des Laikates eine ähnliche Vorstellung von Heil annehmen: *ganzmenschliche Vollendung des Menschen* als Person und Gemeinschaft, schon im Diesseits ansetzend und im ewigen Leben Vollgestalt findend. Daraus folgt dann eine Art »Heilsnotwendigkeit« des Laienapostolates. Nur durch den laikalen Beitrag kommt jenes menschliche Ganzsein zustande, das das Heil bedeutet und eschatologisch im Werden ist. Gott will seine Gnade, die als seine ungeschuldete Selbstmitteilung auf die Selbstwerdung jedes und aller Menschen abzielt, weitgehend durch seine schwerpunktmäßig »weltbezogenen« Laien-Apostel vermitteln.

Den soteriologisch derart angereicherten *»Weltcharakter«* (indoles saecularis) der Laien sieht das Konzil so: Ihre Sache sei es, »kraft der ihnen eigenen Berufung in der Verwaltung und gottgemäßen Regelung der zeitlichen Dinge das Reich Gottes zu suchen« (LG 31/2). Das heißt, sie sind berufen, in der Gesellschaft, in Ehe und Familie, in Wissenschaft, Kultur, Bildung, Kunst, Handwerk, Industrie und Landwirtschaft, in den Medien, in sozialen und karitativen Vereinen, nicht zuletzt für die jüngeren Generationen Verantwortung tragend, heilsam zu wirken. Sie sollen das im emanzipatorischen und friedenstiftenden Einsatz im Dienst der kommenden Gottesherrschaft tun, zusammen mit ihren »Hirten«. Dieser gemeinsame Dienst am gottgeschenkten Heil in der Welt von heute setzt in der Kirche Strukturen mitverantwortlichen und sogar mitbestimmenden Handelns voraus: Räte, Kommissionen, Synoden, die z. T. noch zu erfinden sind. Die theologische Grundlage dazu liegt allerdings schon in der Gestalt der konziliaren *Charismenlehre* vor, wenn sie auch noch der Präzisierung bedarf. Das Konzil hat den praktischen, gemeinnützigen und gemeinschaftskonstituierenden Charakter des paulinischen Verständnisses von den Gnadengaben hervorgehoben: »Der eine Geist ist es, der seine vielfältigen Gaben gemäß seinem Reichtum und den Erfordernissen der Dienste zum Nutzen der Kirche austeilt (vgl. 1 Kor 12, 1–11)« (LG 7/3). Diesem Ansatz folgend, hat es dann auch die gewissermaßen standesunterschiedliche Komplementarität der Charismen zum Aufbau und zur Erneuerung (ecclesia semper renovanda!) des Gottesvolkes betont (vgl. LG 12/1). Das macht die begriffliche Nähe der laikalen »ministrationes« (LG 30; 32/3) bzw. »ministeria« (LG 7/3.6; 12/2; 18/1; 20/2; 32/3; AA 2) zum »ministerium sacrum« (LG 13/3; 18/1; 21/2; 26/1; 31/2; 32/4) oder »sacerdotale« (LG 28/2.4; SC 7/1; 35/4) oder »ecclesiasticum« (LG 28/1) verständlich. Kraft der durch den einen Geist geeinten Charismenökonomie besitzen alle Dienste, sowohl die laikalen wie die ordinierten, eine gemeinsame Zielrichtung, damit »alle, die zum Volke Gottes gehören und sich daher der wahren Würde eines Christen erfreuen, in freier und geordneter Weise sich auf das nämliche Ziel ausstrecken und so zum Heile gelangen« (LG 18/1). So dürfte man wohl von einer gemeinsamen *»Ministerialität«* aller sprechen, innerhalb derer die nichtordinierten und die ordinierten Dienstleistungen und Dienste einander heilbringend ergänzen. Denn hängt das Heil nicht mit der Einigung und Einheit in Christus zusammen (vgl. LG 1 f)?

Als dringendes Desiderat bleibt nach dem Konzil bestehen, das Verhältnis zwischen *Beruf* und *Berufung* im Kontext der Charismen näher zu bestimmen. Zwar deutet die Pastoralkonstitution bei ihrer Behandlung der Themen »Kultur« (GS 53–63) und »Arbeit« (GS 76 ff) derartiges an, aber hier könnte eine katholische Theologie des Laikates noch viel lernen, nicht nur vom Alten Testament (vgl. z. B. Ex 35, 30–33) und von Paulus, der z. B. das leibliche Heilen in der Nachfolge Jesu zu den Gnadengaben rechnet (1 Kor 12, 9.28.30), sondern auch von Luther und Calvin etwa, die eine ganze Theologie der auf gnadenhafter Berufung gründenden Berufe erarbeitet haben. Auch H. Mühlens Forschungen liegen auf dieser Linie, mit der Begriffsbestimmung, Charisma sei »eine natürliche Eignung und Begabung, insofern sie durch den Heiligen Geist freigesetzt und zum Aufbau und Wachstum des Leibes Christi bzw. der Welt (Charismen im weiteren Sinn) in Dienst genommen wird«[9]. Zu solcher Herausarbeitung der *weltlichen Spitze der Geistesgaben*, die den für die laikale Existenz entscheidenden beruflichen Bereich miterfaßt, bietet das Konzil zumindest folgenden Ansatz an. Nach Erwähnung der »Hauskirche« (ecclesia domestica), in der christliche Eheleute »für ihre Kinder die ersten Glaubensboten sein und die einem jeden eigene *Berufung* fördern« sollen, folgt der Satz: »Mit so reichen Mitteln zum Heile (!) ausgerüstet, sind alle Christen in allen Verhältnissen und in jedem Stand je auf ihrem Weg vom Herrn *berufen* zur Vollkommenheit in Heiligkeit« (LG 11/3). Es handelt sich um eine Entfaltung der christlichen Ehe, die unter Hinweis auf 1 Kor 7, 7, zumindest indirekt, als charismenträchtig dargestellt wird (LG 11/2). Es läßt sich fragen, ob die Gnadengaben, die in einer Ehe zur gegenseitigen Heiligung der Partner und ihres Lebens verhelfen, nicht auch die berufliche Bestimmtheit der Laien tragen. Das scheint in der Logik des Laienapostolates zu liegen, da er die natürlich gegebenen Weltbezüge als gnadenhaft erhöht und zur Heilsmitteilung nutzbar erfährt.

Bleibt noch die heikle Frage nach der Prüfung der Charismen. Paulus gab eine Kriteriologie zur »Unterscheidung der Geister« an (1 Kor 12–14). Uns interessieren besonders diese Sätze: »Auch zwei oder drei Propheten sollen zu Wort kommen; die anderen sollen urteilen« (12, 29); und: »Wer im Geist redet, unterwirft sich den anderen Propheten« (14, 30). Das prophetische Charisma besitzt größten Wert in der paulinischen Gemeinde. Es ist in gewisser Hinsicht repräsentativ für die anderen Gnadengaben. Was von ihm gilt, gilt wohl von allen. Um so wichtiger ist, daß der Apostel für die Prophetie eine *wechselseitige* Prüfung und für die Gemeindepropheten einen gegenseitigen Gehorsam vorsieht. Der Apostel selbst beschränkt sich in der Regel darauf, die theoretischen Grundlagen der Charismenprüfung zu geben, deren Praxis eine innere und gemeinschaftliche Angelegenheit der jeweiligen Ortsgemeinde ist. So mahnt Paulus diese: »Brüder ..., löscht den Geist nicht aus! Verachtet prophetische Worte nicht! Prüft alles, und behaltet das Gute!« (1 Thess 5, 19 ff). Nun ist es zumindest paulus-

---

[9] H. Mühlen, Die Erneuerung des christlichen Glaubens, München 1974, 178.

fremd, wenn das Konzil letzteren Text so auslegt: Das Urteil über die »Echtheit« der Charismen »und ihren geordneten Gebrauch steht bei denen, die in der Kirche die Leitung haben« (LG 12/2; vgl. 30). Auch die Interpretation von 1 Kor 14 entspricht nicht ganz dem paulinischen Anliegen: »Unter diesen Gaben ragt die der Apostel heraus, deren Autorität der Geist selbst auch die Charismatiker unterstellt« (LG 7/3). In Wirklichkeit gibt Paulus in 1 Kor 14 Ratschläge und Weisungen dafür, wie die Gemeinde selbst diese Aufgabe lösen kann. Er pocht aber auf kein apostolisches Exklusivrecht, das aus ihm den Richter über alle Charismen machte. Um so weniger dürfte die Aufsicht über die Gaben ein Monopol der Hierarchie bzw. der ihr in die Hand arbeitenden Behörde sein. Die Frage z. B., ob einem jungen Religionslehrer oder Pastoralreferenten neben seiner Bildung auch deren charismatische Freisetzung geschenkt wurde oder nicht, soll nach dem paulinischen Handlungsprinzip vornehmlich durch andere begabte Religionslehrer oder Pastoralreferenten entschieden werden, freilich in enger Zusammenarbeit mit den zuständigen Hirten. Würden letztere dies im Alleingang tun, wäre ihr Verhalten unvereinbar mit der neutestamentlichen Botschaft[10]. Die Vernunft rät übrigens ebenfalls zu einer modernen Variante der paulinisch grundgelegten Gewissensprüfung. Da heute die Gnadengaben oft in Fachkompetenzen verankert sind, die bei Beamten der Ordinariate nicht in jedem Fall vorhanden sind, müssen echte, unparteiische Sachverständige herangezogen und muß in persönlichen Gesprächen das Urteil gesucht werden.

Charismatisch befähigt und für das kirchliche Gemeinwohl sensibilisiert, vollzieht sich der Apostolat der Laien »vor allem durch das *Zeugnis* ihres Lebens« (LG 31/2). Das besagt zunächst einmal Entsprechung zwischen Bekenntnis und Lebensführung. Doch leben die Laien nicht nur als Gläubige die Sinnhaftigkeit des Evangeliums vor. Sie tun das als persönlich-beruflich mit den »zeitlichen Dingen« in kompetenter Weise »eng verbundene« Gläubige. So gehört z. B. zum Apostolat eines christlichen Arztes unbedingt sein stets überdachter und erneuerter Sachverstand. Kein Charisma entbindet ihn von der nötigen Kompetenz. Auf diesem Gebiet hat er sich, bei aller christlichen Nächstenliebe für die Kranken, dem harten Wettbewerb der Hochqualifizierten zu stellen. Der Apostolat durch Zeugnis, so weltzugewandt er auch sein mag, besitzt aber zugleich einen gottzugewandten Bekenntnis- und Anbetungscharakter. Der Laie lobt Gott, gleichsam priesterlich, mit seinem tätigen Leben! Das meint das Konzil, wo es von seinem Anteil am »*Priesteramt*« Christi redet und erklärt: »Deshalb sind die Laien

---

[10] Vgl. auch das gemeinschaftliche Austragen disziplinärer Maßnahmen nach 1 Kor 5,4f; 14,24 und 2 Kor 5,6.10.

Christus *geweiht* und mit dem Heiligen Geist gesalbt« und dazu berufen, ihre Werke und Gebete, ihr Familienleben, ihre »tägliche Arbeit«, ihre »geistige und körperliche Erhaltung« sowie ihr Tragen der »Lasten des Lebens« als »geistige Opfer« darzubringen (vgl. 1 Petr 2,5; LG 34/2).
Die laikale Teilhabe am priesterlichen Amt Christi verbindet sich mit der an seinem *prophetischen* Amt. Auch das verlangt an erster Stelle Zeugnis, vorab im »Familien- und Gesellschaftsleben« (LG 35/1). Doch soll das Vorleben des Evangeliums auch mit dessen *Verkündigung* durch das Wort einhergehen. Die Wahrheit der kommenden Gottesherrschaft ist den Laien mit anvertraut (LG 35/2 f). Die Evangelisationsarbeit, die ihnen zukommt, darf nicht wortlos bleiben, aber, wo es nur möglich ist (AA 29/4), auch nicht ohne angemessene theologische Bildung geschehen. »Deshalb sollen die Laien sich um eine tiefe Kenntnis der geoffenbarten Wahrheit bemühen und inständig von Gott die Gabe der Weisheit erbitten« (LG 35/4). Auf jeden Fall haben sie »am Dienst des Wortes und der Sakramente« ihren »bedeutsamen Anteil zu erfüllen«, damit sie »Mitarbeiter der Wahrheit« (3 Joh 8) seien (AA 6/1). »Denn ein wahrer Apostel sucht nach Gelegenheiten, Christus auch mit seinem Wort zu verkünden, sei es den Nichtgläubigen, um sie zum Glauben zu führen, sei es den Gläubigen, um sie zu unterweisen, zu stärken und sie zu einem einsatzfreudigen Leben zu erwecken« (AA 6/3). So haben die Laien mit Tat und Wort ihre Hirten selbst »geistig zu stärken« (vgl. 1 Kor 16,17 f; AA 10/1). Wie viele Priester verdanken hilfreiche Information und Überwindung ihrer Krisen prophetisch begabten Laien! Die Laientheologen, die in Forschung und Lehre tätig sind, gehören ebenfalls in diesen Zusammenhang. Das Konzil bezeichnet ihre Arbeit als »Apostolat des Wortes«, durch den die Laien mit wissenschaftlichen Mitteln »verkündigen, den Kern seiner Lehre herausstellen, diese verbreiten, wie es der Stellung und Sachkundigkeit eines jeden entspricht« (AA 16/4; vgl. 24/5). Das Kriterium »Sachkundigkeit«, verbunden mit dem der Bekenntnistreue (AA 16/4), genügt. Eine Höherbewertung des Priester-Theologen, nur weil er Priester ist, hat in den Texten keinen Anhaltspunkt. Insofern gibt eine dienstübergreifende Sicht der Charismenökonomie den Ausschlag.
Die bedrückenden Probleme des Priestermangels (vgl. AA 1/2) und der Verfolgung der Kirche in bestimmten Ländern tragen heute mit zur Aktualisierung der konziliaren Lehre über den Laienapostolat bei: »Von großer und dringlicher Notwendigkeit ist dieses persönliche (!) Apostolat dort, wo die Freiheit der Kirche schwer behindert ist. In diesen schwierigsten Verhältnissen treten die Laien, soweit es ihnen möglich ist, *an die Stelle der Priester*. Sie setzen oft ihre eigene Freiheit, bis-

weilen auch ihr Leben aufs Spiel, lehren die Menschen ihrer Umgebung die Lehre Christi ... und leiten sie zu häufigem Empfang der Sakramente und vor allem zur Pflege der eucharistischen Frömmigkeit an« (AA 17/1). »Das persönliche (!) Apostolat hat ein besonderes Wirkungsfeld in Ländern, in denen die Katholiken eine Minderheit bilden und in der Diaspora leben« (AA 17/2). Schließlich gehört zum Heilsdienst der Laien, daß »einige von ihnen beim Mangel an geweihten Amtsträgern oder bei deren Verhinderung unter einem Verfolgungsregime nach Möglichkeit gewisse heilige Aufgaben stellvertretend« erfüllen (LG 35/4). Ist das ein Freibrief für priesterlose Gemeinden? Keineswegs! Das Konzil hält daran fest, daß die Struktur Episkopat, Presbyterat und Diakonat zum Wesen der ekklesialen Gemeinde gehört und für die Leitung der Eucharistiefeier unerläßlich ist. So läßt sich wohl aus dem zuletzt zitierten Satz eher ein implizites Votum für die Weihe von »bewährten Laien«, »viri probati«, heraushören, will man der Logik der konziliaren Ekklesiologie in ihrer Ganzheit Rechnung tragen. Dieses Votum zeigt sich mit existentieller Schärfe z. B. in vielen französischen Lebensgemeinschaften[11]. Eine theologische Skizze des Lebensgemeinschaftsideals findet sich übrigens auch im Dekret über das Laienapostolat (AA 18).

Das dritte Christus-Amt, an dem die Laien teilhaben, ist das *»königliche«*. Im Kontext der modernen Gesellschaft erlaubt sich das Konzil, diesen Gedanken mit dem *Freiheits*gedanken zu assoziieren (LG 36/1). Es spricht von »menschlicher und christlicher Freiheit« (LG 36/2), die, innerhalb der Kirche von allen erfahren, der Welt zugewandt werden soll, um »dem allgemeinen Fortschritt« zu dienen (ebd.). Freilich geht es nicht um eine ungebundene, sondern um eine gebundene, dem ekklesialen und weltlichen Gemeinwohl untergeordnete Freiheit. Die Laien haben in der Kirche »Rechte und Pflichten« zugleich (LG 36/4).

Was bedeutet das nun in bezug auf das *Verhältnis zwischen Amtsträgern und Laien*? Die Grundsatzantwort des Konzils ist klar: Im Leib Christi sind die einen wie die anderen »untereinander Glieder« (Röm 12, 4–5; LG 32/1). »Gemeinsam« ist ihre Gotteskindschaftsgnade, gemeinsam auch ihre »Berufung« und »Würde« (LG 32/2f). »Es gibt also in Christus und in der Kirche keine Ungleichheit«, nicht einmal in bezug auf Mann und Frau (vgl. Gal 3, 28; LG 32/2f). Freilich »gehen nicht alle denselben Weg«: die einen den durch das Weihesakrament bestimmten, die anderen den durch das Tauf- und Firmsakrament mit

---

[11] Vgl. A. Ganoczy, Communautés de vie in Frankreich als Ort theologischer Reflexion, in diesem Band S. 230–238, hier 235.

Vollmacht bestimmten (vgl. LG 33/2)[12]. Dennoch waltet zwischen den geweihten Hirten und den gefirmten Laien »eine *wahre Gleichheit* in der allen Gläubigen gemeinsamen Würde und Tätigkeit zum Aufbau des Leibes Christi« (LG 32/3). Sie sind füreinander »Brüder« (LG 32/4; vgl. 37/1). Mit der Freiheit, die zwischen »Kindern Gottes und Brüdern in Christus« walten soll, haben die Laien »die Möglichkeit, bisweilen auch die Pflicht«, ihre Meinung den Amtsträgern zu sagen (LG 37/1).

Leider erfolgt auf diese Erklärung eine durch das neutestamentliche Verständnis des Amtes nicht begründbare Aussage über die gebührende »Ehrfurcht und Liebe gegenüber denen, die aufgrund ihres geweihten Amtes die Person Christi vertreten (personam Christi gerunt)« (LG 37/1). Was dann noch hinzugefügt wird, birgt in sich geradezu die Gefahr, Machtmißbrauch in der Kirche zu legitimieren: Die Laien sollen »das, was die geweihten Hirten in Stellvertretung Christi als Lehrer und Leiter in der Kirche festsetzen, in christlichem Gehorsam bereitwillig aufnehmen nach dem Beispiel Christi, der durch seinen Gehorsam bis zum Tode den seligen Weg der Freiheit der Kinder Gottes für alle Menschen eröffnet hat« (LG 37/2). Der Vergleich hinkt: Die Laien können nicht so ihren Hirten gehorchen. Bekanntlich haben im Laufe der Kirchengeschichte geweihte Hirten unter Berufung auf ihre Stellung als Stellvertreter Christi auch Falsches gelehrt und in der Leitung der Kirche Ungerechtes getan. Was die Inquisition anbelangt, so hat sie von etlichen Laien eine Weise des Gehorchens bis zum Tode verlangt, die mit dem Evangelium schwerlich vereinbar ist.

Hier bleibt also einiges an Ambivalenzen abzubauen und die sonst befreiende Ekklesiologie des Konzils zu korrigieren, zum Beispiel die Diskrepanz, die mit einer undifferenzierten Verwendung bald der Vater-Sohn-, bald der Bruder-Bruder-Analogie gegeben ist (LG 37/2f mit 37/1). Wann kommen wir zum Bruder-Titel für Pfarrer und Bischof zurück, ohne darin Autoritätszerstörung zu befürchten? Wann zum Satz Augustins: »Für euch bin ich Bischof, mit euch bin ich Christ«?[13] Wäre dies nicht im Sinne der besagten »wahren Gleichheit«, die bei allem Respekt für die gottgewollte Kirchenleitung auf kein »Monsignorentum« angewiesen ist?

In diesem Zusammenhang seien noch zwei strittige Aspekte der konziliaren Lehre angesprochen. Zunächst folgende Aussage: »Das gemein-

---

[12] Vgl. dazu den Kommentar in LThK – Das zweite Vatikanische Konzil I 268f, der Thomas von Aquin zitiert: »Der Gefirmte empfängt die Gewalt, öffentlich den Glauben an Christus wie von Amts wegen mit Worten zu bekennen, ja zu verkünden«: S. th. III q.72 a.5 resp. und ad 2; a.6 5c.

[13] Serm. 340,1; zitiert in LG 32/4.

same Priestertum der Gläubigen aber und das Priestertum des Dienstes, das heißt das hierarchische Priestertum, unterscheiden sich zwar dem *Wesen* und nicht bloß dem Grade nach. Dennoch sind sie einander zugeordnet: das eine wie das andere nämlich nimmt je auf besondere Weise am Priestertum Christi teil« (LG 10/2). Gewiß kann man diesen Text so auslegen, wie das die gemeinsame, katholisch-lutherische Kommission in einer Fußnote des Dokuments »Das geistliche Amt in der Kirche«[14] getan hat: »Das kirchliche Amt ist nicht aus der Gemeinde ableitbar; aber es ist auch nicht eine Steigerung des gemeinsamen Priestertums, der Amtsträger ist als solcher nicht in einem höheren Grad Christ.« Dennoch läßt sich kritisch fragen, ob der Begriff »Wesen«, »essentia«, zu einer im heutigen Denkkontext unmißverständlichen Wiedergabe des gemeinten Berufungs- und Funktionsunterschiedes unbedingt geeignet sei. Die immer noch lebhafte Diskussion über diesen Text erlaubt, daran zu zweifeln.

Im übrigen könnte die vom Konzil inaugurierte Ekklesiologie dadurch an Klarheit gewinnen, daß die genannten drei »Priestertümer« nach der jeweils gemeinten Analogie und in ihrer je verschiedenen traditionsgeschichtlichen Verwurzelung geklärt werden. Die *sazerdotale* Analogie des Hebräerbriefes hat Christus als den eschatologisch endgültigen Erlöser zum Gegenstand und arbeitet mit alttestamentlich-kultischem Material. Die Rede des 1. Petrusbriefes von der Gemeinde als einem »Königspalast« und einer »Priesterschaft« leitet dies eigentlich nicht von einem priesterlichen Amt Christi ab; Christus ist nur jener, durch den die Gläubigen ihre »geistigen Opfer« darbringen (2, 5). Was die Anwendung der sazerdotalen Analogie auf den christlichen Episkopat und – später – Presbyterat anbelangt: Sie ist nachbiblisch und läuft sogar einem Anliegen der neutestamentlichen Autoren entgegen. Aus diesen drei Traditionen eine einzige These systematisch aufzubauen fordert heute Bedenken im Bereich der wissenschaftlichen Exegese heraus. Außerdem scheint der Nutzen solcher Systematisierung eines dreidimensionalen »sacerdotium« für die pastorale Verkündigung nicht problemlos. Besonders im Hinblick auf die gerade angesprochene Frage des »Wesensunterschiedes« drängen sich Probleme auf.

Der nachkonziliare Laie hierzulande braucht dringend eine erneute Klärung seines Status, seiner Berufung und Sendung in der Kirche, die er laut II. Vaticanum als Mitglied des Gottesvolkes mitkonstituiert. Er will seine ekklesiale Existenz erkennen, bewußt machen und verantwortlich leben. Er benötigt sowohl praktische wie theoretische Bestäti-

---

[14] Gemeinsame römisch-katholische/evangelisch-lutherische Kommission (Hrsg.), Das geistliche Amt in der Kirche, Paderborn/Frankfurt 1981, 21, Anm. 23.

gung seines Bekenntnisses: »Die Kirche, das sind wir alle.« Dazu trägt die Gesamtheit der Konzilsdekrete immer noch am besten bei. Denn sie ersetzen weitgehend Kategorien des Unterordnens durch solche des Zusammenordnens. Statt Strukturen der statischen Subordination stellen sie dynamische Koordinationsstrukturen in den Vordergrund (Kollegialität, Synode, Räte). In diesem Kontext steigert und präzisiert sich der an die Laien eigens gerichtete Anspruch. Sie werden einer bequemen Versorgungskirchlichkeit entrissen und in die Mission gesandt. Freilich ist die kreative Arbeit des Missionars unmöglich ohne Eigeninitiative, Mitsprache, Mitverantwortung und zum Teil Mitbestimmung. Er ist ja mit Optionen konfrontiert, die von ihm Mündigkeit, Sachverstand und Treue zur Sache verlangen. Zu solchen Optionen sind Christen nicht fähig, die für jeden Schritt eine eigene amtliche Order benötigen. Es gehört dazu eine auf der Grundlage der Menschenrechte fußende, in Verantwortungswahrnehmung eingeübte, kirchlich-institutionell vertrauensvoll unterstützte Fähigkeit des Wählens. Jeder Laie ist dazu *persönlich* von Gott auserwählt und berufen. Doch reift seine Berufung in Gemeinde und Kirche, die, sofern christlich, nicht amtslos gedacht werden können. Das Konzil lebte aber vor, wie Kirche sich syn-odal, d. h. in ständigem Zusammenkommen, vollziehen kann mitten in unserer, mehr oder weniger funktionstüchtigen, demokratischen Gesellschaft. Deshalb ist es vernünftig, vor jeglichem Versuch, die Stellung der Laien neu zu durchdenken, die Texte des II. Vaticanum zu lesen, zu vertiefen und, wenn nötig, gegen restaurative Tendenzen in Schutz zu nehmen.

Communautés de vie in Frankreich als Ort theologischer Reflexion

1. Innerhalb der kommunitären Bewegung, die sich heute in Frankreich in vielfältiger Weise immer mehr verbreitet, lassen sich grob diejenigen Gruppierungen unterscheiden, die sich bewußt und gezielt »Lebensgemeinschaften« (communautés de vie) nennen. Das sind relativ große (20 bis 50 Mitglieder zählende) Gemeinschaften, die sich aus Familien, Ehepaaren und Ehelosen zusammensetzen; meist Menschen, die auf eine vorausgehende, gesellschaftlich nicht selten höher stehende Position und Lebensweise freiwillig verzichtet haben, um miteinander in lockerer Wohn-, Arbeits- und Gütergemeinschaft im Geist des Evangeliums zu leben.

Dieser Definitionsversuch muß, angesichts der Vielfalt des Phänomens, als grobschichtig bezeichnet werden. Er beruht auf einer mehrheitlichen Selbstbeschreibung der gemeinten Gruppen, hält darin relativ bleibende Grundzüge fest und sieht von nicht unwichtigen Eigentümlichkeiten der einzelnen Gemeinschaften ab. Wollte man schon eingangs ihr theologisches Selbstverständnis andeuten, müßte man die Jüngergruppe um Jesus und die nachösterlichen »Hausgemeinden« in Korinth und Rom erwähnen, deren Vorbild die »communautés de vie«, unter den Bedingungen heutiger Industriegesellschaft und meist in einem kritischen Verhältnis zu ihr, zu befolgen suchen. Es handelt sich also um ein weitgehend jesuanisches Bruderschafts- und ein paulinisches Gemeindeverständnis. Die »Kirche Gottes« meint sich dabei »von unten« zu erbauen und zu erneuern, wobei aber die Vertreter der bestehenden hierarchischen Struktur bewußt nicht abgeschrieben, sondern vielmehr als notwendige Gesprächspartner angesehen werden.[1] Darin unterscheiden sich die »communautés de vie« von den französischen »communautés de base«, die sich höchstens zu einer »konfliktuellen Solidarität« mit der Amtskirche bekennen[2], ja aus dem Bruch mit dieser gegebenenfalls ihre Glaubwürdigkeit gegenüber der säkularen Welt zu festigen meinen.[3] Schon deshalb ist es schwierig, die gesamte

---

[1] Vgl. M. Hébrard, Les nouveaux disciples. Voyage à travers les communautés charismatiques. Paris ²1982, 209–230, wo konkrete Beispiele des Dialogs mit Ortspfarrern, Bischöfen und Rom gegeben werden.

[2] Ph. Warnier, Nouveaux Témoins de l'Eglise. Les communautés de base, Paris 1981, 7: »une stratégie de ‹solidarité conflictuelle› à l'égard de l'Eglise catholique«.

[3] Ebd. 38f: »ces communautés *naissent* presque toutes […] dans un processus de rupture ou d'évolution par rapport à une institution d'Eglise«.

französische Szene mit dem Sammelbegriff »Basisgemeinschaften« zu erfassen.[4]

2. Wie sind diese Lebensgemeinschaften entstanden? Als Folgeerscheinungen zweier kritischer Situationen: des letzten Krieges und der sogenannten Studentenunruhen 1968.
2.1. Zwischen den beiden Weltkriegen vollzog sich eine geistig-geistliche Erneuerung des katholischen Bürgertums, nicht zuletzt unter dem Einfluß von Laien und Schriftstellern wie L. Bloy, P. Claudel, Ch. Péguy, G. Bernanos, F. Mauriac. Das Evangelium als Kraft, Armut und Gemeinschaft zu bereichern wurde entdeckt.
Während des letzten Krieges bzw. der deutschen Besetzung kam es zu einem Solidarisierungsprozeß von Franzosen verschiedenster sozialer, religiöser und weltanschaulicher Herkunft. Die sich daraus ergebenden Verbrüderungsphänomene hatten notgedrungen einen »unteren« Standort: Untergrundtätigkeit, Gefangenenlager, Arbeitsdienst, Gefängnis, Flüchtlingsschicksal, materielle Not. Auf diesem harten Boden hatte sich die menschliche Qualität aller, gleich ob Christ, Marxist, Agnostiker oder Atheist, zu bewähren. In diesem Zusammenhang verzichtete eine Reihe von Prominenten auf ihre gesellschaftliche Stellung und entschied sich für bescheidenere Lebensformen im Modus des »gemeinschaftlichen Lebens« (vgl. D. Bonhoeffer); eine Art »Sozialkenose« also, die unter solidarischem Vorzeichen auch nach dem Krieg andauerte. Der Universitätsprofessor Marcel Légaut wird zum Schafzüchter in einem entvölkerten Teil des Landes, der Bankdirektor Charles-Eugène Primard übernimmt mit seiner Frau einen verfallenen Bauernhof, der Marineoffizier Jean Vanier nimmt sich geistig Behinderter an: alles Initiativen alternativen Lebens im Sinne evangelischer Radikalität und Menschenliebe.
Als wichtig erweist sich dabei die Rolle der Ehepartnerschaft bzw. der »mitmachenden« Familie, zumindest in der Mehrheit der Fälle. Das führt natürlich zur Wiederherstellung bestimmter Aspekte der Großfamilie vergangener Zeiten. Zu einer patriarchalischen Restauration kommt es jedoch kaum, zumal die freie Wahl von Beruf und Wohnort der Kinder nicht in Frage gestellt wird. So ist auch der Austritt aus der Gemeinschaft im Prinzip jedem freigestellt. Über den Familienkreis geht die Gruppe schon aus eigenem Interesse hinaus: Befreundete ziehen Sympathisanten als Gäste auf Zeit zu.

---

[4] Für die neueste Tendenz ist der Versuch der »Communauté Chalvron« im Pariser Vorort Noisy le Grand (93160; 10 rue des Hauts Châteaux) bezeichnend. Sie versucht Strukturelemente der »communautés de base« und der (mehr oder weniger charismatischen) »communautés de vie« in eine neue Synthese zusammenfließen zu lassen. Dazu: Hébrard, a.a.O. 280f; Warnier, a.a.O. 28–32.

Diese erste kommunitäre Welle zeigte schon eine Vorliebe für verlassene Dörfer und entchristianisierte Gebiete. Dort suchte sie neues Leben und christliches Zeugnis zu wecken, arbeitend, betend, meditierend, gemeinsam reflektierend und Gastfreundschaft übend. Das zumeist hohe Bildungsniveau der »Gründer«, oft auch der enge Kontakt zu Dominikanern und Jesuiten, zog wie selbstverständlich ein lebhaftes Interesse für theologische Fragestellungen nach sich. Dennoch orientierte sich dieses eindeutig an einer sozial bewußten Agape, so daß man vor einem Verlust des Lebensbezuges relativ gut geschützt war. Einige »alte« Lebensgemeinschaften blicken heute auf gut drei bis vier Jahrzehnte des Bestehens zurück und vereinigen bis zu drei Generationen in sich.[5]

2.2. Der zweite »Schub«, der seinen Ursprung in den sogenannten »Studentenunruhen« 1968 hat, stellt eine komplexere Erscheinung dar. Der unerwartete Aufstand der Pariser Jugend gegen die Konsumgesellschaft, deren entpersonalisierende Medien und das Schulwesen sowie die Verdrängung sozialer Ungerechtigkeiten stand zunächst vorwiegend unter einem neomarxistischen, in einem geringeren Maße anarchistischen Zeichen. Doch zogen auch viele engagierte Christen mit; die Studentenschaft des Institut Catholique streikte und diskutierte ebenso wie die der staatlichen Hochschulen.

Doch hielten bald die Barrikaden und die revolutionären Ideologien Kräften der Enttäuschung nicht stand. So suchten die Träger dieses gesellschaftskritischen Radikalismus nach einem neuen Anhalt; diesen fanden sie überraschend zahlreich in Jesus und einer neuen Religiosität. Hier konnte dann auch die französische Variante der aus den USA kommenden »charismatischen Bewegung« anknüpfen, freilich mit den an die cartesianische Rationalität entsprechend angepaßten nüchterneren Zügen.[6] In manchen Fällen spielte die Anziehungskraft fernöstlicher Spiritualität, die beispielsweise Lanza del Vasto in den Lebensstil seiner »Arche« geschickt zu integrieren wußte, eine vermittelnde Rolle.[7] Als weitere beeinflussende Faktoren wären noch Taizé, Chevetogne (also monastische Gemeinschaften mit ökumenischer Ausstrahlung) und selbstverständlich nordamerikanische Gemeinschaften, wie die von Ann Arbor, zu nennen.[8] Zum eigentlichen Katalysator der Lebensgemeinschaftsbewegung wurde aber die Entdeckung der christlichen Glaubensdynamik, die von jungen Suchenden nach 1968 als eine

---

[5] Die von Ch. E. Primard gegründete Lebensgemeinschaft »Le Rotoir« besteht seit 1936. Siehe A. Tange, L'expérience scolaire de la communauté du Rotoir, in: Courrier Communautaire International, Bruxelles/Craponne, 7 (1972), Nr. 4, 23–35, 46.
[6] Vgl. Hébrard, a.a.O. 127–136.
[7] Ebd. 36, 46, 88, 177, 189, 275.
[8] Ebd. 137f, 156, 167, 185, 190, 209.

effektivere Änderungskraft im Gegensatz zu den verschiedenen Marxismen erfahren wurde. Sinn für die Subjektivität und Festhalten an einer gewaltlosen Liebe, hier und jetzt angezielte Weltveränderungen und Sinngebung, Wiederentdeckung von Ehe, Elternschaft und Familie, Überdruß am »bleiernen Verbalismus« der Berufsrevolutionäre[9] zogen zum Christentum hin. Schließlich verdankt die jüngste Bewegung charismatischen Persönlichkeiten ebensoviel wie die »alte«.

3. Was kennzeichnet die Lebensgemeinschaften in ihrem gegenwärtigen Entwicklungszustand? Welche Gefahren drohen ihnen? Auch hier können nur mit Vorsicht und Vorbehalt allgemeine Charakteristika und Erfahrungsaspekte angetippt werden.

3.1. Als erstes Kennzeichen dürfte wohl ein bestimmter *»Exoduswille«* erwähnt werden. Der Auszug aus der Großstadt und die Suche nach einem neuen Sammlungsort auf dem Lande, ein nur mehrheitliches Phänomen, stellt wahrscheinlich eher das äußere Zeichen für eine in der Bewußtseinstiefe wurzelnde Metanoia, Gesinnungsänderung dar. Gehen Zeichen und bezeichnete Sache nicht miteinander konform, kommen jedoch leicht Fluchtmechanismen und in subtiler Weise egoistisches »Aussteigen« aus der Gesellschaft zum Zuge. Nur die missionarische, gesellschaftliche und soziale Verantwortung kann hier diesen dem christlichen Glaubensimpuls fremden Neigungen Einhalt gebieten. Die »communautés de base« verzichten ganz bewußt auf jeglichen äußeren Auszug, um der Gefahr des Aussteigens im Keim entgegenzuwirken. Dafür aber müssen sie viel größere Schwierigkeiten der Sammlung und der spirituellen Konzentration in Kauf nehmen.

3.2. Der Wille zur *Integration* aller Lebensbereiche, zur lebbaren Einheit der profanen, beruflichen, politischen, familiären und religiösen Bestandteile der Existenz, macht einen weiteren Grundzug aus. Mehr noch als »integriert«[10] will der hier beschriebene Typus gemeinschaftlichen Lebens »integrierend« sein, d. h. seiner Aufnahme- und Einverleibungskraft keine definierbare Grenze setzen.

3.3. Daraus ergibt sich das Prinzip *»Heterogenität«*: Die verschiedensten Menschen müssen in der Gemeinschaft, oder um sie herum, Geborgenheit finden können: bis zu drei Generationen derselben Großfamilie; Landwirte, Arbeiter, Handwerker, Lehrer, Psychologen; Gläubige und Agnostiker; Christen und Nichtchristen; Einheimische

---

[9] Ebd. 129: ein Exkommunist redet vom »marxisme, langue de plomb«, »incapable de penser notre époque«.

[10] Vgl. die »Integrierte Gemeinde« in München mit ihren stark organisierten Strukturen. Dagegen erklärt Alain Weidert von der »Communauté Chalvron«: »Wir *streben* nach Integration im Bewußtsein, noch nicht ans Ziel gekommen zu sein« (Privatbrief vom 16.9.1983).

und Ausländer; Laien, Ordensleute und Diözesanpriester; politisch links oder in der Mitte Stehende usw. Das könnte man als ein Zeichen waghalsigen Vertrauens auf die Kraft der Katholizität bzw. Universalität der ekklesialen Zelle bezeichnen; auch u. U. als ein kühnes Setzen auf die Charismen des Heiligen Geistes, der dank humaner Verschiedenheiten eine um so reichhaltigere Einheit aufzubauen trachtet.[11]
Mit diesem Prinzip, das nicht von allen in der gleichen Weise befolgt wird, lebt die Gemeinschaft gefährlich. Alles kann durch naive Überforderung der eigenen Möglichkeiten in Dauerkonflikte entarten, die dann um so schädlicher sind, je mehr sie hartnäckig negiert, verdrängt oder fromm überdeckt werden.

Am anderen Ende der Gefahrenzone steht freilich die Entscheidung, mehr oder weniger nach dem Modell des Klassenkampfes eine höchstmögliche homogene und sich nach außen durch Gegensätze definierende Gruppe zu bilden. Vor dieser Haltung vermochten nicht einmal die Arbeiterpriester und etliche Basisgemeinden, ja nicht einmal die lateinamerikanischen Gemeinden der Armen sich gänzlich zu bewahren. Dafür aber scheinen sie in Sachen Eindeutigkeit eine bessere Stellung einzunehmen als manche allzu aufnahmefreudigen Lebensgemeinschaften.[12] Auf jeden Fall fordert sie alle an diesem Punkt des charismatischen Sichaufbauens und -strukturierens vieles zur theologischen Besinnung. Ihre Praxis stellt sich als ein Ort der ekklesiologischen Glaubensreflexion dar.

3.4. *Gastfreundschaft* zeichnet Lebensgemeinschaften allemal aus. Freunde finden, auch unangemeldet, eine offene Tür und einen Platz am Tisch. Das heute vielleicht nur noch in östlichen Ländern verbreitete Empfangenkönnen findet hier spontan seine Rückkoppelung an das Evangelium. Das Teilen des alltäglichen Brotes, mehr noch als das der feierlichen Kostbarkeiten, gehört zu jener Offenheit nach außen hin, die die »communautés« schon zur Beruhigung des eigenen Gewissens als Genießer inselhaften Glücks mitten in einer Welt der Anonymität recht gut brauchen können und wollen. Es spielt aber auch viel christliche Opferbereitschaft mit, vorab wenn es um das Aufnehmen von Angehörigen der sog. Randgruppen, von Drogensüchtigen, Tip-

---

[11] Ph. Warnier, a.a.O. 15 ff, 39–96, beschreibt aufgrund eigener Erfahrung die durch politische und intellektuelle Optionen bedingte Nüchternheit, Geschlossenheit, Härte, Kritik- und Konfliktfreudigkeit der von ihm analysierten »communautés de base«.

[12] Es besteht eine auffallende Ähnlichkeit zwischen Warniers Rede (a.a.O. 113) von einer »micro-contre-société chrétienne« und dem Namen »Kontrastgesellschaft«, den G. Lohfink der von ihm aufgrund der jesuanischen Jüngergemeinde gebildeten Gruppe gibt, wenn auch letztere das alternative Moment mehr als das kämpferische betont: Wie hat Jesus Gemeinde gewollt?, Freiburg-Basel-Wien 1982, 69, vgl. 142, 18 ff.

pelbrüdern, ehemaligen Strafgefangenen geht. Der Geist, auf den man sich hier meist beruft, wird bezeichnend oft mit dem Namen Mutter Teresas verbunden.[13] Theologisch wirkt die Einsicht in die Agape zu den Geringsten, etwa nach Mt 25, mit.

3.5. Das Ja zur *Kirche* drückt sich bei den meisten, vor allem den auf dem Boden der charismatischen Erneuerungsbewegung entstandenen Lebensgemeinschaften ohne grundsätzliche Institutionskritik aus. Kirchesein wird nicht erst der eigenen, sich »von unten« aufbauenden Gruppe, sondern auch dem bestehenden hierarchisch und charismatisch strukturierten Volk Gottes zuerkannt. Mehr noch: Die spontan geborene Gemeinde wünscht sich in die Großkirche, Pfarrei, Diözese, Regional- und Weltkirche voll integriert zu sehen, wenn auch unter Anerkennung der eigenen, geschichtlich gewachsenen Beschaffenheit. Eine Unterscheidung wie »Kirche von unten« und »Kirche von oben« scheint hier wenig Sinn zu haben. Dazu gehört in vielen Fällen der Wunsch, aus den eigenen Reihen einen Gemeindeleiter zu bekommen, d. h. jenen »vir probatus« zum Priester geweiht zu sehen, den die Lebensgemeinschaft unter ihren Mitgliedern, freilich auch den verheirateten, entdeckt und dem zuständigen Bischof vorgestellt hat. Denn diese modernen Erscheinungsformen der neutestamentlichen »Hauskirche« bzw. Nachbarschaftskirche leiden darunter, daß ihre Eucharistiefeier heute noch nicht durch einen der Ihrigen geleitet werden darf. Bischof Riobé von Orléans hat 1977 diesen Anspruch als legitim anerkannt und öffentlich befürwortet[14], jedoch ohne Erfolg.[15] Heute gibt es unter den Leitern der französischen »communautés de vie« nur verheiratete Diakone.

Nicht alle Pfarrer und Bischöfe betrachten den Vormarsch dieser Gemeinschaften und ihre manchmal charismatisch-enthusiastische Frömmigkeit ohne Mißtrauen. Dennoch gibt es Beispiele von Pfarrgemeinden, die z. B. die Gestaltung ihrer Kindergottesdienste, ja Teile der Verkündigung ihnen anvertrauen, sowie Priester, die gerne an ihren Einkehrtagen oder Exerzitien teilnehmen, bei ihnen faktisch in die Schule gehen. Heute wächst auch die Zahl der französischen Bischöfe, die der Alternativszene in der Kirche ihre Unterstützung geben. Seit einigen Jahren besteht ein von fünf Bischöfen zusammengestellter Sonderausschuß der Bischofskonferenz unter dem Vorsitz Bischof Coffys.[16] Paul VI. beauftragte Kardinal Suenens mit der Betreuung der »Charismatiker« in aller Welt und ließ auf der Synode des Weltepi-

---

[13] Hébrard, a.a.O. 61, 151.
[14] Vgl. Le Monde, ... Febr 1977.
[15] Zur ganzen Problematik: Hébrard, a.a.O. 214f.
[16] Siehe die Namensliste ebd. 211.

skopates 1977 deren Vertreter das Wort ergreifen. Dieser päpstliche Akt gewann Bedeutung zumindest für jene Gemeinschaften, die ihr Entstehen der charismatischen Erneuerungsbewegung verdanken (das sind bei weitem nicht alle!). Als sehr hilfreich wurde von den Lebensgemeinschaften die Erklärung der spanischen Bischöfe 1982 zu ihrem Ideal aufgenommen.[17]
Einen nicht unwichtigen Kommunikationsfaktor zwischen den Alternativen und der kirchlichen Institution stellen Abteien, Klöster und Ordenshäuser dar. Dabei kommt Jesuiten, Benediktinern, Zisterziensern und Franziskanern ein erheblicher Anteil zu. Der intensive Austausch, der sich aus solchen Kontakten ergibt, bildet einen wirksamen Schutz gegen sektiererische Tendenzen, die in der Bewegung naturgemäß hie und da auftauchen. Der Erfahrungsschatz der großen Orden beim Zusammenhalten charismatischer Partikularität und universalkirchlichen Bewußtseins kommt den neuen Gemeinschaften zugute, wo immer diese danach fragen. Die institutionell voll integrierten Orden leisten somit spontanen Gruppen gleichsam »Entwicklungshilfe«. Freilich läßt sich hier wie anderswo auch das Risiko spüren, freie, kreative, Neues bringende Impulse vorschnell zu »domestizieren« oder ihnen ein alles Besondere einebnendes Anpassungs- und Sicherheitsdenken zu vermitteln. Es ist bekannt, daß einem bestimmten nachkonziliaren Laikat und nicht zuletzt Anhängern der charismatischen Erneuerungsbewegung kirchlicher Opportunismus und Konfliktunfähigkeit vorgeworfen wurde. Vermutlich wird erst die Zukunft zeigen können, wie weit neues Licht unter den kirchlichen Scheffel gestellt wurde bzw. wie weit jenes diesen prophetisch zu sprengen vermochte.
3.6. *Verbreitung und Vermehrung* der Lebensgemeinschaften laufen teils über natürliche, teils über kreative Wege. Einerseits macht sie ihre große Kinderfreundlichkeit zu Versammlungsorten der Generationen (viele bestehen bis zu 40–50 Prozent aus Kindern und Jugendlichen!). Wenn das Zahlenmaß voll ist, löst sich, je nach geeignetem Anlaß, eine Tochtergemeinschaft von der Muttergemeinschaft ab. Zur Vermehrung durch Teilung geben freilich auch missionarische, soziale, gesellschaftliche oder spirituelle Gründe Anlaß.
3.7. Ein von außen her gesehen kritischer Punkt liegt in der Stellung der *Frau* innerhalb der »communauté«. Nach dem Abklingen der 1968 aufgekommenen feministischen Bewegung erschien vielen weiblichen Mitgliedern die Rolle von Mutter und Hausfrau in stiller Wirkkräftigkeit und ohne Führungsanspruch wieder erstrebenswert. Dabei rückte der Wille, das spezifisch Feminine zu wahren und eine Gleichschaltung von Frauenrollen mit Männerrollen zu vermeiden, in den Vorder-

---

[17] Text in: Documentation Catholique vom 20.6.1982.

grund. Das mag mitunter wie Abdankung der Emanzipierten vor der eigenen Courage ausgesehen haben oder dies auch gewesen sein. Mitwirken mochte auch eine allzu buchstäbliche Befolgung der paulinischen (1 Kor 11, 3-9; 14, 34 f) bzw. deuteropaulinischen (Eph 5, 22 ff; 1 Tim 2, 11–14) Anthropologie, die bekanntlich weniger als die entsprechende Charismenlehre auf Freiheit und Gleichheit der Geschlechter aus ist. Positiv dürfte aber die sehr starke Bestrebung gewertet werden, das starre Über- und Unterordnungsschema endgültig zu verabschieden, wobei der je spezifische Charakter der weiblichen und der männlichen Autorität und Kompetenz den Ausschlag gab.

Aufgrund soziologischer und theologischer Reflexion sowie durch eigenes Experiment kamen allerdings einige Kommunitäten dazu, Frauen zum Ältesten- bzw. zum Hirtenamt (diese nichtordinierten Dienste sind fast überall anzutreffen) zuzulassen.[18] Mit der Gleichberechtigung auf dieser Ebene geht freilich die selbständige Berufstätigkeit vieler Frauen einher. Dennoch harrt das Verhältnis der Geschlechter noch einer weiteren Abklärung. Bis dahin liegt die Gefahr nahe, in patriarchalische Lebensformen zurückzufallen.

Wo die Gleichheit fest etabliert zu sein scheint, ist das Verhältnis zwischen verheirateten und ehelosen Mitgliedern weitgehend unproblematisch. Die sexuellen Probleme bilden allem Anschein nach keine Konfliktherde. Ein Zeichen gelungener Integration?

4. *Zu theologischer Reflexion* geben eigentlich alle aufgezählten Kennzeichen Anlaß, wo immer solche überhaupt angestrebt wird. Generell bleibt freilich ein bestimmter Antiintellektualismus, wenigstens in der gefühlsmäßig stark geprägten Anfangszeit, zu überwinden. Und er wird manchmal auf Dauer bestehen. Dennoch bedeutet die Entdeckung, man könne auch von der Erfahrung und der Praxis her Glaubensreflexion bzw. Theologie treiben, in den meisten Fällen eine wirkliche Befreiung. Wo dies entdeckt wurde, schwindet die Scheu vor Last, Kompliziertheit und Abstraktion einer vorgefertigten Fachbegrifflichkeit und setzt eine sprachschöpferische, praktische Hermeneutik des Evangeliums ein. Es wird die Möglichkeit begriffen, theo-logisch, d. h. Gott-sagend zu leben, vor allem wenn die Gemeinschaft die missionarische Ausstrahlung ihres Lebenszeugnisses nach außen hin erfährt. Dann wird sie gerade durch die Außenstehenden mit ihren Fragen zu Denkrechenschaft und begründender Antwort herausgefordert. Das Theologisieren ergibt sich aus dem Dialog mit der Welt und dem spezifisch christlichen Glaubensdrang nach Verkündigung. Exemplarisch können zwei inhaltliche Brennpunkte dieser in der Pra-

---

[18] Hébrard, a.a.O. 184, 186.

xis verwurzelten Reflexion angegeben werden: Trinität und Eucharistie, was erstaunlich ostkirchlich anmutet. Das Nachdenken über den dreieinigen Gott als die Urgemeinschaft der Verschiedenen in der Gleichheit des Wesens offenbart sich in neuer Weise jenen, die in Haus- bzw. Nachbarschaftskirche aufeinander achtend und einander dauerhaft liebend leben. Die Eucharistiefeier erschließt ihren tiefen Sinn denjenigen, die die Natur als Schöpfung Gottes, das Mahl als die Frucht menschlicher Gemeinschaftsarbeit und als Gemeinschaftsvollzug erleben und die dem auferweckten Gekreuzigten in diesem Zusammenhang zu begegnen gewohnt sind. Ganz im Sinne des II. Vatikanums erfahren sie das Sakrament des Herrenmahles als Quelle und Höhepunkt aller Evangelisation. Um so stärker und verständlicher ist ihr Drang, Priester, die aus ihrer Mitte stammen, zu haben.

Quellenverzeichnis

Liebe als Prinzip der Theologie, in: Prinzip Liebe. Perspektiven der Theologie, Freiburg i. Br.: Herder, 1975, 36–58.

Zur Theologie des Bekenntnisses, in: Peter Meinhold (Hrsg.), Studien zur Bekenntnisbildung (VIEG 103), Wiesbaden: Franz Steiner, 1980, 110–122.

Formale und inhaltliche Aspekte der mittelalterlichen Konzilien als Zeichen kirchlichen Ringens um ein universales Glaubensbekenntnis, in: Karl Lehmann/Wolfhart Pannenberg (Hrsg.), Glaubensbekenntnis und Kirchengemeinschaft. Das Modell des Konzils von Konstantinopel (381) (Dialog der Kirchen 1), Freiburg i. Br.: Herder; Göttingen: Vandenhoeck & Ruprecht, 1982, 49–79.

Der Heilige Geist als Kraft und Person, in: Horst Bürkle/Gerold Becker (Hrsg.), Communicatio fidei. Festschrift für Eugen Biser zum 65. Geburtstag, Regensburg: Pustet, 1983, 111–123.

Trinität – vom Heiligen Geist her reflektiert. Eine Skizze, in: Konrad Hilpert/Karl-Heinz Ohlig (Hrsg.), Der eine Gott in vielen Kulturen. Inkulturation und christliche Gottesvorstellung, Zürich: Benziger, 1993, 115–123.

Schöpfung im Christentum – Versuch einer Neuformulierung, in: Anstöße 25 (1978) 114–121.

Thesen zu einem christologischen Schöpfungsverständnis, in: Josef Schreiner/Klaus Wittstadt (Hrsg.), Communio sanctorum. Einheit der Christen – Einheit der Kirche. Festschrift für Bischof Paul-Werner Scheele, Würzburg: Echter, 1988, 249–269.

Selektionstheorie und christliche Agape, in: Walter Baier u. a. (Hrsg.), Weisheit Gottes – Weisheit der Welt. Festschrift für Joseph Kardinal Ratzinger zum 60. Geburtstag, Bd. I, St. Ottilien: EOS, 1987, 221–239.

Ökologische Perspektiven in der christlichen Schöpfungslehre, in: Conc(D) 27 (1991) 295–301.

Kirche im Prozeß der pneumatischen Erneuerung, in: Elmar Klinger/Klaus Wittstadt (Hrsg.), Glaube im Prozeß. Christsein nach dem II. Vatikanum. Festschrift für Karl Rahner zum 80. Geburtstag, Freiburg i. Br.: Herder, 1984, 196–206.

Wesen und Wandelbarkeit der Ortskirche, in: ThQ 158 (1978) 2–14.

Zur Sakramentalität des Dienstamtes, in: Der Streit um das Amt in der Kirche. Ernstfall der Ökumene, Regensburg: Pustet, 1983, 63–89; wiederabgedruckt in: Wolfhart Pannenberg (Hrsg.), Lehrverurteilungen – kirchentrennend? Bd. III. Materialien zur Lehre von den Sakramenten und vom kirchlichen Amt (Dialog der Kirchen 6), Freiburg i. Br.: Herder; Göttingen: Vandenhoeck & Ruprecht, 1990, 216–236.

Der Apostolat der Laien nach dem II. Vaticanum, in: Elmar Klinger/Rolf Zerfaß (Hrsg.), Die Kirche der Laien. Eine Weichenstellung des Konzils, Würzburg: Echter, 1987, 86–106.

Communautés de vie in Frankreich als Ort theologischer Reflexion, in: Elmar Klinger/Rolf Zerfaß (Hrsg.), Die Basisgemeinden – ein Schritt auf dem Weg zur Kirche des Konzils, Würzburg: Echter, 1984, 32–42.